中国财政科学研究院智库丛书

# 资源型城市可持续发展的财政政策研究

## ——以榆林市为例

刘尚希 傅志华 韩凤芹 等著

中国财经出版传媒集团
中国财政经济出版社

图书在版编目（CIP）数据

资源型城市可持续发展的财政政策研究：以榆林市为例／刘尚希等著．—北京：中国财政经济出版社，2019.7

（中国财政科学研究院智库丛书）

ISBN 978-7-5095-9011-9

Ⅰ.①资… Ⅱ.①刘… Ⅲ.①地方财政-财政政策-研究-榆林 Ⅳ.①F812.741.3

中国版本图书馆 CIP 数据核字（2019）第 099386 号

| 责任编辑：闫 娟 | 责任印制：刘春年 |
| 封面设计：陈宇琰 | 责任校对：胡永立 |

中国财政经济出版社 出版

URL：http：//www.cfeph.cn

E-mail：cfeph@cfemg.cn

（版权所有　翻印必究）

社址：北京市海淀区阜成路甲28号　邮政编码：100142

营销中心电话：010-88191537

中煤（北京）印务有限公司印装　各地新华书店经销

787×1092 毫米　16 开　19.75 印张　334 000 字

2019年7月第1版　2019年7月北京第1次印刷

定价：75.00 元

ISBN 978-7-5095-9011-9

（图书出现印装问题，本社负责调换）

本社质量投诉电话：010-88190744

打击盗版举报热线：010-88191661　QQ：2242791300

# 中国财政科学研究院智库丛书

# 编 委 会

**编委会主任** 刘尚希
**编委会委员** 马　骏　　罗文光　　白景明
　　　　　　　傅志华　　程北平　　杨远根

# 总　　序

　　党的十八届三中全会在明确"完善和发展中国特色社会主义制度，推进国家治理体系和治理能力现代化"这一全面深化改革总目标的同时，提出了"财政是国家治理的基础和重要的支柱"的重要判断，充分彰显出财政在国家治理现代化之中的地位与作用。

　　强调发挥财政在国家治理中的基础和重要支柱作用，是与我国经济社会发展阶段相联系的。在改革开放初期，政府的作用是促进改革和开放，财政改革主要是推动政府职能转换、改进政府与市场关系，让市场在资源配置中发挥更大的作用。随着我国经济社会转型进入新的阶段、国家实力逐渐增强以及大国财政使命的提出，财政在改革和发展中的作用日趋多样化、全方位，涉及经济、政治、社会、文化、生态文明建设各个领域。

　　在市场经济不断发展的基础上，社会结构及其整个上层建筑都发生了极大变化，社会成员利益关系变得复杂起来。在经济进入新常态的背景下，这种复杂的利益关系对于财政在国家治理中作用的发挥是一个新的考验。改革开放初期，财政政策着眼于关注国内，对于国际环境关注不多，现在财政政策的一举一动都对世界经济产生重要影响；改革开放初期，财政主要解决温饱问题，经济建设成为财政工作的突出任务，现在财政既要解决发展问题，又要解决改革问题，经济、社会、政治、文化和生态文明要协同发展；改革开放初期，中央和地方财政实力虽然都较弱，但地方政府债务也少，现在国家财政实力快速扩张过程中也面临着地方政府债务特别是或有债务快速扩张的问题，财政自身可持续性发展面临挑战。

财政作为国家治理的基础正在发生多维变化。改革开放初期，财政主要从经济维度发挥国家治理基础性作用，主要是处理好政府与市场的关系；在经济社会转型、利益关系多元化背景下，财政要从多维度支撑国家治理：既有国家与市场的维度，也有国家与社会（个人）的维度，以及公共部门内部（包括中央与地方、政府部门之间）的维度。

随着财政发挥作用的多维变化，财政理念也随之发生变化。改革开放初期，政府在市场失灵的领域提供公共服务；随着时代的进步，政府承担的各种责任（城镇化、养老、医疗、教育、环境保护等）在不断增加，在政府能力有限的情况下，政府与社会资本合作呼之欲出。政府和社会资本合作打破了传统主流经济学、财政学的基本看法：政府与市场是水火不相容的，二者是对立的；公共服务领域是市场失灵的领域，只能由政府来干。过去注重政府与市场之间的分工，现阶段则注重在分工基础上的合作。政府与市场关系需要进行再改革，一些新的问题又随之产生：在多元主体提供公共服务的同时如何保障社会公共利益，如何理顺政府与社会的关系，如何理顺政府内部如中央和地方之间、政府各部门之间的关系等。财政全方位、深层次嵌入国家治理体系和治理能力现代化之中，带来了许多需要用全新理论诠释的问题，也考验着各方面的智慧。

面对新阶段、新形势和新任务，财政如何有效支撑和推动国家治理现代化更需要新思路、新思想，财政智库或财政思想库也应运而生。可以说，财政智库是财政有效支撑和推动国家治理现代化的思想源泉，也是点亮财政作用于国家治理的"智慧之灯"。发达国家在财政现代化和国家治理体系与治理能力现代化过程中，财政智库的作用功不可没。要发挥好财政作为国家治理基础与重要支柱的职能作用，财政智库的基础性作用更是不可替代。

第一，财政智库是推进国家治理决策的科学化、民主化和法制化的重要支撑。当前，全面建成小康社会进入决定性阶段，破解财政改革发展稳定难题和应对全球性问题的复杂性艰巨性前所未有，迫切需要健全中国特色的财政决策支撑体系，大力加强财政智库建设，以财政科学咨询支撑财政治理的科学决策、民主决策和依法决策，以财政科学决策引领科学发展。

第二，财政智库是国家治理体系和治理能力现代化的重要内容。纵观当今世界各国现代化发展历程，智库在国家治理中发挥着越来越重要的作用，日益成为国家治理体系中不可或缺的组成部分，是国家治理能力的重要体现。全面深化改革，推进国家治理体系和治理能力现代化，推动协商民主广泛多层制度化发展，建立更加成熟更加定型的制度体系，必须切实加强中国特色新型财政智库建设，充分发挥智库在治国理政中的重要作用。

第三，中国特色新型财政智库是国家软实力的重要组成部分。一个大国的发展进程，既是经济等硬实力提高的进程，也是思想文化等软实力提高的进程。智库是国家软实力的重要载体，越来越成为国际竞争力的重要因素，在对外交往中发挥着不可替代的作用。树立社会主义中国的良好形象，推动中华文化和当代中国价值观念走向世界，在国际舞台上发出中国声音，迫切需要发挥中国特色财政新型智库在公共外交中的重要作用，不断增强我国在国际财经和公共事务的国际影响力和国际话语权。

正是考虑到智力资源是一个国家、一个民族最宝贵的资源，考虑到我国智库发展面临的各种瓶颈，2015年1月，中共中央办公厅、国务院办公厅印发了《关于加强中国特色新型智库建设的意见》，提出加强智库建设整体规划和科学布局，统筹整合现有智库优质资源，重点建设50~100个国家急需、特色鲜明、制度创新、引领发展的专业化高端智库。

中国财政科学研究院的前身财政部财政科学研究所（财科所），于1956年根据毛泽东主席的指示而成立，2016年2月正式更名。60年前财科所成立之初，就定位为政府部门的政策咨询机构，以探索我国财政经济问题和培养财政、会计专门人才为己任，为党中央和国务院中心工作服务，为财政经济发展的现实服务。为此，一代又一代财政科研人员为我国财政科研事业做出重要贡献。60年后的今天，中国财政科学研究院正致力于转型、创新，努力创建一流新型智库。

根据智库建设与发展的规划，本院推出"中国财政科学研究院智库丛书"。该丛书内容既包括本院各年度重要《研究报告》的文集，也包括本院承担完成的一些重大科研项目成果，以及本院研究人员研究、撰写的各类专著。目的在于集中展示财科院的科研成就，扩大科研成果的宣传和社会效果，全面提升财科院的智库影响力。

不忘初心，砥砺前行。我们将明确智库建设的宗旨，在传承既有科研优势和办院特色的基础上，探寻新型高端智库建设的途径，潜心探索财政与国家治理的新理论、新观点、新思路、新对策，与各界同仁一道，共同致力于现代财政制度建设，开创国家治理现代化之美好未来。

"中国财政科学研究院智库丛书"编委会
2016年7月

# 前　言

进入新时代，资源型经济可持续发展有了新使命，财政作为国家治理的基础和重要支柱，也需有新作为。2017年，榆林市委市政府确定了十大战略课题，榆林市财政局承担了《财政助推榆林经济社会可持续发展对策研究》这一重大课题任务。为高质量完成课题，榆林市财政局与中国财政科学研究院组成联合课题组。2017年8月7日，中国财政科学研究院成立了课题组，由刘尚希院长、傅志华副院长担任课题组组长，抽调了中国财政科学研究院骨干科研成员参加。此后半年多时间，课题组深入榆林，赴靖边、横山、绥德、神木等县区进行实地调研，与财政局、发改委、国税局、地税局、金融办等部门进行座谈，并多次同榆林市课题主管领导和财政局进行探讨交流。经过多方努力，最终形成一个总报告和七个专题报告。本书是在联合课题组成果《财政助推榆林经济社会可持续发展对策研究》基础上加工提炼而成。

在指导思想上，本书以习近平新时代中国特色社会主义思想为指导，紧密围绕党的十八届三中全会提出的财政新定位、党的十九大提出的财税改革新论断，结合陕西省委省政府对榆林发展的新要求、榆林市委市政府提出的发展新目标以及榆林市"十三五规划"，理论结合实际开展研究。本书是一项系统性综合研究，涉及多学科知识，研究中综合运用了经济学、财政学、金融学、管理学、生态学、环境学、城市学等学科相关理论和分析方法，使得研究拥有坚强的理论支撑。

在理论创新上，本书提出解决发展中的问题必须创新思维，以新理念指导具体实践。榆林财政助推经济社会可持续发展，必须以习近平新时代中国特色社会主义思想为指导，树立三大理念。一是全面统筹理念，秉持辖区财政观、主题财政观；二是财金共振理念，推动政府"直接支持"向

"间接引导"的政策方式转变；三是战略施策理念，财政要增强主动适应性和战略性，精准发力。

在研究方法上，本书坚持定性和定量相结合。在数据分析的基础上，进一步通过文献检索、问卷调查、现场访谈、实地调研分析，期望能给榆林整体发展把好脉，对其经济发展与资源环境状况有一个准确的判断和认识。为综合评价榆林市经济社会发展水平，课题组在参考世界银行世界发展指数、联合国开发计划署人类发展指数、全国及榆林市"十三五"经济社会发展主要指标的基础上，根据评价指标体系构建所应遵循的相关性、独立性、可比性、可得性原则，构建了一个包含8个二级指标、31个三级指标的综合评价指标体系。在此基础上，考察榆林市经济社会发展的财政支出效率，并通过SWOT分析法，对榆林所处的环境进行全面、系统、准确的研究分析。

在实战实用上，本书力图"接地气"，提出切实政策建议。榆林财政助推经济社会可持续发展，必须紧紧扭住"成长性资源型城市"这个牛鼻子，"远谋近做"，找准短板，狠抓落实，为实现市委市政府的既定目标积极作为。具体而言：加强财源建设，做大财政蛋糕，为财政支撑经济社会发展提供坚实的财力基础；加强财政投融资管理，创新财政金融共振机制，切实解决追赶超越战略的资金问题；发挥财政分配职能，深化零基预算改革，增强市级财政统筹调控能力；调整优化支出结构，集中有效财力，精准支持重点核心关键领域；加强绩效预算管理，探索中长期财政规划，提高财政资金使用效率。

本书由中国财政科学研究院刘尚希院长和傅志华副院长负责设计，教科文研究中心主任韩凤芹研究员组织实施。本书初稿分工：韩凤芹研究员、赵福军研究员撰写第一章，付阳博士撰写第二章，周孝助理研究员撰写第三章，罗理撰写第四章，中国人民银行金融研究所博士后赵伟撰写第五章，鲍曙光和王胜华撰写第六章，闫晓茗撰写第七章，翟盼盼撰写第八章和调查问卷分析报告，史卫研究员撰写第九章，申学锋研究员撰写第十章，许文研究员撰写第十一和第十二章，谭天骄、康玺等参与了数据资料整理工作。韩凤芹研究员对初稿进行了系统修改和总纂，刘尚希研究员、傅志华研究员对本书进行了认真审定。

# 前　言

课题研究得到了榆林市委市政府各部门的大力支持。榆林市成立了由时任市委常委、副市长张海峰，市人大常委会副主任麻宝玉亲自挂帅，市财政局卢林局长、王文斌副局长、贾鹏虎副局长领导，市财政局朱继芳副调研员负责具体执行的课题研究小组。市财政局金融科麻永锋科长全程参与了课题研究，市国税局党组成员乔力总经济师、市财政局企财处常启彬处长、市国税局所得税科加永刚科长、市地税局税源科安波科长、市人大教科文卫工委办公室张玲主任，对课题调研提供了富有建设性的意见和建议。

特别感谢中共中央政策研究室李欣欣副秘书长、国务院研究室张泰司长、中央财经大学马海涛副校长、陕西省财政厅科研所所长武永义和副所长熊圩清，参与了课题的评审，对课题报告给予了高度肯定，并提出了宝贵意见。中国国际工程咨询有限公司研究中心副主任武威研究员和贾森高级工程师，为课题研究提供了相关材料并参与了课题讨论。在此一并致谢。

著　者

2019 年 4 月

# 目 录

第一章 新时代财政助推榆林经济社会发展需要新理念 …………… 1

    第一节 榆林财政面临的新形势、新使命 ………………………… 1

    第二节 发挥财政助推作用需要树立五大新理念 ………………… 3

第二章 对榆林经济社会发展的基本认识与判断 …………………… 11

    第一节 榆林市经济社会发展基础分析 …………………………… 11

    第二节 榆林经济社会发展阶段判断：资源型城市转型攻坚期 … 17

    第三节 从横向比较看，榆林转型发展任务艰巨 ………………… 23

第三章 榆林发展面临的历史机遇、挑战及优劣势分析 …………… 27

    第一节 榆林市发展机遇 …………………………………………… 27

    第二节 榆林市发展面临挑战 ……………………………………… 38

    第三节 榆林市发展优势 …………………………………………… 49

    第四节 榆林市发展劣势 …………………………………………… 55

第四章 榆林市财政运行情况分析 …………………………………… 69

    第一节 榆林市财政运行基本态势 ………………………………… 69

    第二节 财政现实能力判断 ………………………………………… 112

第五章 财政如何支持金融服务榆林经济社会发展 ………………… 116

    第一节 榆林市金融发展面临的形势和背景 ……………………… 116

第二节　榆林地区金融体系功能缺失的原因分析 …………………… 122
第三节　探索榆林地区财政与金融协调配合的机制 …………………… 125
第四节　财政与金融协调配合的目标设定和路径选择 ………………… 132
第五节　重点任务 …………………………………………………………… 135
第六节　支持保障 …………………………………………………………… 142
第七节　案例 ………………………………………………………………… 144

## 第六章　财政支持榆林经济社会发展的效果评价与分析 …………… 149

第一节　促进榆林市经济社会发展的现行财政政策 …………………… 149
第二节　榆林市经济社会发展水平和财政支出效率分析 ……………… 161
第三节　财政推进经济社会发展效果未达预期的原因分析 …………… 176

## 第七章　资源型城市经济转型的国际经验及借鉴 …………………… 191

第一节　国外典型资源型城市转型情况 ………………………………… 191
第二节　国外资源型城市转型主要经验 ………………………………… 197
第三节　对我国的启示借鉴 ……………………………………………… 202

## 第八章　财政助推资源型城市转型升级发展的国内经验及借鉴 …… 207

第一节　我国资源型城市转型发展的主要做法和经验 ………………… 207
第二节　各地区财政金融助推经济社会发展的做法 …………………… 231
第三节　对榆林市的启示 ………………………………………………… 237

## 第九章　财政助推榆林经济社会发展的战略定位与总体思路 ……… 240

第一节　总体发展战略及定位 …………………………………………… 240
第二节　财政助推榆林市经济社会发展的总体思路 …………………… 245
第三节　财政助推榆林市经济社会发展的发力方式 …………………… 248
第四节　财政助推经济社会发展的重点与布局 ………………………… 249

## 第十章　财政助推榆林经济社会发展的政策建议 …………………… 252

第一节　加强财源建设，做大财政蛋糕，为财政支撑经济社会发展

　　　　提供坚实的财力基础 ·················· 252

　　第二节　强化财政投融资管理，创新财政金融共振机制，解决追赶
　　　　超越战略的资金问题 ·················· 257

　　第三节　支持产业结构调整，精准扶持重点领域，培育经济增长
　　　　新动能 ························ 263

　　第四节　调整优化支出结构，有保有压，补齐民生短板 ······ 266

　　第五节　发挥财政分配职能，深化零基预算改革，增强市级财政
　　　　统筹调控能力 ····················· 270

　　第六节　推进绩效预算管理，探索中长期财政规划，提高财政资金
　　　　使用效率 ······················· 272

## 第十一章　完善榆林市地方税体系的政策建议 ············ 274

　　第一节　榆林市税收收入及其地方税情况 ············ 274

　　第二节　榆林市存在的主要税收政策问题 ············ 279

　　第三节　完善榆林市地方税体系的政策建议 ··········· 282

## 第十二章　进一步优化煤炭资源税税率的政策建议 ·········· 286

　　第一节　现行煤炭资源税税率存在的主要问题 ·········· 286

　　第二节　煤炭资源税税率不完善的可能影响 ··········· 290

　　第三节　煤炭资源税从价计征改革对榆林市的影响分析 ····· 292

　　第四节　完善和优化煤炭资源税制度的建议 ··········· 295

# 第一章　新时代财政助推榆林经济社会发展需要新理念

习近平总书记在党的十九大报告中指出，经过长期努力，中国特色社会主义进入新时代，这是我国发展新的历史方位。中国特色社会主义进入新时代，我国社会主要矛盾已经转化为人民日益增长的美好生活需要和不平衡不充分的发展之间的矛盾。我国经济已由高速增长阶段转向高质量发展阶段，财政紧运行可能成为常态。财政作为国家治理的基础和重要支柱，既要主动适应经济社会发展，为经济社会发展服务，又要实施主动战略，主动转型和改革，推动经济、社会、生态环境等可持续发展。具体到榆林，助推经济、社会和生态环境等可持续发展，必须以习近平新时代中国特色社会主义思想为指导，树立和践行新发展理念。

## 第一节　榆林财政面临的新形势、新使命

思想引导行动，理论推动实践。实现财政助推榆林经济社会可持续发展必须在理论研究上下足功夫，明确方向、统一认识、凝聚力量，具体而言就是要分析好榆林财政面临的新形势，把握好榆林财政的新定位，落实好榆林财政工作的新使命。

### 一、榆林财政的新形势：机遇与挑战

因时而动，因势而变。榆林市经济社会可持续发展处于新的形势之中，深刻分析和认识当前榆林经济社会发展的机遇和挑战，才能把握财政工作的助推方向。

一是新时代宏伟蓝图为榆林经济社会发展提供根本遵循。党的十九大胜利召开，绘就了决胜全面建成小康社会、夺取新时代中国特色社会主义伟大胜利的宏伟蓝图，明确了"两个一百年"奋斗目标和"三步走"战略部署，这是榆

林财政助推经济社会可持续发展的根本的遵循。

二是央省对榆林经济社会发展提出了更高要求。国务院正式批复呼包鄂榆城市群发展规划，将榆林列为国家现代煤化工示范区；陕西省委、省政府明确提出榆林要"建设世界一流高端能源化工基地、陕甘宁蒙晋交界最具影响力城市和黄土高原生态文明示范区"三大目标，"为陕西追赶超越作更大支撑，为加快陕西经济社会发展作更大贡献"两个更大要求，省政府专门出台支持榆林高质量发展的意见，对落实"三大目标"和"两个更大"给予支持。

三是榆林市委、市政府在更大时空和更大视野下对榆林经济社会发展进行了全新思考与谋划。榆林市委、市政府对把榆林建设成为资源型城市中迈向现代化的领航城市，建成富强民主文明和谐美丽的现代化国际城市进行了战略部署，提出了榆林"三步走"战略；邀请国内外一流机构围绕榆林十个重大战略问题重点研究，深化对榆林市情的认识，为切实推进榆林转型发展提供智力支撑；制定和实施榆林全市阶段性重大事项推进方案，着力推进重大建设项目、民生建设、城市建设、农业农村工作、全面深化改革等多方面27项阶段性重大事项，补齐发展短板，积蓄发展后劲。但同时，榆林作为富集型资源型城市的典型代表，其面临的转型难题十分复杂，转型任务十分艰巨。这些问题集中表现为：资源行业比重过高，经济结构锁定，南北发展失衡，生态灾害日趋严重，创新环境较差，交通物流等基础设施建设滞后，现代金融和信用体系严重滞后，特别是资源依赖造成的挤出效应制约了新兴产业、民营中小企业的发展。

此外，榆林市经济社会发展对国际政治经济变动和新技术革命依然敏感。高新技术发展、"一带一路"倡议等为世界经济发展提供新的动力，但贸易保护主义、地缘政治风险等不确定因素增多，世界经济仍处于缓慢复苏阶段，能源资源需求依然偏弱。

纵观现阶段国际国内新形势，榆林市经济社会发展有诸多历史机遇，处于大有可为的历史时期，但也面临一系列内外部的挑战。榆林财政工作要分析好、认识好这些新形势，既要助力榆林市全力抢抓机遇，又要支撑榆林市沉着应对挑战；既要配合榆林各部门落实决策部署，又要主动担当引领经济社会发展方向；既要保持财政改革的战略定力，在榆林长期发展中提质增效，又要以时不我待的改革意识，服务好榆林经济社会转型发展。

## 二、榆林财政的新使命：服务与引领

主动担当，积极作为。在新时代，榆林财政面临着榆林经济社会发展机遇与挑战并存的新形势,承担着发挥在榆林经济社会发展中起基础和重要支柱作用的新定位,这就催生了榆林财政的新使命,对榆林财政工作提出了新要求。

首先,在思想观念上,榆林财政要破"旧"立"新"。在榆林经济社会可持续发展中,必须要重新认识财政定位及功能作用,打破财政就是收收支支和"财政即出纳"的传统思维,让财政真正成为政府之财政,而非财政部门之财政,要提高站位,在榆林经济社会发展的全局中谋划实施财政政策、深化财税改革,通过践行新发展理念和财政理念,实现以"财"辅"政"。

其次,在运行保障上,榆林财政要做好服务工作。榆林财政要履行好职责,为助推经济社会可持续发展做好保障服务。服务好政府部门的职能履行,主要体现在为榆林市各政府部门落实和推进转型发展的举措提供财政资金支持;服务好市场的高效运行主要体现在为榆林市的大、中、小、微等各类市场经济主体提供良好的财税营商环境,保障市场对资源的配置起决定性作用;服务好社会的和谐稳定主要体现在为治理和改善榆林市生态环境,打好脱贫攻坚战,补齐民生短板,以人民为中心,实现高质量的发展。

最后,在转型改革上,榆林财政要发挥好引领作用。实现榆林经济社会可持续发展的重要着力点是深化改革、转型发展。在这个过程中,榆林财政要从"收支管用"的从属地位转移到参与宏观经济决策和调控的位置上来,创新调控思路和方式,实现对经济社会发展的引领;要变"被动买单"为"主动请客",变管理为服务,变"撒胡椒面"为精准发力,变直接投入为间接引导,变单独发力为组合发力,使财政深入到榆林转型发展的各个方面;要着眼于榆林经济社会发展的生态环境、公共服务、基本民生、高新产业、创新驱动、人才保障等短板,加大支持力度,提高支持效率,积蓄可持续发展的后劲;要协调好财政金融政策实施,财政杠杆与其他杠杆相互配合,探索建立多主体、多渠道、多形式的投融资机制,打造能够助推和引领榆林转型发展的新财政。

## 第二节 发挥财政助推作用需要树立五大新理念

### 一、树立财政在地方治理中基础性作用的理念

从不同视角认识财政,其内涵也有较大的差异。从经济学角度认识财政职能和作用,财政职能界定为资源配置、收入分配和经济发展三大职能;从社会

学视角认识财政职能和作用,则是突出财政的公平、正义作用;而从宏观政策视角看,财政职能、作用主要定位于宏观调控,对宏观经济波动进行调节。这些视角认识财政,都有一定的合理性,但又不全面,不符合财政应有的职能。

我们认为,应按照党的十八届三中全会通过的《关于全面深化改革若干重大问题的决定》提出的论断——"财政是国家治理的基础和重要支柱",以国家治理为视角认识财政职能和作用。国家治理领域包括经济、政治、社会、生态文明和文化等方面,因此,财政职能和作用也包括经济、政治、社会、生态文明和文化等方面。国家治理范围和边界在哪里,财政职能和作用的范围和边界就应在哪里。国家治理具有多元性,因此,财政具有多元性和综合性,财政职能和作用呈现综合性。相应地,地方财政是政府治理行为的综合反映。

由于财政是国家治理的基础和重要支柱,因此,财政职能定位于服务国家治理,服务国家经济社会发展大局。财政职能有宏观、中观和微观三个层次。在宏观层次上,财政职能包括促进经济、社会、生态文明和文化等可持续发展,化解经济、社会、生态文明和文化等发展中的不确定性和风险;在中观层次上,财政职能主要是优化结构,包括优化产业经济结构、行业经济结构、区域经济结构、居民收入分配结构等,化解结构性风险;在微观层次上,财政职能主要是不断激发企业、个人等微观主体的活力,保障居民基本生存权、发展权。当然,中央财政与地方财政职能的侧重点不一样。中央财政主要侧重宏观和中观层次,而地方财政职能主要侧重中观和微观层次。在省级财政职能可以有宏观、中观和微观层次,但在地级市财政层面,财政职能主要侧重中观和微观层次。对于地方财政而言,财政实现职能主要表现为中观层面,不断优化地方经济的产业结构、行业结构、区域结构、收入结构等。

财政是政府的财政,代表政府统筹全局和长远。因此,财政活动和行为需要平衡好五大关系:一是平衡好经济发展与社会、生态环境和文化发展之间的关系。对于一个国家、区域而言,财政支持经济、社会、生态环境和文化等领域发展时,应区分这些领域的发展现状、面临的矛盾,筛选出财政应优先支持、重点支持的领域。二是平衡好当前与未来的关系。财政的核心作用和职能是化解和防范风险与不确定性,不仅包括当前的,还包括未来的。从化解和防范各种风险与不确定性的成本和效果看,有些领域的风险和不确定性虽然不突出,但如果提前采取措施加以防范,可能成本会更低、效果会更好。因此,需要平衡好当前与未来的关系,防止过分注重当前利益而给未来带来较大风险,防止过分注重追求未来而错失当前良机。三是平衡好整体与部门关系。财政是代表政府理财，而不是为财政部门理财，应从国家治理、经济、社会、生态文明和文化发展的全局，统筹安排财政资金，运用财政政策。一旦部门利益与全局利益有冲突时，需要部门利益服务全局利益，防止财政资金使用部门化。四是平衡好全局与各区域之间关系。各区域对经济发展贡献度、面临的经济社会等问题都不一样，财政理财时不仅要充分考虑各区域的经济发展贡献，还需要考虑各地生态环境建设等现实，考虑实现各地的基本公共服务均等化、扶贫攻坚的实际，统筹平衡好全局和各区域之间关系。五是平衡好财政部门和其他部门、财政政策与其他政策的关系。政府是由多个部门组成的，经济部门里除了财政以外，还有发改委等综合部门，以及经信、商务等其他相关专业的部门，这些部门对经济发展也有深入的认识，在各自的部门职责范围内也会出台相关促进发展的经济政策。要确保不同部门之间能够协同，不同部门出台的经济政策之间保持基本趋向一致，这样才能够形成合力，收到良好效果。

## 二、树立政府与市场、社会共治理念

以前，经典的教材和相关研究都是基于政府、市场之间关系"二分法"的思维，且认为政府与市场之间应当泾渭分明，市场只能生产、提供私人物品，而公共服务的提供只能是交给政府，提供公共服务是政府应尽的义务和职责，忽视了市场、社会的功能作用。在20世纪，政府和市场合作在一些国家的兴起和推广，表明了公共服务并非由政府独占，市场、社会也可以提供。这种以"市场失灵"为界来划分政府与市场之间的分工，显然不符合实际需要，需要树立新认识、新理念。政府、财政不再是大包大揽，公共服务不只是政府一家扛，政府和市场、社会都是公共服务的承担者，市场、社会主体也有提供公共服务的责任。因此，需要重塑理念，用政府、市场、社会共治理念，处理政府与市场、社会之间的关系，重新理顺政府与市场、社会之间的关系。

在公共服务领域，以政府与市场、社会共治的理念推动财政改革。如果市场、社会有积极性来提供公共服务，尽可能让他们提供；即便市场、社会没有动力来提供的，也要创造条件，让市场、社会参与。政府的作用在于营造市场、社会来提供公共服务的环境，并对市场和社会提供公共服务进行监管。因此，对于财政改革而言，要积极利用市场、社会力量提供公共服务，加快推广政府和社会资本合作模式，推动公共服务体制机制改革。

政府作用领域不仅仅是公共领域，还可以是私人领域。尽管私人领域是由市场来起主导作用，但政府可以发挥作用，降低市场发展中的风险、降低企业发展成本，可以有所作为。在私人领域，政府也不是完全撒手不管，政府可以在市场培育、市场环境营造、产业转型升级等领域主动有为。产业发展涉及上、下游，如人才、资金的缺乏，财政可以在吸引人才、解决企业融资难、融资贵问题上有所作为，可以和其他金融机构一起设立相关基金，助力解决融资难、融资贵问题。

### 三、树立财政主动适应性和战略性的理念

财政是政府行为和活动的反映。政府行为方式及其是否有效都会反映到财政上来。如果财政仅仅限于被动买单，充当"灭火队"的角色，或者是"兵来将挡，水来土掩"，消极应对，那么，财政只体现为应急性、应付性，难以起到"财政是国家治理的基础和重要支柱"作用。财政的综合性、全局性，决定了财政应更加积极主动有为，财政不仅仅要牢牢树立应急性理念，更要加快树立主动适应性和战略性的理念。

当前和今后将面临各种各样的风险与不确定性，如经济转型升级中的风险与不确定性、区域经济竞争带来的风险与不确定性、财政自身的风险与不确定性、社会发展及生态环境建设中的风险与不确定性。在现实中，经济、社会、生态环境和财政风险之间互相影响、互相关联。例如：生态环境建设中存在环境污染，会影响人才、企业进入该区域，对经济发展带来不利的影响。当前，经济转型升级中的风险与社会发展、生态环境建设中的风险、财政风险可能相互交织。一方面，经济转型升级能否成功，会影响社会发展、生态环境建设中的风险、财政风险。如果经济转型升级不成功，可能会放大社会风险和财政风险。另一方面，社会风险、生态环境建设中的风险，也加大了经济转型升级的难度。

针对当前和未来各种风险与不确定性，可以根据各种风险与不确定性能否预计、产生影响的大小，分类施策。一是应急应对。对于有些不能预计的风险和不确定性，只能采取应急措施。例如：很多自然灾害不仅难以预计，也难以提前化解，只能等到自然灾害发生前后临时采取应急措施。二是主动适应。对于已经发生的且未来仍会发生的风险，需要主动做好适应。例如：应对人口老龄化中的养老、医疗问题，需要提前适应，分析疾病演变的趋势。现在疾病的趋势是慢性病居多，为破解慢性病产生的医疗费用，需要主动适应，并且做好主动应对措施，包括对相关病人进行健康教育，等等。三是主动战略。对于部

分能预计未来的风险和不确定性,且产生的影响较大的,需要提前主动采取战略。例如:一个地区的产业结构单一,一旦发生风险,就会对一个区域经济产生较大的负面影响。为避免这样的负面影响,需要提前主动采取战略,发展多样化产业或促进产业转型升级,化解和防范相关风险。

财政不仅要做好常规性工作,更要突出主动适应性和战略性。常规性财政工作是基础。在财政工作中,要做好常规性财政工作,如保障政府日常运作,正常提供各种公共服务。这是国家治理的基础,也是促进经济、社会、生态环境和文化可持续发展的基础。常规性财政包括应急性、适应性财政。针对应急性情况,如自然灾害,需要财政积极应对。有些风险是长期存在,慢慢衍化的,需要财政逐步适应。例如,应对慢性疾病,财政可以根据本地财政实力,报销相关慢性疾病的治疗费。

在做好常规性财政工作基础上,更应做好财政的主动战略性工作。为此需要以下几个思路:一是转变思路。财政不是被动买单,不是灭火队,可以提前有所为,更加积极主动。财政在维持正常运转之外,应注重提前谋划,化解和降低未来的不确定性与风险,例如:为应对老年人疾病,可以提前进行预防,对年轻人进行健康预防。发展经济,统筹考虑对社会、生态环境等的影响,算大账、算长远账。当前以较少的财政支出,可以化解、防范将来较多的风险和不确定性。二是主动谋划。地方政府在招商引资时,财政部门发挥参谋助手作用,站在财源建设角度,主动谋划,提出如何发挥项目应有的作用;在引进项目前期,提出项目引进的方向。三是战略施策。以战略性政策破解财政、经济和社会等领域的困局。当前,经济、社会、生态文明和文化建设中面临的困局,更多表现为结构性问题。解决结构性问题,短期政策难以有效,需要实施结构性改革和战略。

## 四、树立地方治理与辖区财政理念[①]

1994年分税制改革确立了中央与地方之间的财税体制,奠定了现行财税体制框架,但并没有明确省以下财税体制。20多年来,财税部门一直在努力探讨和探索如何完善省以下财税体制,取得了一些成果。但至今为止,如何完善省以下财税体制,并没有形成共识。目前,全国各省市的财税体制存在差异性,即便是在一个省范围内,也可能存在对不同地市实施不同的财税体制。党的十

---

① 刘尚希,赵大全. 辖区财政:财政体制改革的构想[J]. 地方财政研究,2013(10).

八届三中全会通过的《关于全面深化改革若干重大问题的决定》明确了"中央和地方按照事权划分相应承担和分担支出责任",但没有明确省以下财税体制改革路径与方向。有学者提出完善省以下财税体制,可比照中央与地方财税体制中划分事权与财力相关制度安排,细化地方各级政府之间的事权与财力、财政支出责任,这会面临以下问题:

一是实现地方各级政府事权与其财力完全相适应在实践中的操作成本较高。理论上看,根据公共品的受益范围划分各级政府承担相应的支出责任。受益范围是全国性的公共品,由中央提供;受益范围是地方性或区域性的公共品,则由地方政府提供。按此理论,受益范围为乡级、县级、地市级、省级的公共品由相应层级的政府来提供。对具有外溢性的公共品则由相应的转移支付来弥补其供给成本。在实践中,公共品、公共服务很多,且很多公共品都具有外溢性。如果实现地方各级政府事权与其财力完全相适应,需要针对具有外溢性的每项公共品都实施转移支付。在省级政府与各地进行财政结算时,计算省级政府对市、县级政府转移支付时不仅很麻烦,也很难计算清楚,这样的运作模式增加了财税体制的运行成本。

二是在现行行政体制框架下,如果实现地方各级政府事权与其财力完全相适应,会引发外部性、行为短期化、公共资源被过度使用与公共服务提供不足。(1)纵向外部性。在现行行政体制框架内,上级政府在财税体制决定方面拥有较多的话语权。如果要实现地方各级政府事权与其财力完全相适应,上级政府为了实现其事权与财力相适应,可能会出现将事权下移、财力上移现象,最终结果是导致县级、乡镇政府难以实现事权与财力相适应,县乡财政困难,一些公共服务难以提供。(2)横向负外部性与恶性竞争。各地为了实现其事权与其财力相适应,对能转嫁的负外部性尽可能转嫁到其他区域,减少其应承担的职责与支出责任。例如:当食品面向全国其他地区销售时,生产食品地区对食品安全监管投入不足;发展本地经济时带来的环境污染(尤其是对其他地区产生的污染)可能投入不足;等等。如果要实现地方各级政府承担的事权与其财力完全相适应,一些经济欠发达地区为了促进经济发展,会实施包括土地、财政补贴等各种优惠政策以吸引企业,甚至会引发地方政府之间的恶性竞争。(3)公共资源被过度使用。土地、矿产资源等公共资源能转化成财政收入。地方政府在财力不足的情况下,如果要实现其承担的事权与其财力相适应,尽可能在本届政府任期内过度使用公共资源,如过度开采资源、利用土地,转化成财政收入。(4)行为短期化和公共服务提供不足。地方政府在财力不足的情况下，实现地方各级政府事权与其财力完全相适应，地方政府行为必然是短期化，将能往后拖延的财政支出尽可能往后拖，能转化为财政收入的资源尽可能提前转化为财政收入。经济不发达的地方，县乡财政困难，即便由县乡承担相应公共品的供给责任，但也没有能力提供。限制性开发、禁止性开发的地方，经济发展水平不高，也没财力提供相应的公共服务。地方政府在财力不足情况下，只能是有多少财力办多少事，结果是公共服务提供不足。

习近平总书记在党的十九大报告中指出："加快建立现代财政制度，建立权责清晰、财力协调、区域均衡的中央和地方财政关系。"要建立权责清晰的中央和地方财政关系，解决实现每级地方政府的财力与支出责任相匹配所带来的问题，应建立辖区财政体制。辖区财政体制是指在政府间财政关系中，各层级政府不仅对本级财政负责，而且对辖区内的各级财政状况负责的一种体制安排。辖区财政体制具有三个基本特征：一是以辖区的整体财政利益为中心。各级政府作为行政责任主体，相应地应成为财政责任主体。各级政府负责本辖区范围内的公共服务和公共品提供，而不仅仅只负责本级的公共服务。二是以辖区财政预算整体平衡为目标。既有各个层级财政预算的平衡，又有辖区作为一个整体的财政预算平衡。只有这样，才能真正实现各级政府的财力与财政支出责任相匹配，避免辖区内纵向和横向的财政能力失衡。三是以辖区整体的财源开发为依托。辖区内各级政府的财源、税源应以辖区内经济的整体发展为依托，而不是强调各级政府的本级财源和本级税源。只有形成整体的有差异的均衡发展，辖区内各级政府的财权才能获取充足的财力。而层级化的财源结构往往会使一个地区的经济结构扭曲，辖区内的发展差距拉大。

### 五、树立主题财政管理理念

目前，我国财政预算管理实施部门预算，以政府各部门和地方作为预算主体，以确定性的预期实施财政预算年度平衡。部门预算管理虽然有助于部门根据其职责统筹安排使用财政资金，但也存在以下不足：一是使财政管理和国家治理碎片化。许多公共事务（如低碳经济发展、生态文明建设、新兴产业发展等），需要多部门、多领域协同参与，统筹配置资源，加强各种政策协调配套，但部门预算管理容易出现多头管理与九龙治水、政策不协调、不配套的局面。在部门预算管理模式下，部门往往过分强调部门利益、局部利益，不利于整体目标实现。二是难以及时有效应对随机风险，缺乏动态适应性和灵活性。现代风险发生具有随机性,并产生公共需求,且这些公共需求或涉及跨领域,或需要多部门领域合作,或某些新需求本身不在政府相关部门的职能覆盖之内,有些新需求虽有明确的政府相关部门职能归属,但超过部门所能承担的能力,有些新生事务根本无法归责。这要求政府治理具有灵活适应能力,针对随机风险需求及时配置资源。

主题财政预算管理模式是指,站在国家治理高度,围绕国家治理中主题发展的需求,以主题为单位实施财政预算和管理,打破部门预算中的部门、区域、年度等约束,建立跨年度预算平衡机制,实施跨部门、跨区域预算,在政府各部门、区域及相关经济体间统筹配置、协调财政资源和政策。主题财政预算管理中的主题主要包括:一是由公共目标所引起的跨区域边界资源配置活动,如连片贫困区扶贫、大江大河治理等;二是由部门或主题所引起的协同联合行动,如生态文明、低碳经济、民生保障等;三是随机公共需求所引致的多主体跨区域的资源配置活动,如自然灾害。

构建主题财政预算管理模式,要把握好以下要点:一是成立财政预算与政策决策咨询委员会。为打破部门利益、区域利益,成立以主题为导向,由财政系统内部相关人员、第三方专家组成的财政预算与政策决策咨询委员会,参与财政预算编制、财政政策制定,主动谋划国家治理中的重大项目和公共事务,提升财政决策的科学性、民主性。财政预算与政策决策咨询委员会不是实体机构,只是为编制主题财政预算和财政政策决策提供专业技术支撑和咨询。二是以跨区域、跨部门的重大项目和公共事务先行先试实施主题财政预算管理。跨区域、跨部门的重大项目和公共事务,涉及多区域、部门且跨年度,先行先试编制主题财政预算,并实施管理。由财政部门统筹协调跨区域、跨部门的重大项目和公共事务的跨年度预算编制、执行、决算等。三是处理好部门预算与主题财政预算管理之间的关系。涉及跨部门、跨区域的重大事项和公共事务,以及需要部门协调配合的,实施主题财政预算管理,其他的仍实施部门预算管理。四是围绕若干主题发展,整合、统筹财政资金。在财政系统内部围绕产业转型升级、自主创新、生态环境保护、科研等若干主题,整合财政资金,规范财政部门内部管理、统筹安排使用。与此同时,统筹协调各部门、各地财政支持的重点。财政部从主题发展出发,统筹协调各地支持的重点,提出相关意见并反馈给政府各部门、各地。政府各部门、各地按照财政部建议和意见,决定最终支持项目。

# 第二章 对榆林经济社会发展的基本认识与判断

## 第一节 榆林市经济社会发展基础分析

榆林市位于陕西省最北部,地处陕、甘、宁、蒙、晋五省区交界地,历史文化悠久,自然资源富集,是我国重要的煤炭和石油后备基地[①],国家重点开发区域"呼包鄂榆地区"的组成部分[②]。总体来看,榆林经济社会发展基础如下。

### 一、煤炭等自然资源富集

榆林矿产资源丰富,现已探明矿藏48种,煤、气、油、盐等资源尤为富集,是我国重要的煤炭、石油等能源储备地和产出地(见表2-1),拥有世界七大煤田之一的神府煤田,是我国陆上探明最大整装气田的核心组成部分,岩盐已探明储量约占全国已探明总量的26%。其中,2016年榆林规模以上工业主要产品产量中,原煤产量达到3.6亿吨,占陕西省原煤总产量的70.72%。石油和天然气的产量在全省占比超过30%,天然气产量在全国占比达到了近12%。

---

① 《全国资源型城市可持续发展规划(2013—2020年)》将榆林确定为重要的煤炭和石油后备基地。
② 《主体功能区规划》提出把"呼包鄂榆地区"划为国家层面的重点开发区域,其功能定位是全国重要的能源、煤化工基地、农畜产品加工基地和稀土新材料产业基地,北方地区重要的冶金和装备制造业基地。

表2-1　　　　　榆林市主要矿产资源储量（数据截至2015年）[①]

| 类别 | 单位 | 数量 |
| --- | --- | --- |
| 煤储量 | 亿吨 | 2 720 |
| #已探明 | 亿吨 | 1 460 |
| 天然气 | 亿立方米 | 41 800 |
| #已探明 | 亿立方米 | 11 800 |
| 石油 | 亿吨 | 6 |
| #已探明 | 亿吨 | 3.6 |
| 岩盐 | 亿吨 | 60 000 |
| #已探明 | 亿吨 | 8 857 |

## 二、形成资源驱动的工业化发展模式

随着20世纪90年代中后期国家能源基地建设的启动，榆林依托丰富的资源优势，工业化发展进程加速，以能源化工为主的第二产业产值比重从1995年的29%快速提升至2000年的44.4%，并进一步增长到2016年的60.6%（见图2-1），产业结构由原有的以农业和服务业为主导的模式快速向以能源化工行业为主导的工业化转变，经济发展进入工业化发展的中级阶段。在第二产业快速崛起的驱动下，榆林市经济实力不断增强，从2000—2016年短短17年间，榆林生产总值从105亿元增加到2 773.05亿元，增幅达到25倍之多。经济快速发展也带动了榆林居民水平不断提高，2016年全市人均GDP达到81 764元，约合11 787美元，进入中等收入水平，远远超过陕西省50 395元和全国53 980元的平均水平。

需要注意的是，榆林在快速的工业化进程中，呈现出能源化工行业高度集中的特点。以2013—2016年的平均情况为例，全市工业产值中约88%源于煤炭开采和洗选业、石油天然气开采业、石油加工炼焦业、化学原料制品制造和电力热力生产供应业等五大行业，其中又主要以煤炭、石油、天然气开采为主（见图2-2）。较高的行业集中度使得榆林在推动经济结构优化和产业转型升级方面任务艰巨。

---

[①] 若未特别注明，本部分数列数据均源于历年《中国统计年鉴》《陕西统计年鉴》以及《榆林统计年鉴》。

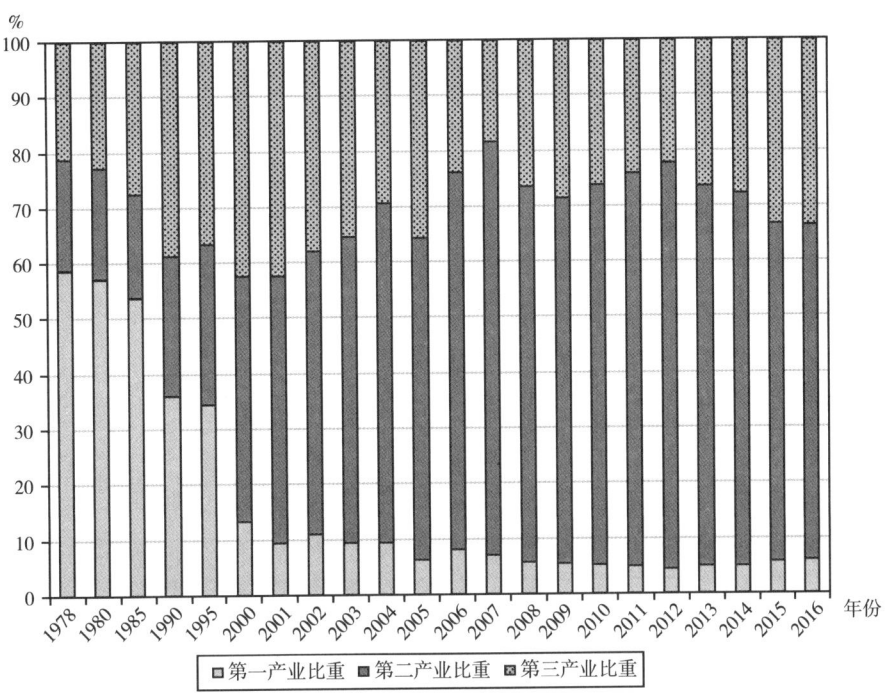

图 2-1 1978—2016 年榆林市三次产业比重情况

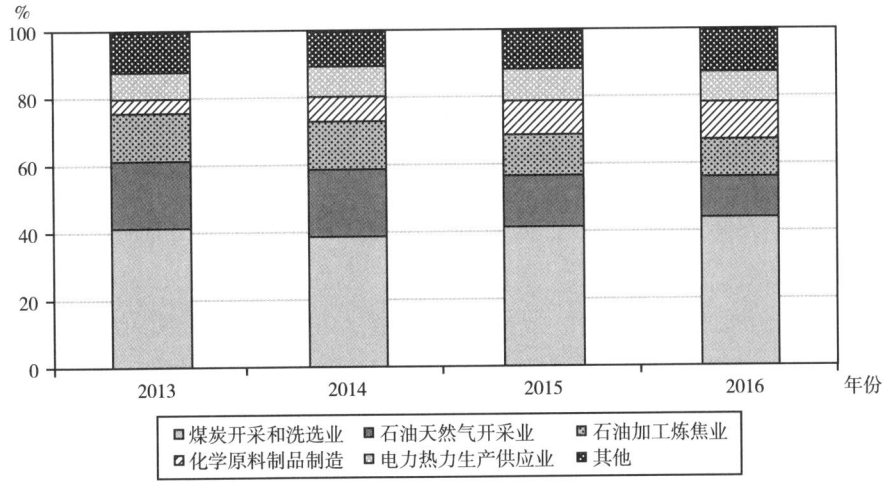

图 2-2 榆林规模以上工业产值中五大产业的比重情况

## 三、经济社会发展内生性较强

与鄂尔多斯、湖州、阜新等资源型城市相比,榆林经济发展呈现出典型的内生性特点,突出表现在对外开放程度不足。从 2016 年人均进出口总额来看,榆林与GDP规模相当的焦作、枣庄等地相比排名靠后，与邻近的鄂尔多斯相比存在不小差距（见表2-2）。从外商投资情况来看，根据2013年实施的榆林第三次经济普查结果①，在第三产业各个行业（主要是批发零售、交通运输及仓储、餐饮住宿、信息技术服务业、租赁和商务服务、科技服务业）中，外商投资比重基本在1%以下，甚至绝大部分为0，说明外商参与榆林第三产业发展的力度不足。这些特征一定程度上凸显了榆林市资源驱动的内生增长模式，在区域合作和国际化合作的时代背景下，不利于调动外部有利条件促进本地区发展。

表2-2　　　2016年榆林、鄂尔多斯等进出口及利用外资情况

| 城市 | 人均进出口总额（万美元） | 人均实际利用外资额（元） |
| --- | --- | --- |
| 榆林 | 0.005 | — |
| 鄂尔多斯 | 0.4 | 0.1 |
| 湖州 | 0.4 | 0.04 |
| 娄底 | 0.02 | 0.01 |
| 阜新 | 129.8 | 3.8 |
| 枣庄 | 0.03 | 35.3 |
| 焦作 | 0.1 | 0.02 |
| 徐州 | 5.5 | 3.1 |

## 四、南北地区发展路径差异显著

榆林全市呈东西狭长走势，大体以长城为界，可划分为北部地区和南部地区，北部以府谷、神木、榆阳、横山、靖边、定边6区县为主，南部地区以佳县、米脂、子洲、绥德、吴堡、清涧6县为主。由于当地富集的煤炭、石油、天然气等资源主要集中于北部和西部，在不同的资源禀赋影响下，南北地区选择了不同的发展模式。其中，北六县依托本地丰富的煤炭、石油、天然气储量，围绕资源开采利用，走向了以能源化工为主导的重工业化发展道路，第二产业比重普遍偏高，单位GDP能耗也相对较大。以2015年为例，第二产业比重多数在54%以上，其中府谷、定边的第二产业比重达到70%。相比之下，南六县则仍维持着传统农业为主导的发展模式，发展水平和速度相对缓慢（见图2-3）。

---

① 来源：http：//www.yltjj.gov.cn/9/677/content.aspx

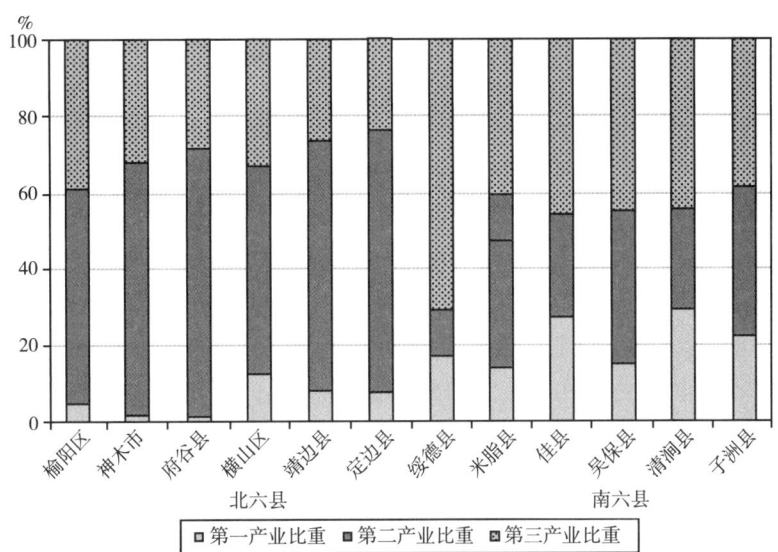

图 2-3　2015 年榆林市南、北六县三产比重比较

受不同发展模式的影响,榆林南北地区经济社会发展规模、水平差异显著。从经济总量来看,北六县 GDP 之和在全市的比重从 20 世纪 90 年代初期的不足 50% 快速增加,2015 年达到 90.8%(见图 2-4)。从人均 GDP 来看,北部除横山县外所有县人均 GDP 均高于榆林市平均水平,南部六县则远低于榆林平均水平,甚至低于全国平均水平(5.03 万元)。从城镇化水平来看,2015 年南六县的城镇化水平均低于全国、全市水平。由于南北地区发展差距的日益扩大,榆林经济社会发展的不平衡问题日益突出。

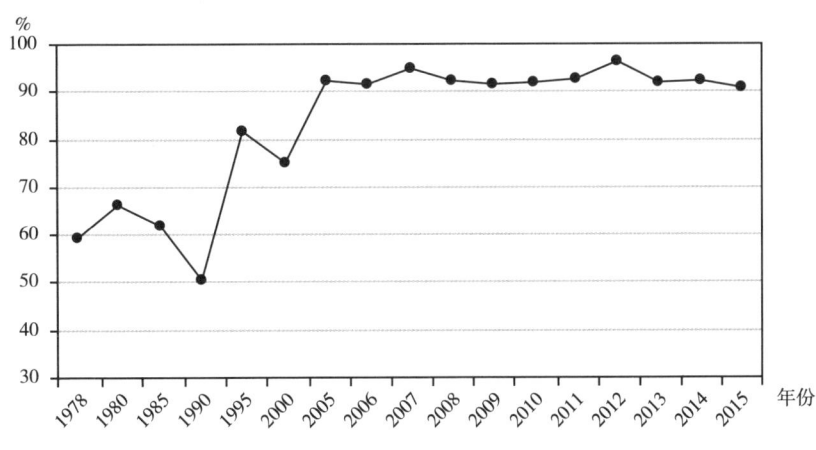

图 2-4　1978—2015 年榆林北六县经济发展总量占全市的比重情况

## 五、区域性战略地位愈发突出

随着以资源开采利用为主导的资源型产业发展模式的确立和经济发展实力的提升，榆林市在全省经济发展中的地位逐步凸显，近年来发展规模和速度高于临近的延安、铜川、渭南、咸阳、宝鸡等省内资源型城市，成为全省经济的增长极。在产业集聚效应的带动下，榆林作为陕、甘、宁、蒙、晋能化区域高速公路和铁路的大十字交通枢纽的区位优势进一步凸显。截至 2016 年底，全市公路总里程达到 31 004 公里，公路密度为 71.1 公里/百平方公里，较 2008 年增加 22.5%。其中，2015 年榆林高速公路里程突破 1 000 公里，在陕西省高速公路通车里程的比重占到了 1/5。从铁路来看，2012 年，全市铁路总里程 976 公里，铁路运输量达到 1.42 亿吨，成为区域煤炭等能化产品外运的重要枢纽。同时，榆林也正式融入全国铁路客运网，始发和经停榆林的客运列车达到 9 对，经停绥德的客运列车达到 18 对，成为西部地区铁路客运交会枢纽（见图 2-5）。

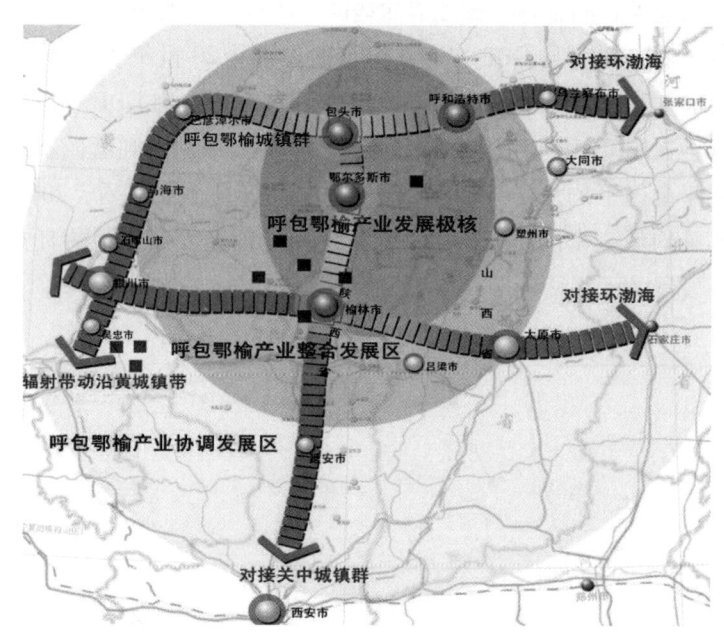

图 2-5　榆林市综合交通区位示意图

资料来源：榆林物流业"十三五"发展规划。

## 第二节 榆林经济社会发展阶段判断：
## 资源型城市转型攻坚期

榆林经济社会发展到了工业化中期阶段，正进入向中高端迈进的历史转折和攻坚克难时期。可以说，榆林正进入工业化和新型城镇化提升的重要关口，资源型城市转型的成败关系榆林经济社会发展可否持续，对榆林未来发展至关重要。

### 一、从工业化进程看，当前处于工业化中期由低端向高端迈进的关键时期

对照西蒙·库兹涅茨三次产业结构与经济发展阶段关系和劳动力结构与经济发展关系等现有研究成果，榆林市当前处于工业化发展的中期阶段。2005年前后，榆林市产业就基本进入工业化初期向中期迈进的发展阶段。其中，1995—2000年的产业结构的演变速度较快，此后10多年由于形成对能源产业的惯性依赖，导致产业结构的演变缓慢，影响了工业化发展的进度。2010年以来，在人均经济规模和城镇化发展的提速下，榆林的工业化进程有所提升，但总体来看仍处于工业化发展中期阶段（见表2-3）。

表2-3　　　　本研究判断榆林市工业化阶段的主要标准

| 工业化阶段判断指标 | 前工业化阶段 | 工业化推进阶段 | | | 后工业化时期 |
| --- | --- | --- | --- | --- | --- |
| | | 工业化初期 | 工业化中期 | 工业化后期 | |
| 人均GDP（折算为2005年水平，美元） | 745 | 745~1 490 | 2 980~5 960 | 5 960~11 170 | >11 170 |
| 三次产业结构（产业结构） | A>I，且A>33.7% | A>20%，A<I | A<15%，I>40%，S>45.5% | A<10%，I>50%，S>40% | A<10%，I<S，I<50% |
| 三次产业结构就业人员分布（就业结构） | A：>60% | A：45%~60%，I：>26% | A：30%~45%，I：>36% | A：17%~30%，I：>40% | A：<15%，S：>40% |
| 城镇化率（空间结构） | 30%以下 | 30%~50% | 50%~60% | 60%~75% | 75%以上 |

注：A、I、S分别代表第一、二、三产业。

从工业化进程来看，榆林市所处的这一阶段主要特点为：

首先，推动工业化进程的主要动力源于资源禀赋和规模经济。从产业结构来看，榆林市的第一产业比重从1995年的34.5%下降到2000年的13.3%，仅用了5年的时间，而在这5年间，第二产业的产值比重从29%快速上升至44.4%，使得产业结构由原有的以农业和服务业为主导的模式快速向以能源化工行业为主导的工业化转变，而这一切得益于煤炭等资源的开采和利用，得益于榆林市特殊的资源禀赋，是榆林工业化发展初期的"助推器"。但随着发展路径对于资源的过度依赖，未有效地拓展多元化产业体系，榆林自然资源禀赋所带来的经济发展动力作用有所减弱。这时，规模经济发挥了重要作用。2010年以来，榆林规模以上工业产值和人均GDP的规模快速扩大（见表2-4），一定程度上形成了能源化工产业聚集的特点，进而促使开采利用手段、设备的进步，形成了规模优势，成为推动榆林工业化发展初期向中期阶段迈进的重要推动力量。

表2-4 1995—2015年榆林市工业化发展水平主要指标情况

| 指标 | 1995年 | 2000年 | 2005年 | 2010年 | 2015年 |
| --- | --- | --- | --- | --- | --- |
| 人均GDP（折算为2005年水平，美元） | 142.72 | 392.63 | 1 615.25 | 6 726.15 | 9 513.86 |
| 人均GDP分布 | <745 | <745 | 745~1 490 | 5 960~11 170 | 5 960~11 170 |
| 三次产业结构（产业结构） | A>I | A<20%，A<I | A<10%，I>50%但S<40% | A<10%，I>50%但S<40% | A<10%，I>50%但S<40% |
| 三次产业结构就业人员分布（就业结构） | A：60%以上 | A：60%以上 | A：45%~60%，I<26% | A：45%~60%，I<26% | A：45%~60%，I>26% |
| 城镇化率（空间结构） | 30%以下 | 30%以下 | 30%~50% | 30%~50% | 50%~60% |
| 工业化阶段判断 | 前工业化阶段 | 产业结构已进入工业化初期，但人均经济规模、产业结构、就业结构、空间结构发展之后，仍处于前工业化阶段 | 产业结构进入工业化初期向中期迈入的阶段，但人均经济规模、就业结构和空间结构发展滞后，仍处于工业化初期阶段 | 人均经济规模已进入工业化后期，产业结构仍处于初期向中期发展的阶段，就业结构、产业结构和空间结构仍处于工业化初期阶段 | 人均经济规模已进入工业化后期，产业结构和空间结构处于工业化中期阶段，但劳动力结构还处于工业化初期 |

其二，劳动力、城市空间的演变与工业化发展不相匹配。榆林在工业化发展过程中，劳动力结构转变和城市空间演变（城镇化率）与产业工业化发展在时间上存在一定的滞后问题。目前，榆林市产业结构已进入工业化发展中级阶段，但劳动力结构仍处于初级阶段，第二产业劳动力就业人数相对偏低，多数仍留在第一产业。这一方面反映出由于资源型城市存在着大量的央企和省企，对于当地就业人数的带动作用相对有限；另一方面也反映出榆林产业对城镇化发展的带动作用不足，未能有效发挥产业对农民就业的引导作用。

其三，未来发展面临工业化进程新动能培育的任务。根据研究表明，不同工业化阶段的主要特点和驱动因素各有不同。就榆林来说，目前处于工业化中期，其内涵是中间产品增加和生产链延长，主导产业仍以重工业为主，推动工业化发展的主要动因分别为资本、规模经济、技术和劳动力。若要加速推进工业化发展从中期向后期（成熟期）迈进，需要注重的是生产效率的提高、技术的进步，主导产业应当由重化工业向加工组装工业（装备制造业等）逐步转变。

## 二、从收入阶段来看，榆林面临破解"中等收入陷阱"问题

按照国际标准，以人均GDP是否进入1万美元为界限来判断是否进入中等收入水平，当前榆林已进入中等收入地区的梯队，尤其是神木、府谷两地的人均GDP超过2万美元（见表2-5）。因此，未来发展将面临如何克服"中等收入陷阱"问题。

表2-5　　　　　　2015年榆林全市及榆阳等三地人均GDP

| 年份 | 全市（美元） | 榆阳（美元） | 神木（美元） | 府谷（美元） |
| --- | --- | --- | --- | --- |
| 1995 | 175.7 | 445.3 | 276.8 | 316.7 |
| 2000 | 394.3 | 697.3 | 778.2 | 509.1 |
| 2005 | 1 660.5 | 1 892.3 | 4 530.1 | 1 829.7 |
| 2006 | 2 250.8 | 2 319.6 | 5 945.2 | 2 609.6 |
| 2007 | 3 157.2 | 2 682.0 | 8 459.4 | 2 928.7 |
| 2008 | 5 065.0 | 3 884.0 | 13 289.8 | 7 073.2 |
| 2009 | 5 701.9 | 5 133.5 | 16 009.4 | 9 715.3 |
| 2010 | 7 752.4 | 6 996.2 | 21 574.7 | 16 003.8 |
| 2011 | 10 582.5 | 7 884.4 | 26 189.8 | 24 213.9 |
| 2012 | 13 235.5 | 9 935.7 | 34 864.0 | 27 308.0 |

续表

| 年份 | 全市（美元） | 榆阳（美元） | 神木（美元） | 府谷（美元） |
|---|---|---|---|---|
| 2013 | 13 342.5 | 11 593.0 | 31 129.6 | 28 508.7 |
| 2014 | 14 078.6 | 12 967.5 | 32 435.4 | 28 439.3 |
| 2015 | 11 793.2 | 12 777.6 | 28 570.6 | 22 328.7 |

对于榆林来说，"中等收入陷阱"将带来以下问题：

首先，经济发展存在增长速度放缓，波动性增强，地区差距加大的问题。从2005—2015年的GDP增速来看，榆林总体呈现出下降趋势，说明依靠资源开采利用为主导，发展能源化工产业对经济增长的推动作用正在逐步减弱（见图2-6）。同时，伴随着煤炭、石油价格的波动以及国家关于环境规制的强化、去产能供给侧改革的推进等外部因素影响，经济发展的波动性和不稳定性增强，南北地区发展的差距进一步拉大，转型发展的难度加大。

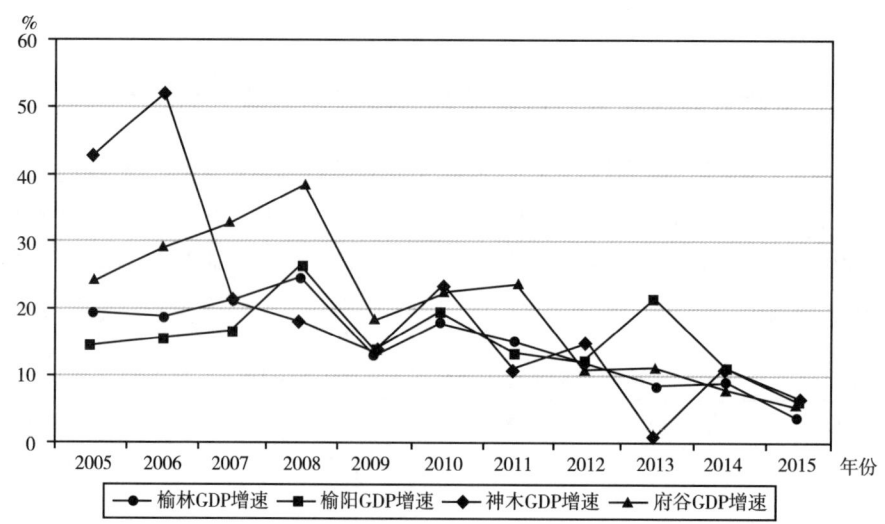

图2-6　2005—2015年榆林、榆阳、神木、府谷GDP增长速度

其次，社会保障制度超过经济发展水平，造成财政支出压力加大。神木作为榆林市经济社会发展比重较高的城市，在煤炭黄金10年的发展期间实现了经济社会的快速发展，地方财力快速提升。面对财政收入的提速，神木不断加大社会事业发展方面的支出力度，先后在教育、医疗、养老等民生领域启动三大民生基金，高标准、高质量实施免费教育、免费医疗、城乡居民养老保险、特殊人群免费供养等惠民制度，推行了15年免费教育、全民免费医疗、城乡统筹

养老保险等"十大民生工程"。从2001—2012年财政支出重点变化来看,财政支出重点从侧重于经济建设和行政管理(两者在2001年一般预算支出中的比重为51.25%),逐渐转向经济建设、社会文教、社会保障(三者在2012年一般预算支出中的比重为84.13%),由此引发了财政支出刚性问题,财政收入和支出的差额逐步缩小,尤其当经济波动导致财政收入增速放缓的情况下,使财政的负担加重。

再次,房地产等市场泡沫化严重,陷入"资产泡沫陷阱"。近年来,与榆林经济快速发展相伴而生的是房地产价格的虚高和民间借贷的泛滥。其中,榆林房价在最高点时达到每平方米1.5万元,甚至超过西安等主要城市的房价。民间借贷则随着煤矿巨额分红开始,其主要目的是借钱出去获得高额回报,在快速发展的过程中,借款人从最开始的开矿煤老板、入股获得分红的投资人,扩展到炒矿者、炒地者以及高利贷放款人。借款范围也从亲戚朋友向熟人、熟人的熟人扩展,手续上开始打借条、请担保人,"金字塔"式的无限层借贷关系开始出现,导致资产泡沫问题突出。受煤炭资源价格走低和民间借贷问题爆发的影响,榆林市房价一落千丈,一部分人由于参与民间借贷,过去10多年积累的财富几乎全部归零。

## 三、从成长阶段来看,榆林面临工业化、城镇化协调发展的新任务

根据国务院下发的《全国资源型城市可持续发展规划(2013—2020年)》,包括榆林在内的31个城市被划为成长型资源型城市,其主要特点是资源开发处于上升阶段,资源保障潜力大,经济社会发展后劲足,是我国能源资源的供给和后备基地。成长型资源型城市在发展的过程中,应规范资源开发秩序,形成一批重要矿产资源战略接续基地。提高资源开发企业的准入门槛,合理确定资源开发强度,严格环境影响评价,将企业生态环境恢复治理成本内部化。提高资源深加工水平,加快完善上下游产业配套,积极谋划布局战略性新兴产业,加快推进新型工业化。着眼长远,科学规划,合理处理资源开发与城市发展之间的关系,使新型工业化与新型城镇化同步协调发展。2017年,国家发改委发布《关于加强分类引导培育资源型城市转型发展新动能的指导意见》(发改振兴〔2017〕52号),指出成长型城市的目标是到2020年,实现资源开发模式更加科学,城市发展和资源开发的协调机制初步建立。

榆林作为成长型资源型城市,当前正处于转型发展的重要阶段,在转型的过程中面临着如何提高资源深加工水平、谋划布局新兴战略、加快推进工业化

以及实现工业化与新型城镇化协调发展的任务要求。

**四、从发展新动能来看，榆林面临加快培育多元经济主体、强化现代金融业支撑作用等新机遇**

在推动经济结构转型升级的过程中，通过探索多种渠道加快培育发展新动能是加快转型发展、提高发展质量的重要途径。当前榆林在培育发展新动能方面，仍面临着经济主体多元化程度不足、现代金融业支撑作用不强等突出问题，这既是当前发展的制约因素，但同时也将成为未来发展的突破口和新机遇。

一是榆林经济结构中非公有制经济发展缓慢。2004年以来，榆林非公有制经济增加值的占比始终维持在40%以下，增长速度相对缓慢，说明经济运行体系中仍以公有制为主导，市场主体的多元化程度不足，发展活力未能有效释放（见图2-7）。

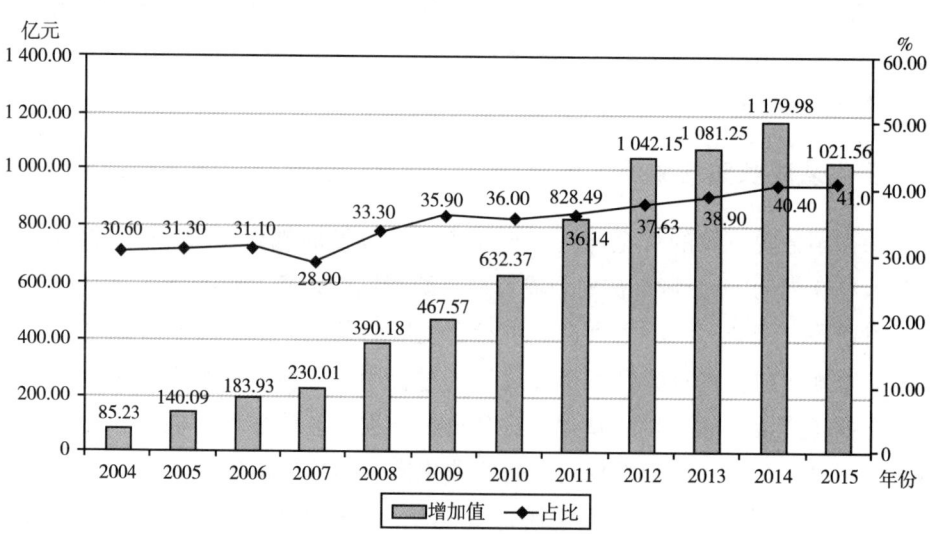

图2-7  2004—2015年榆林非公有制经济增加值及其占比情况

二是第三产业中私营企业占比偏低。根据2013年榆林第三次经济普查结果显示①，在第三产业各行业中，除住宿和餐饮行业外，其他多数行业私营企业占比低于40%，经济主体多元化程度不高（见表2-6）。

---

① 来源：http://www.yltjj.gov.cn/9/677/content.aspx

表2-6　　2013年榆林市第三产业从业机构数量及其结构

| 产业类型 | 企业法人单位（个） | 其中：私营企业占比（%） |
|---|---|---|
| 批发业与零售业 | 5 597 | 38.7 |
| 交通运输、仓储和邮政业 | 461 | 34.49 |
| 住宿和餐饮业 | 381 | 51.6 |
| 信息传输、软件等服务业 | 85 | 30.59 |
| 租赁和商务服务业 | 807 | 39.78 |
| 科学研究和技术服务业 | 294 | 39.12 |

三是现代金融业活跃度不足。金融是现代经济的血液。从榆林市金融机构的数量来看，2013年金融法人单位数量仅为90个，多集中在传统的银行和保险领域，地方法人金融机构，如融资租赁、商业保险、村镇银行等数量相对较少，地方金融主体活跃度不足。从金融机构存贷款余额来看，榆林市金融机构各项存款余额高于贷款余额，未能有效转化为投资，意味着地方企业对于金融资源的利用程度不足（见图2-8）。

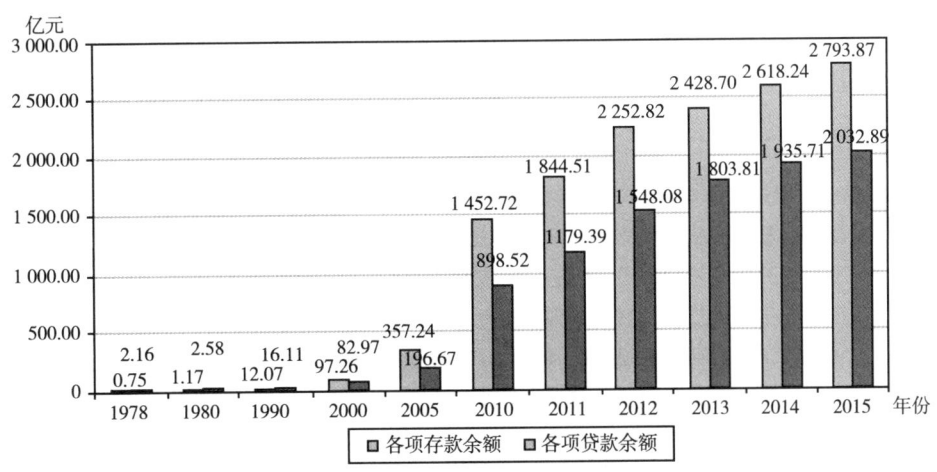

图2-8　2000—2015年榆林金融机构存贷款余额情况

## 第三节　从横向比较看，榆林转型发展任务艰巨

为综合分析榆林市经济社会发展中所存在的问题和短板，我们选择了与榆林临近且同属于成长型资源型城市的鄂尔多斯，以及成熟型资源型城市湖州、

娄底、衰退型资源型城市阜新、枣庄和焦作、再生型资源型城市徐州等7个城市进行横向比较。之所以选择这7个城市，主要基于以下考虑：一是这些城市都是煤炭资源的重要产地，产业发展模式与榆林存在一定的相似之处，具有可比性。二是这些城市处于不同的发展阶段，横向比较的侧重点有所不同，有利于掌握更全面的信息，如通过与同类城市鄂尔多斯相比，可以了解榆林发展的差距；与衰退型和成熟型城市相比，可以为榆林发展提供警示，明确突出问题和不足等。三是这些城市通过转型发展都取得了一定的成绩，通过横向比较，有助于进一步把握推动发展的不同因素，为榆林培育新动能提供借鉴。

## 一、榆林经济发展资源驱动因素更强，转型任务更为艰巨

从产业结构来看，榆林第二产业比重达到60.6%，与排名最后一位的徐州（43.3%）相比，高出17个百分点，说明同作为资源型城市，榆林的工业主导地位十分突出（见图2-9）。从工业结构构成来看，以榆林、湖州、阜新三个城市为例，2016年规模以上工业总产值中，三个城市的重工业产值比重分别为97.4%、53.9%和71.8%，榆林远远高于其他两个城市，说明榆林作为成长阶段的资源型城市，以资源开采利用为主的重工业比重仍相对偏高，经济发展的资源驱动因素更强，经济转型发展中产业结构优化的任务较重。

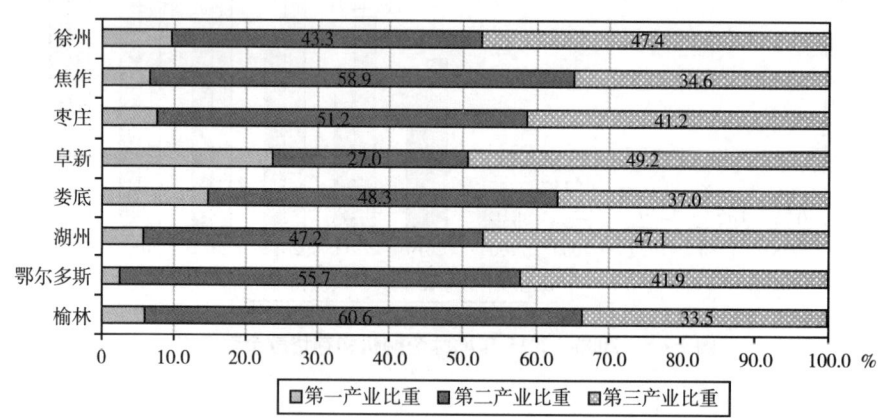

图2-9 2016年榆林、鄂尔多斯等8个城市三次产业比重情况

## 二、榆林规模以上企业实力有待进一步培育

2014年，榆林企业数量为710个，多于鄂尔多斯和阜新，但低于其他城市

（娄底数据无法获取）。由于榆林规模以上企业数量较少，因此2016年规模以上企业主营业务收入总规模也相对较低，仅高于阜新，位列第6位。从企业平均业务收入水平来看，榆林不足鄂尔多斯的1/3，表明单个企业的盈利能力有待提升（见表2-7）。

表2-7 榆林、鄂尔多斯等城市规模以上工业企业数量和主营业务收入情况

| 城市 | 2016年规模以上工业企业主营业务收入（亿元） | 其中：年平均每个企业收入（亿元） | 2014年规模以上工业企业数量（个） |
|---|---|---|---|
| 榆林 | 2 322.7 | 3.27 | 710 |
| 鄂尔多斯 | 4 653.9 | 11.93 | 390 |
| 湖州 | 4 217.4 | 1.64 | 2 577 |
| 阜新 | 264.5 | 0.44 | 603 |
| 枣庄 | 3 842.08 | 2.55 | 1 507 |
| 焦作 | 5 611.87 | 4.63 | 1 211 |
| 徐州 | 13 866.05 | 4.82 | 2 874 |

### 三、榆林公共服务水平仍需进一步提高

在资源经济的推动下，过去10多年间榆林地方财力有所增强，有效地促进了医疗、教育事业的持续发展。2016年，榆林每千人拥有医疗卫生人员数量为6.4人，位列第5位。但需要注意的是，榆林高等教育人群规模偏低，不利于创新驱动的培育。另外，榆林的失业率略高，位列第4位（见表2-8）。

表2-8 2016年榆林、鄂尔多斯等地方财力和公共服务情况

| 城市 | 地方财政收入（亿元） | 财政总支出（亿元） | 千人拥有医卫人员数量（人） | 高等学校在校人数（万人） | 失业率（%） |
|---|---|---|---|---|---|
| 榆林 | 232.7 | 471.1 | 6.4 | 1.7 | 3.50 |
| 鄂尔多斯 | 451.0 | 563.4 | 7.9 | 0.8 | 3.00 |
| 湖州 | 211.2 | 288.6 | 81.0 | 4.2 | 2.52 |
| 娄底 | 104.6 | 271.1 | 4.9 | 2.8 | 4.19 |
| 阜新 | 35.8 | 137.7 | 6.7 | 1.4 | 4.49 |
| 枣庄 | 147.4 | 246.9 | 55.4 | 3.4 | 2.38 |
| 焦作 | 124.2 | 217.3 | 6.1 | 7.4 | 3.90 |
| 徐州 | 516.1 | 798.9 | 5.3 | 15.3 | 1.85 |

## 四、榆林城镇化均衡发展工作任务艰巨

2016年榆林城镇化率达到53.6%，在8个城市中仅高于娄底，位列第7位，比鄂尔多斯的城镇化率低了近17个百分点，与阜新、枣庄、焦作等城市基本持平。随着城镇化进程的加快，榆林城镇居民与农村居民的收入差距有所拉大，2016年两者之比为2.8∶1，远远高于其他地区，位列第一（见图2-10）。

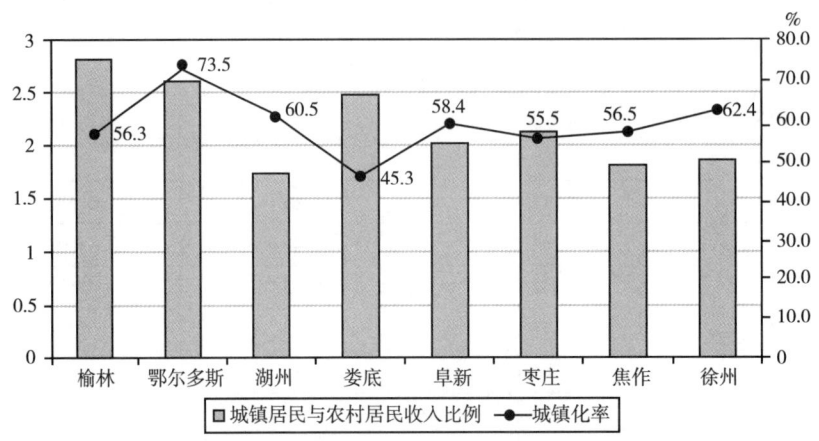

图2-10　2016年榆林、鄂尔多斯等城市城乡居民收入比与城镇化率的情况

## 五、榆林资源集约利用和生态环境保护任务紧迫

从2016年单位GDP能耗的变化情况来看，在全国和鄂尔多斯、娄底、徐州等多数城市普遍降低的情况下，榆林单位GDP能耗却出现了近30%的增加（见图2-11），这说明榆林在资源的节约利用方面还存在一定的改进空间。

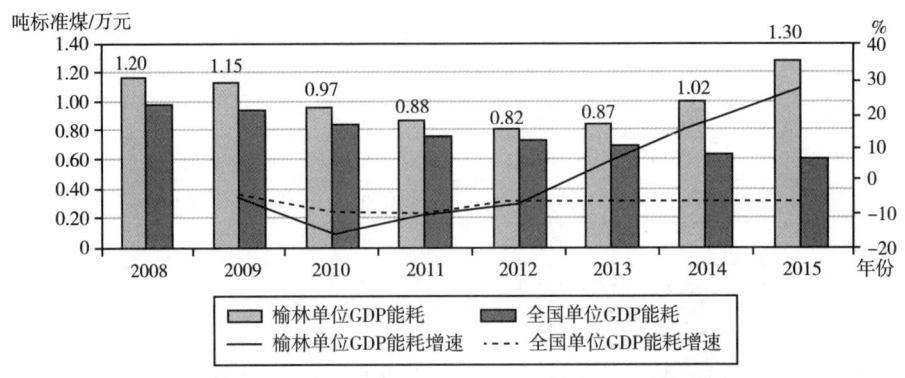

图2-11　2008—2015年榆林单位GDP能耗及其增速与全国的比较情况

# 第三章 榆林发展面临的历史机遇、挑战及优劣势分析

本部分采用SWOT框架对榆林市面临的机遇挑战及其自身的优劣势进行全面分析,以便提出适用于榆林市且具有高度可行性的政策建议。

## 第一节 榆林市发展机遇

### 一、承接区域产业转移,实现跨越式发展

产业转移是在处于不同经济发展阶段的区域之间所发生的重要经济现象,具体是指在市场经济条件下,发达区域的部分企业顺应区域比较优势的变化,通过跨区域直接投资,把部分产业的生产转移到发展中区域或落后区域来进行,从而表现出产业从发达区域向发展中区域转移的现象。在过去几十年的高速发展中,我国已经形成了非常明显的区域发展差距,即东部地区先于中西部地区进入了工业化后期甚至是后工业化时期。因此,产业转移既是顺应市场规律的自发现象,也是政府为缩小地区发展差距、实现社会共同富裕而重点支持的经济活动。随着《国务院关于中西部地区承接产业转移的指导意见》《鼓励东部地区向中西部地区进行产业转移》《继续推进中西部地区基础设施和生态建设》《增加西部大开发投资》等旨在促进东西部产业转移的政策、规划与意见的相继出台,东部地区产业向中西部地区转移已经形成了一定规模,这将成为现阶段我国经济社会持续较快发展的一个重要引擎。

陕西省地处国家地理版图的中心位置,自然资源丰富,产业基础较好,因而在国家西部大开发战略中居于"首要位置"。随着丝绸之路经济带新起点和"一带一路"重要节点建设,陕西正在成为全国新的重要综合交通枢纽,陕西的

区位条件正在持续提升，陕西具备大规模聚集新的发展要素资源和承接国内外产业转移的基础。在新一轮国际国内产业转移的浪潮中，陕西既可以承接东部沿海地区部分劳动密集型产业转移，也可以继续承接国外中高端产业转移，从而带动全省工业实现跨越发展。其中，在西方发达国家兴起"再工业化"浪潮这一背景下，承接国内区域产业转移将成为陕西经济腾飞的主要助力。相应地，陕西也采取了一系列举措来积极参与到区域产业转移中，例如：陕西与北京市签署《深化京陕合作框架协议（2017—2020年）》，积极按照《深化京陕合作承接产业转移工作方案》的要求承接北京产业转移。

对于榆林市等资源型城市的经济社会发展来说，承接区域产业转移有着特别重要的促进作用。第一，加快基础设施的完善，提高交通网络的一体化和系统化水平。在承接产业转移的过程中，除了地方政府投资外，进行转移的企业也必然会投资建设基础设施，这将提高落后地区基础设施的投资与建设水平。同时，提高交通便利性也是连接生产地与产品市场的必要需要。为此，产业转移将有助于实现落后地区与发达地区之间交通网络的连接与融合，从而形成交通一体化并为经济一体化服务。第二，推动人流、物流、资金流的进入，为开发本地经济提供必要资源与要素。产业转移的本质，是人、财、物等要素在企业的组织下进行跨区域流动。东部地区企业在向中西部地区转移之时，将促使各种生产要素部分实现转移，这不仅能够满足这些企业本身所需，而且在规模化的作用下也将为本地其他企业或者产业的发展提供必要资源。特别地，资金规模的扩大将促进金融市场的壮大，这将成为经济发展的有力引擎。第三，符合本地比较优势的产业规模化进入，将促进产业结构的调整与优化升级。追求利润最大化，是企业进行转移的根本目的。因此，与之前各地区的工业化相比，产业转移将在更大程度上遵循比较优势。而承接符合本地比较优势的产业转移，落后地区不仅能够实现相关产业的规模化发展，同时也能够较快实现产业结构的优化调整。在地方政府的宏观调控下，不同落后地区可以重点发展符合自身特色的具体产业，这将有助于实现地区间差异化竞争。第四，提高全要素生产率与经济效率，实现地方经济跨越式发展。相比于东部地区而言，中西部地区企业或者产业的生产技术水平相对较低，特别是对资源能源的使用效率不高，因而经济效益相对较差。产业转移具有项目规模大、技术含量高、出口比重高、投资领域宽和投资方式多样化等特点，并且将更多地集中在资本密集型和技术密集型的制造业以及现代服务业领域。因此，东部地区产业或企业的进入将有效提高落后地区的全要素生产率与经济效率，并确保其在部分领域实现跨越式发展。最后，需要特别指出的是：互联网时代下的产业转移能够提供更大的潜在市场，因而有利于特色产业以及重点企业的规模化发展。因此，互联网经济的发展能够在一定程度上消除产业转移所面临的限制，这将进一步扩大产业转移的规模，并为落后地区带来更多的发展机遇。

## 二、推进新型城镇化，释放发展新动能

城镇化是伴随工业化发展，非农产业在城镇集聚、农村人口向城镇集中的自然历史过程，是人类社会发展的一个客观趋势。因此，实现城镇化对于我国经济社会发展而言具有非常重大的战略意义。正如《国家新型城镇化规划（2014—2020 年）》中所指出的，城镇化是国家现代化的必由之路，是保持经济持续健康发展的重大引擎，是加快产业结构转型升级的重要抓手，是解决农业农村农民问题的重要途径，是推进区域协调发展的有力支撑，是促进社会全面进步的必然要求。考虑到城镇化的重大作用，党中央和国务院制定并实施了《国家新型城镇化规划（2014—2020 年）》，旨在消除过去城镇化进程中所存在的矛盾与问题，并全面推进以人为核心的新型城镇化。

所谓新型城镇化，是指以城乡统筹、城乡一体、产业互动、节约集约、生态宜居、和谐发展为基本特征的城镇化，是大中小城市、小城镇、新型农村社区协调发展、互促共进的城镇化。与过去以城镇数目增多、城市人口规模急剧扩张为特征的城镇化不同，新型城镇化是以人为核心的城镇化：它不以牺牲农业和粮食、生态和环境为代价，而是着眼农民、覆盖农村，实现城乡基础设施一体化和公共服务均等化，促进经济社会发展并实现共同富裕。目前，根据党中央与国务院制定的规划，新型城镇化正以试点的方式进行，先后有三批城市（镇）被列为国家新型城镇化综合试点地区，这将有效带动相关地区的经济社会发展。

对于榆林市等中西部落后地区而言，新型城镇化的推进无疑是一个十分重要的发展机遇。从传统的城镇化率衡量标准来看，榆林市当前的城镇化仍然处于较低水平。如表 3-1 所示，2015 年榆林市城镇化率为 55.0%，仍然低于全国平均水平，与上海、北京等发达地区相比更是差距甚大。因此，榆林市包括周边地区在城镇化方面还有非常大的潜力，提升城镇化水平无疑是促进地区经济社会发展的重要动力。神木县于 2016 年 12 月入选国家新型城镇化第三批试点地区名单，这将对榆林市推进新型城镇化起到极其重要的引领作用。

表3-1　　　　　　　　　2015年城镇化水平

| 地区 | 城镇人口（万人） | 农村人口（万人） | 城镇化率（%） | 地区 | 城镇人口（万人） | 农村人口（万人） | 城镇化率（%） |
|---|---|---|---|---|---|---|---|
| 全国 | 77 116 | 60 346 | 56.1 | 海南 | 502 | 409 | 55.1 |
| 上海 | 2 116 | 299 | 87.6 | 山西 | 2 016 | 1 648 | 55.0 |
| 北京 | 1 877 | 293 | 86.5 | 榆林 | — | — | 55.0 |
| 天津 | 1 278 | 269 | 82.6 | 陕西 | 2 045 | 1 748 | 53.9 |
| 广东 | 7 454 | 3 395 | 68.7 | 江西 | 2 357 | 2 209 | 51.6 |
| 辽宁 | 2 952 | 1 431 | 67.4 | 河北 | 3 811 | 3 614 | 51.3 |
| 江苏 | 5 306 | 2 670 | 66.5 | 湖南 | 3 452 | 3 331 | 50.9 |
| 浙江 | 3 645 | 1 894 | 65.8 | 安徽 | 3 103 | 3 041 | 50.5 |
| 福建 | 2 403 | 1 436 | 62.6 | 青海 | 296 | 292 | 50.3 |
| 重庆 | 1 838 | 1 178 | 60.9 | 四川 | 3 912 | 4 292 | 47.7 |
| 内蒙古 | 1 514 | 997 | 60.3 | 新疆 | 1 115 | 1 245 | 47.2 |
| 黑龙江 | 2 241 | 1 570 | 58.8 | 广西 | 2 257 | 2 539 | 47.1 |
| 山东 | 5 614 | 4 233 | 57.0 | 河南 | 4 441 | 5 039 | 46.8 |
| 湖北 | 3 327 | 2 525 | 56.9 | 云南 | 2 055 | 2 687 | 43.3 |
| 吉林 | 1 523 | 1 230 | 55.3 | 甘肃 | 1 123 | 1 477 | 43.2 |
| 宁夏 | 369 | 299 | 55.2 | 贵州 | 1 483 | 2 047 | 42.0 |

数据来源：全国及各省市数据来自《中国统计年鉴2016》，榆林市数据来自《榆林统计年鉴2015》。无特殊说明，以下同。

新型城镇化是更加科学、合理的城镇化模式，它能够提高城镇化的真实质量，切实发挥其对经济社会发展的促进作用。具体而言，新型城镇化助力榆林市等落后地区经济社会发展的机制主要包括：第一，提高城市间联动性，促进区域市场一体化。新型城镇化的一个重要方向，是实现各个城市之间的协调和联动发展。为此，必须打破地区间行政壁垒，建立并完善城市联动发展机制，实现规划制定与经济发展的协同。这将加快推进区域经济尤其是区域市场的一体化，从而为企业/产业提供更大规模的产销市场，并为地方经济提供更强动力。第二，支持落后地区中小城市和小城镇发展，促进其基础设施与发展环境优化。与以往注重发展大城市与特大城市的城镇化不同，新型城镇化旨在推动大城市、中小城市、小城镇和新型农村社区的协调发展。今后为推进城镇化所进行的基础设施投资将惠及更多的中小城市和小城镇（包括新农村地区），这对于落后地区的中小城市和小城镇来说，无疑是一次优化基础设施及经济和发展环境的良机。第三，促进人口地区间自由流动，为落后地区发展奠定基础。我国在过去的30多年中实现了国民经济的跨越式增长，但也积累了非常严重的区域发展差距。由于财政收入规模不同，各地区或城市地方政府在提供公共服务方面有着明显差异化的能力。加之不同地区所存在的较大收入差距，全国人口大多流向大城市与部分中小城市，这直接制约着落后地区的经济社会发展。新型城镇化的一个目标或者举措，是实现公共服务均等化。公共服务均等化能够降低迁移的机会成本，从而促进全国劳动人口在区域内与区域间的自由流动，这将为落后地区提供发展所需的人口这一必备条件。第四，实现更加融洽的城镇化，确保经济社会发展转型升级。新型城镇化旨在实现人口与产业、土体、社会、农村的一体化，这将在推动经济、政治、社会等各方面制度改革的同时，探索并遵循更加融洽、合理、科学的发展方式，最终实现经济社会的稳定、可持续发展。

### 三、融入区域协调发展，实现更好更快发展

区域经济协调发展，简称为区域协调发展，是指在区域开放条件下，区域之间经济联系日益密切、经济相互依赖日益加深、经济发展上关联互动和正向促进，各区域的经济均持续发展且区域经济差异趋于缩小的过程。目前，区域协调发展（或者区域协同发展）已被当今世界许多国家和地区确定为实现社会可持续发展的基础。对于我国而言，区域协调发展是缩小地区发展差距、实现社会共同富裕的必经之路，因而具有重要的战略意义。例如，2015年党中央和国务院将京津冀协同发展提升为国家发展重大战略，试图通过促进该区域的协同发展来为国民经济的进一步发展提供新的动力。

陕西地处我国内陆中心腹地，纵跨黄河长江两大水系，是亚欧大陆桥亚洲段的中心和进入大西北的门户，与晋、蒙、宁、甘、川、渝、鄂、豫八个省（市、自治区）接壤，具有承东启西、连接南北的区位之便。目前，陕西在西部大开发和"一带一路"两个国家重点发展建设中占据着中心位置。

其一，陕西是西部大开发的重要节点。经过15年的开发建设，西部地区已经具备较强的经济实力，人力资源不断积累，市场空间不断拓展，发展能力不断增强，发展活力竞相迸发，发展动力加快转换，这为后续发展奠定了坚实基础。为继续促进西部地区的稳定较快发展，国家对西部地区的经济发展空间格局加以调整和明确。具体来说，《西部大开发"十三五"规划》中明确了"五横两纵一环"的总体空间格局。陕西是"五横"之一——陆桥通道

和"两纵"之一——呼南通道的重要地区,其中西安和榆林分别是重要的节点城市。

第二,陕西是实施"一带一路"倡议的重要节点。"一带一路"倡议是超越国界范围的区域发展倡议,它将充分依靠中国与有关国家既有的双多边机制,借助既有的、行之有效的区域合作平台,旨在共同打造政治互信、经济融合、文化包容的利益共同体、命运共同体和责任共同体。"一带一路"地区包含我国18个省/直辖市/自治区以及中亚、西亚、南亚、东南亚等大片区域,覆盖总人口约46亿(超过世界人口60%),GDP总量达20万亿美元(约占全球1/3)。这一区域中的国家其经济增长对跨境贸易的依赖程度较高,2012年各国平均外贸依存度达到34.5%,远高于同期24.3%的全球平均水平。毫无疑问,该区域的协调发展将极大促进所涉及地区的经济社会发展。在"一带一路"建设中,陕西也同样有着举足轻重的地位。其中,西安是丝绸之路经济带的重要一环。而在长期规划中,对陕西的定位是:形成面向中亚、南亚、西亚国家的通道、商贸物流枢纽、重要产业和人文交流基地。具体地,陕西的重要性表现为:陕西是实施"一带一路"建设的重要节点,是沟通内陆与亚欧大陆桥和海上丝绸之路的重要交通枢纽,是丝绸之路经济带上的最大物流中转基地。

榆林是陕西经济发展的"两极"之一,也是区域中心城市和重要交通枢纽。因此,榆林必然在西部大开发战略与"一带一路"建设中发挥重要作用,同时也能够获得极大好处。榆林直接与中部地区接壤,且距离京津冀等东部地区相对较近,因而也位于京津冀地区协同发展的辐射范围。陕甘宁蒙晋区域经济合作区的建成,将成为东西部贸易的物流中心,形成西部开发的大后方,同时也是"一带一路"建设的重要一环。毫无疑问,榆林具有成为该区域经济高地的潜力。

具体而言,上述多层次区域协调发展对榆林市经济社会发展的促进作用主要体现在如下方面:第一,区域协调发展能够促进生产要素的自由流动,并为落后地区产业或企业的发展提供更加广阔的市场;第二,区域协调发展将加快区域市场一体化进程,提高各地区之间的经济互动性与协调性,减少地区间产业同质竞争,促使空间经济结构不断优化,为基于比较优势的产业集聚奠定基础;第三,协调发展将促进区域内公共服务均等化,在减少社会矛盾的同时为新型城镇化的实施提供助力;第四,区域协调发展将降低各地区之间经济社会发展的非同步性,提高相互间协作程度,这有利于生态补偿机制的完善与实施,为资源型城市的转型发展提供更加有利的外部环境。

## 四、全面深化改革，创造良好发展环境

自党的十一届三中全会召开以来，我国国民经济在短短 30 多年里实现了举世瞩目的跨越式发展，为 2020 年全面建成小康社会打下了坚实的物质基础。在这过程中，改革开放无疑是最重要的动力之一。在党中央的领导下，我国锐意推进经济体制、政治体制、文化体制、社会体制、生态文明体制和党的建设制度改革，不断扩大开放，既扫清了发展社会主义市场经济的大量障碍，也释放了规模庞大的改革红利，通过制度的改革促进了经济社会的全方位发展。在我国经济进入新常态阶段、经济增长速度不断下滑之后，高速发展时期所积累的经济社会矛盾日益凸显。为了确保国民经济持续快速增长和社会和谐稳定发展，我们必须进一步推进制度与体制改革。于是，党的十八大报告提出了全面深化改革的战略部署。

为了贯彻落实全面深化改革这一战略部署，党的十八届三中全会对若干重大问题做出了审时度势的决定。根据《中共中央关于全面深化改革若干重大问题的决定》，全面深化改革的主要实施领域是：其一，坚持和完善基本经济制度，包括完善产权保护制度、积极发展混合所有制经济、推动国有企业完善现代企业制度、支持非公有制经济健康发展；其二，加快完善现代市场体系，包括建立公平开放透明的市场规则、完善主要由市场决定价格的机制、建立城乡统一的建设用地市场、完善金融市场体系、深化科技体制改革；其三，加快转变政府职能，包括健全宏观调控体系、全面正确履行政府职能、优化政府组织结构；其四，深化财税体制改革，包括改进预算管理制度、完善税收制度、建立事权和支出责任相适应的制度；其五，健全城乡发展一体化体制机制，包括加快构建新型农业经营体系、赋予农民更多财产权利、推进城乡要素平等交换和公共资源均衡配置、完善城镇化健康发展体制机制；其六，构建开放型经济新体制，包括放宽投资准入、加快自由贸易区建设、扩大内陆沿边开放；等等。

在认识到我国当前所面临的经济增速下滑、产能过剩严重、核心竞争力缺乏、产业结构亟待调整等一系列重大问题皆源自于结构性失衡这一事实之后，以习近平同志为核心的党中央于 2015 年 11 月做出了实行供给侧结构性改革（以下简称"供给侧改革"）这一重大战略决策，即：用改革的办法推进经济结构调整，减少无效和低端供给，扩大有效和中高端供给，增强供给结构对需求变化的适应性和灵活性，提高全要素生产率，使供给体系更好地适应需求结构的变化。也就是说，供给侧结构性改革的主要目的，在于解决我国国民经济在

过去发展中所积累或产生的供需失衡，主要包括有供给无需求、供给的低效率抑制了有效需求、有需求无供给等三类问题，最终扫除国民经济发展所面临的制约，为进一步持续快速发展提供助力。

对于榆林等资源型城市与落后地区来说，全面深化改革能给进一步发展创造良好环境，其中重点在于以下几个方面：第一，明确市场在资源配置中起决定性作用，厘清政府与市场的关系，在减轻政府不必要负担的同时，减少政府对国民经济的不必要干预、提高资源配置效率、充分释放市场活力；第二，推进供给侧结构性改革能够加快促进产业结构合理化、高级化调整，引导资源型城市走集约化发展道路，帮助其避免重复建设、无序投资等问题；第三，破除制度约束、消除地区间制度性壁垒，可以促进劳动力、资本等要素的自由流动与优化配置，这既有利于落后地区发挥比较优势，又能够提高其资源能源利用效率与全要素生产率；第四，全面深化制度改革可以大幅降低企业生产经营成本、提高其盈利能力，这将激发市场主体以及国民经济的活力，并为鼓励企业加大研发投入、实施创新驱动发展战略提供物质基础；第五，全面深化改革尤其是社会领域举措的实施，能够促进各地区之间的相互融合与协调发展，并有助于落后地区缓解消除社会矛盾、加强与发达地区之间的联系与经济社会交流；第六，全面深化改革不仅能够消除经济发展所面临的制度性障碍，而且能够引导并促进产业结构升级与发展方式转变，这将有助于资源型城市较好处理资源能源利用与生态环境保护之间的关系，最终实现可持续发展。

### 五、深化财税制度改革，激发财政系统活力

财政是国家治理的基础和重要支柱，科学的财税体制是优化资源配置、维护市场统一、促进社会公平、实现国家长治久安的制度保障。在经济增速放缓、社会矛盾突出的新常态时期，优化财政制度、提高财政支出效率变得更加重要。为此，党中央明确指出"必须完善立法、明确事权、改革税制、稳定税负、透明预算、提高效率，建立现代财政制度，发挥中央和地方两个积极性"。

在《中共中央关于全面深化改革若干重大问题的决定》中，党中央将新一轮财税体制改革的内容与方向明确为：第一，改进预算管理制度，重点实施全面规范、公开透明的预算制度，并建立跨年度预算平衡机制，建立权责发生制的政府综合财务报告制度，建立规范合理的中央和地方政府债务管理及风险预警机制；第二，完善一般性转移支付增长机制，重点增加对革命老区、民族地区、边疆地区、贫困地区的转移支付；第三，深化税收制度改革，完善地方税

体系，逐步提高直接税比重，具体包括推进增值税改革、适当简化税率、调整消费税征收范围、逐步建立综合与分类相结合的个人所得税制、加快房地产税立法并适时推进改革、加快资源税改革、推动环境保护费改税等；第四，按照统一税制、公平税负、促进公平竞争的原则，加强对税收优惠特别是区域税收优惠政策的规范管理；第五，建立事权和支出责任相适应的制度，适度加强中央事权和支出责任；等等。

在现行体制下，地方政府在执行财税政策时都面临着一些问题与困难。例如，以资源型城市榆林为例，其财税体制中存在的问题主要包括：其一，煤炭资源税税率偏低，不仅大幅减少了榆林市的财政收入，而且难以达到调节煤炭资源开采与环境保护之间关系的作用；其二，税收政策不合理导致本地应得税收收入流失；其三，资源开采企业注册地与生产运营地不同，在现有税收制度下资源所在地无法获得相应的税收收入；其四，在全要素生产率尚且较低的阶段，严格执行税收政策将导致部分企业（甚至包括资源类企业）无法正常运营。因此，深化财税体制改革将有效消除现有财税体系中存在的问题与弊端，从而充分发挥财政支出对保障经济社会发展的重要作用。

具体而言，新一轮财税制度改革对榆林等资源型城市的意义在于：第一，明确中央与地方在财权与事权方面的责任划分，有效解决财权与事权不匹配以及由此产生的相关问题；第二，实现生产运营地与纳税地的统一，合理调整税收收入在地区之间的分配；第三，合理制定和调整煤炭、石油等方面的资源税税率，在增加地方政府财政收入的同时充分发挥资源税调节资源能源开采、实现生态环境保护的作用；第四，构建合理的地方税体系，明确地方政府在消费、房产、资源能源等方面的征税权，增强地方政府在制定税收政策方面的灵活性及其进行宏观经济调控的能力；第五，通过"营改增"等税收制度改革，有效、合理减少和降低企业的税收负担，增强企业盈利能力、激发国民经济活力。

## 六、国家实施扶贫攻坚战略，夯实落后地区发展基础

在初步实现工业化之后，我国政府将消除贫困作为重要战略目标。这不仅是践行《联合国千年宣言》的必然要求，也是实现中国特色社会主义和全面建成小康社会的必经之路。20世纪80年代中期，我国开始有计划、有组织地大规模实施农村扶贫开发工作。期间，制定并实施了《国家八七扶贫攻坚计划》(1994—2000年)《中国农村扶贫开发纲要（2001—2010年)》《中国农村扶贫

开发纲要（2011—2020年）》等扶贫规划，极大地推动了扶贫工作的进展，并使得扶贫减贫工作得到广泛的社会认可。目前，我们已经实现了"从1990年到2015年，将日收入不足1.25美元的人口比例减半"这一艰巨任务，帮助超过4.39亿人摆脱了贫困。随着对贫困以及人权问题的重视程度日益提高，我国的扶贫力度也不断加大，取得了非常显著的效果。2013年与2014年，中央财政分别投入专项扶贫资金394亿元和433亿元，最终分别实现全国农村贫困人口减少1 650万人和1 232万人。

然而，受发展阶段、基本国情等因素的影响，我国仍然面临着十分突出的贫困问题：一方面，我国贫困人口规模庞大。截至2014年底，仍有7 017万贫困人口。另一方面，这些贫困人口高度集中，贫困人口超过500万人的省份有贵州、广西、河南、湖南、四川、云南6个。因此，扶贫减贫、确保到2020年农村贫困人口实现脱贫，仍然是全面建成小康社会最为艰巨的任务，这是因为：要在2020年全面建成小康社会，这就意味着我国必须在今后几年时间里消除全部贫困人口，即平均每年减贫1 170万人、平均每月减贫100万人。为此，党中央和国务院在《中共中央、国务院关于打赢脱贫攻坚战的决定》中提出了一揽子方案、政策与措施，以实现2020年全面攻克贫困这一目标。

其中，具体措施主要有：第一，实施精准扶贫方略，加快贫困人口精准脱贫，包括健全精准扶贫工作机制、发展特色产业脱贫、引导劳务输出脱贫、实施异地搬迁脱贫、结合生态保护脱贫等；第二，加强贫困地区基础设施建设，加快破除发展瓶颈制约，包括加快交通水利电力建设、加大"互联网+"扶贫力度、加快农村危房改造和人居环境整治等；第三，强化政策保障，健全脱贫攻坚支撑体系，包括加大财政扶贫投入力度、加大金融扶贫力度、完善扶贫开发用地政策、加大科技扶贫力度等；第四，广泛动员全社会力量，合理推进脱贫攻坚，包括健全东西部扶贫协作机制、健全定点扶贫机制、健全社会力量参与机制等。

榆林的城镇化率相对较低，农村人口仍然较多，扶贫攻坚任务非常艰巨。例如，绥德县总人口为36万人，其中农村人口达到30万人。至2016年底，全县仍有贫困村120个，贫困人口7.1万人，具有贫困人口基数大、贫困面广、贫困人口分布不集中（大部分贫困人口分布在边远地区，交通极为不便）等特征。因此，绥德既是全国吕梁山片区集中连片特困地区重点县，也是革命老区扶贫开发重点县。相应地，中央政府实施扶贫攻坚战略将有效带动榆林地区实现贫困人口脱贫与经济社会发展。

国家扶贫攻坚战略对榆林等落后地区的促进作用主要体现在：第一，中央政府加大财政扶贫投入力度和金融扶贫力度，可以帮助地方政府增强扶贫减贫投入力度、扩大扶贫工作惠及范围，最终带动落后地区实现农村贫困人口脱贫；第二，围绕扶贫攻坚所展开的制度改革与调整，例如制定扶贫开发土地政策等，能够增强地方政府的施政能力与灵活性；第三，产业扶贫战略的实施将为落后地区带来大量资源、物质等产业/企业发展所需的各类要素，从而促进目标地区特色产业的规模化发展，为产业结构调整与地方经济发展创造必要条件；第四，中央政府将加大贫困地区交通、水利、电力等基础设施建设力度，这将消除落后地区经济发展所面临的瓶颈，并有效带动本地投资与产业发展；第五，国家动员全社会力量推进脱贫攻坚工作，不仅能够提高东中西部地区之间的协作程度，同时也将为企业、协会等市场主体、社会组织参与落后地区扶贫减贫及经济开发等创造适宜环境、提供有效激励。

### 七、政策支持有力，保障区域中心城市建设

榆林是陕甘宁革命老区、呼包银榆重点经济区的核心区域，是国家"两横三纵"城市群和青银联系大通道上的重要节点城市，也是关中—天水经济区的主要辐射区和环渤海经济圈的重要能源资源支撑区。因此，包括榆林市在内的陕北地区是中央政府和陕西省政府都十分重视的发展重点之一，因而也是各项政策重点支持的一个主要地区。

中央层面，在党中央和国务院以及国家发改委等制定的发展规划与措施中，均对陕北地区有一定的政策倾斜。例如，《西部大开发"十三五"规划》将榆林作为"五横两纵一环"中呼南通道的重要节点城市，同时将神木、府谷等列为重要的能源基地。同时，国家发改委等在《推动共建丝绸之路经济带和21世纪海上丝绸之路的愿景与行动》中提出：发挥陕西、甘肃综合经济文化和宁夏、青海民族人文优势，打造西安内陆型改革开放新高地，加快兰州、西宁开发开放，推进宁夏内陆开放型经济试验区建设，形成面向中亚、南亚、西亚国家的通道、商贸物流枢纽、重要产业和人文交流基地。

在陕西省层面，省委省政府高度重视陕北地区经济社会发展。在《陕西省国民经济和社会发展第十三个五年规划纲要》中，陕西省明确提出要坚持强关中、稳陕北、兴陕南的基本思路，全力推进陕北转型持续发展，具体包括：建设陕北高端能源化工基地、建设现代农业产业基地、建设黄土高原生态文明示范区、建设城乡统筹综合改革示范区等。其中，与榆林有关的内容包括：重点

建设神华榆林循环经济煤炭综合利用等煤制烯烃以及华电榆横等煤制芳烃项目，并力促项目向下游精细化工延伸。提升兰炭产业技术水平，推进煤炭分质利用示范工程建设；建设未来能源榆横 400 万吨煤制油项目、延长榆横 200 万吨油醇联产工程等项目；强化延安、榆林等重要物流节点综合服务功能；支持榆林建设鄂尔多斯盆地中心城市；支持榆林发展现代农业、文化旅游、商贸物流、可再生能源等特色产业；支持榆林"多规合一"试点、民营经济转型升级试验，打造陕甘宁蒙晋区域性中心城市；等等。仅从《陕西省"十三五"规划》就可以看出，陕西省对榆林市的政策支持力度非常大。

  作为一个资源禀赋极为突出的城市，榆林市在国家资源能源规划中赋予了重要的战略地位。在《全国主体功能区规划》中，包含榆林北部的呼包榆鄂地区的功能定位为：全国重要的能源、煤化工基地、农畜产品加工基地和稀土新材料产业基地，北方地区重要的冶金和装备制造业基地。在《全国资源型城市可持续发展规划（2013—2020 年）》（国发〔2013〕45 号）中，榆林市与鄂尔多斯市等一道被确立为成长型资源型城市，并且成为石油和煤炭的后备基地。该规划着重提出，要"根据资源供需形势和开发利用条件，加快推进成长型和成熟型城市资源开发基地建设，鼓励与资源储量规模相适应的规模化经营，提升机械化开采水平"。毫无疑问，中央和陕西省有力的政策支持，将使得榆林市能够在新形势下更好实现经济社会平稳发展，并逐步在区域中脱颖而出、成为真正具有影响力的中心城市。

## 第二节 榆林市发展面临挑战

### 一、生态环境约束趋紧，制约资源型城市经济发展

  30 多年的高速增长一方面给我国带来了日益丰富的物质文明，另一方面又极大地破坏了生态环境，引发了资源能源日渐枯竭、生态环境严重污染等问题。为实现经济社会与环境的和谐发展与可持续发展，国家不断提高节能减排和保护生态环境的要求。同时，随着我国经济社会发展水平与人均收入水平的提高，以发达国家为主导的国际社会也不断提高对我国承担环境污染治理和节能减排的要求。为此，2015 年党中央和国务院颁布了《中共中央、国务院关于加快推进生态文明建设的意见》，明确提出了发展循环经济、低碳经济的要求，强化对

高污染、高能耗、资源型等"两高一资"产业发展的控制和约束。毫无疑问，生态环境约束趋紧（包括节能减排要求趋严）必然会提高企业的生产经营成本，降低企业的盈利能力及其区域和国际竞争力。而对于资源型城市来说，这一问题将更加严重。

榆林是典型的资源型城市，其矿产资源非常丰富，目前已发现 8 大类 48 种矿产，且以煤、气、油、盐最为丰富，是建设中的国家能源化工基地。榆林还是国家"西煤东运"的腹地、"西气东输"的源头、"西电东送"的枢纽，是 21 世纪中国重要的能源接续地。2016 年，全年生产原煤 3.6 亿吨，天然气 159.7 亿立方米，原油 1 092.3 万吨，原油加工 403.5 万吨，兰炭 2 888.7 万吨，发电量 693 亿度，金属镁 45.6 万吨。但是，资源型产业结构虽然迅速带动了榆林经济发展，但同时也导致其生态环境不断恶化，人口、资源、环境与发展之间的矛盾日渐突出。在发展低碳经济、绿色经济的现阶段，榆林必然面临不断趋紧的生态环境约束。

具体而言，生态环境约束趋紧给榆林市经济社会发展带来的挑战主要包括：第一，冲击能源开采利用结构。原煤在榆林能源生产与消费中的比重长期维持在 70% 左右，而石油、天然气、核能、风能、水能及太阳能等绿色能源比重过低。在短时间内，这种状况难以改变，因而很难适应生态环境约束趋紧这一变化。第二，降低碳排放强度的压力急剧增大。榆林是全国重要的化石能源生产和输出地，原煤、原油、甲醇、兰炭、铁合金、发电量等主要工业品产量连年上升，大规模的能源开发和高耗能产业的投产，必然引起碳排放总量上升，这无疑不符合发展低碳经济和绿色经济的要求。第三，环境标准趋严制约经济发展。为实现经济发展方式转变、发展低碳经济等战略目标，国家不断提高产业准入（尤其是环评标准）等门槛，同时通过主体功能定位划分限制了土地开发利用，这必然使得具有资源型产业结构的榆林在经济发展方面受到较强制约。第四，协调生态环境保护与经济社会发展的关系更加困难。按照主体功能区划分，榆林既有重点开发区又有生态保护区，同时现阶段的生态环境仍然十分恶劣。在这种情况下，要发展低碳经济和保护生态环境，必然会制约资源开发与经济发展。榆林市的财政收入有很大一部分来自资源能源开发，因而生态环境约束趋紧可能降低政府的财力及其提供公共服务和扶贫减贫的能力。如何协调两者之间的关系，将是资源型城市必须妥善解决的问题。

## 二、资源能源市场需求缩减，加重稳增长调结构负担

榆林市是典型的资源型城市，是我国建设中的国家能源化工基地。因此，能源工业是榆林国民经济的重要组成部分。根据《2016年榆林市国民经济和社会发展统计公报》，榆林市2016年全年生产总值为2 773.05亿元，其中第二产业增加值为1 680.70亿元，占比达到60.6%。而在第二产业中，能源产业占据重要比重。以规模以上企业的产值为例，全市规模以上企业的能源工业产值为2 525.76亿元，而非能源工业产值仅为803.02亿元，两者占全市规模以上工业产值的比重分别为75.9%和24.1%。因此，能源工业的发展状况直接决定着榆林市的经济增长速度。

但是，现阶段国内经济形势对榆林市的经济社会发展较为不利。在全球金融危机之后，世界经济还处于缓慢复苏期（如图3-1所示），国际市场对资源能源的需求相对不足，因而能源价格持续不振（如图3-2所示）。同时，我国经济也处于"三期叠加"的新常态时期，主要是工业由高速增长转为中速增长，增速下移较快且下降幅度较大。因此，国际国内市场对资源能源的需求偏弱，增长速度放缓，这无疑不利于榆林市能源化工等资源型产业的发展，例如，2016年榆林市第二产业固定资产投资占比仍然高达61.5%，但其增长速度仅为8.8%，均低于第一产业的82.0%和第三产业的9.6%。同时，主要能源产品的产量都出现了一定减少，其中2016年原煤、原油产量的增速分别为-0.8%和-8.0%。

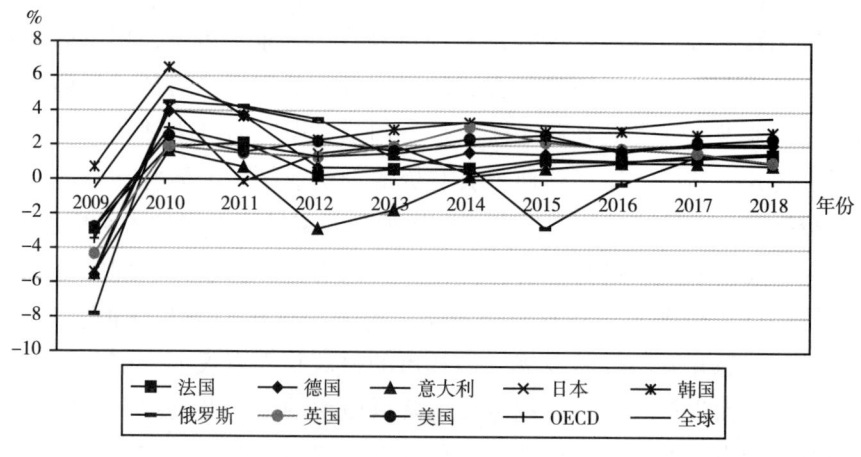

图3-1 主要国家经济增长率

注：其中2017年和2018年数值为预测值。

数据来源：OECD网站。

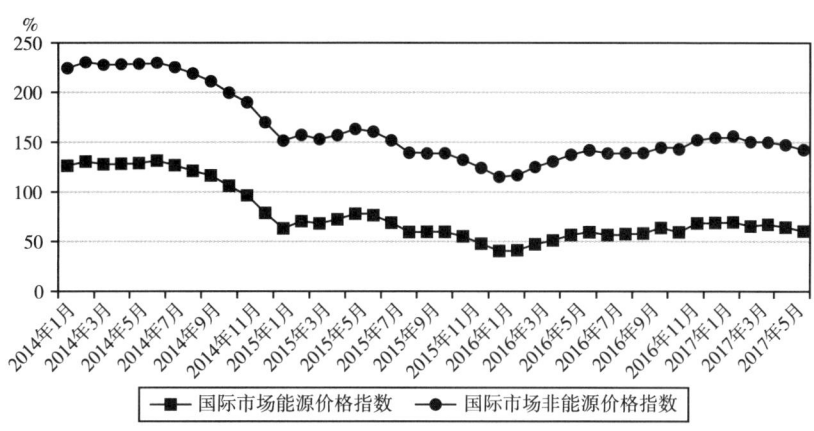

图 3-2 国际市场商品价格指数

注：2010 年 =100。

数据来源：国家统计局网站。

另外，为推动供给侧结构性改革，党中央和国务院将去产能明确为现阶段的主要任务之一。可以预见，去产能将对榆林经济发展产生显著的负面影响：一方面，我国现阶段产能过剩严重的行业主要是钢铁、水泥、电解铝等高耗能基础产业，去产能将大幅降低国内市场对资源能源的需求；另一方面，去产能的根本途径是实现发展方式转变与产业结构调整，而这将直接冲击榆林市现有的产业结构。其具体表现是，2016 年原油加工量、电石、氮肥、水泥、玻璃的产量均有减少，增速分别是 -6.7%、-6.5%、-29.8%、-6.1%、-1.0%。

总之，资源能源以及基础工业产品市场需求缩减，是榆林必须应对的一个关键挑战。它给榆林造成了较大的经济增速下行压力，同时也对其尽快调整经济结构提出了更加紧迫的要求。

### 三、区域内同质化竞争激烈，阻碍规模化集聚式发展

区域产业结构趋同，是区域产业空间布局和产业分工深化过程中普遍存在的一种产业经济现象，它通常表现为在区域经济发展过程中区域内产业结构、产业类型、产业定位和产业数量比例等方面变化趋于一致。大量研究表明，区域资源禀赋、区域经济发展水平与发展阶段的趋同有利于实现区域资源优势互补，有利于深化区域产业分工和形成区域性市场。由此产生的区域产业结构趋同一般不会对区域经济增长产生较大负面影响，但是，如果产业结构趋同源于市场机制不完善、行政管理体制不健全等制度性因素，则其将对区域经济增

长产生不利影响,甚至引致"结构趋同—恶性竞争—资源耗散—产业空间分布扭曲—经济增长滞后"的恶性循环。

我国经济增长奇迹的出现,很大程度上得益于中央分权后各省市的竞相发展,这在分税制改革后尤为明显。地区之间的锦标赛竞争、地方保护主义盛行等因素,引致了产业同构竞争、区域产业结构趋同的情况。如表3-2所示,我国大部分省市自治区都表现出产业结构趋同的态势。这种产业结构趋同的主要决定因素是不合理的制度体系,而非资源禀赋与发展阶段,由此产生的区域同质化竞争无疑不利于落后地区经济增长与区域经济协调发展。

表3-2　　　　　2011年各省市自治区产业结构相似性指数

| 地区 | 2000年 | 2011年 | 增量 | 地区 | 2000年 | 2011年 | 增量 |
| --- | --- | --- | --- | --- | --- | --- | --- |
| 北京 | 0.8974 | 0.818 | -0.0794 | 河南 | 0.9918 | 0.9725 | -0.0194 |
| 天津 | 0.9681 | 0.9969 | 0.0288 | 湖北 | 0.9994 | 0.9905 | -0.009 |
| 河北 | 0.9999 | 0.9885 | -0.0114 | 湖南 | 0.976 | 0.9884 | 0.0124 |
| 上海 | 0.9485 | 0.957 | 0.0085 | 内蒙古 | 0.9739 | 0.9905 | 0.0167 |
| 江苏 | 0.9971 | 0.9994 | 0.0023 | 广西 | 0.9568 | 0.9754 | 0.0186 |
| 浙江 | 0.9958 | 0.999 | 0.0032 | 重庆 | 0.9802 | 0.9952 | 0.015 |
| 福建 | 0.9872 | 0.997 | 0.0098 | 四川 | 0.9852 | 0.9842 | -0.001 |
| 山东 | 0.9988 | 0.9976 | -0.0012 | 贵州 | 0.9653 | 0.9746 | 0.0093 |
| 广东 | 0.9933 | 0.9971 | 0.0038 | 云南 | 0.9873 | 0.981 | -0.0063 |
| 海南 | 0.796 | 0.873 | 0.077 | 西藏 | 0.844 | 0.9393 | 0.0953 |
| 辽宁 | 0.9917 | 0.995 | 0.0033 | 陕西 | 0.9897 | 0.9924 | 0.0028 |
| 吉林 | 0.9986 | 0.9899 | 0.0014 | 甘肃 | 0.9931 | 0.9889 | -0.0043 |
| 黑龙江 | 0.9924 | 0.9887 | -0.0037 | 青海 | 0.981 | 0.988 | 0.007 |
| 山西 | 0.9927 | 0.9918 | -0.0009 | 宁夏 | 0.9936 | 0.9978 | 0.0042 |
| 安徽 | 0.9835 | 0.9829 | -0.0006 | 新疆 | 0.9883 | 0.972 | -0.0163 |
| 江西 | 0.9493 | 0.9812 | 0.032 | | | | |

数据来源:李桢.区域产业结构趋同的制度性诱因与策略选择[J].经济学动态,2012(11).

对于榆林市来说,产业结构趋同以及相应的产业同质化竞争是一个十分严峻的挑战。一方面,作为资源型城市,榆林在资源能源产业也面临着周边地区的较大竞争压力。同陕西省一样,内蒙古自治区和山西省都是我国的资源大省。同时,在榆林市周边,还有鄂尔多斯、包头、大同等多个资源型城市,这些城市之间存在着直接的竞争关系。另一方面,除了现有产业结构之外,榆林在高新技术产业等现阶段重点发展的产业方面也面临着较为激烈的区域内竞争。以战略性新兴产业为例,全国各省市所制定的产业规划相似度很高。如表3-3所示,"十二五"时期各省市的战略性新兴产业选择存在明显重叠。结合国内外经济形势复苏缓慢等情况,这种多层次的产业同质化竞争将加大榆林市实现本地经济发展的难度。

表3-3 全国和各省市"十二五"时期战略性新兴产业选择

| 地区 | 战略性新兴产业 |
| --- | --- |
| 国家 | 节能环保、新一代信息技术、生物、高端装备制造、新能源、新材料、新能源汽车 |
| 北京 | 新一代信息技术、生物、节能环保、新材料、新能源汽车、新能源、航空航天和高端装备制造 |
| 天津 | 航空航天、新一代信息技术、生物技术与健康、新能源、新材料、节能环保、高端装备制造 |
| 河北 | 新能源、新材料、生物医药、新一代信息技术、高端装备制造、节能环保、海洋经济 |
| 山西 | 现代装备制造、现代煤化工、新型材料工业、现代食品工业 |
| 内蒙古 | 新能源、新材料、新医药、信息技术和节能环保 |
| 辽宁 | 信息、新能源、新材料、生物技术、节能环保等 |
| 吉林 | 医药、生物化工、电子信息、新材料、新能源、新能源汽车、先进装备制造业、节能环保 |
| 黑龙江 | 新材料、生物、新能源装备制造、新型农机装备制造、交通运输装备制造 |
| 上海 | 新一代信息技术、高端装备制造、生物、新能源、新材料 |
| 江苏 | 新能源、新材料、生物技术和新医药、节能环保、软件和服务外包、物联网和新一代信息技术 |
| 浙江 | 生物、物联网、新能源、新材料、节能环保、高端装备制造、海洋新兴、新能源汽车和核电关联领域 |
| 安徽 | 电子信息、节能环保、新能源、生物、高端装备制造、新材料、新能源汽车、公共安全产业 |
| 福建 | 新一代信息技术、生物与新医药、新材料、新能源、节能环保、高端装备制造、海洋高新产业 |
| 江西 | 新能源、新材料、新动力汽车、民用航空、生物医药 |
| 山东 | 新能源、新材料、新信息、新医药、海洋开发 |
| 河南 | 新能源汽车、生物、电子信息、节能环保、新能源、新材料 |
| 湖北 | 节能环保、新一代信息技术、生物、高端装备制造、新能源、新材料、新能源汽车 |
| 湖南 | 先进装备制造、新材料、文化创意、生物、新能源、信息、节能环保 |

续表

| 地区 | 战略性新兴产业 |
|---|---|
| 广东 | 高端新型电子信息、新能源汽车、半导体照明、节能环保、太阳能光伏、核电装备、风电、生物医药、新材料、航空航天和海洋 |
| 广西 | 节能环保、先进装备制造、生物、新能源汽车、新材料、新能源、生命健康、新一代信息技术 |
| 海南 | 油气化工、纸浆及纸制品、汽车和装备制造、矿产资源加工、新能源和新材料、制药、电子信息、食品和热带产品 |
| 重庆 | 通信设备、高性能集成电路、节能与新能源汽车、轨道交通装备、环保装备、风电装备及系统、光源设备、新材料、仪器仪表、生物医药 |
| 四川 | 新一代信息技术、新能源、高端装备制造、新材料、节能环保及生物产业 |
| 贵州 | 新能源、新材料、生物医药、先进制造业和电子信息 |
| 云南 | 生物、光电子、新材料等 |
| 陕西 | 航空航天、新材料、新能源、新一代信息技术、生物技术、节能环保 |
| 甘肃 | 新能源和新能源装备制造业、新材料、新医药、生物医药、信息技术 |
| 青海 | 新能源、新材料、装备制造、生物产业等 |
| 宁夏 | 新能源、新材料、先进设备制造、生物、新一代信息技术、节能环保 |
| 新疆 | 新能源、新材料、先进设备制造、生物、新一代信息技术、节能环保 |

资料来源：根据2011年全国各省省委《建议》以及规划《纲要》整理。

## 四、全国产业结构升级调整步伐加快，经济发展方式转型面临挑战

20世纪后期尤其是进入21世纪以后，全球产业发展进入深度调整、深刻变革的新时期。首先，新一轮科技革命引发了全球产业发展方式的变革。新一轮信息技术（特别是互联网技术）与传统产业加速融合，生产小型化、智能化、专业化的特征日益明显。其次，低碳经济与绿色发展成为全球产业转型升级的基本方向。全球发展理念不断更新，绿色低碳经济逐步成为世界各国的发展共识，而低能耗、低污染、低排放、高效益型产业以及节能环保产业日益成为经济发展的核心领域。最后，交通便利性提高与信息通信技术的变革重新塑造了世界各国的比较优势，同时也在改变着原有国际产业分工体系。发达国家加紧重振制造业，牵引部分中高端产业回流，同时发展中国家积极承接产业转移、发展制造业，推进工业化进程，国际产业分工与竞争格局正在加快调整。

为应对全球产业发展新格局并实现本国经济可持续发展，我国产业结构升级调整的步伐不断加快。2005年12月2日，经国务院批准，国家发改委发布了《产业结构调整指导目录（2005年本）》（最新修正时间为2016年），开始对产业结构调整进行宏观调控。同时，党中央和国务院开始重点推动战略性新兴产业的发展，并自2012年开始制定国家战略性新兴产业发展规划。根据《"十三五"国家战略性新兴产业发展规划》，国家发改委等部门发布了《战略性新兴产业重点产品和服务指导目录（2016版）》，明确将新一代信息技术产业、高端装备制造业、新材料产业、生物产业、新能源汽车产业、新能源产业、节能环保产业、数字创意产业等明确为发展重点。同时，为应对全球产业分工的新变化，国务院印发并推行《中国制造2025》，这给传统产业转方式调结构促升级带来更大压力。

总之，我国正处于转变发展方式、优化产业结构的攻坚时期，智能制造、绿色制造、"互联网+"等新技术、新业态对推动国民经济新一轮发展至关重要。对于榆林市来说，产业结构升级调整步伐加快无疑是一个严峻的挑战：一方面，榆林市是建设中的能源化工基地，能源化工产业将长期是榆林国民经济的主要组成，因而难以适应全国产业结构调整步伐；另一方面，在信息技术、高端装备制造、新材料等新兴产业或者未来主导产业上，榆林市的基础十分薄弱，因而也难以通过增量式调整来逐步实现存量结构调整。在适应经济发展方式转变与产业结构升级调整这一宏观背景方面，榆林市面临着严峻挑战。

## 五、劳动力成本迅速提升，制造业国际竞争力逐渐丧失

对外开放以来，基于劳动力成本丰富这一优势与资本缺乏这一劣势，我国优先发展劳动密集型产业，将对外出口发展为拉动国民经济增长的主要动力。正是因为农村剩余劳动力规模庞大和劳动力成本较低，我国迅速成为中低端制造业的全球集聚中心之一，并被称为"世界工厂"。也就是说，人口红利和改革红利是我国经济腾飞的主要助力。

但是，随着经济社会水平的不断提升，我国劳动力成本低这一比较优势正在迅速消失，甚至有转变为劣势的趋势。进入21世纪以来，我国以农民工为主题的普通劳动力工资呈现持续上涨态势，大部分行业劳动力在2005年以后出现快速增长。如图3-3所示，过去10年中我国城镇单位就业人员的平均工资经历了大幅提升，从2005年的18 200元增长到2015年的62 029元，年均增长率约

为13%。其中，制造业的相应数值从2005年的15 934元提高至2015年的55 324元，年均增长率约为13.3%；第三产业的平均工资从2005年的21 339元提高至2015年的70 039元，年均增长率约为12.6%。这些数据表明，我国已经不再是世界劳动力成本较低的国家。在劳动生产率相差悬殊这一情况未曾得到改变的情况下，我国制造业的劳动力成本已经趋近于美国。根据牛津经济研究院的报告，我国制造业劳动力成本仅比美国低4%①。

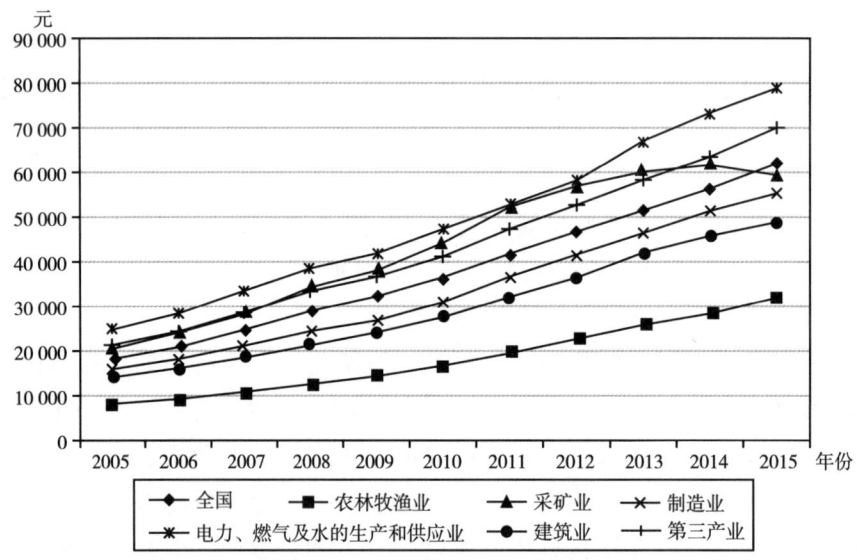

图3-3　城镇单位就业人员平均工资

注：制造业、第三产业的平均工资均为各行业的算术平均值。

毫无疑问，劳动力成本上升②将对榆林等我国落后地区的经济发展带来很大的负面影响。一方面，制造业领域的外商直接投资不断减少。过去几十年中，劳动力成本优势是我国吸引外商直接投资的主要因素。当这一优势式微之后，跨国企业（包括部分国内企业）在华投资的积极性大幅降低，并纷纷将生产基地转移至东南亚等地区。虽然我国中西部地区的劳动力成本相对低于东部地区，但是在生态环境约束不断趋严的现阶段，这种优势并不明显，因而也不具有较强吸引力。另一方面，制造业的国际竞争力不断降低。长期以来，我国制造业

---

① 资料链接：http：//business.sohu.com/20160317/n440781623.shtml。
② 关于我国劳动力成本上升的原因解析，可参见金三林，朱贤强. 我国劳动力成本上升的成因及趋势 [J]. 经济纵横，2013（2）.

都具有附加值率与劳动生产率偏低的特征,因而是"制造业大国"而非"制造业强国"。因此,国内大部分制造业企业的国际竞争力强弱在很大程度上取决于劳动力成本的高低。随着劳动力成本不断提高,我国制造业的竞争优势将大幅减弱,这不仅制约着制造业的发展,同时也对自主创新与技术进步提出了更高要求。在这种情况下,榆林等落后地区必须加快发展资本密集型、技术密集型产业,方能适用现阶段日益激烈的国际竞争。

### 六、经济社会多重发展,财政系统负担不断加重

在"以经济建设为中心"的基本路线指引下,改革开放后我国将发展经济作为所有工作的中心。虽然在短短几十年内实现了经济的跨越式增长,但也留下了很多的问题与隐患。其中,贫富差距扩大、社会矛盾激发、教育资源不足、农村发展落后等问题成为影响社会和谐与稳定的不利因素。于是,党中央和国务院日益重视社会发展,不断加大对就业、教育、社会保障、医疗卫生等民生和社会发展领域的支持与投入力度,这无疑给财政系统带来了严峻挑战。

在社会主义市场经济下,财政承担着资源配置、收入分配、调控经济、监督管理等职能。其中,收入分配、民生支出等职能所占据的权重不断提高,而这也要求不断增加财政投入。在过去的高速增长时期,我国财政收入以高于国内生产总值的速度增长,因而有充分的能力来履行财政职能。而当国民经济进入中低速增长的新常态时期后,财政收入增长放缓,财政系统的压力急剧提高。如图3-4所示,当前我国财政收支表现出财政收支差距不断扩大的特征。为保障国民经济持续较快增长与社会和谐稳定,并于2020年实现全面建成小康社会的重大目标,财政系统的任务更加艰巨。如何确保财政收支平衡,成为现阶段我国各级政府必须解决的难题之一。

对于榆林市等资源型城市来说,其财政系统的压力更加巨大,需要更好地履行稳增长、促改革、调结构、惠民生、防风险等重大职能。其中,各项民生领域对榆林市财政支出的需求不断增加。如表3-4所示,与2014年相比,2015年榆林市在公共安全、社会保障和就业、医疗卫生、节能环保、城乡社区事务等领域的财政支出大幅增加,其中社会保障和就业领域的支出增长率更是高达37.6%,其占全市财政总支出的比重也从2014年的8.0%提高至2015年的9.9%。这些数据表明,民生性社会领域日益扩大的需求对财政系统带来了日趋严峻的挑战。

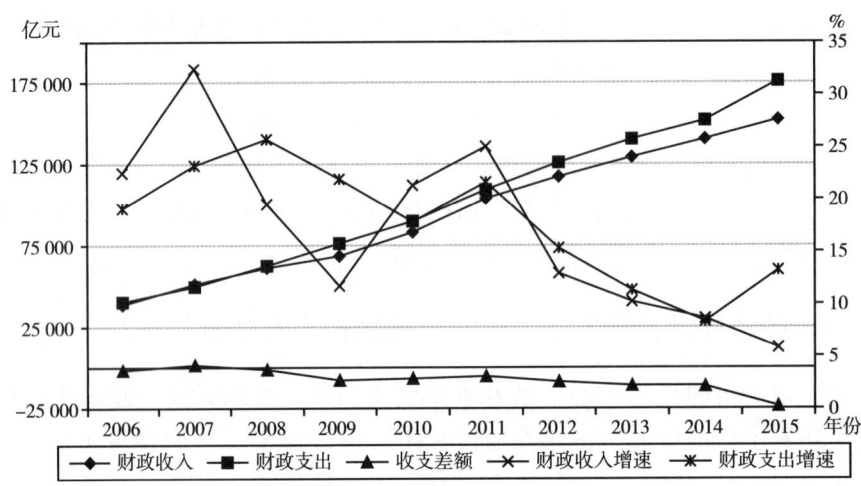

**图 3-4　我国财政收支情况**

注：1. 财政收入中不包括国内外债务收入；2. 从 2000 年起，财政支出中包括国内外债务付息支出；3. 与以往年份相比，2007 年财政收支科目实施了较大改革，特别是财政支出项目口径变化很大，与往年数据不可比。2007 年起财政支出采用新的分类指标。4. 财政收支及差额的单位为亿元，财政收支增速的单位为%。

**表 3-4　榆林市社会公共领域财政支出情况（2014—2015 年）**

| 预算科目 | 2014 年 | | 2015 年 | | 增长率（%） |
|---|---|---|---|---|---|
| | 支出（万元） | 占比（%） | 支出（万元） | 占比（%） | |
| 一般公共服务 | 455 159 | 10.8 | 468 376 | 10.1 | 2.9 |
| 国防 | 648 | 0.0 | 545 | 0.0 | -15.9 |
| 公共安全 | 201 757 | 4.8 | 231 162 | 5.0 | 14.6 |
| 教育 | 937 142 | 22.1 | 900 739 | 19.4 | -3.9 |
| 科学技术 | 52 237 | 1.2 | 53 521 | 1.2 | 2.5 |
| 文化体育与传媒 | 99 117 | 2.3 | 91 876 | 2.0 | -7.3 |
| 社会保障和就业 | 380 542 | 9.0 | 523 776 | 11.3 | 37.6 |
| 医疗卫生 | 385 317 | 9.1 | 449 091 | 9.7 | 16.6 |
| 节能环保 | 124 164 | 2.9 | 147 875 | 3.2 | 19.1 |
| 城乡社区事务 | 340 154 | 8.0 | 460 690 | 9.9 | 35.4 |
| 农林水事务 | 641 375 | 15.2 | 616 077 | 13.2 | -3.9 |

## 第三节　榆林市发展优势

### 一、矿产资源丰富，经济增长源泉稳定

榆林是一个矿场资源非常丰富的城市，在国家资源能源战略中具有重要地位。目前，榆林已发现8大类48种矿产，以煤、气、油、盐最为丰富，是我国重要的煤炭、石油等能源储备地和产出地，是建设中的国家能源化工基地。榆林每平方公里土地拥有10亿元的地下财富，矿产资源潜在价值达43万亿元，占全省的95%。截至2015年，榆林市已经探明的煤炭、天然气、石油、岩盐的储量分别为1 460亿吨、11 800亿立方米、3.6亿吨、8 857亿吨。其中，岩盐已探明储量约占全国已探明总量的26%。

目前，榆林已建成全球首套煤气油生产烯烃装置、超亿吨煤炭生产基地、亚洲最大的天然气净化装置、国内最大的甲醇生产基地，正在形成神府国内最大的火电基地。榆林拥有世界七大煤田之一的神府煤田，并且神东矿区神府区、榆神矿区、榆横矿区、古城矿区、吴堡矿区、府谷矿区等都被列为国家规划矿区。同时，榆林还是我国陆上探明最大整装气田的核心组成部分。2016年，榆林全年生产原煤3.6亿吨，天然气159.7亿立方米，原油1 092.3万吨，原油加工403.5万吨，兰炭2 888.7万吨，发电量693亿度，金属镁45.6万吨。其中，原煤、原油、天然气产量占全国总产量的比重分别为10.62%、5.47%、11.67%。

丰富的矿产资源无疑为榆林的经济社会发展奠定了坚实的物质基础，也为经济增长提供了稳定的动力源泉。自1998年7月原国家计委批准（计规划〔1998〕1404号）建设能源化工基地以来，榆林依托丰富的资源储备形成了以煤炭、石油、天然气开采为基础，以电力、化工为主导的产业体系，大型企业、大项目不断向资源富集地区集中，进而带动技术、资本和人才不断向能源化工基地聚集。据统计，"十二五"期间，榆林能源化工产值占到工业总产值的90%以上，对财政收入的贡献率达到70%以上，带动"十二五"时期全市生产总值、地方财政收入增长1.5倍和2.4倍，聚集带动效应凸显。

毫无疑问，作为资源型城市的榆林，其经济发展具有如下特征：在空间上，经济活动向资源富集的北部地区集聚；在产业上，企业向能源化工产业集聚。

例如，从产业结构方面来看，榆林市工业产值主要来源于煤炭开采和洗选业、石油天然气开采业、石油加工炼焦业、化学原料制品制造和电力热力生产供应业五大行业。2012—2016 年，这五大行业产值在规模以上工业产值中的平均比重达到 88.3%。其中，五大行业中又以煤炭、石油、天然气开采为主，其工业产值比重在五大产业中的比重之和平均达到 67%。

矿产资源是大自然的馈赠，也是榆林实现经济社会全面发展的重要基础。尽管日益强烈的生态环境保护诉求将逐渐对矿产资源开发利用施加更大的约束，但是在短期来看榆林仍然可以有效利用资源禀赋来发展经济，最终实现国民经济持续较快增长和社会稳定有序发展。

## 二、区位优势明显，中心城市地位凸显

榆林市位于陕西省最北部，东临黄河与山西相望，西连宁夏、甘肃，北邻内蒙古，南接本省延安市，位于陕甘宁晋蒙地区的中心位置。榆林地处青岛—太原—中卫—河西走廊—乌鲁木齐新亚欧大陆桥的中腰，是陕甘宁革命老区、呼包银榆重点经济区的核心区域，是国家"两横三纵"城市群和青银联系大通道上的重要节点城市，也是关中—天水经济区的主要辐射区和环渤海经济圈的重要能源资源支撑区。同时，正如前文所示，榆林在西部大开发、"一带一路"倡议经济带中都有着十分重要的地位，具有非常明显的区位优势。

同时，榆林也是陕甘宁晋蒙地区的一个交通中心。在铁路方面，榆林是包西铁路、太中银铁路等铁路线的交汇处。其中，包神铁路全长 189 公里，榆林境内为 48 公里；神朔铁路全长 274 公里，榆林境内 100 公里；神延铁路全长 385 公里，榆林境内 299.9 公里；太中银铁路全长 751 公里，榆林境内约 277 公里。同时，作为"十三五"规划中包海通道的一部分，西延榆高铁将继续向北经榆林的神木县延伸至包头，将成为纵贯陕西南北的高铁脊梁。在航空方面，榆林榆阳机场是陕西省的第二大航空港，是 4C 等级的民用支线机场，于 2012 年成为西北五省区第二个年旅客吞吐量超过 100 万人次的支线机场，目前已经通航国内众多省会城市与沿海开放城市。在公路方面，榆林是青银高速公路与包茂高速公路这两大北方通道的交汇处。目前，经过榆林境内的陕蒙高速、靖安高速、靖王高速、子靖高速、吴子高速、榆神高速、神府高速、榆绥高速、榆佳高速、神佳米高速神佳段等高速公路均已建成通车。如今，榆林市域高等级骨架路网和东出山西，南下关中，北上内蒙古，西联宁夏、甘肃的"四纵四横一环"高速公路主骨架已经基本形成，高速公路总里程突破 1 000 公里，达到

1 002公里,居全省第一。截至2016年末,榆林市公路总里程31 004公里,其中高速公路1 005公里,国道1 098公里,省道254公里,农村公路28 647公里。最后,榆林是陕西第二大通信枢纽,电信、移动、联通、广电等网络覆盖全市。

毫无疑问,明显的区位优势以及在此基础上形成的交通通信枢纽地位将对榆林经济社会发展大有助益。榆林不仅是陕西经济发展的两极之一,而且在陕甘宁晋蒙交界地区已经具备有较大的影响力。基于现有的显著区位优势与交通枢纽优势,加之中央政府与陕西省政府强有力的政策支持,榆林市拥有非常雄厚的优势逐步成长为呼包榆鄂地区的经济集聚地,并最终成为陕甘宁晋蒙地区的区域中心城市。

### 三、文化资源丰富,发展文化旅游等独具优势

榆林有着非常深厚的文化底蕴,在我国传统文化与现代文化中都有着十分重要的地位。榆林有5000年的仰韶、龙山文化,3000年的边塞文化,是黄河与长城交汇、大漠草原与黄土高原交界、游牧文化与中原文明交融的地区,荟萃了众多风姿独特、雄奇壮美的自然人文景观。榆林境内有万里长城第一台镇北台,大夏国都统万城遗址,西北地区最大的道教建筑群白云山道观,陕西最大的摩崖石刻红石峡,陕西最大的内陆湖泊红碱淖,以及李自成行宫,秦始皇长子扶苏、大将蒙恬墓等1 600多处文化古迹。其中,神木石峁遗址是我国目前发现的规模最大的史前遗址,距今有4 300多年历史。此外,榆林是著名的革命老区,解放战争时期,毛泽东、周恩来等老一辈无产阶级革命家在该市8个县30个村庄战斗生活过,是主要的红色革命老区之一。

榆林民风淳朴,是陕北民间艺术之乡,于1986年被国务院命名为历史文化名城,有大量的国家级非物质文化遗产。其中,榆林小曲、陕北说书、陕北秧歌、绥米唢呐等于2006年5月20日入选第一批国家级非物质文化遗产名录;陕北民歌、靖边跑驴、陕北道情、府谷二人台等于2008年6月14日入选第二批国家级非物质文化遗产名录;陕北民谚则于2014年11月11日入选第四批国家级非物质文化遗产名录。此外,榆林是衡山老腰鼓、绥德石雕等诸多民间艺术的集中地,在传承中华文明方面有着十分重要的作用。

榆林人杰地灵。历史上,秦朝扶苏、蒙恬,汉朝李广,唐朝尉迟敬德、郭子仪,宋代范仲淹、杨家将、折家将,明朝余子俊等名将曾镇守于此。同时,榆林曾先后涌现出赫连勃勃、宇文恺、李继迁、杨继业、折可行、韩世忠等一

批有重要影响的人物。在革命战争年代，榆林为革命英勇献身的有两万多人，涌现出李子洲、霍世英、杜斌丞、李鼎铭、张季鸾等一批革命先烈和著名人士，哺育了刘澜涛、马文瑞、郭洪涛、安子文、张达志、阎揆要、张秀山、贾拓夫、赵苍璧等一批重要的革命家和党的高级干部以及柳青、路遥等中国文坛的文学巨匠。总的来说，榆林市有着非常丰富的文化资源，这将是发展文化旅游以及相关产业得天独厚的优势与基础。

### 四、工业基础良好，助力制造业高级化发展

依托于丰富的能源资源，榆林正迅速成长为我国的能源化工基地，同时也是国家"西煤东运"的腹地、"西气东输"的源头、"西电东送"的枢纽以及21世纪我国重要的能源接续地。目前，榆林已经形成以能源化工为主的完善工业体系。一方面，如表3-5所示，榆林市工业总产值从1990年的83 779万元增长到2015年的32 157 345万元，年均增长率约为26.87%。从2015年的统计数据来看，重工业是榆林工业体系的主要组成，其产值占比高达94.72%；从企业隶属关系来看，中省企业产值占据半壁江山，占比为54.52%；而从企业规模来看，大中型企业是工业总产值的主要来源，其所占比重约为73.32%。同时，如表3-6所示，自1996年以来，榆林市工业发展迅速，大部分工业子行业都已经有规模以上企业成型。从中可以很清楚地看到，榆林市的规模以上企业主要集中在煤炭开采和洗选业、石油化工炼焦及核燃料加工业、化学原料及化学制品制造业等能源化工产业。

表3-5　　　　　榆林市工业总产值　　　　　单位：万元

| 年份 | 总计 | 轻工业 | 重工业 | 中省企业 | 市属企业 | 县及县以下企业 | 大中型企业 | 小微型企业 |
| --- | --- | --- | --- | --- | --- | --- | --- | --- |
| 1990 | 83 779 | 38 392 | 24 518 | 5 139 | 24 442 | 33 329 | 7 183 | 55 727 |
| 1991 | 88 229 | 39 122 | 23 780 | 6 361 | 23 596 | 32 945 | 7 174 | 55 728 |
| 1992 | 103 998 | 43 966 | 29 413 | 6 070 | 28 130 | 39 179 | 13 310 | 60 069 |
| 1993 | 136 798 | 48 900 | 48 000 | 10 929 | 21 271 | 64 700 | 14 000 | 82 900 |
| 1994 | 195 893 | 63 920 | 74 136 | 14 805 | 23 344 | 99 907 | 14 419 | 123 637 |
| 1995 | 218 700 | 60 345 | 84 964 | 20 072 | 33 226 | 92 011 | 31 946 | 113 363 |
| 1996 | 283 236 | 67 188 | 133 848 | 39 476 | 34 817 | 126 743 | 27 747 | 173 289 |
| 1997 | 338 874 | 59 419 | 187 397 | 74 014 | 50 045 | 122 756 | 22 048 | 224 766 |

续表

| 年份 | 总计 | 轻工业 | 重工业 | 中省企业 | 市属企业 | 县及县以下企业 | 大中型企业 | 小微型企业 |
|---|---|---|---|---|---|---|---|---|
| 1998 | 345 653 | 57 366 | 184 959 | 39 430 | 46 639 | 156 256 | 22 780 | 219 545 |
| 1999 | 472 748 | 33 057 | 159 213 | 16 958 | 51 692 | 123 620 | 48 333 | 143 937 |
| 2000 | 769 505 | 35 939 | 273 628 | 18 955 | 108 390 | 182 222 | 56 464 | 253 103 |
| 2005 | 3 970 128 | 32 086 | 1 953 042 | 1 175 044 | 90 800 | 719 284 | 1 331 953 | 653 175 |
| 2006 | 5 696 998 | 39 160 | 2 330 365 | 848 967 | 139 147 | 1 381 411 | 1 076 216 | 1 293 309 |
| 2007 | 7 996 552 | 48 582 | 3 686 843 | 1 687 659 | 201 208 | 1 846 557 | 2 157 576 | 1 577 849 |
| 2008 | 12 802 405 | 109 361 | 7 475 946 | 2 983 211 | 314 623 | 4 287 473 | 3 468 392 | 4 116 914 |
| 2009 | 14 388 593 | 197 913 | 13 957 987 | 8 246 764 | 567 125 | 5 342 009 | 8 265 441 | 5 890 459 |
| 2010 | 19 599 630 | 323 959 | 18 498 971 | 10 978 440 | 580 596 | 7 263 894 | 11 887 853 | 6 935 077 |
| 2011 | 26 615 522 | 280 688 | 25 287 829 | 14 754 342 | 667 449 | 10 146 727 | 16 557 203 | 9 011 314 |
| 2012 | 31 056 532 | 397 966 | 29 593 701 | 16 548 341 | 752 124 | 12 691 202 | 21 026 086 | 8 965 581 |
| 2013 | 32 581 866 | 541 039 | 30 667 133 | 19 421 223 | 6 570 227 | 5 216 723 | 24 462 364 | 6 745 809 |
| 2014 | 35 344 139 | 667 496 | 33 271 018 | 19 896 944 | 697 689 | 13 343 881 | 26 182 894 | 7 755 620 |
| 2015 | 32 157 345 | 752 521 | 30 460 923 | 17 532 434 | 630 976 | 13 050 035 | 23 578 317 | 7 635 127 |

注：1. 1999年及以后总计与规模以上加规模以下之差为中省单位总产值；2. 1997年按工业普查结果调整。

表3-6　　　　　榆林市分行业规模以上工业企业数目　　　　　单位：个

| 行　业 | 1996年 | 2000年 | 2005年 | 2010年 | 2015年 |
|---|---|---|---|---|---|
| 总数 | 823 | 140 | 364 | 663 | 688 |
| 煤炭开采和洗选业 | 159 | 19 | 201 | 275 | 278 |
| 石油和天然气开采业 | 50 | 5 | 5 | 38 | 4 |
| 有色金属矿采选业 | — | — | 1 | — | — |
| 非金属矿采选业 | 10 | 3 | 2 | 6 | 3 |
| 开采辅助活动 | — | — | — | — | 12 |
| 农副食品加工业 | 61 | 11 | 5 | 21 | 41 |
| 食品制造业 | 39 | 6 | 4 | 29 | 34 |
| 酒、饮料和精制茶制造业 | 12 | 6 | 4 | 8 | 14 |
| 烟草制品业 | 1 | 1 | — | — | — |
| 纺织业 | 33 | 6 | 1 | 1 | 2 |

续表

| 行 业 | 1996年 | 2000年 | 2005年 | 2010年 | 2015年 |
| --- | --- | --- | --- | --- | --- |
| 纺织服装、服饰业 | 57 | 4 | — | 7 | 10 |
| 皮革制品制造 | 11 | 2 | — | 1 | 1 |
| 木材加工及竹藤棕草制品业 | 5 | — | — | 1 | 3 |
| 家具制造业 | 16 | — | — | 1 | — |
| 造纸及纸制品业 | 13 | 2 | 1 | 1 | 2 |
| 印刷和记录媒介复制业 | 27 | 3 | 1 | — | — |
| 文教、工美、体育和娱乐用品制造业 | 5 | — | — | — | — |
| 石油化工、炼焦及核燃料加工业 | 15 | 4 | 48 | 54 | 73 |
| 化学原料及化学制品制造业 | 22 | 11 | 24 | 51 | 56 |
| 医药制造业 | 7 | 3 | 2 | 4 | 4 |
| 橡胶制品业 | 1 | — | — | 1 | 3 |
| 塑料制品业 | 10 | 2 | — | 1 | — |
| 非金属矿物制品业 | 90 | 10 | 12 | 28 | 33 |
| 黑色金属冶炼及压延加工业 | 9 | 4 | 7 | 45 | 13 |
| 有色金属冶炼及压延加工业 | — | — | 11 | 29 | 25 |
| 金属制品业 | 23 | 1 | — | 3 | 2 |
| 通用设备制造业 | 11 | 3 | — | 2 | 2 |
| 专用设备制造业 | 27 | 3 | — | — | 4 |
| 汽车制造业 | 15 | 1 | — | 2 | 2 |
| 电气机械及器材制造业 | 1 | — | — | — | — |
| 金属制品、机械和设备修理业 | 39 | 3 | — | 5 | — |
| 电力、热力的生产和供应业 | 38 | 15 | 21 | 34 | 46 |
| 燃气生产和供应业 | — | — | 1 | 5 | 14 |
| 水的生产和供应业 | 15 | 12 | 12 | 9 | 6 |

2016年，榆林规模以上工业增加值为1 606亿元，全社会固定资产投资中工业投资为775.65亿元。同时，全市原煤（3.6亿吨）、原油（1 092万吨）、天然气（159亿立方米）、聚氯乙烯（143万吨）、金属镁（45万吨）、兰炭（2 888万吨）产量分别占到全国总产量的10.7%、5%、11.6%、9.3%、45.4%和60%，形成了煤炭采掘、煤电、煤化工、新能源、新材料等一批基地级产业集群，成为我国"西煤东运"的腹地、"西气东输"的源头、"西电东送"的枢纽和重要的清洁能源生产基地。从产值来看，2016年榆林市规模以上

企业能源工业产值 2 525.76 亿元，比上年增长 3.1%，非能源工业产值 803.02 亿元，增长 15.5%，能源工业与非能源工业产值占全市规上工业产值的比重分别为 75.9% 和 24.1%。这些数据都说明，榆林市具有非常雄厚的工业基础，这能为其工业尤其是技术密集型制造业的发展提供便利。

## 第四节 榆林市发展劣势

### 一、资源分布严重不均，经济社会矛盾突出

陕西省经济发展水平空间差异较大，"两极"集聚态势明显，经济发展水平较高的地区主要集中在关中平原和榆林北部两个地区。而榆林北部之所以能够成为经济集聚地之一，是因为它具有非常丰富的资源能源分布。也就是说，榆林市的资源能源高度集中于北部地区。榆林的煤田主要分布于榆阳、神木、府谷、靖边、定边、横山六县区，天然气主要存储在靖边和横山两县，石油资源主要位于定边、靖边、横山、子洲四县。相比之下，南六县所拥有的资源能源相对有限，且主要是经济价值相对较低的岩盐等。例如，以煤炭企业为例：目前榆林市共有 264 家煤炭生产企业，其中榆阳区 36 户，神木县 118 户，府谷县 80 户，横山县 25 户，吴堡县 1 户，米脂县 1 户，子洲 3 户。

资源分布不均给榆林市经济社会发展带来了多重影响，主要表现在：

第一，拉大了各县区之间的收入差距。榆林是典型的资源型城市，能源化工产业是其主导产业，因而资源禀赋直接决定着经济增速以及经济发展水平的高低，同时也将引致较大的收入差距。如表 3-7 所示，2015 年榆林市城镇非私营单位就业人员平均工资为 58 442 元，北六县区的平均工资大部分都接近或者高于全市平均水平，南六县的平均工资全部低于全市平均水平。吴堡县的平均工资仅为 45 371 元，仅为全市平均水平的 77.63%。

表 3-7　2015 年榆林市各县区城镇非私营单位就业人员平均工资　　单位：元

| 县区 | 就业人员平均工资 | 在岗职工平均工资 | 国有单位 | 集体单位 | 其他单位 |
| --- | --- | --- | --- | --- | --- |
| 全市 | 58 442 | 61 316 | 53 819 | 69 803 | 63 253 |
| 榆阳 | 58 955 | 62 023 | 51 812 | 92 961 | 64 656 |
| 神木 | 69 131 | 73 594 | 54 698 | 94 128 | 72 578 |

续表

| 县区 | 就业人员平均工资 | 在岗职工平均工资 | 国有单位 | 集体单位 | 其他单位 |
|------|------------------|------------------|---------|---------|---------|
| 府谷 | 54 600 | 55 409 | 58 942 | 96 061 | 50 433 |
| 横山 | 57 686 | 59 943 | 53 282 | 38 140 | 68 953 |
| 靖边 | 53 897 | 57 992 | 55 837 | 101 491 | 40 839 |
| 定边 | 51 988 | 53 204 | 52 805 | 48 881 | 47 201 |
| 绥德 | 51 589 | 59 188 | 53 929 | 30 437 | 45 516 |
| 米脂 | 50 803 | 51 927 | 51 087 | 58 904 | 48 955 |
| 佳县 | 53 672 | 57 390 | 54 938 | 49 826 | 38 509 |
| 吴堡 | 45 371 | 48 626 | 45 699 | 50 094 | 39 795 |
| 清涧 | 50 890 | 53 946 | 51 749 | 17 325 | 48 926 |
| 子洲 | 53 124 | 59 305 | 54 052 | 53 041 | 46 547 |

第二，扩大了各县区之间的财政收入差距。在税率一定的情况下，财政收入的规模取决于税基，或者说取决于经济规模。而由于资源禀赋差异较大，榆林市各县区的经济发展有着不同的水平。因此，各县区的财政收入明显不同，北六县区的地方财政收入大幅高于南六县。其中，作为煤炭等资源高度集中的地区，神木县的地方财政收入高达53亿元，位居陕西省第一位。北六县区其他地方相对较少，分别是榆阳区21.6亿元，府谷县14亿元，定边县13.2亿元，靖边县12.2亿元，横山县2.8亿元。相比之下，南六县地方财政收入规模很小，最高的也只有1亿元左右，其中吴堡县收入规模最小，仅有0.36亿元。财政收入所存在的巨大差异也直接导致各县区的财政支出差别甚大，这也引出了榆林市调节全市经济发展与收入分配的必要性。

第三，直接影响了各区县的发展定位。资源禀赋的不同，也要求榆林市各县区采用不同的发展模式。按照陕西省主体功能区规划，榆林市各区县具有完全不同的主体功能定位：榆林北部地区是国家层面重点开发地区，其定位是全国重要的能源化工基地和循环经济示范区、区域性商贸物流中心、现代特色农业基地、资源型城市可持续发展示范区；南六县是国家层面重点生态功能区，其主体功能是防治水土流失、维护生态安全。

资源分布严重不均所产生的上述影响，必然要求榆林市财政系统更好地履行收入分配、经济调控等职能，而这也必然加重榆林财政系统的压力与负担。

## 二、产业结构不合理,经济运行风险较大

作为资源型城市,发展以能源化工为主的重工业无疑是必然之选。因此,榆林市的产业结构具有明显的资源性特征。如表3-8与图3-5所示,改革开放初期,榆林市经济发展非常缓慢。自1990年开始,榆林市进入高速增长阶段,地方生产总值规模迅速增大。其中,第二产业尤其是工业发展最为迅速。即使是在全国进入经济新常态阶段之后,榆林市工业的增长率仍然高于第一产业与第二产业。

表3-8　　　　　　　　　　　榆林市地方生产总值

| 年份 | 生产总值<br>(亿元) | 第一产业<br>(亿元) | 第二产业<br>(亿元) | 工业<br>(亿元) | 第三产业<br>(亿元) | 人均生产总值<br>(元) |
|---|---|---|---|---|---|---|
| 1978 | 3.58 | 2.1 | 0.72 | — | 0.76 | 158 |
| 1980 | 4.11 | 2.35 | 0.82 | — | 0.94 | 178 |
| 1985 | 7.07 | 3.8 | 1.35 | — | 1.93 | 278 |
| 1990 | 19.77 | 7.12 | 5.02 | 3.82 | 7.63 | 687 |
| 1995 | 45.79 | 15.8 | 13.29 | 9.53 | 16.7 | 1 453 |
| 2000 | 105.05 | 13.98 | 46.6 | 40.25 | 44.47 | 3 264 |
| 2005 | 447.63 | 28.34 | 260.06 | 249.71 | 159.23 | 13 602 |
| 2010 | 1 756.67 | 92.16 | 1 205.77 | 1 178.34 | 458.74 | 52 480 |
| 2011 | 2 292.25 | 111.91 | 1 629.66 | 1 597.96 | 550.68 | 68 358 |
| 2012 | 2 669.88 | 125.88 | 1 928.53 | 1 892.07 | 615.47 | 79 587 |
| 2013 | 2 779.46 | 134.88 | 1 915.09 | 1 880.51 | 729.49 | 82 633 |
| 2014 | 2 920.58 | 145.04 | 1 966.78 | 1 933.96 | 808.76 | 86 482 |
| 2015 | 2 491.89 | 143.69 | 1 523.68 | 1 484.49 | 824.51 | 73 453 |

由于第二产业以相对较高的速度增长,榆林市工业化水平不断提高,并形成了第二产业占主导的产业结构。如图3-6所示,2000年左右第二产业超过第一产业和第三产业,成为榆林市的产业主导部门。到2012年,第二产业占比达到最高,为72.2%。随后,由于第三产业快速发展,第二产业占比开始下降,但仍然保持在较高水平,2016年其所占比重为60.6%。相比之下,2016年全国第二产业所占比重为51.6%,第三产业占比为39.8%。结合就业结构,可以得到如下判断:榆林市工业化水平仍然较低,产业结构高级化程度低于全国平均水平。

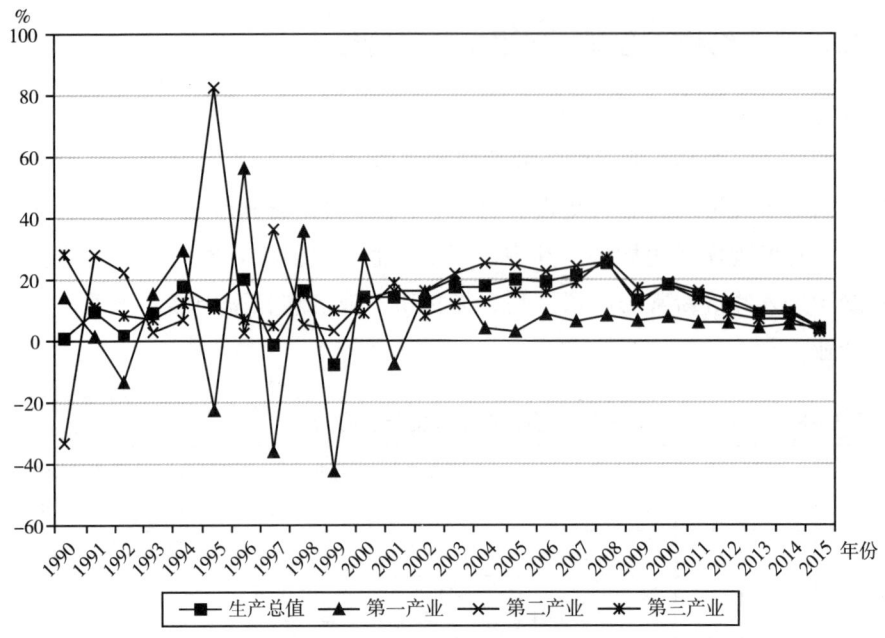

图3-5 榆林市地方生产总值增长率

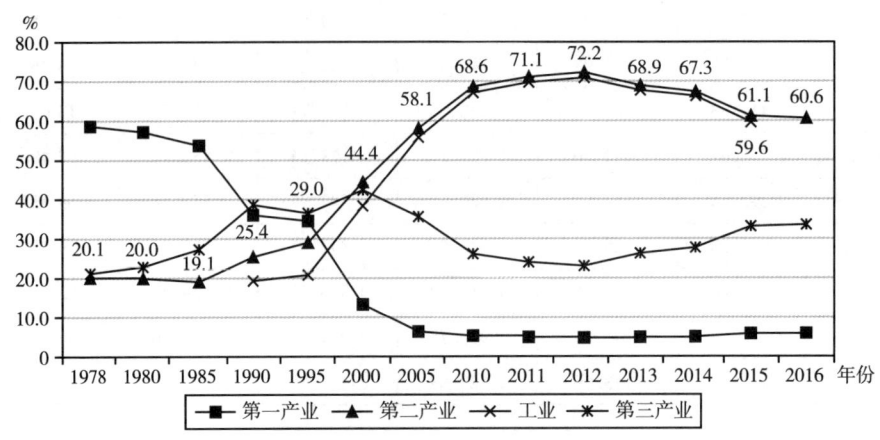

图3-6 榆林市产业结构

图3-6表明,工业是榆林市国民经济中的绝对主体。然而,榆林市工业内部轻重工业结构失衡问题非常严重。从2015年的统计数据来看,榆林市重工业产值占比高达94.72%。而在规模以上工业企业中,轻工业相应产值占比仅为2.41%,企业个数占比仅为13.05%,远低于全国和全省平均水平。另外,榆林国民经济对外开放度明显不足,这不利于调动外部资源来促进本地发展。与其

他城市相比,榆林的进出口贸易总额相对偏低,吸引到的外商投资规模有限。根据 2013 年进行的第三次全国经济普查结果,榆林市第三产业各个产业的外商投资所占比重基本在 1% 以下。无疑,这意味着榆林对外商的吸引力明显不足。

上述数据表明,榆林市经济发展对重工业的依赖程度过高,抗风险能力较为薄弱,这对经济尤其是工业经济的稳定、持续、高效发展相对不利。在全球产业结构加快升级与产业分工重新调整这一大形势下,产业结构不合理无疑会引发更大的风险。

## 三、经济效率低下,提质增效任务艰巨

过去几十年中,我国劳动生产率以年平均 8.6% 的速度增长,到 2015 年达到 7 318 美元/人。尽管如此,技术进步缓慢、劳动生产率与经济效率偏低仍然是制约我国经济社会更好更快发展的主要因素。2015 年,我国劳动生产率明显低于世界平均水平 18 487 美元/人,相比于美国的 98 990 美元/人差距更大。从比例来看,2015 年我国劳动生产率是世界平均水平的 40%,同时仅为美国的 7.4%。在榆林市等落后地区,经济效率偏低这一问题更加严重。

如表 3-9 所示,从直接数据上来看,榆林市的劳动生产率似乎很高,且高于全国平均水平(2015 年全国劳动生产率约为 88 966.2 元/人)。出现这一结果是因为榆林市有着丰富的矿产能源。从增加值率来看,榆林市的经济效率并不乐观。以榆林市的主要产业部门——工业为例,具体结果如表 3-10 所示。从中可知,榆林市的增加值率出现了降低趋势。

表 3-9　　　　　榆林市生产总值、就业人数与劳动生产率

| 年份 | GDP(亿元) | 就业人口(万人) | 劳动生产率(元/人) |
|---|---|---|---|
| 1978 | 3.58 | 82.32 | 434.9 |
| 1980 | 4.11 | 87.66 | 468.9 |
| 1985 | 7.07 | 102.02 | 693.0 |
| 1990 | 19.77 | 119.82 | 1 650.0 |
| 1995 | 45.79 | 134.56 | 3 402.9 |
| 2000 | 105.05 | 151.07 | 6 953.7 |
| 2005 | 447.63 | 163.2 | 27 428.3 |
| 2010 | 1 756.67 | 193.03 | 91 005.0 |
| 2011 | 2 292.25 | 194.41 | 117 908.0 |

续表

| 年份 | GDP（亿元） | 就业人口（万人） | 劳动生产率（元/人） |
| --- | --- | --- | --- |
| 2012 | 2 669.88 | 191.68 | 139 288.4 |
| 2013 | 2 779.46 | 199.32 | 139 447.1 |
| 2014 | 2 920.58 | 204.55 | 142 780.7 |
| 2015 | 2 491.89 | 203.47 | 122 469.7 |

注：参照国际劳工组织的做法，劳动生产率＝不变价 GDP/就业人口。

表 3-10　　　　　　　　　榆林市工业增加值率

| 年份 | 工业总产值（亿元） | 工业增加值（亿元） | 增加值率（%） |
| --- | --- | --- | --- |
| 1990 | 8.38 | 3.82 | 45.60 |
| 1995 | 21.87 | 9.53 | 43.58 |
| 2000 | 76.95 | 40.25 | 52.31 |
| 2005 | 397.01 | 249.71 | 62.90 |
| 2010 | 1 959.96 | 1 178.34 | 60.12 |
| 2011 | 2 661.55 | 1 597.96 | 60.04 |
| 2012 | 3 105.65 | 1 892.07 | 60.92 |
| 2013 | 3 258.19 | 1 880.51 | 57.72 |
| 2014 | 3 534.41 | 1 933.96 | 54.72 |
| 2015 | 3 215.73 | 1 484.49 | 46.16 |

注：工业增加值率是工业增加值占工业总产值的比率。

除了劳动生产率与增加值率外，单位 GDP 能耗也是反映经济效率的主要指标。考虑到数据可得性与榆林市的产业结构，我们同样以工业为例进行考察，具体数据如表 3-11 所示。从中，我们可以得知：第一，近 10 年来我国单位 GDP 能耗有较大幅度的降低。工业是能耗最大的生产部门，因而其单位增加值能耗变化能够反映单位 GDP 能耗的变动趋势。2005 年，我国工业单位增加值能耗为 2.16 吨标准煤/万元，到 2015 年这一数值降低至 1.24 吨标准煤/万元，年均减少 5.4%。第二，2005 年，榆林市工业部门单位增加值能耗为 2.54 吨标准煤/万元，比全国平均水平高出约 17.6%。第三，在过去 10 年中，榆林市工业部门单位增加值能耗呈现出先降低后提高的趋势，且在多数年份均高于全国平均水平。2015 年，榆林市工业单位增加值能耗为 2.19 吨标准煤/万元，比全国平均水平高出约 76.6%。由此可知，榆林市工业部门的能源利用效率相对较低，与东部发达省份的差距无疑更大。

表 3-11　　　　　榆林市与全国工业单位增加值能耗

| 年份 | 榆林市 | | | 全国 | | |
|---|---|---|---|---|---|---|
| | 工业能源消费量（万吨标准煤） | 工业增加值（亿元） | 单位增加值能耗（吨标准煤/万元） | 工业能源消费量（万吨标准煤） | 工业增加值（亿元） | 单位增加值能耗（吨标准煤/万元） |
| 2005 | 635 | 249.71 | 2.54 | 168 723.5 | 77 960.5 | 2.16 |
| 2006 | 834 | — | — | 184 945.5 | 92 238.4 | 2.01 |
| 2007 | 1 112 | — | — | 200 531.4 | 111 693.9 | 1.80 |
| 2008 | 1 407 | — | — | 209 302.2 | 131 727.6 | 1.59 |
| 2009 | 1 495 | — | — | 219 197.2 | 138 095.5 | 1.59 |
| 2010 | 1 706 | 1 178.34 | 1.45 | 232 018.8 | 165 126.4 | 1.41 |
| 2011 | 2 007 | 1 597.96 | 1.26 | 246 441 | 195 142.8 | 1.26 |
| 2012 | 2 182 | 1 892.07 | 1.15 | 252 462.8 | 208 905.6 | 1.21 |
| 2013 | 2 465 | 1 880.51 | 1.31 | 291 130.6 | 222 337.6 | 1.31 |
| 2014 | 2 977 | 1 933.96 | 1.54 | 295 686.4 | 233 856.4 | 1.26 |
| 2015 | 3 251 | 1 484.49 | 2.19 | 292 276 | 236 506.3 | 1.24 |

结合上述多个指标，可以得到结论：现阶段，榆林市的经济效率相对较低，在转变发展方式的同时必须将提高经济效率作为确保经济较快增长与社会稳定发展的主要工作。

## 四、金融体系尚不健全，支持实体经济发展作用有限

金融市场是中央银行利用货币工具对经济进行间接调控的依托，是基于市场在全社会范围内合理配置有限资金的资本本源，也是提高资本使用效率的制度前提。发展成熟的金融市场以及完善的金融体系，是实体经济运行必不可少的润滑剂，将对国民经济发展起到重要的促进作用。因此，党中央和国务院将完善金融市场体系作为现阶段我国全面深化改革的一个重要方面，具体举措包括扩大金融业对内对外开放、健全多层次资本市场体系、完善保险经纪补偿机制、发展普惠金融、加快推进利率市场化等。

受发展阶段的约束，榆林市金融市场发展较为缓慢。如表 3-12 所示，2000 年以前，榆林市的存贷款余额规模都非常小，直到 2010 年左右才增长到千亿规模。同时，存款余额的增长速度高于贷款余额，其结果是：虽然存贷款比率在波动中保持大致稳定，但存贷款差额却呈现出不断扩大趋势。另外，从存贷款

总额与GDP之比来看，自20世纪90年代超过1之后，榆林市的这一指标保持持续提高态势（2016年除外）。但是，与全国平均水平尤其是东部发达地区相比，榆林市存贷款总额与GDP之比仍然较低，即金融市场在国民经济中所发挥的作用仍然较小。

表3-12　　　　　　　　　榆林市金融机构存贷款情况

| 年份 | 存款余额（亿元） | 贷款余额（亿元） | 存贷款差额（亿元） | 存贷款比率（%） | 存贷款总额/GDP |
|---|---|---|---|---|---|
| 1978 | 0.75 | 2.16 | -1.41 | 288.00 | 0.81 |
| 1980 | 1.17 | 2.58 | -1.41 | 220.51 | 0.91 |
| 1990 | 12.07 | 16.11 | -4.04 | 133.47 | 1.43 |
| 2000 | 97.26 | 82.97 | 14.29 | 85.31 | 1.72 |
| 2005 | 357.24 | 196.67 | 160.57 | 55.05 | 1.24 |
| 2010 | 1 452.72 | 898.52 | 554.2 | 61.85 | 1.34 |
| 2011 | 1 844.51 | 1 179.39 | 665.12 | 63.94 | 1.32 |
| 2012 | 2 252.82 | 1 548.08 | 704.74 | 68.72 | 1.42 |
| 2013 | 2 428.7 | 1 803.81 | 624.89 | 74.27 | 1.52 |
| 2014 | 2 618.24 | 1 935.71 | 682.53 | 73.93 | 1.56 |
| 2015 | 2 793.87 | 2 032.89 | 760.98 | 72.76 | 1.94 |
| 2016 | 3 026.38 | 1 979.33 | 1 047.05 | 65.40 | 1.81 |

从金融结构来看，榆林市金融机构及其从业人员整体上呈增长趋势。到2015年，榆林市有金融机构708个，从业人员共计9 957人，大幅高于2000年的581个金融机构和4 227名从业人员。但是，国有商业银行是绝对的主体。2015年，中国人民银行、中国工商银行、中国农业银行、中国银行、中国建设银行、中国交通银行、中国邮政储蓄银行在榆林市内的机构数分别为7个、32个、60个、16个、30个、4个、95个，这几家银行的机构数占金融机构总数的比例为34.5%，而从业人员占比更是高达42.9%。另外，银行机构的经营情况并不乐观。2016年，中国农业银行、中国工商银行、中国建设银行3家国有商业银行以及神木农商行、府谷农商行、靖边农商行、榆阳农商行、横山农商行5家地方银行的不良贷款合计达到192.87亿元，其占全市不良贷款的比例高达78.85%。这些不良贷款主要集中于榆阳、神木、府谷这三个经济发展相对较好的区县。

榆林市的保险、债券、融资担保、小额贷款等金融子领域也得到了较快发展。目前，榆林市共有保险公司36家，证券公司营业部8家，2017年发行各类债券134.8亿元，金融租赁融资6.3亿元。到2017年7月底，全市已取得融资性担保机构经营许可证的融资性担保机构共16家，注册资本金37.420亿元；经省金融办批准成立的小额贷款公司共66家，注册资本金63.18亿元。但是，以经济转型发展的急迫需求来看，这些领域的发展明显仍有欠缺，促进金融市场规模化发展、建立多层次资本市场体系、发展普惠金融等任务仍然十分艰巨。

### 五、自主创新能力较低，经济发展潜在动力不足

长期以来，自主创新能力不足以及相应的企业核心竞争力偏弱、经济效益相对低下等，是制约中国经济发展质量提升的主要因素。为此，中国将提高自主创新能力、建设创新型国家作为科技发展的目标[1]。其中，自主创新是战略关键点，也是指导方针[2]的核心。党的十八大提出实施创新驱动发展战略，强调科技创新是提高社会生产力和综合国力的战略支撑，必须摆在国家发展全局的核心位置。在2016年5月印发的《国家创新驱动发展战略纲要》[3]中，党中央和国务院提出要推动创新能力从"跟踪、并行、领跑"并存、"跟踪"为主向"并行""领跑"为主转变。自此，提高自主创新能力、加大自主创新投入的重要性被进一步提高。

对于资源型城市来说，提高自主创新能力、促进技术进步是加快产业结构优化调整、促进发展方式转变、实现可持续发展的关键途径。然后，受发展阶段的限制，榆林市的自主创新能力明显落后于国内发达地区，这表现在以下两个方面。

第一，人力资本积累不足。科技人才是国家强盛的基础，而创新型人才更是实现自主创新与技术进步的主力军。为此，需要不断加强人力资本积累、提高公民总体的知识与技能储备，并培养更多的创新型人才。但是，榆林市的人力资本积累水平相对较低。目前，榆林市仅有榆林学院和榆林职业技术学院两

---

[1] 2006年1月，国家主席胡锦涛同志正式提出"2020年建成创新型国家"这一目标，具体包括经济增长的科技进步贡献率从39%提高到60%以上、全社会的研发投入占GDP比重要从1.35%提高到2.5%。此后，国务院制定并发布了《国家中长期科学和技术发展规划纲要（2006—2020年）》（索引号：306-01-2006-774，http：//www.most.gov.cn/mostinfo/xinxifenlei/gjkjgh/200811/t20081129_65774.htm）。

[2] 中国共产党针对建设创新型国家所提出的指导方针是：自主创新、重点跨越、支撑发展、引领未来。

[3] 参见国务院门户网站：http：//www.gov.cn/xinwen/2016-05/19/content_5074812.htm。

所高等院校，在校学生 17 253 人，专任教师 913 人，占全市所有在校学生和专任教师的比例分别为 2.76% 和 1.91%，这说明榆林市的高等教育规模较小。同时，榆林市境内的研究机构与专职研究人员非常少，规模以上工业企业的 R&D 人员仅有 1 148 人，其中研究人员仅有 456 人。榆林市企业也难以吸引科技人才的加入。

第二，企业研发投入不足。R&D 项目具有周期长、风险大等特征，持续且稳定的投资是 R&D 项目成功的关键。榆林市的工业以能源化工等重工业为主，在资源禀赋的支撑下，这些企业投资 R&D 的激励并不充分。以 2015 年为例，全年规模以上工业企业的 R&D 经费内部支出共计 24 708.7 万元，占当年工业增加值的比重不到 0.17%。而在这些 R&D 经费中，政府资金为 388.0 万元，企业资金为 24 237.9 万元。考虑到 R&D 的准公共品属性，政府在 R&D 领域的投资无疑较少。而在企业方面，国有企业投资仅有 616.2 万元，所占比重为 2.54%。考虑到国有企业在榆林市能源化工等重工业领域中的重要性，这一比重明显较低，难以有效推动国有企业的自主创新与技术进步。另外，2015 年榆林市规模以上工业企业所实施的 R&D 项目仅有 78 个。从横向对比来看，2013 年榆林市 R&D 经费支出占 GDP 的比重为 0.08%，相比之下鄂尔多斯的相应比重为 0.83%。以上数据都说明，榆林市包括政府出资在内的研发投入较低，难以支持 R&D 项目的开展以及自主创新能力的提升。例如，2016 年榆林市共申请专利 2 086 件，而其中发明专利仅有 474 件，所占比重为 22.72%。

人力资本积累与企业研发投资不足，意味着现阶段榆林市难以迅速提高自主创新能力。因此，实施创新驱动发展战略要求榆林市通过产业基金、孵化池等方式加大对科技创新的支持与投入力度，这也使得榆林市财政系统承受着更大压力。

## 六、财政能力相对较弱，财政系统稳定性不足

在全面深化改革、全面建成小康社会的攻坚时期以及经济新常态时期，财政负有稳增长、促改革、调结构、惠民生、防风险等艰巨任务。在这种情况下，稳定增长的财政收入是财政系统正常运转、履行职能的根本保障，也是财政支持经济社会发展之能力的决定因素，而维持财政收入的平稳增长也成为各级政府必须应对的挑战。

榆林是陕西的两大聚集中心之一，同时也是陕甘宁晋蒙地区的一个核心城市，其经济发展水平在所在区域内处于较高水平。但是，榆林市的财政能力仍

然较低。如表 3-13 所示,自 2000 年以来,榆林市的财政收入保持持续增长。2000 年,榆林地方财政收入仅为 6.146 亿元,到 2015 年增长到 295.58 亿元,年均增长 29.46%。但与此同时,财政支出也在高速增长,2000 年榆林市财政支出为 13.0415 亿元,到 2015 年已经增加到 465.357 亿元,年均增长高达 26.91%[①]。因此,榆林市的财政收支差额整体上呈逐步扩大的趋势,到 2016 年财政支出已经比地方财政收入高出 238.44 亿元。即使从财政总收入的视角来看,财政收支差额变动也说明了财政收入应对支出的压力越来越大。

表 3-13　　　　　　　榆林市财政收支情况　　　　　　单位：万元

| 年份 | 财政总收入 | 地方财政收入 | 财政支出 | 财政收支差额 I | 财政收支差额 II |
| --- | --- | --- | --- | --- | --- |
| 2000 | 94 291 | 61 460 | 130 415 | -68 955 | -36 124 |
| 2001 | 147 912 | 78 755 | 178 511 | -99 756 | -30 599 |
| 2002 | 198 948 | 96 838 | 213 874 | -117 036 | -14 926 |
| 2003 | 260 009 | 123 505 | 255 542 | -132 037 | 4 467 |
| 2004 | 403 153 | 195 423 | 330 087 | -134 664 | 73 066 |
| 2005 | 670 189 | 238 413 | 454 030 | -215 617 | 216 159 |
| 2006 | 1 150 641 | 356 563 | 641 484 | -284 921 | 509 157 |
| 2007 | 1 536 503 | 501 207 | 959 005 | -457 798 | 577 498 |
| 2008 | 2 211 800 | 700 108 | 1 231 849 | -531 741 | 979 951 |
| 2009 | 3 000 000 | 911 750 | 1 710 836 | -799 086 | 1 289 164 |
| 2010 | 4 008 483 | 1 255 369 | 2 371 891 | -1 116 522 | 1 636 592 |
| 2011 | 5 582 027 | 1 802 477 | 3 161 366 | -1 358 889 | 2 420 661 |
| 2012 | 6 937 450 | 2 490 582 | 3 988 792 | -1 498 210 | 2 948 658 |
| 2013 | 6 690 229 | 2 607 340 | 4 222 195 | -1 614 855 | 2 468 034 |
| 2014 | 6 775 982 | 2 678 541 | 4 233 196 | -1 554 655 | 2 542 786 |
| 2015 | 6 391 394 | 2 955 817 | 4 653 570 | -1 697 753 | 1 737 824 |
| 2016 | 4 878 000 | 2 326 900 | 4 711 300 | -2 384 400 | 166 700 |

注：财政收支差异 I 是指地方财政收入与地方财政支出之差,而财政收支差异 II 是指地方财政总收入（包括国税部分）与地方财政支出之差；地方财政收入从 1994 年起为新口径统计数。

财政收支差额扩大,意味着榆林市政府的施政能力将受到较大约束。而为了履行必要职责,发行政府债券便成为必然选择。截至 2017 年 4 月底,榆林市

---

① 考虑到 2016 年的急剧下降,在计算年均增长率时忽略 2016 年的数据。

纳入债务管理系统的地方政府性债务余额为326.7亿元，其中政府负有偿还责任的债务为242.8亿元，政府负有担保责任的债务为65.7亿元，政府可能承担一定救助责任的债务为18.1亿元。以2016年数据计算，榆林市政府债务余额占地方生产总值的比重约为11.78%。同时，政府债务余额与地方财政收入之比高达1.40，而政府负有偿还责任的债务与地方财政收入之比为1.04。这些数据表明，榆林市的财政稳定性正面临着严峻考验。

榆林市财政收入还具有如下特征，这将对其财政能力施加更大制约：第一，资源性产业是榆林市财政收入的主要来源，2016年其所占比重高达63%。在生态环境约束趋紧、资源能源需求缩减的大背景下，财政收入过度依赖资源的榆林市必然会遭遇财政收入急剧减少的困难。第二，第二产业是榆林市财政收入的支柱，其贡献的收入占财政总收入的比重高达75%。相比之下，第一产业和第三产业对榆林市财政收入的贡献率非常低。在产业结构加快调整、工业经济效率偏低、第三产业发展缓慢的现阶段，榆林市必然会面临财政收入来源不稳定的问题。第三，作为资源富集区的北六县是榆林市财政收入的主要支撑，2016年起对榆林市财政总收入的贡献率达到97.9%。相比之下，南六县所贡献的县级财政总收入仅为10.6亿元。也就是说，区县发展的极度不平衡对榆林市保持财政收支平稳提出了更高的要求。

现阶段，除促转型、调结构等经济领域外，榆林市还必须加大在科技、教育、社会保障、医疗保险、扶贫减贫、公共设施等方面的投入力度。以公共设施为例，2016年榆林市的文化艺术馆、公共图书馆、博物馆/纪念馆数量分别为13个、12个、22个，相比于人口规模来说明显不够。因此，社会、民生领域的发展需要更大规模的财政投入，这也将对榆林市财政能力施加更大压力。

总体来说，国内外形势正在发生深刻复杂变化，我国发展仍然处于重要的战略机遇期，前景十分光明，挑战也十分严峻。对于作为资源型城市和欠发达地区的榆林来说，机遇与挑战并存这一情况表现得更加明显。因此，榆林必须很好地认清机遇与挑战，充分发挥优势、全面补足劣势，以期在新时期开拓经济社会发展新局面。根据上述分析，可以得到如下主要结论与政策建议。

第一，抓住机遇、发挥优势，实现经济社会全面发展。其一，发挥矿产资源优势，积极承接区域产业转移，在现有工业基础上打造以新能源、新材料为核心的现代工业体系。其二，依托区位优势与政策支持，推进区域中心城市建设，在区域协调发展中实现自身更好更快发展。其三，有效利用区域产业转移与新型城镇化过程中加快流动的人财物等生产要素，充分挖掘丰富的文化资源，大力发展文化旅游业以及相关服务业，使其与工业形成良好互动与互补。

第二，利用机遇、补足劣势，构建长期发展良好基础。其一，利用财税体制改革与国家实施扶贫攻坚战略的有利契机，加大对市内资源匮乏区的支持力度，积极推进市内公共服务均等化，实现全市协同、均衡发展。其二，承接产业转移、推进新型城镇化发展，通过对存量进行结构性改革与合理调整增量部分结构来促进产业结构升级调整，最终实现国民经济均衡稳定发展。其三，积极承接符合本地资源禀赋与实际需求的东部地区产业转移，通过直接引进、吸收与自主创新共同推动技术进步与经济效率提升，巩固与提升经济社会发展动力。其四，积极出台针对性政策措施，加快吸收区域内与区域间自由流动的丰富生产要素，通过内外双重发力推动金融市场发展，打造能够适应和支持产业发展的金融体系。其五，在促进产业结构调整与国民经济发展过程中，积极而创造性地执行中央布置的财税体制改革，减少财政收入对能源工业与重工业的依赖，加强财政收支的灵活性，提高财政系统的整体稳定性。

第三，依托优势、应对挑战，实现经济社会稳定发展。其一，充分发挥各类矿产资源异常丰富的显著优势，大力发展绿色化的新能源、新材料产业，有效修复资源能源开发利用与生态环境保护之间的矛盾。其二，积极构建资源能源交易中心或交割中心，提升对资源能源价格的影响力与控制力，并通过发展能源新品种、开拓能源消费新市场来实现能源工业的平稳过渡与发展。其三，充分发挥区域优势，利用在区域内的影响力构建区域经济社会协调机制，积极推动区域协调发展。其四，有效挖掘和组织文化资源，大力支持文化旅游及相关服务业的规模化发展，在逐步调整工业结构的同时促进服务业快速发展，最终实现产业结构升级调整与财政收入平稳增长。

第四，缩减劣势、直面挑战，促进经济社会转型升级。其一，强化市内转移支付，充分挖掘资源匮乏区县的非能源资源优势，促进全市南北协同并进，实现经济社会和谐稳定发展。其二，促进能源化工产业高级化、绿色化发展，重点发展文化旅游、高端装备制造等产业，通过同时调整增量与存量结构来实现产业结构优化与发展方式转型。其三，加大对技术引进与技术创新的引导与支持力度，积极融入创新驱动发展战略实施过程，大力弥补金融、科技等方面存在的明显短板，在提升经济效率的同时积极应对生态环境恶化、经济竞争加剧等挑战。其四，积极推进财税、金融等经济体制改革，通过政策促进与市场驱动来解决金融市场发展与自主创新能力不足等问题，为经济社会的多元化、全面化发展夯实基础。

# 第四章　榆林市财政运行情况分析

伴随能源化工产业的发展，榆林财政也有了突破性发展。2007年财政总收入达到116亿元，成为陕西省第二位并保持至今。榆林财政虽然增幅较大，但严重依赖资源型产业贡献，受资源价格波动影响很大，带有显著的资源型城市财政的特征。资源繁荣带来的财政高速增长推高了财政支出且日益固化，一旦资源价格波动就会影响经济社会的稳定；严重的财政依赖症，资金来源单一且全面出击，资金分配存在撒胡椒面现象，限制了财政宏观调控能力，影响了推进经济社会发展的效果。最近几年的资源价格波动已经造成了一些区县严重的财政困难，甚至到了西方国家所谓"政府破产"的边缘，这也使资源型财政的各种问题充分显露，也带来了加速财政改革的压力。目前，能源价格逐步走出低迷状态，缓慢回升，这也将是榆林经济社会发展和财政的重要机遇期，应抓紧"时"与"势"，加速经济转型升级，以经济转型升级推动财源结构优化，以财政改革提升财政能力，助推经济社会可持续发展。

## 第一节　榆林市财政运行基本态势

### 一、财政收入运行的基本态势：收入波动增长，资源型城市特征突出

（一）财政收入规模概况

榆林市财政收入规模持续扩大，增速放缓，波动性大。近10年来，榆林市的财政总收入总体呈增长趋势。2007年榆林财政总收入为1 163 199万元，2015年达到近10年财政总收入的最高峰6 131 024万元，2016年回落至5 947 016万元。如果不考虑通货膨胀，10年间财政总收入绝对规模增长了5倍多，年均增

幅为 20.69%（见图 4-1）。

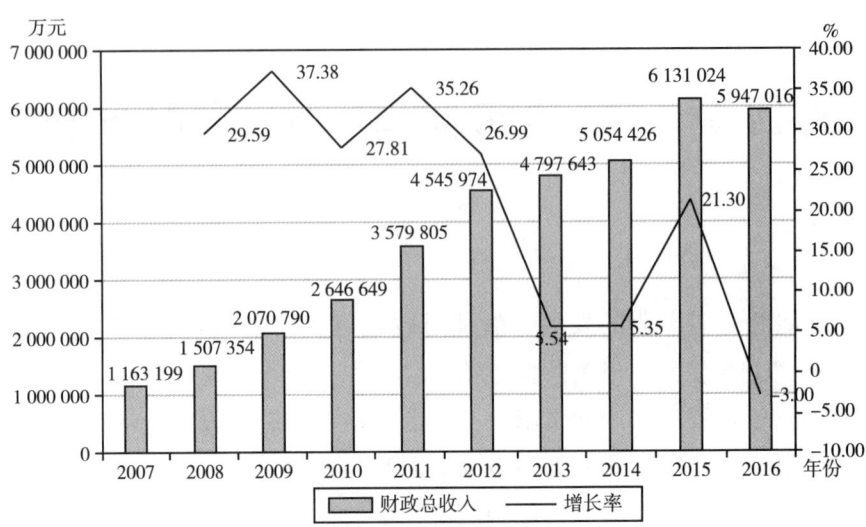

图 4-1 榆林市财政总收入及其增长情况

数据来源：财政局提供资料计算整理。

从增长情况看，榆林市财政总收入和一般公共预算收入的增长幅度波动性较大。财政总收入增长呈先高后低的状态，2008 年至 2012 年财政总收入的增长率基本保持在 27%~37%，2013 年、2014 年增幅直线下降至 5%，随后 2015 年回升至 21.3%，2016 年财政总收入为负增长。一般公共预算收入在 2008 年至 2012 年增长率保持在 30%~50%，2008 年为 39.68%，2012 年为 38.18%，随后一般公共预算收入有了较大幅度的下降，2014 年增长率为 2.73%，2016 年呈负增长，下降幅度为 21.28%。

榆林市一般公共预算收入总体呈上升趋势，由 2007 年的 501 227 万元上升至 2015 年 2 955 817 万元，随后 2016 年有所回落，下降为 2 326 940 万元。10 年间一般公共预算收入绝对规模增长了 4.64 倍，年均增长率为 20.65%。从增长情况看，与财政总收入绝对规模的情况类似，一般公共预算收入的增长率总体呈下降趋势，呈倾斜的 M 型（见图 4-2）。

从财政总收入和一般公共预算收入的对比情况看，榆林市财政总收入和一般公共预算收入近几年的波动比较大，收入增长率在呈下降趋势的同时，连续出现负值，说明财政收入的不稳定态势有所扩大。未来需进一步夯实财力增长基础，构建财政收入稳步增长机制。

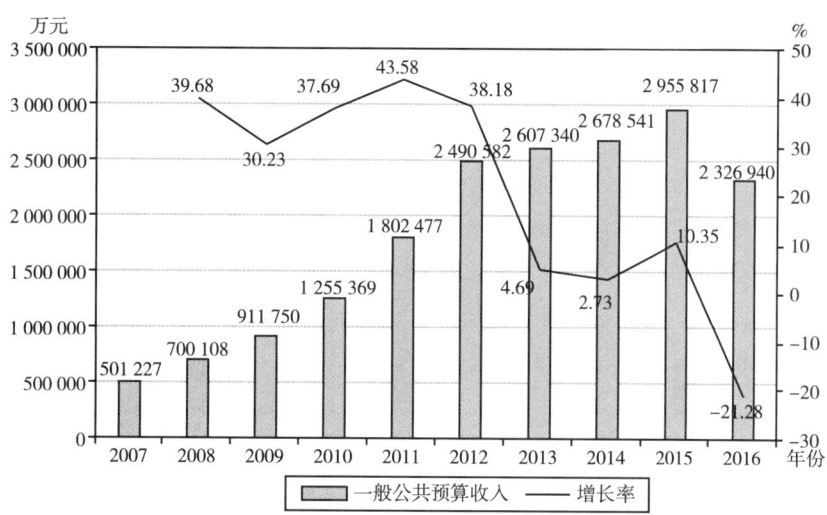

**图 4-2 榆林市一般公共预算收入及其增长情况**

数据来源：财政局提供数据计算整理。

从榆林市人均财政总收入规模看，变化趋势与财政总收入绝对规模相似，由 2010 年的 7 890.55 元逐步增长至 2015 年的 18 026.59 元，2016 年人均财政总收入有所回落。2010~2016 年，若不考虑通货膨胀，人均财政总收入的规模增长了 2.22 倍，年均增长率为 15.07%。从增长情况看，榆林市人均财政收入增长率整体呈下降趋势，由 2011 年的 35.33% 下降至 2014 年的 4.93%，2015 年增长率上升为 20.69%，2016 年呈负增长。由于常住人口的数量保持稳定，财政总收入与人均财政总收入在 2010 年至 2016 年的变化趋势基本一致。

从榆林市人均一般公共预算收入的情况看，2010—2016 年基本呈稳步增长状态，由 2010 年的 3 742.68 元上升至 2015 年的 8 690.77 元，随后回落到 2016 年的 6 880.37 元。其增长趋势与一般公共预算收入类似，但年均增长率为 12.87%，低于相对应的一般公共预算收入的增幅。从增长情况看，人均一般公共预算收入的增长率呈下降趋势，且在 2013 年表现得尤为突出，增长率从 2012 年的 37.99% 下降至 2013 年的 4.27%，2016 年的增长率为负（见图 4-3）。

从榆林市一般公共预算收入绝对规模和人均规模来看，近几年榆林市一般公共预算收入有回落的趋势。一般公共预算收入是一个地区最基本和最稳定的财政收入，其收入增长率较低体现出短时间内财政发展能力面临较大挑战，需要进一步培育税源，加强征管，推动一般公共预算收入的稳定增长。

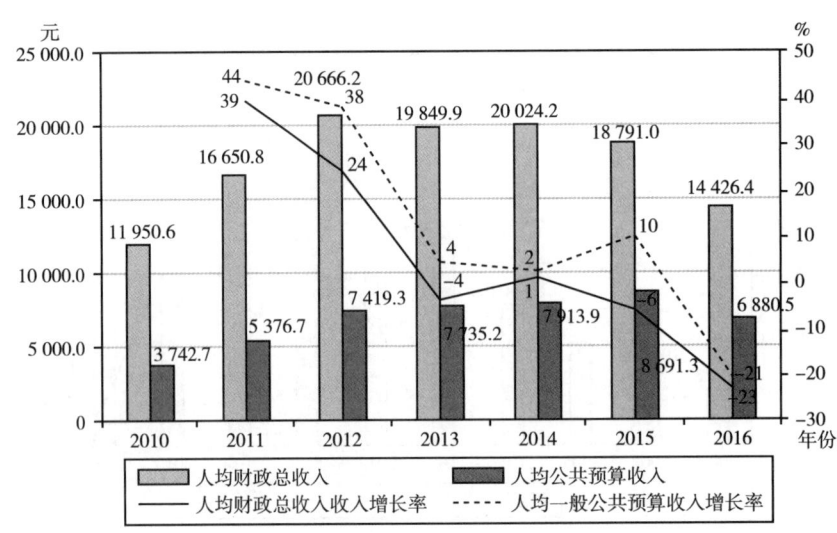

图 4-3 榆林市人均财政收入及其增长情况

数据来源：财政局提供数据及统计年鉴计算整理。

### （二）分项财政收入规模概况

从各行业税收历年的增长率变动情况来看，各行业的增长率虽然波动起伏的特征不同，但近年来总体趋势都是由高向低发展，2009 年多数行业的增长率高于 40%，而 2013 年后煤炭、石油、制造业、电力、零售业等行业多次呈现负增长趋势，2016 年仅零售业保持正向增长，煤炭和石油行业税收的增长率分别为 -14.43% 和 -27.95%。从波动幅度来看，制造业、建筑业和房地产业以及零售业税收增长的起伏较大（制造业增长率最低时为 2010 年的 -57.09%，最高时为 2011 年的 229.72%），说明这些行业的税收收入不稳定。煤炭、石油与电力行业税收的增长变动情况趋于一致，住宿和餐饮业 2014 年后呈负增长，说明榆林市的其他行业收入受煤炭石油行业发展状况的影响大（见图 4-4）。

榆林市是典型的资源型城市，财政收入中大部分来源于能源开采加工，自 2008 年以来，在所获取的税收总收入（包括中央税、地方税和共享税）中，煤炭行业所占税收比重最高，为年均 44.3%。2013 年以来，受国内煤炭产能过剩、煤炭供需失衡等因素影响，煤炭产量增速放缓，煤炭价格下跌迅速，由 2011 年的 470 元/吨下降到 2015 年的 131 元/吨，一般公共预算中税收收入受煤炭价格变化影响较明显。由于非税收入在一般公共预算收入中的占比越来越大，2015 年占一般公共预算收入的 46%，在一定程度上抵御了煤炭价格的

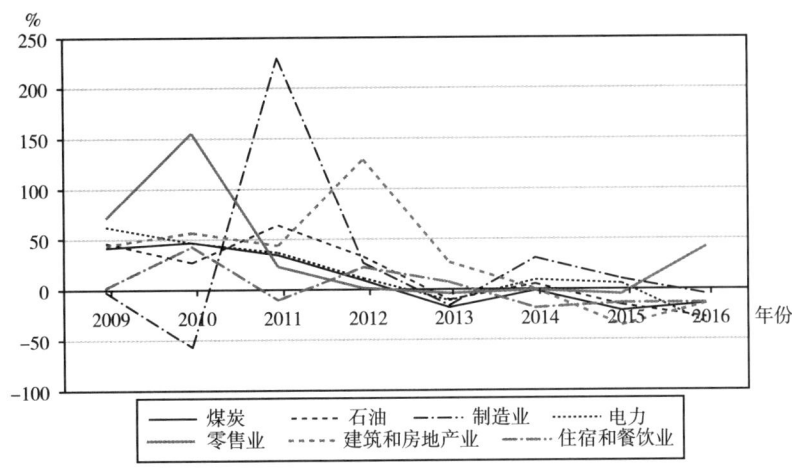

**图 4-4　2016 年榆林市行业税收增长率趋势图**

数据来源：财政局提供资料计算整理。

波动，使一般公共预算收入增长率与煤炭价格的增长率变化趋势不完全一致（见图 4-5）。

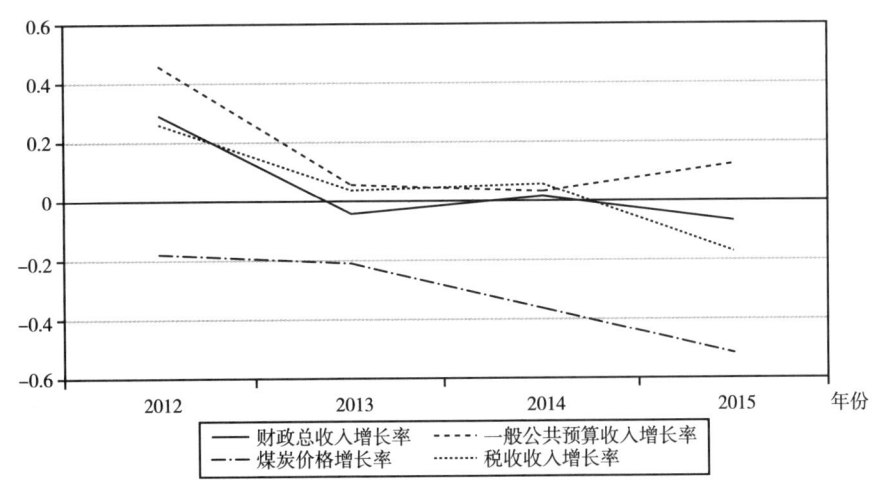

**图 4-5　榆林市财政收入与煤炭价格增长率情况**

数据来源：财政局提供数据整理。

转移支付规模扩大，增速放缓，以一般性转移支付为主。转移支付是地方财政收入的重要组成部分。从转移支付规模来看，榆林市转移支付规模总体呈逐步增长趋势，但增长波动较大。榆林市转移支付规模由 2007 年的 488 929 万元增长到 2016 年的 1 817 294 万元，10 年间增长了近 3.7 倍。从增长情况来看，转移支付的波动性较大。2008年至2012年转移支付的增长率保持在16%以上，最高时达到38.2%，2013年增长率下降至-2.01%，2016年的增长率为2.4%。转移支付占地方财政总收入比重年均为34.64%，近10年来最高比重为2007年的42.03%，随后转移支付占榆林财政总收入的比重逐步降低，2015年为最低（28.95%），2016年有所回升。

从转移支付结构看，榆林市转移支付在近10年的大多数年份中以一般性转移支付为主，专项转移支付和返还性收入为辅，仅在2011—2013年间一般性转移支付少于专项转移支付，大部分年份一般性转移支付占转移支付的比重在50%以上。从转移支付结构的变化情况看，一般性转移支付的比重呈先下降后上升的趋势，由2007年的61.2%下降至2013年的41.61%，随后上升至2016年的63.92%。与之相反，专项转移支付比重先上升后下降，由2007年的26.74%上升至最高2013年的50.52%，随后有所回落，近几年专项转移支付比重保持在40%左右（见表4-1）。

表4-1　　　　　　　　榆林市转移支付的基本情况

| 年份 | 转移支付规模（万元） | 转移支付增长率（%） | 转移支付收入占地方财政总收入的比重（%） | 一般性转移支付占转移支付收入的比重（%） | 专项转移支付占转移支付收入的比重（%） |
|---|---|---|---|---|---|
| 2007 | 488 929 | — | 42.03 | 61.20 | 26.74 |
| 2008 | 570 430 | 16.67 | 37.84 | 59.54 | 28.46 |
| 2009 | 788 310 | 38.20 | 38.07 | 50.33 | 38.36 |
| 2010 | 991 617 | 25.79 | 37.47 | 45.75 | 43.88 |
| 2011 | 1 257 682 | 26.83 | 35.13 | 44.53 | 45.88 |
| 2012 | 1 518 964 | 20.77 | 33.41 | 42.51 | 49.42 |
| 2013 | 1 488 369 | -2.01 | 31.02 | 41.61 | 50.52 |
| 2014 | 1 611 246 | 8.26 | 31.88 | 49.86 | 42.65 |
| 2015 | 1 774 657 | 10.14 | 28.95 | 53.17 | 40.73 |
| 2016 | 1 817 294 | 2.40 | 30.56 | 63.92 | 40.42 |

数据来源：榆林市历年《一般公共预算转移性收支决算录入表》。

政府性基金预算收入以土地出让收入为主。相对于预算收入，榆林市政府性基金预算收入波动幅度相对较大。从规模看，榆林市政府基金预算收入总体呈先增长后逐步下降的特点，由2009年的37 673万元上升至2012年的508 907万元，随后逐步下降至2016年的209 514万元。从增长率看，2010年以前政府性基金预算收入增速缓慢，2010年和2011年快速增长，增速分别达到147.22%和227.93%，随后增长率显著下降，2013年后政府性基金预算收入呈负增长，2016年下降为-34.41%（见图4-6）。政府性基金预算收入波动幅度较大，规模忽高忽低，加剧了财政不稳定性，不利于榆林市统筹安排财政资金，也不利于榆林市可持续发展。

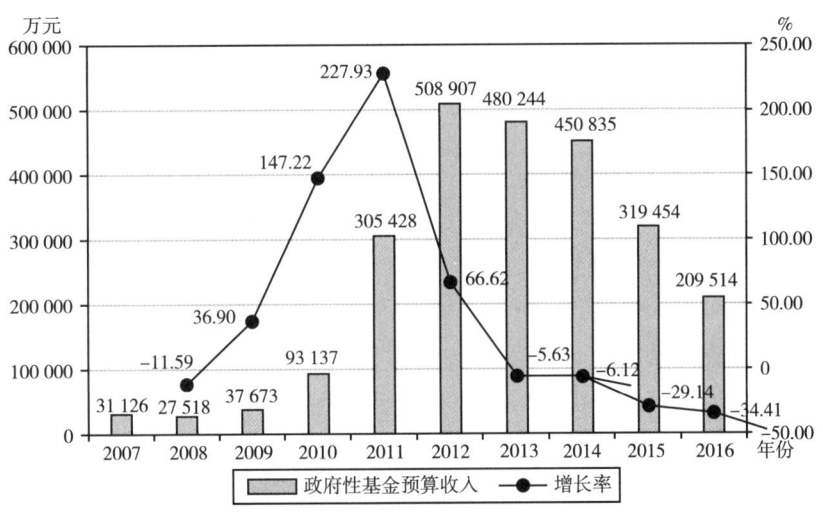

**图4-6　2016年榆林市政府性基金预算收入及其增长率**

数据来源：财政局提供资料计算整理。

从结构看，榆林市政府性基金预算收入以国有土地使用权出让收入为主。2016年，其占政府基金预算收入的比重达到74.4%。

榆林市近9年的土地出让面积和收入都呈先上升后下降的趋势，但波动幅度不尽相同。土地出让面积由2008年的123.3公顷上升至2012年的2 334.25公顷，随后有所下降，2016年的土地出让面积为995.81公顷。土地出让收入由2008年的34 020.6万元上升至2013年的1 260 797.42万元，随后开始回落，2016年土地出让收入为162 000.37万元。从增长情况看，土地出让面积和收入增长的波动性较大，2010年前二者的增长率较高，2009年土地出让收入的增长率为326.53%，2014年后土地出让收入呈负增长，增长率最低为2014年的-78.46%（见表4-2）。

表 4-2  榆林市历年土地出让面积及收入情况

| 年份 | 土地出让面积（公顷） | 土地出让面积增长率（%） | 土地出让收入（万元） | 土地出让收入增长率（%） |
|---|---|---|---|---|
| 2008 | 123.3 | — | 34 020.6 | — |
| 2009 | 342.82 | 178.04 | 145 109.58 | 326.53 |
| 2010 | 1 676.10 | 388.92 | 421 839.07 | 190.70 |
| 2011 | 1 634.16 | -2.50 | 460 430.89 | 9.15 |
| 2012 | 2 334.25 | 42.84 | 1 101 248.13 | 139.18 |
| 2013 | 1 802.26 | -22.79 | 1 260 797.42 | 14.49 |
| 2014 | 854.62 | -52.58 | 271 614.32 | -78.46 |
| 2015 | 1 145.81 | 34.07 | 216 185.68 | -20.41 |
| 2016 | 995.81 | -13.09 | 162 000.37 | -25.06 |

数据来源：财政局提供资料计算整理。

### （三）财政收入结构分析

从榆林财政收入结构看，资源型城市特征突出。

一是从总收入结构看，一般公共预算收入和转移支付收入比重逐步减小，债务等其他收入比重有所提高。从榆林市财政收入结构情况来看，2016 年财政总收入主要来源是一般公共预算收入，占比为 39.13%，转移支付收入和债务转贷收入等其他收入占比分别为 30.56% 和 30.31%。从纵向对比看，榆林市一般公共预算收入所占比重近 10 年来一直为 40%～50%，2007—2013 年一般公共预算收入的比重基本呈上升趋势，最高时为 2012 年比重达到 54.79%，说明财政收入自给能力逐步增强。近几年受去产能以及煤炭价格下降等影响，一般公共预算收入的比重不断下降，2016 年比重为 39.13%。转移支付收入占财政总收入的比重自 2007 年起逐步下降，由 42.03% 下降至 2011 年的 35.11%，近几年比重都保持在 30% 左右。榆林市债务转贷收入等其他收入的比重近 10 年大部分年份都保持在 10%～15% 的范围内，自 2015 年以来比重迅速上升，2016 年的比重为 30.31%（见图 4-7）。可见，由于近年经济发展增速趋缓，榆林市一般公共预算收入增速下降，债务转贷收入等其他收入的增长对财政总收入增速的影响加大。债务等其他收入包括债务转贷收入、调入资金等。

二是从一般预算收入结构看，税收收入比重有所下降，非税收入比重过高。一般公共预算收入包括税收收入和非税收入，其中税收收入更加规范和稳定，税收收入占财政收入的比重是衡量一个地区财政可持续性增长的重要指标。从

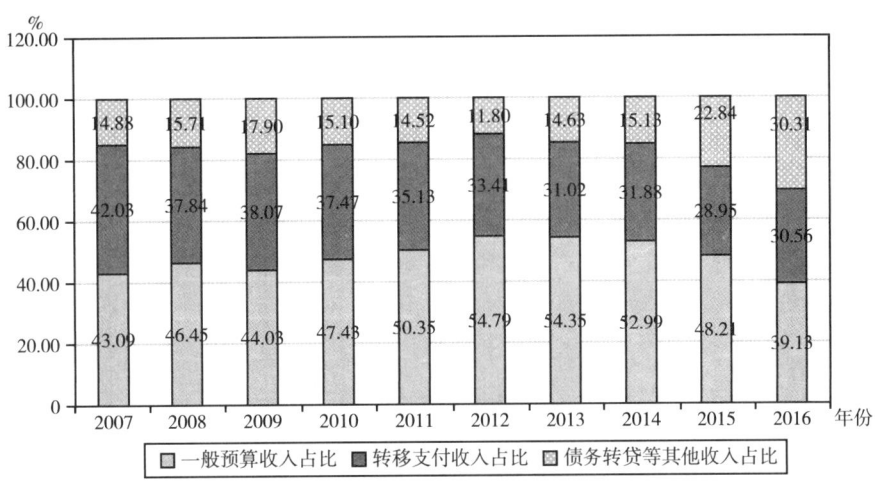

图 4-7　榆林市财政总收入结构图

数据来源：财政局提供资料计算整理。

榆林市近 12 年来的税收收入情况看，税收收入规模总体呈上升趋势，由 2005 年的 208 126 万元，逐步增长到 2014 年的最高点 1 859 115 万元。随后由于煤炭价格下降导致企业利润下降，同时受"营改增"政策税收调整的影响，税收收入有所回落，2016 年下降为 1 485 768 万元。从税收收入增长率来看，呈明显的下降态势，由 2006 年的 55% 下降至 2013 年的 3%，进入 2015 年后，进一步下降到 -14%。从税收收入占一般公共预算收入比重来看，榆林市这一比重不断下降，从 2005 年的 87%，2006 年的 90%，下降至 2012 年的 69%，2015 年的 54%，2016 年上升至 64%。

非税收入由 2005 年的 30 287 万元快速增长至 2015 年的 1 363 261 万元，绝对规模增长了 45 倍，最高的增长率达到 2012 年的 98%，但增长率波动较大，2014 年与 2016 年的增长率均为负。非税收入占一般公共预算收入的比重也逐年提升，由 2005 年的 13% 增加至 2015 年的 46%，2016 年回落至 36%。说明在榆林市非税收入是一般公共收入中的一个重要组成部分（见图 4-8）。

非税收入近年来增长态势迅猛，但增长率波动较大，最高时 2007 年增长率达到 111.22%，最低时 2016 年增长率为 -38.3%（见图 4-9）。

三是从税收结构看，增值税、所得税和资源税成为税收主体。从税种结构来看，2016 年榆林市税收收入中增值税所占比重最大，为 37.79%，资源税其次，为 25.69%，所得税、营业税分别为 8.5% 和 5.86%。从 2005—2016 年历年税种比重情况来看，增值税占税收收入比重较为稳定，2005—2011 年

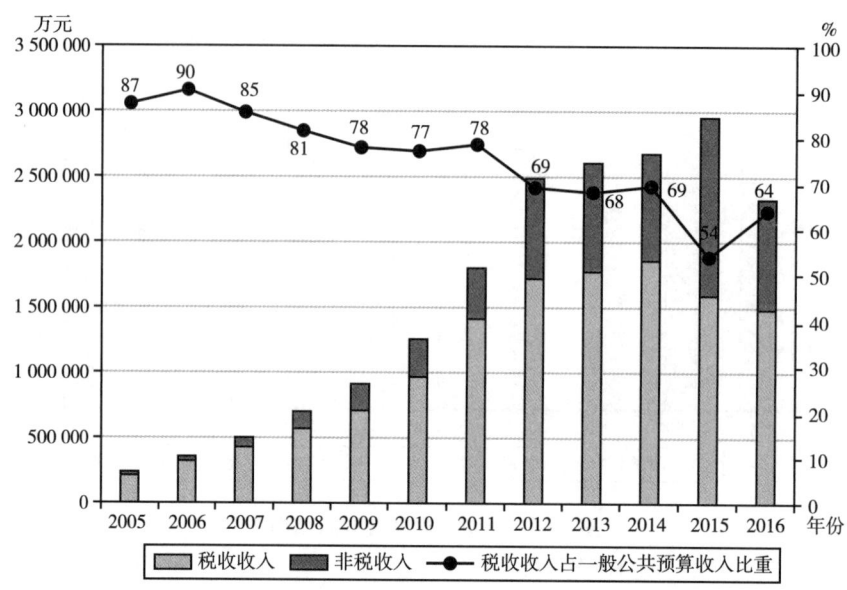

**图 4-8　榆林市税收、非税收入以及税收占比情况表**

数据来源：财政局提供资料计算整理。

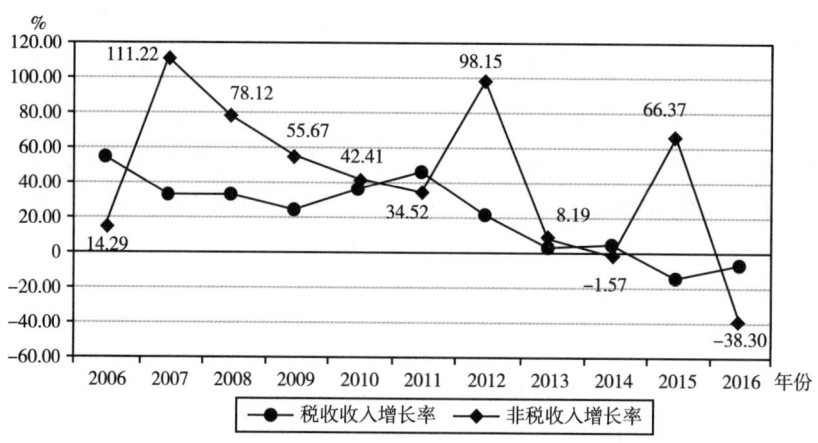

**图 4-9　榆林市税收收入与非税收入增长率变化趋势图**

数据来源：财政局提供资料计算整理。

均保持在 30% 以上，2012—2015 年比重下降为年均 26%，2016 年比重回升。营业税和所得税比重近几年均呈下降趋势。营业税占比由 2005 年的 22.9% 下降为 2016 年的 5.9%，所得税比重在 2012 年达到 21.8%，之前呈上升态势，近几年逐步减少，2016 年降至 8.5%。资源税比重上升明显，由 2011 年的 8.1% 上升至 2016 年的 25.7%。主要受煤炭、原油、天然气资源税从价计征政策影响，资源税收入维持了逐年增长的势头。城镇土地使用税和耕地占用税所占比重逐年上升，由 2006 年的 1% 上升至 2015 年的 13%，2016 年回落至 7%（见图 4-10）。

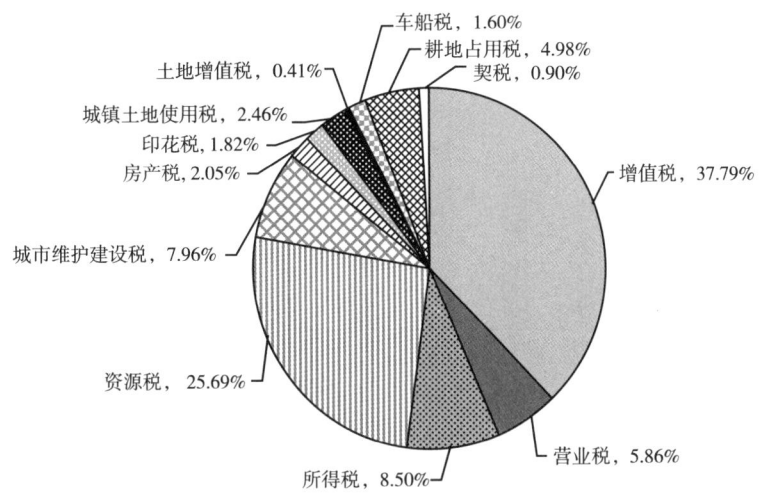

图 4-10 2016 年榆林市税收收入税种结构图

数据来源：财政局提供资料计算整理。

非税收入中占比最大的部分为专项收入（主要包括矿产资源专项收入、教育费附加等），最高时 2006 年占非税收入的 54%，2015 年为 35%，2016 年下降为 20%。行政事业性收费收入近几年所占份额有所上升，由 2005 年占非税收入的 5% 上升至 2016 年的 23%。

四是从三大产业财政收入来源来看，第二产业是财政收入的主要支柱，第一、第三产业发展缓慢。从产业结构来看，2016 年榆林市三大产业所获得的地方全口径财政收入即包括中央税收收入和地方财政收入进行划分，第一产业为 1 324 万元，第二产业为 3 659 741 万元，第三产业为 1 217 751 万元，所占财政总收入比重分别为 0.027%、75.01% 和 24.96%。根据对 2008 年至 2016 年分产业财政总收入进行分析，三产对应的财政收入分别占总收入的年均比重为 0.008%、79.08% 和 20.91%。第二、第三产业的财政收入占绝大部分。从三大产业财政收入近年来的增长情况看，第一、第二、第三产业总体都呈上升趋势，各产业带来的财政收入规模都有较大幅度的增长。其中，第一产业财政收入增长率波动幅度较大，2010 年为 -69.4%，2014 年较上一年增长了 3 倍多，说明其带来的财政收入极不稳定；第二产业与第三产业增长率的变化较为平缓，且呈逐步下降趋势，第二产业财政收入增长率自 2013 年后连续出现负值（见图 4 – 11）。

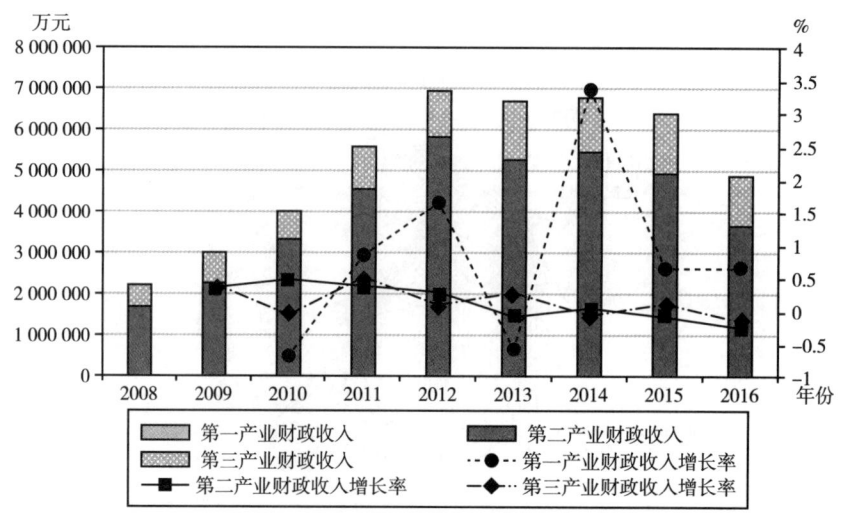

图 4 – 11　2016 年榆林市按产业分财政收入及其增长率

数据来源：财政局提供资料计算整理。

五是从不同行业财政收入来源看，资源型行业财政收入贡献突出，资源价格影响财政收入。将榆林市历年地方全口径财政收入即包括中央税收收入和地方财政收入按行业进行划分，并对比各行业税收收入占总体的比重可以看出，税收收入大部分依赖于资源的开采开发，煤炭石油天然气行业的税收收入自 2008 年以来保持在 60% ~ 75%，比重最高时 2011 年为 76.54%，近年来受去产能等政策的影响税收比重有所下降，但 2016 年比重仍为 63.76%。各行业中煤炭行业的税收占比最大，2012 年前煤炭行业税收比重维持在 45% ~ 50%，最高时 2010 年曾达到 52.87%，近年来比值和绝对规模都有所下降，规模由 2012 年的 2 880 241 万元下降至 2016 年的 1 571 525 万元，2016 年煤炭税收的比值为 38.92%。石油和天然气行业税收所占比重稳步上升，自 2008 年的 19.02% 上升至 2015 年的 31.61%，2016 年比重有所回落。建筑和房地产业税收比重由 2008 年的 2.73% 上升至 2013 年的 9.15%，2016 年回落至 7.31%。电力和制造业税收大多数年份比重小于 10%，住宿餐饮和零售业税收比重在 3% 左右（见图 4 – 12）。可以看出，榆林市税收较为依赖资源产业，第二、第三产业自主带动财源的能力不足。

六是从市以下财政收入看，地区间财政收入差距明显。市本级及北部县区

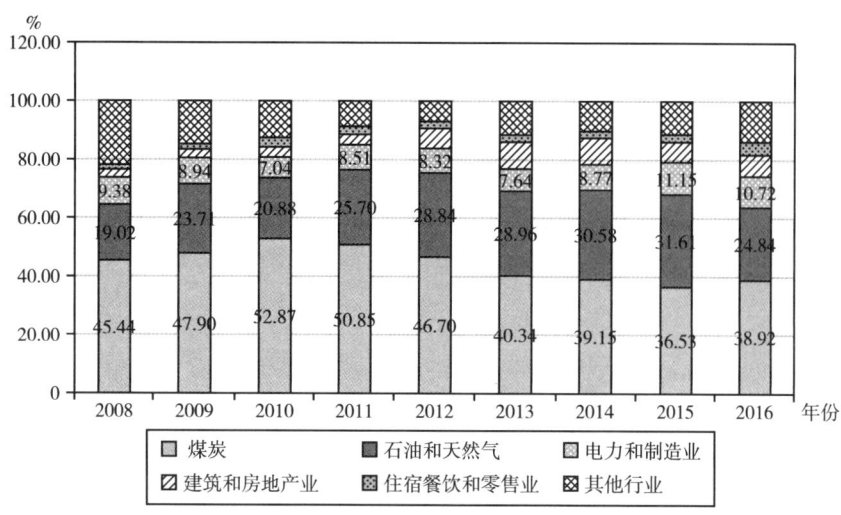

**图 4-12　2016 年榆林市行业税收收入比重图**

数据来源：财政局提供资料计算整理。

财政收入比重大。2016 年榆林全市的一般公共预算收入为 2 326 940 万元，其中市本级的收入为 1 064 148 万元，占全市比重为 45.73%。各区县中一般公共预算收入最高的为神木县，收入为 530 624 万元，是全市唯一超过 50 亿元的县，占全市一般公共预算收入比重为 22.08%。其次是榆阳区，一般公共预算收入为 215 935 万元，全市占比 9.28%。府谷、靖边、定边的一般公共预算收入均超过 10 亿元，占比分别为 6.02%，5.24% 和 5.66%。各区县中收入最低的为吴堡县，2016 年一般预算收入为 3 616 万元，占比仅为全市 0.16%。2016 年南六县一般公共预算收入共为 55 040 万元，全市占比 2.37%。北六县收入共为 1 167 894 万元，占比 50.19%（见图 4-13）。

从榆林市本级及各区县历年的绝对规模来看，榆林市本级的一般公共预算收入由 2005 年的 130 579 万元增至 2015 年的 1 410 439 万元，不考虑通货膨胀 10 年间绝对规模增长了接近 11 倍，2016 年规模有所下降。北六县一般公共预算收入由 2005 年的 102 285 万元上升至 2016 年的 1 167 894 万元，近 10 年来最高收入曾达到 2014 年的 1 459 256 万元。2005 年至 2007 年榆林市一般公共预算收入中市本级收入占比超过 50%，2008 年以来北六县的收入占比超过市本级成为全市中占比最高的区域，最高时 2010 年北六县占比达到全市的 62.6%，近几年来占比有所回落，2016 年为 50.19%。南六县一般公共预算收入绝对规模自 2005 年以来呈逐步攀升态势，由 2005 年的 5 549 万元上升至 2016 年的 55 040 万

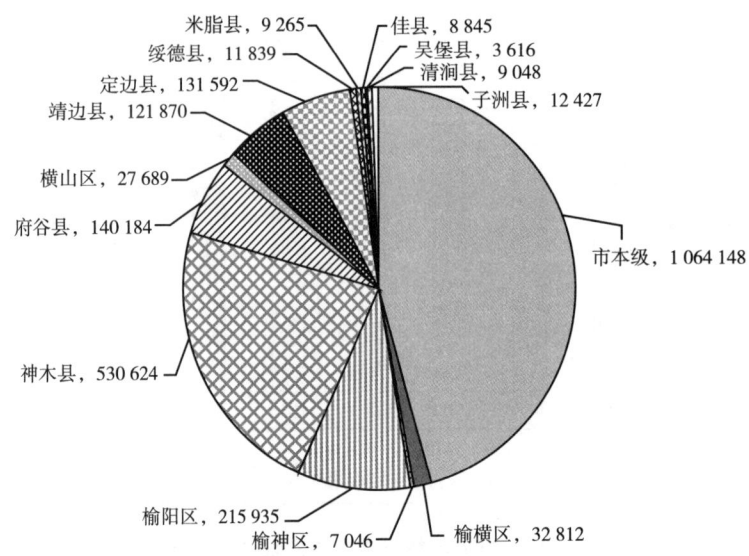

图 4-13　2016 年榆林市分地区一般公共预算收入结构图（单位：万元）

数据来源：财政局提供资料计算整理。

元，绝对规模增长近 10 倍。南六县收入在榆林市全市收入中占比份额较少，近 10 年稳定维持在 1%～2%（见图 4-14）。

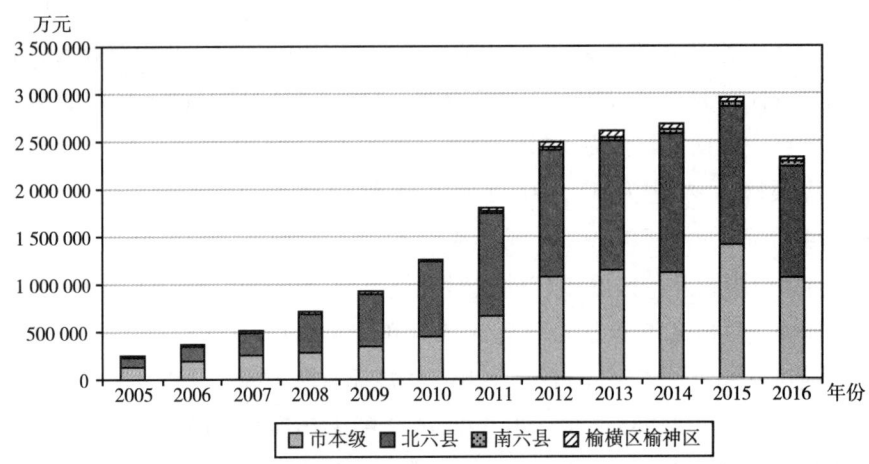

图 4-14　2016 年榆林市分地区一般公共预算收入规模变化图

数据来源：财政局提供资料计算整理。

从榆林市各地区一般公共预算收入的增长情况看，榆林市本级以及北六县一般公共预算收入受资源价格波动的影响起伏较为明显，可大致分为三个阶段。2013 年前呈高速增长趋势，2012 年市本级增长率为 61.21%，2015 年后出现负增长，2016 年市本级一般公共预算收入的增长率为 -24.55%，北六县为 -19.47%。南六县资源行业较少，一般公共预算收入增长率的波动起伏相对于市本级和北六县较为平缓，波动幅度在 10%~30%（见图 4-15）。

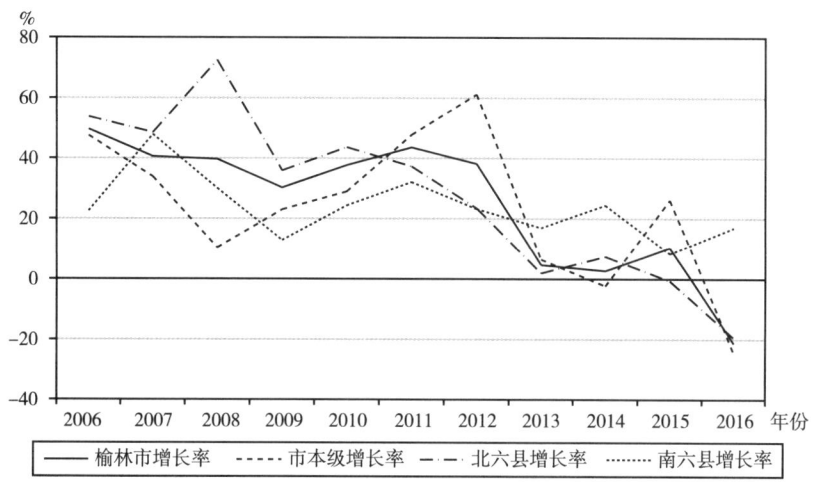

图 4-15 榆林市历年分地区一般公共预算收入增长率图

数据来源：财政局提供资料计算整理。

（四）财政收入与经济增长的协同性下降

财政收入占 GDP 的比重，是衡量财政收入规模的相对指标，反映政府以财政方式支配和使用社会资源的比例。该数值一方面反映政府财政收入规模在经济总量中所占比例是否合理，另一方面也体现政府对经济社会进行宏观调控能力的强弱。如果这一比值过低，则反映在国民收入分配中政府集中程度不足，难以满足政府履行职责的物质基础。如果比值过高，则反映在国民收入初次分配中政府集中过大，对其他收入分配形式产生挤出效应。

地方财政收入弹性，是地方财政收入增长速度与地区生产总值增长速度的比率，即 GDP 每增长 1%，地方财政收入增长的百分点。财政收入弹性的高低，反映的是其地方财政收入与地区经济增长是否同步协调。

榆林市地方财政收入占 GDP 的比重维持在年均 8.3% 左右，最低为 2008 年 6.94%，最高为 2015 年 11.28%，说明地方经济主体对财政的贡献度较为稳定。地方财政收入弹性的波动性较大，最高时为 2012 年的 1.83，大致分为三个阶段，2006 年至 2010 年地方财政收入弹性接近于 1，财政收入与地区生产总值都呈高速增长阶段。2011 年至 2013 年财政收入增长率高于经济增长，弹性大于 1。而近几年受财政收入以及地区生产总值负增长的影响，2015 年、2016 年的弹性为负，表明地方财政收入与经济增长方向不一致（见表 4 – 3）。

表 4 – 3　　榆林市一般公共预算收入与地区生产总值增长情况表

| 年份 | 一般公共预算收入（万元） | 一般公共预算收入增长率（%） | 地区生产总值（亿元） | 地区生产总值增长率（%） | 财政收入占地区生产总值比重（%） | 地方财政收入弹性 |
|---|---|---|---|---|---|---|
| 2005 | 238 413 | — | 285.09 | — | 8.36 | — |
| 2006 | 356 585 | 49.57 | 439.47 | 54.15 | 8.11 | 0.92 |
| 2007 | 501 227 | 40.56 | 674.25 | 53.42 | 7.43 | 0.76 |
| 2008 | 700 108 | 39.68 | 1 008.26 | 49.54 | 6.94 | 0.80 |
| 2009 | 911 750 | 30.23 | 1 302.31 | 29.16 | 7.00 | 1.04 |
| 2010 | 1 255 369 | 37.69 | 1 756.67 | 34.89 | 7.15 | 1.08 |
| 2011 | 1 802 477 | 43.58 | 2 292.26 | 30.49 | 7.86 | 1.43 |
| 2012 | 2 490 582 | 38.18 | 2 769.22 | 20.81 | 8.99 | 1.83 |
| 2013 | 2 607 340 | 4.69 | 2 846.75 | 2.80 | 9.16 | 1.67 |
| 2014 | 2 678 541 | 2.73 | 3 005.74 | 5.58 | 8.91 | 0.49 |
| 2015 | 2 955 817 | 10.35 | 2 621.29 | -12.79 | 11.28 | -0.81 |
| 2016 | 2 326 940 | -21.28 | 2 773.05 | 5.79 | 8.39 | -3.67 |

数据来源：由榆林市统计年鉴及财政局提供数据计算。

课题组根据资源特征、经济规模、财政收入等特征，选择了徐州市、湖州市、枣庄市、娄底市、焦作市、鄂尔多斯市、阜新市 7 个有代表性的资源型城市作为样本城市，并计算出其地方财政收入占生产总值的比重，榆林市占比为 8.39%，在 8 个资源型城市中处于居中位置，高于 8.2% 的平均水平，比重最高的为鄂尔多斯 10.21%，其次为湖州 9.17%，最低为焦作 5.96%（见表 4 – 4）。

表 4 – 4　　样本资源型城市 2016 年地方财政收入占生产总值比重

| 城市 | 一般预算收入（亿元） | 地区生产总值（亿元） | 地方财政收入占地区生产总值比重（%） |
|---|---|---|---|
| 榆林 | 232.69 | 2 773.05 | 8.39 |
| 徐州 | 516.06 | 5 808.52 | 8.88 |
| 湖州 | 205.6 | 2 243.1 | 9.17 |

续表

| 城市 | 一般预算收入（亿元） | 地区生产总值（亿元） | 地方财政收入占地区生产总值比重（%） |
| --- | --- | --- | --- |
| 枣庄 | 147.4 | 2 142.63 | 6.88 |
| 娄底 | 104.58 | 1 400.14 | 7.47 |
| 焦作 | 124.18 | 2 082.62 | 5.96 |
| 鄂尔多斯 | 451 | 4 417.9 | 10.21 |
| 阜新 | 35.8 | 406.2 | 8.81 |

数据来源：各市2016年国民经济和社会发展统计公报。

## 二、财政支出运行的基本态势：支出增速放缓，民生支出特征显著

### （一）财政支出总量不断增加，增速放缓

随着财政总收入的增长，榆林市财政总支出的规模也在不断增大，自2007年至2016年的10年间规模稳步上升，2015年达到财政总支出的最高值6 131 024万元，不考虑通货膨胀，2007—2015年财政总支出绝对规模增长了4倍。从财政总支出增长率看，榆林市财政总支出呈现出明显的两个阶段，在2012年前，财政总支出呈现在高位波动的特征，2012年后，财政总支出呈现先下降后回升的特征，这一特征与经济发展趋势基本一致，榆林市财政也进入了"新常态"（见图4-16）。

图4-16 榆林市财政总支出及增长率变化趋势图

数据来源：财政局提供资料计算整理。

从榆林市财政总收入和财政总支出综合对比来看，收入方面减税降费仍将持续，支出方面基础设施建设、城镇化、扶贫等都需要财政支持，民生支出刚性导致可压缩的空间又很小，未来榆林市财政收支矛盾会进一步增大。

从一般公共预算支出情况看，榆林市一般公共预算支出从2007年的967 520万元稳步增长到2016年的4 711 306万元，不考虑通货膨胀，一般公共预算支出的绝对规模增长4.9倍，年均增长率为14.09%。从增长率变化情况看，榆林市一般公共预算支出的增长率整体呈下降趋势，由2009年的38.88%下降至2014年的0.26%，2015年增长率有所回升，随后2016年降为1.24%（见图4-17）。

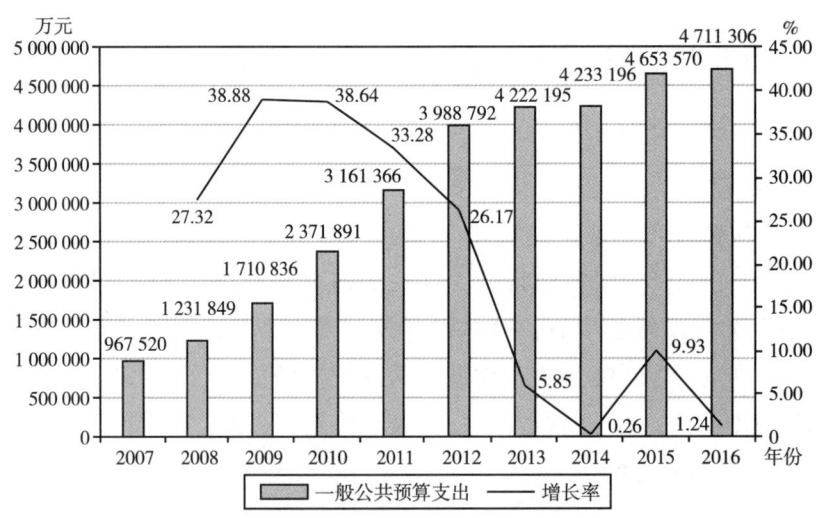

图4-17　榆林市一般公共预算支出及增长率变化趋势图

数据来源：财政局提供资料计算整理。

从人均财政支出情况来看，榆林市人均财政总支出和人均一般公共预算支出都保持相对稳定的增长，其中人均财政总支出从2010年的7 890.55元增长到2016年的17 584.32元，人均一般公共预算支出由2010年的7 071.41元增长到2016年的13 930.53元。从增长趋势看，两者基本一致，呈现波动变动趋势，均在近几年出现过负增长。相对于人均财政总支出，人均一般公共预算支出相对更为稳定（见图4-18）。

从财政总收入和财政总支出对比来看，榆林市财政仍然存在以收定支的特征，2016年人均财政总支出相对下降的原因在于财政收入的负增长。可见，未来随着中期财政规划和政策的衔接，需要进一步发挥财政作为国家治理基础和重要支柱的作用。

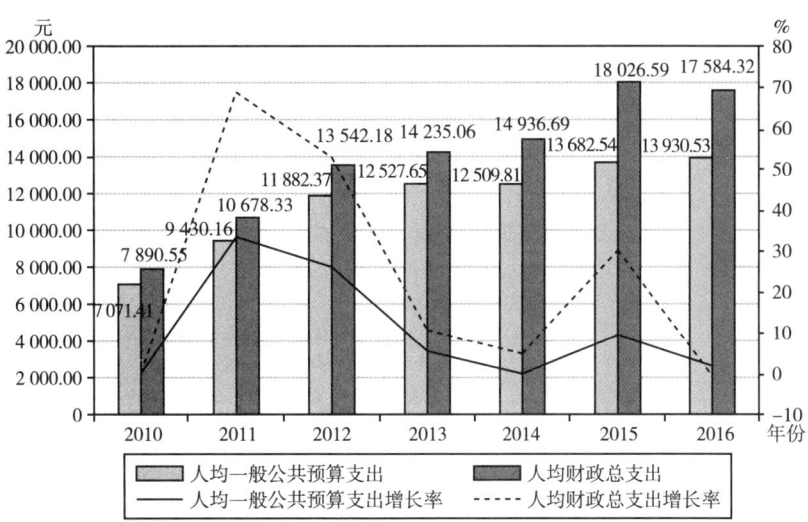

**图 4 – 18 榆林市人均财政支出及增长率变化趋势图**

数据来源：财政局提供资料计算整理。

榆林市财政支出相对规模，即公共财政支出占地区生产总值的比重自 2005 年以来在 12% ~17% 之间上下浮动，最高为 2015 年的 17.75%，最低为 2008 年的 12.22%，年均比重为 14.9%。2008—2015 年，除 2014 年以外，财政支出占地区生产总值比重整体呈上升态势，这一期间财政支出增速快于经济增长速度，说明财政支出的相对规模不断加大，财政介入社会经济生活的广度和深度在充分扩展，财政职能在经济社会中的地位和作用越来越明显（见图 4 – 19）。

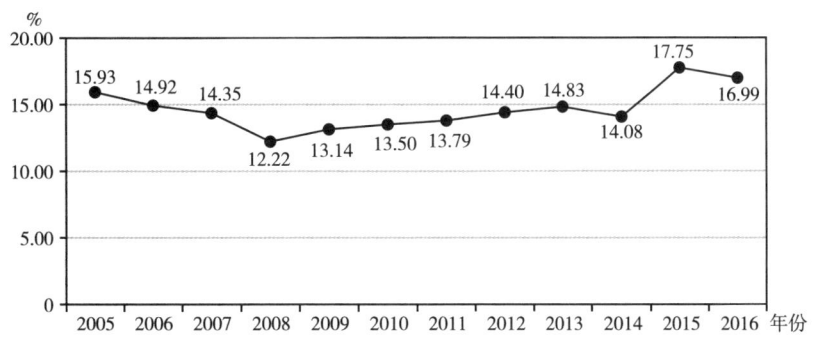

**图 4 – 19 榆林市公共财政支出占地区生产总值比重变化趋势图**

数据来源：财政局提供资料计算整理。

将榆林市 2016 年地方财政支出占生产总值的比重与其他 6 个样本资源型城市做对比，可以看出榆林市财政支出占地区生产总值 16.99% 的比重在 7 个城市中位居第二位，仅次于娄底市 19.36% 的比重，比重最低的为焦作市 10.44%（见表 4-5）。

表 4-5　样本资源型城市 2016 年地方财政支出占生产总值比重

| 城市 | 一般预算支出（亿元） | 地区生产总值（亿元） | 地方财政收入占地区生产总值比重（%） |
| --- | --- | --- | --- |
| 榆林 | 471.13 | 2 773.05 | 16.99 |
| 徐州 | 798.89 | 5 808.52 | 13.75 |
| 湖州 | 288.6 | 2 243.1 | 12.87 |
| 枣庄 | 246.87 | 2 142.63 | 11.52 |
| 娄底 | 271.08 | 1 400.14 | 19.36 |
| 焦作 | 217.34 | 2 082.62 | 10.44 |
| 鄂尔多斯 | 563.4 | 4 417.9 | 12.75 |

数据来源：各市 2016 年国民经济和社会发展统计公报。

### （二）财政支出结构的民生化趋势增强

从一般公共预算支出结构来看，根据支出占比大小，榆林市 2016 年主要财政支出项目分别是教育 92 亿元（19.53%）、社会保障和就业 72.35 亿元（15.36%）、农林水事务 66.86 亿元（14.19%）、一般公共服务（9.83%）、医疗卫生（9.29%）、城乡社区事务（5.83%）、交通运输（5.41%）、公共安全（5.27%）等（见图 4-20）。其中大部分支出项目是公共服务支出，属于刚性支出，因而财政支出体现出较为明显的刚性支出特征，财政支出主要用于"保民生、保运转、保工资"，且预期未来的支出压力会进一步增大。

以行政管理支出为主的一般公共服务支出近年来在公共预算支出中占比逐渐下降，由 2006 年的 23.34% 下降至 2016 年的 9.83%，增长率不断下降，2014 年和 2016 年都呈负增长（见图 4-21）。可以看出，在有限财力下，榆林市进一步压缩行政管理支出的规模和增速，将财政支出投向经济建设和民生改善方面。

财政支出优先保障民生社会事业发展。近年来榆林市在推进社会事业发展方面不断完善财政支出的规模与结构，通过推行 15 年免费教育，完善医疗卫生和社会保障等公共服务体系，开展文化艺术活动丰富民众精神文化生活等民生工程，使民众更好地享受经济发展成果。过去 10 年，榆林市民生支出绝对规模

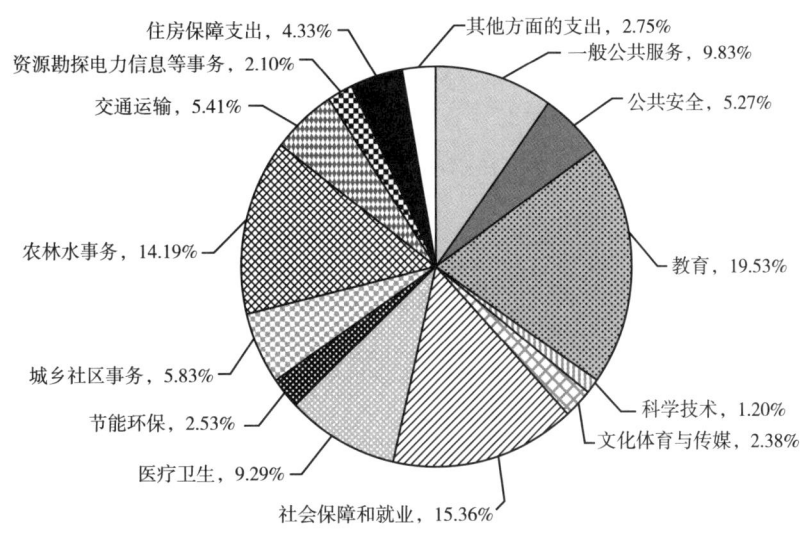

**图 4-20　2016 年榆林市一般公共预算支出结构图**

数据来源：财政局提供资料计算整理。

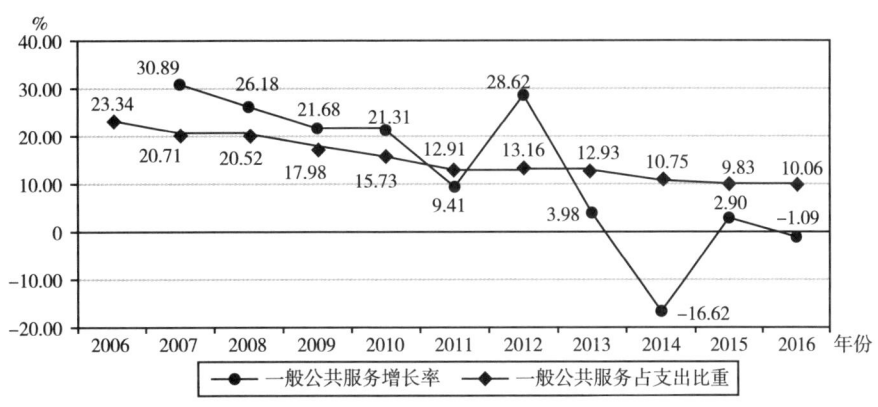

**图 4-21　榆林市一般公共服务支出增长率及占比情况图**

数据来源：财政局提供资料计算整理。

从 2007 年的 650 315 万元增长到 2016 年的 3 857 443 万元，不考虑通货膨胀，民生支出的绝对规模增长了 5.93 倍，年均增长 23.03%，高于一般公共预算支出的年均增幅 14.09% 和一般公共预算收入的年均增幅 20.69%。可见，民生支出在一般公共预算支出的重要性不断突出。从增长情况看，榆林市民生支出的增长呈先上升后降低的态势，2010 年民生支出的增长率达到近 10 年最高 46.64% 后开始回落，2014 年为 4.41%，2016 年为 2.17%，虽然近几年受整个经济的影响增长率较低，民生支出仍保持正向增长态势。从占比情况看，榆林市民生支出占一般公共预算支出的比重逐步上升，由 2007 年的 67.21% 上升到 2016 年的 81.88%（见图 4-22）。未来随着经济社会发展和人民生活水平的提高，民生支出的压力会不断增大。总体来看，榆林市一般公共预算支出体现出明显的民生支出导向，民生支出在财政支出中的重要性不断凸显。

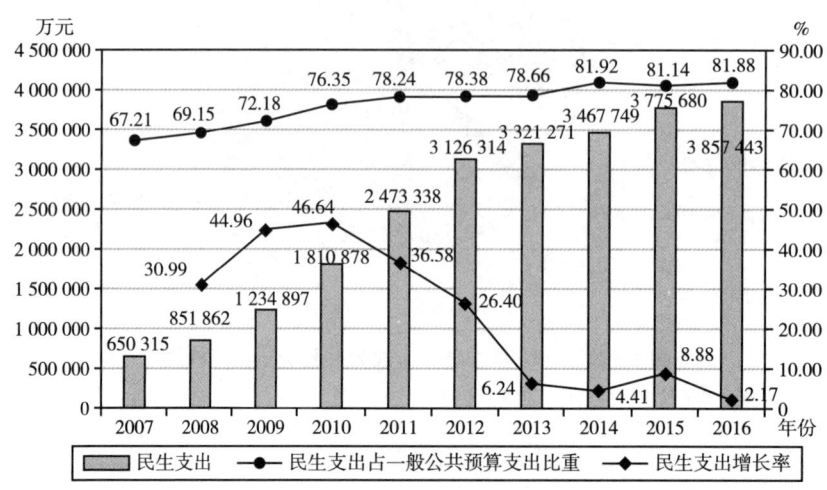

图 4-22　榆林市民生支出与民生支出占一般公共预算支出比重图

数据来源：财政局提供资料计算整理。

教育事业发展成效显著。榆林市 2016 年一般公共预算支出中教育支出为 920 029 万元，其中普通教育支出最多，占比为 80.58%，职业教育投入占比 6.46%（见表 4-6）。普通教育投入中，小学教育投入最多为 289 912 万元，占比 39.11%，初中教育其次，占比 22.6%。学前教育和高中教育占比分别为 10.6% 和 14.77%。高等教育投入为零（见图 4-23）。对于教育的优先投入使得各类教育有了长足的发展，"十二五"期间，幼儿园增加到 1 026 所，4 个县通过国家义务教育发展基本均衡县评估认定，创建省级标准化高中 24 所，教育资源配置不断优化，城区"上学难"问题基本得到解决。

表 4-6　　　　　　　榆林市 2016 年教育支出构成表

| 项　目 | 支出（万元） | 支出占比（%） |
| --- | --- | --- |
| 教育管理事务 | 18 545 | 2.02 |
| 普通教育 | 741 362 | 80.58 |
| 职业教育 | 59 470 | 6.46 |
| 成人教育 | 4 474 | 0.49 |

续表

| 项　　目 | 支出（万元） | 支出占比（%） |
| --- | --- | --- |
| 广播电视教育 | 2 853 | 0.31 |
| 特殊教育 | 2 185 | 0.24 |
| 进修及培训 | 9 471 | 1.03 |
| 教育费附加安排的支出 | 63 001 | 6.85 |
| 其他教育支出 | 18 668 | 2.03 |
| 教育支出 | 920 029 | — |

数据来源：榆林市财政局提供数据。

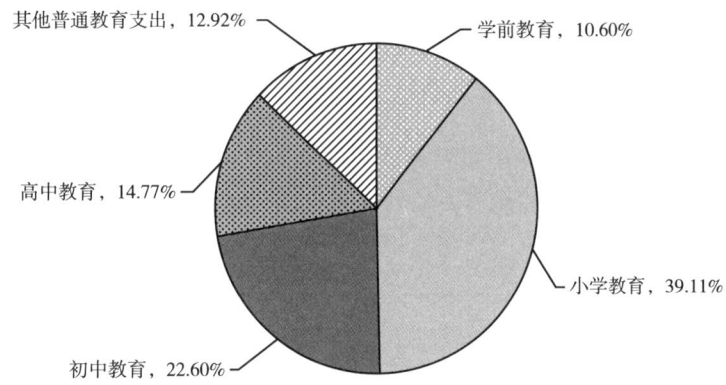

**图 4 – 23　2016 年榆林市普通教育支出构成图**

数据来源：榆林市财政局提供数据。

医疗和社会保障体系逐步完善。2016 年，榆林市社会保障和就业支出为 723 494 万元，其中就业补助为 59 563 万元，占比为 8.23%，财政对社会保险基金的补助为 226 775 万元，占比为 31.34%（见图 4 – 24）。不断完善城乡低保制度，做好城乡低保和农村五保供养工作，2016 年，城市低保享受人数为 6.83 万人，农村低保享受对象 20.87 万人，农村五保供养对象 1.60 万人。

榆林市在医疗卫生方面通过加强基本公共卫生服务、加快中医药事业发展等提升医疗卫生服务水平，医疗卫生和计划生育支出绝对水平稳步上升，占民生支出的比重由 2006 年的 4.29% 上升至 2016 年的 9.29%。在新农合管理工作方面，2016 年榆林市参加新农合 297.76 万人，参合率 99.24%，较 2015 年有所增长。新农合筹资标准提高到 570 元/人，各级财政补助配套 440 元/人，参合农民个人缴费 110 元/人（其中市、县区财政代缴 20 元/人）。近年来医疗卫生支

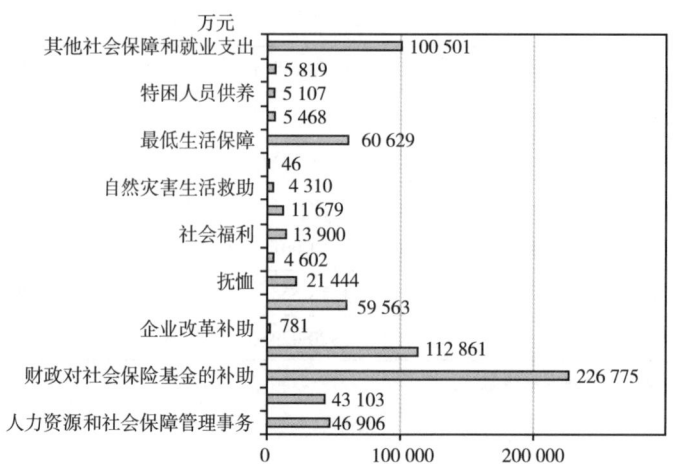

图 4-24　2016 年榆林市社会保障和就业支出构成图

数据来源：榆林市财政局提供数据。

出增长率下降明显，2016 年呈负增长（见图 4-25）。榆林市仍存在优质医疗资源短缺、各级医疗机构服务能力差异性大等问题，需进一步完善。

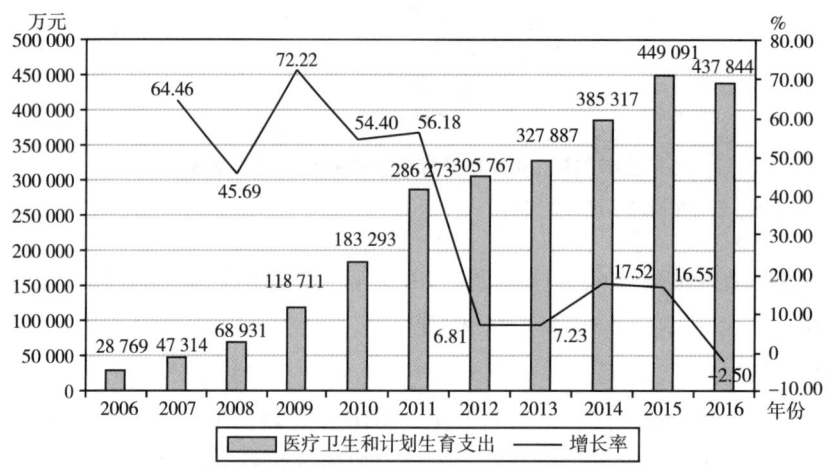

图 4-25　榆林市医疗卫生和计划生育支出及增长率图

数据来源：榆林市财政局提供数据。

环保科技支出投入水平低。榆林市民生支出结构中，节能环保以及科学技术支出占比较低，且发展缓慢。2016 年节能环保支出为 119 283 万元，占比 2.53%，科技支出仅为 56 526 万元，占比 1.2%，且 2016 年科技支出中对于基础研究和应用研究的投入均为零（见图 4-26）。

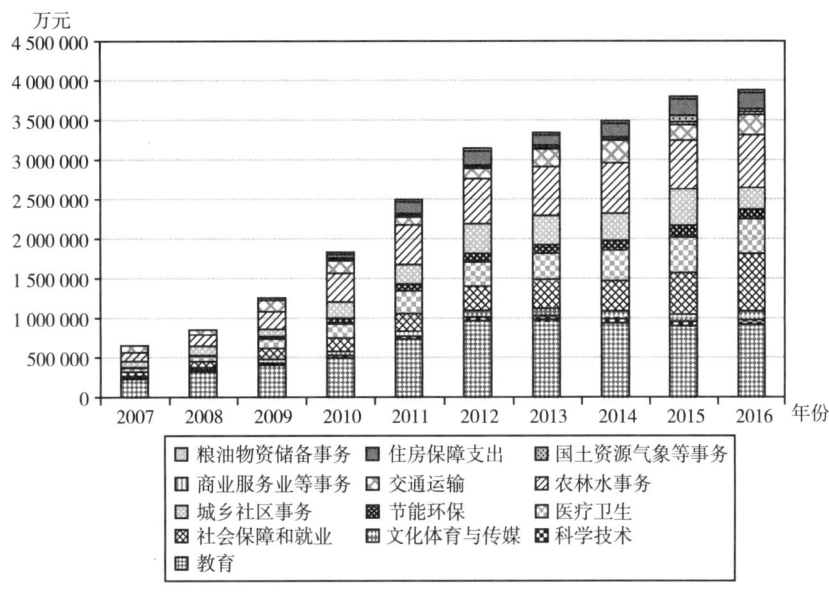

图 4-26 2007—2016 年榆林市民生支出结构图

数据来源：财政局提供资料计算整理。

同时，榆林位于黄土高原北部，属于生态环境脆弱地区，再加上粗放式发展，资源开发带来的地表塌陷、水源破坏、植被枯死、房屋坍塌、环境污染等问题非常严重，而生态损失与生态补偿悬殊。随着资源开采的不断深入和经济的快速发展，资源环境承载压力进一步加大，生态恢复治理和生态建设任务艰巨。榆林市目前已建成投运的煤矿大多是20世纪90年代审批的，环境治理设施不足，导致开采企业煤层气排空、煤炭加工企业废气直接排放、运煤道路扬尘增多；同时煤炭开采破坏地下含水层结构，造成区域性地表水下泄，地下水位下降。全市水资源总量只有32.29亿立方米，人均拥有水量979立方米，地下资源的大量开采，地表水、地下水大面积渗漏，导致不少井泉下漏、淤坝干涸、树林枯死、矿区许多地方发生水荒。全省最大的内陆湖红碱淖水位连续下降，湖面平均每年退缩6 000亩，湖水面积由原来的10.5万亩缩减到现在的7万亩左右。全市湖泊由开采之前的869个减少到70多个。煤炭开采带来许多污染，榆林市每年在环境治理中投入大量财力物力，给地方财政形成很大的压力。据相关专家估算，榆林每开采1吨原煤、原油，造成的生态环境损失分别达到66元和260元，每年环境成本达266亿元，超过了同期地方财政收入。2014年以来，榆林市财政累计投入资金10.19亿元，专项用于产煤区环境治理、生态建设和改善居民生活环境，环境红线压力较大。生态治理资金巨大，投入补偿严重不足,形成了代际转移。

现阶段,在建设丝绸之路经济带的背景下,国家对于生态环境保护和节能减排等方面又有了新的要求,同时,榆林市想要打破资源依赖的经济发展路径,延伸产业链,进行产业升级转型,也必须进行科技创新,现有的环保和科技支出远远无法满足经济社会转型发展的需要。

交通运输支出波动性明显。近10年来,各主要民生支出总的增长趋势与榆林市民生支出的增长趋势大体保持一致,交通运输与城乡社区事务支出的增长率波动性较大,在2009年、2010年时增长率可超过100%,随后不时出现负增长的情况。

从各类民生支出的增长率看,教育、科学技术和医疗卫生等支出的增长率都逐步降低,教育支出由2008年的39.41%下降为2016年的2.14%,科学技术由2008年的60.22%下降至2016年的5.61%。社会保障和就业支出的增长率虽然在2014年下降为3.86%,但近两年有上升的趋势(见图4-27)。

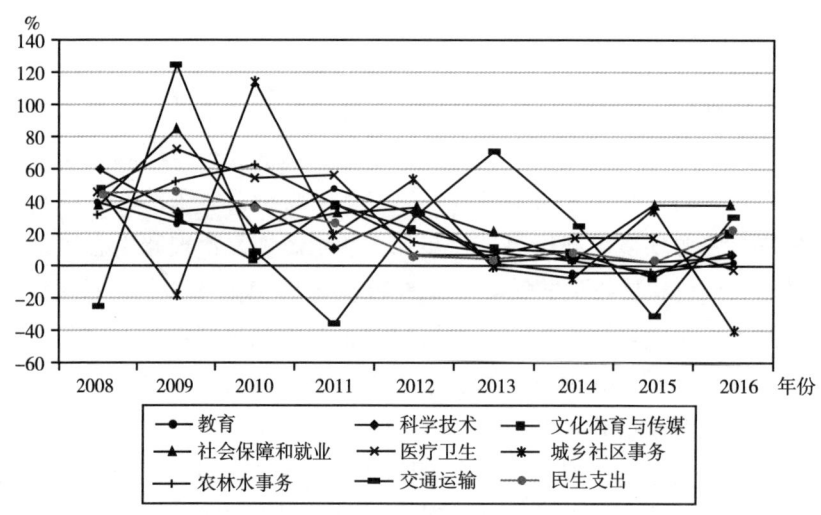

图4-27 榆林市部门民生支出增长率变化趋势图

数据来源:财政局提供资料计算整理。

从主要的几类民生支出占一般公共预算支出的比重的变化趋势看,科学技术、节能环保、文化体育与传媒以及农林水事务的支出占比较为稳定,交通运输支出的占比波动起伏较大,社会保障和就业支出的比重不断攀升,由2007年的5.67%上升至2016年的15.36%,医疗卫生支出占比也由2007年的4.89%上升至2016年的9.29%。教育支出比重略有波动,占比在19%~24%浮动,年均占比保持在 22.57%（见图 4-28）。

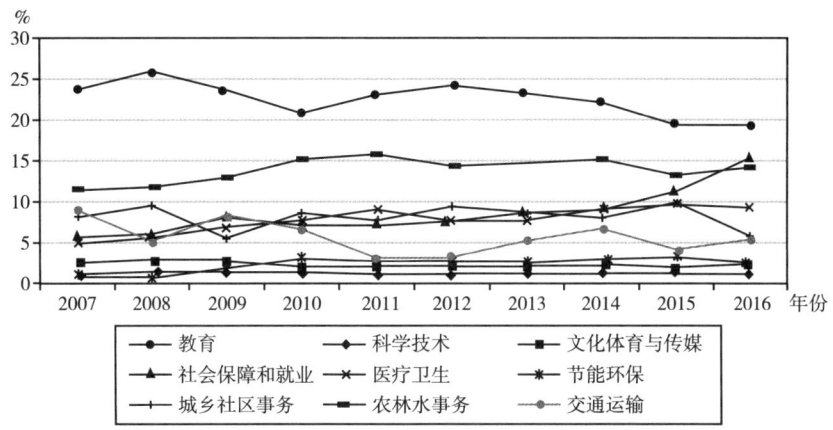

**图 4-28　榆林市部分民生支出占一般公共预算支出比重变化趋势图**

数据来源：财政局提供资料计算整理。

由民生支出增长率与一般公共预算收入和支出增长率变化趋势对比可看出，民生支出的增长率在大多数年份与榆林市一般公共预算支出增长率保持一致，甚至高于一般公共预算支出的增长。民生支出与一般公共预算支出的增长往往滞后或受一般公共预算收入增长率变化的影响，说明存在以收定支的现象。自2013 年以来三者变化趋势较为一致，但 2016 年一般公共预算收入呈现负增长，使支出与其差距拉大（见图 4-29）。

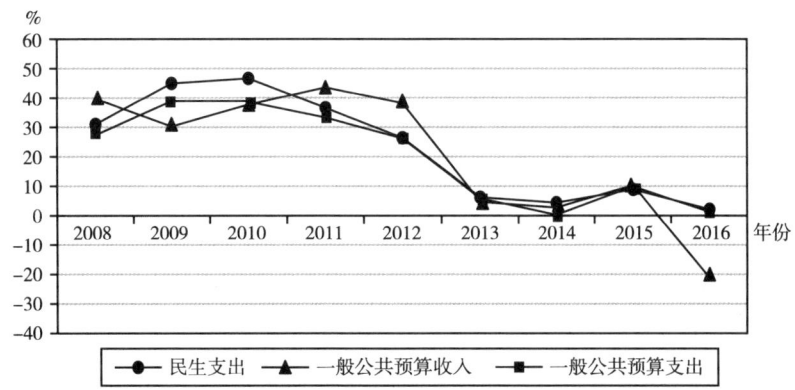

**图 4-29　榆林市民生支出与一般公共预算收支增长率变化趋势图**

数据来源：财政局提供资料计算整理。

### (三) 县区支出规模差异明显

2016年，榆林市一般公共预算支出按地区划分，最高的为市本级，一般公共预算支出为1 093 520万元，占全市一般公共预算支出的23.21%。神木县次之，为773 602万元，占全市比重为16.42%，榆阳区的450 187万元随后，占比9.56%。2016年市本级、榆阳区以及神木县占全市一般公共预算支出的一半左右。市本级、北六县、南六县的比重分别为23.21%、50.46%和25.31%。北六县2016年支出除神木县、榆阳区外，府谷、靖边和定边县的支出规模与占比较为接近，均占全市支出6%左右，北六县中支出最少的为横山县的234 523万元，占比为5%。南六县中一般公共预算支出最多的为绥德县262 600万元，占比为5.57%，支出最少为吴堡县112 210万元，占比为2.38%，南六县内部从支出规模和比重对比差距较小（见图4–30）。

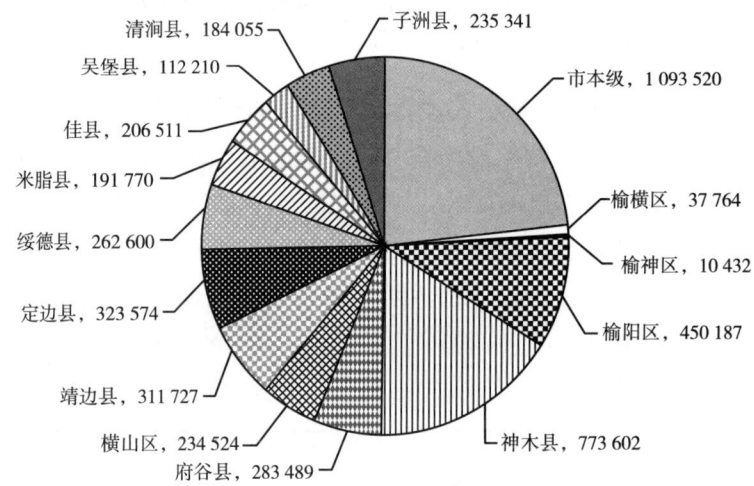

**图4–30　2016年榆林市分地区一般公共预算支出结构图**

数据来源：财政局提供资料计算整理。

榆林市各地区近12年来一般公共预算支出都呈上升态势。市本级一般公共预算支出绝对规模由2005年的105 681万元上升至2016年的1 093 520万元，不考虑通货膨胀，绝对规模增加了10倍，全市占比情况较为稳定，年均占比为23.46%。北六县一般公共预算支出绝对规模由2005年的240 584万元上升至2016年的2 377 103万元，年均全市占比为52.39%。南六县支出由2005年的107 765万元上升至2016年的1 192 487万元，不考虑通货膨胀，绝对规模增长了11倍，支出年均全市占比为23.15%（见图4–31）。

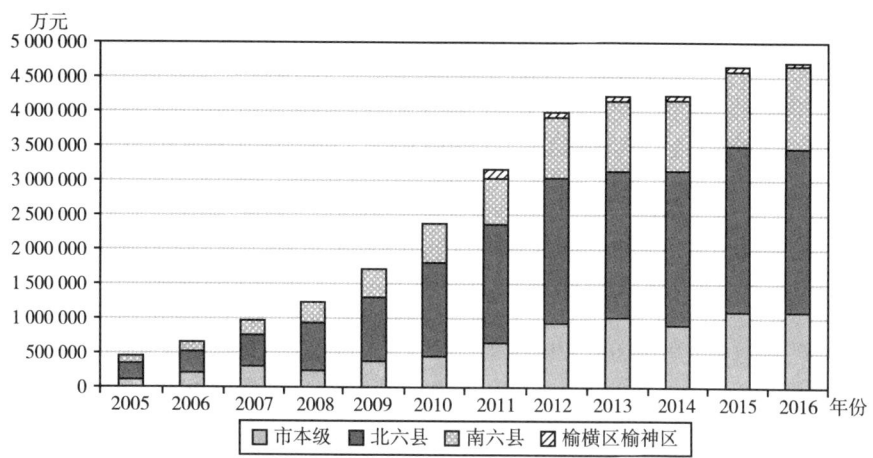

**图 4-31　榆林市历年分地区一般公共预算支出规模变化图**

数据来源：财政局提供资料计算整理。

榆林市和南六县、北六县历年一般公共预算支出的增长情况较为相近，而市本级支出的增长波动性较大，尤其是在 2012 年以前，2006 年增长率为 95.3%，最低时为 -20.55%。榆林市整体支出呈刚性增长，但增长率波动较大，无规律可循（见图 4-32）。

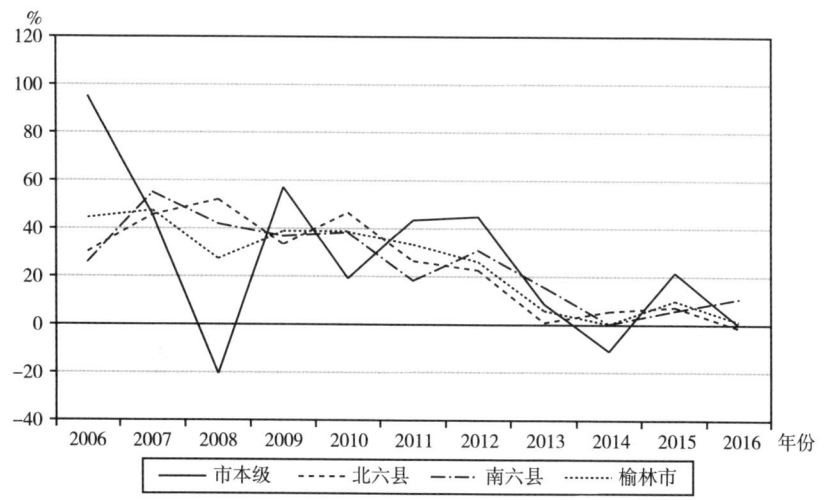

**图 4-32　榆林市历年分地区一般公共预算支出增长率图**

数据来源：财政局提供资料计算整理。

## （四）政府性基金支出增速放缓

榆林市政府性基金支出呈先上升后下降的态势。由 2007 年的 41 681 万元增长至最高点 2012 年的 544 844 万元，随后回落至 269 269 万元。增长率在 2012 年前呈上升趋势，最高为 2012 年的 316.6%，最低为 2016 年的 -37.53%（见图 4-33）。

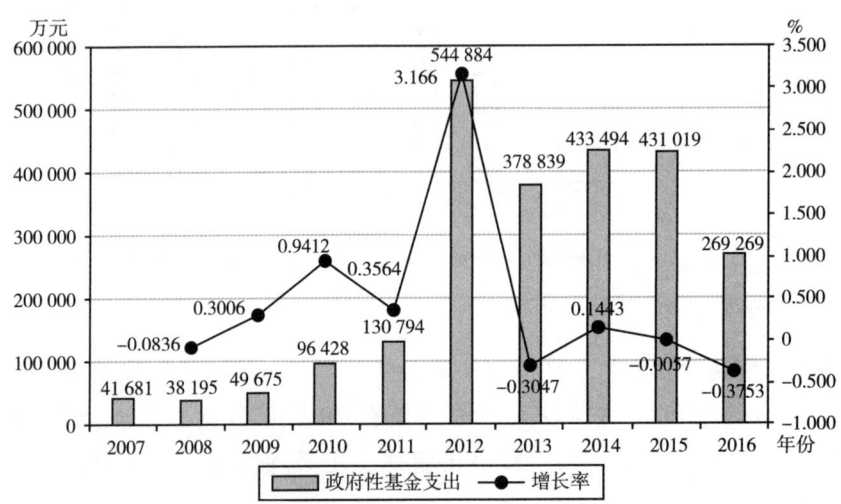

图 4-33 榆林市政府性基金支出及增长率图

数据来源：财政局提供资料计算整理。

## 三、财政体制特征：财政净流出多，市级调控能力有所下降

### （一）省对市区的财政管理体制

根据中央分税制改革精神，陕西省于 1995 年实行省对地市的分税制财政管理体制，主要是按照企业隶属关系划分各级收入。为进一步顺政府间财政收入分配关系，2004 年，省政府调整和完善了省以下财政管理体制。主要做法有：

一是打破按企业隶属关系划分收入的做法，实行按税种按比例划分收入。全省增值税（25% 部分）、营业税、城镇土地使用税、房产税和资源税作为省、市共享收入（简称共享五税），省与市县统一按 30∶70 比例分享；企业所得税和个人所得税（40% 部分）及发电企业增值税（25% 部分），省与市县按 50∶50 比例分享；全省供电企业增值税（25% 部分），全省金融保险业营业税及其附征的城建税和教育费附加，全省高等级公路通行费营业税及其附征的城建税和教育费附加，作为省级固定收入；将剔除上述税收收入以外的地方税收作为市县固定收入。

二是实行增收激励政策。省级当年集中的共享"五税"（增值税、营业税、资源税、房产税、城镇土地使用税）收入增量对各市区实行有区别的返还政策；从2008年起，省级当年集中各市区的共享"五税"收入净增量全额返还市区。

三是规范市对县财政体制。从2005年起，各市区参照省对市县财政管理体制，实行按税种按比例划分收入的办法，相继对市与县财政管理体制进行了调整和完善。

四是调整"两税"返还分配办法。改革前，陕西省对下"两税"返还比照中央办法分配。为充分调动各地发展的积极性，2004年体制调整中，省财政制定并实施了按照各地"两税"增量比重占全省的比例分配中央"两税"返还增量的办法。

（二）市区对县的财政管理体制

2005年起，按照省政府的统一要求，各市区相继调整完善了市区对县的财政管理体制。主要做法有：

一是实行按税种按比例划分收入，相对统一和简化了收入划分方式。比照省对市区财政收入划分方式，市区对县也普遍实行了按税种按比例划分收入。宝鸡、咸阳、安康等地市还进一步扩大市级与县级的共享收入范围，在实行"五税"共享的基础上，对城市维护建设税、土地增值税、印花税等税收也实行按比例分享。

二是收入划分比例区别对待，促进财政困难县发展。在市级与县级收入划分中，市级普遍提高了对财力状况相对较好的市辖区的收入分享比例，加大了集中力度。对所属的其他县（市），实行了较低的收入分享比例，将收入增量更多的留给财政困难县（见表4-7）。

表4-7　　　　　　　　　　　省市县收入划分现状

| 项目 | 内容 |
| --- | --- |
| 省级固定收入 | 全省电力企业（不含小水电）增值税的50%；<br>省级汇算清缴的电力增值税和西北电网有限公司过网费增值税附征的城建税和教育费附加；<br>全省金融保险业（含非银行金融机构）增值税及随同征收的城建税和教育费附加；<br>高等级公路通行费增值税及随同征收的城建税和教育费附加。 |

续表

| 项目 | 内　容 |
| --- | --- |
| 市级固定收入 | （1）神华集团（含租赁煤矿）、中国石油天然气总公司长庆分公司增值税的50%；<br>（2）资源税。 |
| 县级固定收入 | 剔除省级市级固定收入及共享收入外的农业税、农业特产税、耕地占用税、契税、城市维护建设税（不含榆阳区）、车船使用和牌照税、印花税、筵席税、土地增值税等地方收入。 |
| 省市县共享收入 | 增值税留地方50%的部分，省级15%，市级15%，县级20%；<br>资源税留地方部分，省级30%，市级30%，县级40%；<br>房产税，省级30%，市级30%，县级40%；<br>城镇土地使用税，省级30%，市级30%，县级40%；<br>企业所得税和个人所得税留地方40%的部分，省级20%，市级10%，县级10%；<br>榆阳区城市维护建设税，市级80%，区级20%。 |
| 其他 | 省级、市级、县级非税收入。 |

数据来源：根据榆林市财政局提供数据计算。

三是取消了按比例递增上解的做法，减轻了县级财政负担。

（三）开发区财政管理体制

从2011年开始，榆林市对榆林高新区、榆神工业区正式建立相对独立的财政体制，比照县一级财政管理，预决算纳入市级向人大报告。空港管委会、东沙新区管委会、河道办按照实际部门预算单位管理。近年来，榆林市不断加大对园区的财政支持和政策扶持力度，先后出台了《榆林市人民政府关于加快产业园区建设的意见（榆政发〔2014〕15号）》以及《榆林高新区促进产业发展及招商引资暂行优惠办法》等文件，明确规定将县级园区土地出让金收入重点用于扶持园区建设，在此基础上，市县两级安排一定产业园区建设扶持资金，市财政每年安排一定的产业园区建设引导资金，引导各种资金重点支持园区项目建设、贷款贴息、招商引资等，特别要倾斜支持财力困难县产业园区的公用工程、基础设施建设、融资平台建设和园区重大课题研究及重点项目的前期工作等。

（四）县级对乡镇的财政管理体制

2006年，陕西省在全省范围内普遍推行了"乡财乡用县监管"改革，主要内容是"预算共编、账户统设、资金统调、票据统管、采购统办、集中收付"。在普遍推行"乡财乡用县监管"改革的同时，一些县区因地制宜，结合当地实际情况，根据乡镇的收入、人口、经济规模、发展潜力等因素以及经济社会发展形势的要求，对不同乡镇实施了有所区别的财政管理体制，形成了多种财政管理体制并存、互补的体制管理格局。目前，主要有"乡财乡用县监管""统收统支""统收统支加收入激励"和分税制四种体制类型。

（五）各级政府财政收入划分情况

将榆林市近9年来所获取的地方全口径财政收入按照级次进行划分，即划分为上划中央收入、上划省级收入、市级一般预算收入和县级一般预算收入，后两者即为榆林市一般公共预算收入。榆林市上划中央和省级的收入一直低于上级划拨的转移支付，是财政收入净流出地区（见表4-8）。上划中央收入在四部分中占比最大，年均占比为50.85%，县级一般预算收入其次（年均占比为21.47%），随后是市级一般预算收入和上划省级收入。从各级次收入占比随年份变化情况看，上划中央收入的比重自2008年以来呈下降趋势，由2008年的52.8%下降至2016年的40%，而一般公共预算支出即市级一般预算收入与县级一般预算收入均呈逐渐上升趋势，两者加总的比重由2008年的31.7%上升至2016年的47.7%。上划省级收入比重基本保持在11%左右（见图4-35）。上划中央和省级的收入虽然仍多于地方财政收入，但这两部分比重已由2008年的68.3∶31.7的比重下降为2016年的52.3∶41.7，可见榆林市所获取的地方税以及共享税收入中地方自有财力的比重逐年增加，中央获取的财力逐渐减少。从各级次收入的增长情况看，市级一般预算收入增长率的波动性较大，其他三种级次收入的波动幅度较小且变化趋势趋于一致。受宏观经济形势影响，2013年后各级次收入频繁呈现负增长，2016年上划中央收入增长率为-29.91%，市级一般预算收入增长率为-24.55%（见图4-34）。

表4-8　　　　　　　　榆林市财政收入净流出表

| 年份 | 转移支付总额（万元） | 上划中央收入（万元） | 上划省级收入（万元） | 净流出（万元） |
| --- | --- | --- | --- | --- |
| 2008 | 570 430 | 1 168 641 | 343 113 | -941 324 |
| 2009 | 788 310 | 1 759 243 | 329 007 | -1 299 940 |
| 2010 | 991 617 | 2 300 836 | 452 278 | -1 761 497 |
| 2011 | 1 257 682 | 3 112 069 | 667 481 | -2 521 868 |
| 2012 | 1 518 964 | 3 621 010 | 825 858 | -2 927 904 |
| 2013 | 1 488 369 | 3 263 166 | 819 723 | -2 594 520 |

续表

| 年份 | 转移支付总额（万元） | 上划中央收入（万元） | 上划省级收入（万元） | 净流出（万元） |
| --- | --- | --- | --- | --- |
| 2014 | 1 611 246 | 3 294 074 | 803 367 | -2 486 195 |
| 2015 | 1 774 657 | 2 781 418 | 654 159 | -1 660 920 |
| 2016 | 1 817 294 | 1 949 573 | 602 303 | -734 582 |

数据来源：财政局提供资料计算整理。

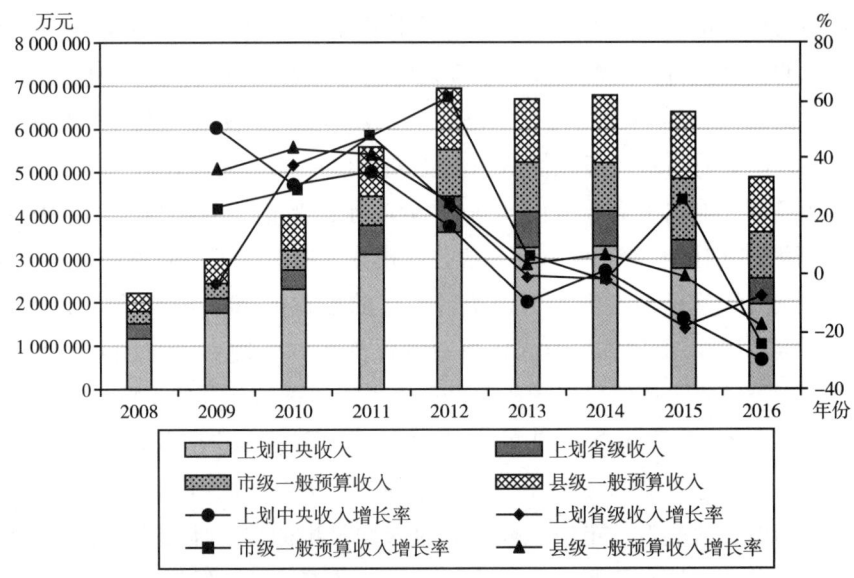

图4-34　榆林市按层级分财政收入及其增长率

数据来源：财政局提供资料计算整理。

（六）财政体制改革对财政收支影响分析

根据《陕西省人民政府关于实行省管县财政体制改革试点的通知》（陕政发〔2006〕65号）的要求，陕西省从2007年起正式启动"省管县"财政体制改革试点。第一批试点县为佳县、定边县等15个县。2009年进一步扩大试点范围增加了周至等12个试点县，2014年神木、府谷县纳入省直管范围。

省管县改革的主要内容包括：财政体制、各项转移支付补助、专项补助资金分配下达、财政结算、资金调度、工作安排直接到县；现行行政管理体制、县级自我发展与加强管理的责任、市级既得利益、市对县补助、县级债权债务不变；对省管县财政预算进行直接审查和监管，对其财政运行进行直

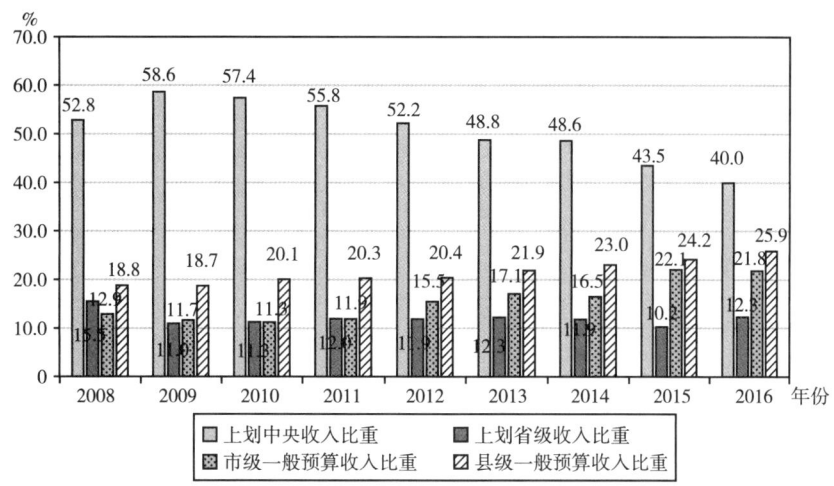

图 4-35 榆林市按层级分财政收入比重变化图

数据来源：财政局提供资料计算整理。

接跟踪监督，对其上级补助资金使用情况进行直接监控和绩效评价，对其控制和化解政府性债务情况进行直接监督；财力性转移支付和激励性转移支付、支持县域经济社会发展、支持改革等方面对省管县进行倾斜。

在省管县改革中，市级财政取消了从省管县分享收入的做法，对市级下放省管县的共享收入，省财政按改革年确定的基数，对市级财政给予了定额补助。对神府实行"三免两减半"的税收返还以及水土保持费收入市级不分享政策，市级收入约减少 12 亿元（见表 4-9）。

表 4-9　　　　　　　　　中省与省管县收入划分现状

| 项目 | 内　　容 |
| --- | --- |
| 中央收入 | （1）消费税 100%<br>（2）增值税 50%<br>（3）企业所得税 60%<br>（4）个人所得税 60%<br>（5）相应的滞纳金和罚款收入 |
| 省级收入 | （1）全省供电企业增值税 50%，发电企业（不含小水电）增值税 25%<br>（2）省级汇算清缴的电力增值税和西北电网有限公司过网服务费增值税附征的城建税及教育费附加收入<br>（3）其他增值税（不含电力企业增值税）15%<br>（4）全省金融保险业增值税及随同征收的城建税和教育费附加收入<br>（5）全省高等级公路通行费增值税及随同征收的城建税和教育费附加收入<br>（6）城镇土地使用税、房产税、资源税 30%<br>（7）企业所得税和个人所得税的 20% |

续表

| 项目 | 内　容 |
|---|---|
| 省管县级收入 | （1）发电企业增值税 25%<br>（2）其他增值税（不含电力企业增值税）15%<br>（3）城镇土地使用税、房产税、资源税的 70%<br>（4）企业所得税（不含陕西卷烟总厂汇总缴纳的所得税）、个人所得税的 20%<br>（5）城建税和教育费附加收入（不含列入省级的固定收入部分）、契税、印花税、车船使用和牌照税、土地增值税、烟草税、耕地占用税及其他税收收入的 100% |

数据来源：根据榆林市财政局提供数据计算。

"营改增"改革对榆林市财政的影响。2016 年全国全面实行"营改增"政策，中央与地方对增值税的分享比例由原来的 75∶25 调整为 50∶50，地方的 25% 的增值税部分仍按照 3∶3∶4 的比例分享，即中央、省级、市级、县级增值税分享比例为 50∶15∶15∶20。按照财政体制改革保既得利益的原则和惯例，这几年增值税和消费税进入高点而产生的基数与未来随着供给侧改革税收下降的差额将由地方财政来弥补，以 2014 年为基数，核定榆林市每年上解中央"营改增"基数 29.4 亿元，其中市本级 23.2 亿元，将增大市县财政压力。

资源税从价计征改革对榆林市财政的影响。2014 年 12 月起，煤炭资源税从价计征改革正式实施，榆林市煤炭资源税税率确定为 6%。改革后，煤炭价格调节基金、煤炭计量费、维简费等一系列省市县地方收费全部取消。清费立税政策的实施使得榆林市煤炭行业的收入大幅度减少。煤炭资源税改革后，清理取消各类地方涉煤收费 35 元/吨，按照 2015 年地方煤炭企业 2.6 亿吨产量计算，每年减少煤炭行业规费 90 亿元左右。

### 四、债务基本情况：整体债务水平较低，但部分区县存在债务风险

从榆林市债务情况看，政府债务不断增长，由 2010 年的 64 亿元增长到 2015 年的 259 亿元，2016 年政府债务有所回落，降为 254 亿元，7 年间政府债务增长了 3.9 倍，债务规模经历了高速增长。从榆林市最高需要承担的债务余额来看，2016 年需要承担的最高债务为 350 亿元，远高于榆林市一般公共预算收入规模。

从债务增长率来看，榆林市债务增长呈现出先上升后下降的趋势，其在 2012 年达到最高峰，增速为 65.63%，此后逐步下降，2015 年为 5.28%，2016 年债务呈负增长，整体债务规模相对比较稳定。从政府债务占最高需要承担的债务余额来看，政府债务占总体债务的比重不断下降，从 2010 年的 85.33% 下降到 2016 年的 72.57%，且近几年一直稳定在 72% 左右。且自 2010 年以来，债

务增长率大多高于 GDP 和财政收入的增长率（见表 4-10）。

表 4-10　　　　　　　　　　榆林市债务情况

| 年份 | 政府债务（亿元） | 债务增长率（%） | 政府债务占比（%） | 政府负有担保责任的债务（亿元） | 政府可能承担一定救助责任的债务（亿元） | 榆林市最高需要承担的债务余额（亿元） |
|---|---|---|---|---|---|---|
| 2010 | 64 | — | 85.33 | 6 | 5 | 75 |
| 2011 | 96 | 50.00 | 84.96 | 8 | 9 | 113 |
| 2012 | 159 | 65.63 | 72.94 | 40 | 19 | 218 |
| 2013 | 214 | 34.59 | 72.05 | 54 | 29 | 297 |
| 2014 | 246 | 14.95 | 68.14 | 79 | 36 | 361 |
| 2015 | 259 | 5.28 | 72.75 | 74 | 23 | 356 |
| 2016 | 254 | -1.93 | 72.57 | 73 | 23 | 350 |

数据来源：根据榆林市财政局提供数据计算。

此部分的债务合计为榆林市所需承担的最高债务余额，包括政府债务、政府负有担保责任的债务和政府可能承担一定救助责任的债务。

（一）机关和国有企业（不含融资平台公司）是榆林市地方政府性债务的主要举债主体

从举债主体来看，机关和国有企业（不含融资平台公司）是榆林市地方政府性债务的主要举债主体，两者举债规模分别是 2 132 933.41 万元和 745 950.67 万元，占比分别为 61.05% 和 21.35%。其次是融资平台公司和事业单位，占比分别为 12.62% 和 4.33%（见表 4-11）。

表 4-11　　　　　　　　　榆林市举债主体基本情况

| 举债主体 | 规模（万元） | 占比（%） |
|---|---|---|
| 机关 | 2 132 933.41 | 61.05 |
| 事业单位 | 151 189.93 | 4.33 |
| 融资平台公司 | 440 960.81 | 12.62 |
| 公用事业单位 | 2 916.30 | 0.08 |
| 国有企业（不含融资平台公司） | 745 950.67 | 21.35 |
| 其他 | 19 545.68 | 0.56 |
| 合计 | 3 493 496.79 | — |

数据来源：根据榆林市财政局提供数据计算。

## （二）债务主要用于公益性项目和基础设施建设

从债务资金投向看，榆林市债务大部分用于基础设施建设和公益性项目，其比重占到债务总额的47.52%，这部分债务较好地保障了地方经济社会发展的资金需要，推动了民生改善和社会事业发展。项目借款中主要用于市政建设（546 987.02万元，占比15.66%）、公路（273 441.04万元，占比7.83%）、农林水利建设（5.96%）和保障性住房（5.49%）等，投向教科文卫事业的支出为251 199.02万元，占比7.19%，投入到生态环境保护方面的债务支出占比为0.9%。另外，榆林市债务第二大部分用于债务还本付息，逐步消解当前债务存量，其规模达到1 261 991.94万元，比重占到债务总额的36.12%，规模较大，比重较高。这表明当前榆林市债务通过借新债还旧债的方式逐步缓解债务风险（见表4-12）。

表4-12　　　　　　榆林市债务支出投向

| 债务支出用途 | 支出用途细项 | 债务额（万元） | 占债务总计的比重（%） |
|---|---|---|---|
| | 债务总计 | 3 493 496.65 | |
| | 一、项目借款合计 | 1 660 271.68 | 47.52 |
| （一）公益性项目 | 小计 | 1 658 032.94 | 47.46 |
| | 01. 铁路（不含城市轨道交通） | 0.00 | 0.00 |
| | 02. 公路 | 273 441.04 | 7.83 |
| | 03. 机场 | 0.00 | 0.00 |
| | 04. 市政建设 | 546 987.02 | 15.66 |
| | 05. 土地储备 | 6 530.00 | 0.19 |
| | 06. 保障性住房 | 191 740.80 | 5.49 |
| | 07. 生态建设和环境保护 | 31 268.59 | 0.90 |
| | 08. 政权建设 | 41 902.89 | 1.20 |
| | 09. 教育 | 99 479.62 | 2.85 |
| | 10. 科学 | 12 985.50 | 0.37 |
| | 11. 文化 | 41 188.79 | 1.18 |
| | 12. 医疗卫生 | 97 545.11 | 2.79 |
| | 13. 社会保障 | 10 704.65 | 0.31 |
| | 14. 粮油物资储备 | 1 325.17 | 0.04 |
| | 15. 农林水利建设 | 208 144.39 | 5.96 |
| | 99. 其他 | 94 789.37 | 2.71 |

续表

| 债务支出用途 | 支出用途细项 | 债务额（万元） | 占债务总计的比重（%） |
|---|---|---|---|
| | （二）公益性项目 | 2 238.74 | 0.06 |
| | 二、其他借款合计 | 1 331 504.24 | 38.11 |
| （一）化解地方金融风险 | 小计 | 0.00 | 0.00 |
| | 01. 清理农村合作基金会借款 | 0.00 | 0.00 |
| | 02. 清理供销社股金借款 | 0.00 | 0.00 |
| | 03. 清理城市商业银行借款 | 0.00 | 0.00 |
| | 04. 清理城市信用社借款 | 0.00 | 0.00 |
| | 05. 清理信托投资公司借款 | 0.00 | 0.00 |
| | 09. 其他 | 0.00 | 0.00 |
| | （二）债务还本付息 | 1 261 991.94 | 36.12 |
| | （三）政府补贴补偿 | 0.00 | 0.00 |
| | （四）短期周转金 | 4 528.34 | 0.13 |
| | （五）其他 | 64 983.95 | 1.86 |
| | 未支出债券 | 501 720.74 | 14.36 |

数据来源：根据榆林市财政局提供数据计算。

**（三）债务集中分布于市本级和北部县区，且地区间债务投向存在差异**

从榆林市本级以及各区县的债务分布情况来看，市本级债务余额规模最大、占比最多，债务余额规模为 1 666 014.04 万元，占比为 47.69%；其次为榆阳区 412 629.4 万元，占比 11.81%，府谷县 401 315.28 万元，占比 11.49%，举债最少的为清涧县 14 736.07 万元，占比 0.42%。市本级、北六县和南六县债务余额比重分别为 47.69%、46.52% 和 5.79%，且三者的绝对规模均大于其相对应的一般公共预算收入。北六县中按照债务余额排序分别为榆阳区、府谷县、横山县、神木县、靖边县、定边县。南六县中债务余额最高为米脂县 59 073.07 万元，最低为清涧县（见表 4-13）。

表 4-13　　　　　　　市本级及各区县债务余额表

| 区县 | 债务余额（万元） | 占比（%） |
|---|---|---|
| 榆林市 | 3 493 496.79 | |
| 榆林市本级 | 1 666 014.04 | 47.69 |
| 榆阳区 | 412 629.40 | 11.81 |

续表

| 区县 | 债务余额（万元） | 占比（%） |
| --- | --- | --- |
| 神木县 | 200 194.07 | 5.73 |
| 府谷县 | 401 315.28 | 11.49 |
| 横山县 | 288 475.88 | 8.26 |
| 靖边县 | 193 953.57 | 5.55 |
| 定边县 | 128 730.46 | 3.68 |
| 绥德县 | 31 403.88 | 0.90 |
| 米脂县 | 59 073.07 | 1.69 |
| 佳县 | 49 285.53 | 1.41 |
| 吴堡县 | 15 838.51 | 0.45 |
| 清涧县 | 14 736.07 | 0.42 |
| 子洲县 | 31 847.05 | 0.91 |
| 北六县 | 1 625 298.66 | 46.52 |
| 南六县 | 202 184.09 | 5.79 |

数据来源：根据榆林市财政局提供数据计算。

从榆林市分地区的债务支出投向可以看出，榆林市及市本级的债务支出大部分投向了项目借款，榆林市项目借款为 1 660 271.68 万元，占全市债务余额比重为 47.52%，市本级项目借款为 930 116.79 万元，占市本级债务余额总额的 55.83%。其次是其他借款（主要集中于债务还本付息），未支出债券占小部分，榆林市及市本级投入分别占其债务总额的 14.36% 和 19.29%。从各区县的情况看，债务的支出投向结构大不相同。其中项目借款占该地区债务总额比重最高的为府谷县，金额为 251 007.75 万元，占比 62.55%，最少为清涧县，项目借款为 652.1 万元，占比 4.43%。其他借款（主要为债务还本付息金额）占该地区债务总额比重最高的为横山县（86%）和神木县（80.82%），最低为绥德县（8.76%）。清涧县、绥德县和靖边县在未支出债券中投入的比重较多，分别为 82.47%、54.5% 和 39.74%。所以榆林市北六县中大部分区县将债务支出用于还本付息（52.79%），而南六县则更多将债务用于公益性支出和基础设施建设，这也在一定程度上与其经济发展情况相符（见表 4-14）。

表 4-14　　　　榆林市市本级及各区县债务支出投向

| 区县 | 项目借款（万元） | 其他借款（万元） | 未支出债券（万元） | 合计（万元） | 各区县占全市债务总计的比重（%） |
|---|---|---|---|---|---|
| 榆林市 | 1 660 271.68 | 1 331 504.24 | 501 720.74 | 3 493 496.65 | |
| 榆林市本级 | 930 116.79 | 414 494.60 | 321 402.70 | 1 666 014.09 | 47.69 |
| 榆阳区 | 177 969.59 | 218 589.84 | 16 070.09 | 412 629.52 | 11.81 |
| 神木县 | 33 396.17 | 161 797.70 | 5 000.21 | 200 194.07 | 5.73 |
| 府谷县 | 251 007.75 | 130 307.38 | 20 000.01 | 401 315.14 | 11.49 |
| 横山县 | 34 224.15 | 248 081.54 | 6 170.00 | 288 475.70 | 8.26 |
| 靖边县 | 39 981.38 | 76 898.19 | 77 074.00 | 193 953.57 | 5.55 |
| 定边县 | 95 513.89 | 22 356.58 | 10 860.00 | 128 730.47 | 3.68 |
| 绥德县 | 11 537.20 | 2 752.15 | 17 114.53 | 31 403.88 | 0.90 |
| 米脂县 | 23 900.32 | 32 672.75 | 2 500.00 | 59 073.07 | 1.69 |
| 佳县 | 35 487.92 | 11 297.60 | 2 500.00 | 49 285.53 | 1.41 |
| 吴堡县 | 8 841.81 | 6 996.70 | 0.00 | 15 838.51 | 0.45 |
| 清涧县 | 652.10 | 1 930.66 | 12 153.31 | 14 736.07 | 0.42 |
| 子洲县 | 17 642.60 | 3 328.55 | 10 875.89 | 31 847.05 | 0.91 |
| 北六县 | 632 092.94 | 858 031.22 | 135 174.31 | 1 625 298.47 | 46.52 |
| 南六县 | 98 061.95 | 58 978.41 | 45 143.73 | 202 184.09 | 5.79 |

数据来源：根据榆林市财政局提供数据计算。

（四）部分区县存在债务风险隐患

根据财政部 2015 年通报情况，横山、榆阳、府谷、定边债务风险超出了警戒线。2016 年财政部地方政府债务风险评估和预警结果的通报中，横山、榆阳、府谷、榆神管委会被列入风险预警地区名单，定边、靖边被列入风险提示地区名单。课题组调研了解到，2016 年靖边县预算赤字 4.74 亿元，横山区 2016 年末累积财政赤字 13.2 亿元，且由于这些县区经济发展依赖于资源，在经济下行压力不断增大、收入进一步回落的形势下，财力缺口会持续扩大，化解债务的能力无法在短期内提升，预计 2017 年偿债压力增大，甚至面临无法支付工资的风险。

基于指标设计和权重确定，本研究以榆林市 2016 年数据为例，分析其地方债务风险（见表 4-15）。

从静态指标看，榆林市债务负担率和债务率均处于无警风险区间。债务负担率反映经济体承受债务的能力,债务率反映政府偿还债务的能力,当该经济体经济实力越强大,财力越高时,经济体承受债务能力和保障债务偿还能力越强。债务偿还率则反映出当期债务支出对地方政府财力的压力,其越高则政府需要将更多资金用于偿还债务。榆林市债务负担率和债务率均处于无警风险区间,债务偿还率为轻警区间,表明短期内债务风险相对较小,每年面临债务偿还任务较轻。

表 4–15　　　　2016 年榆林市债务风险预警体系评估结果

| 指标 | 指标得分 | 风险得分 | 风险区间 | 信号灯 |
| --- | --- | --- | --- | --- |
| 债务负担率 | 0.0916 | 11.45 | 无警 | 绿灯 |
| 债务率 | 0.4271 | 11.86 | 无警 | 绿灯 |
| 债务偿还率 | 0.1705 | 42.63 | 轻警 | 黄灯 |
| 长期负债率 | -0.3335 | 0 | 无警 | 绿灯 |
| 长期偿债率 | 0.6432 | 34.05 | 轻警 | 黄灯 |
| 债务逾期率 | 0.1909 | 75 | 重警 | 红灯 |
| 债务依存度 | -0.0084 | 0 | 无警 | 绿灯 |
| 借新还旧债务额占比 | 0.2161 | 36.61 | 轻警 | 黄灯 |
| 税收收入占比 | 0.2498 | 87.51 | 重警 | 红灯 |
| 财政赤字率 | | | | |
| 整体债务风险 | | | | |

数据来源:根据榆林市财政局提供数据计算。

长期负债率和长期偿债率反映债务与地区 GDP、财政收入之间的动态关系,其体现出债务可持续性。榆林市长期负债率和长期偿债率得分均小于 1,表明当前地方政府性债务增长相对较低,政府偿还能力较强。

财政赤字率和税收收入占比一方面反映地方自有财力充足程度,另一方面税收收入和当地经济发展存在显著正相关关系,税收收入较高则地方经济发展水平较高,税源充足,抗风险能力更强。榆林市税收收入占比相对较低,表明财政抗债务风险能力较弱,财政收入质量相对较低,对债务问题化解不利。

债务逾期率反映债务潜在风险转化为债务危机的状况。榆林市债务逾期率为 0.1909,处于重警区间,这表明存在支付不足的债务风险。榆林市在短时间内面临财政收入不足以支付债务支出的风险。

债务依存度反映当年财政支出对债务收入依赖程度。榆林市债务依存度相对较小，表明自有财力相对充分，并不依赖于通过债务融资。借新还旧债务比处于轻警风险区间内，风险相对较小。

税收收入和当地经济发展存在显著正相关关系，故税收收入较高则地方经济发展水平较高，税源充足，抗风险能力更强。从财政发展环境和情况看，榆林市税收收入占比相对较低，表明财政抗债务风险能力较弱，财政收入质量相对较低，这对债务问题化解不利。

### 五、财政管理：管理逐步完善，科学化精细化水平全面提升

近年来，榆林市在推进财政管理科学化精细化方面全面推进，取得了显著的成效。

**（一）认真落实新修正的《中华人民共和国预算法》，全面改进预算管理**

一是认真贯彻落实中省部署和新修正的《中华人民共和国预算法》（以下简称《预算法》）要求，全面推动预算管理制度改革，全口径政府预算全面建立，收支范围清晰明确，财政统筹协调能力不断提高；二是部门预算不断完善，预算内外资金统编，财力资源统筹安排，非税收入集中管理全面落实，零基预算全面推行，预算编制不断细化，支出标准体系不断完善；三是加快推进预算绩效管理，成立财政预算绩效评价机构，把财政投入建设的重点、热点项目纳入绩效评价的范围，探索建立第三方机构参与机制；四是国库集中收付全面展开，除农村单位外，城区270多个单位陆续实施了国库集中支付改革，直接支付率达80%以上，落实配套的公务卡改革，全面规范财政资金支付行为；五是清理盘活各类财政存量资金，对上级连续结转结余两年以上以及本级结转结余一年以上的资金全部收回财政统筹使用；六是账户监管更加安全，对预算单位银行账户进行了清理整顿，将财政专户统一纳入国库部门管理，定期清理核查对外借款和各类沉淀资金，堵塞资金安全漏洞；七是开展权责发生制政府综合财务报告试编工作，初步梳理、摸清了政府家底。

**（二）加强政府债务风险管理**

积极推进政府债务管理改革，清理甄别了政府性债务，锁定政府性债务余额，开展了存量债务置换，将政府性债务纳入预算管理，债务管理步入规范化轨道。一是颁布《榆林市政府性债务管理办法》《榆林市地方政府债务风险评估和预警暂行办法》和《榆林市市级债务风险应急预案》等，并成立了榆林市债

务领导小组。通过完善的债务管理机制，切实防范化解财政金融风险。二是加强政府性债务管控，严格担保承诺，及时通过预算安排偿还到期债务。特别是新预算法实施以来，累计争取中省置换债券资金 127.6 亿元，节约利息支出 10 亿元，缓解了市县政府短期偿债压力。

（三）规范各项管理制度

不断加强制度建设。项目管理、专项资金、预算绩效、非税收入、国有资产、政府采购、信息公开、财政供养人员管理等财政职能管理坚持做到有章可循，不断完善各项管理制度。一是规范项目管理。逐步建立起事前介入、过程跟踪、事后检查有机结合的动态监督机制，重大投资项目招标、工程监理、竣工验收等管理制度得以落实。二是强化基层财政管理。24 个乡镇财政所标准化建设全部以 A 类标准通过省市验收，公开招聘了财会专业的大学生充实到财政所，夯实基层财政管理基础。三是规范政府采购。落实采管分离，规范采购方式，细化采购内容，提高采购透明度；规范政府投资建设项目中介服务费计算办法，"低价中标法"和"随机抽取定标"等方式广泛应用。四是加强国有资产管理。推行国有资产集中管理，加强国有股权管理，向参股企业派驻监事和管理人员，延伸和强化对国有资本经营收益的监管。五是监督检查更加有力。定期开展税费专项稽查，按月促缴，清遗补漏；强化财政支出全程监督，深入开展专项资金、财政供养人员专项检查，堵塞财政支出漏洞。六是坚决贯彻中央"八项规定"，规范管理，严格控制一般性支出，三公经费支出连续下降。七是切实加强机关和系统的思想政治工作，扎实开展群众路线教育实践活动和"三严三实"专题教育，不断改进财政干部工作作风，提高履职尽责的能力。加强党风廉政建设，以作风效能建设为重点，着力构建财政干部职工日常监督管理机制，自觉深入基层和群众，进一步密切了党群干群关系，改进了工作作风。

# 第二节　财政现实能力判断

## 一、收入企稳回升，为助推经济发展创造机会

20 多年来，不断攀升的财政收入为榆林经济社会发展注入了强劲的活力。相对资源开发之前，财政收入几乎是数百倍的增长。2015 年相比 20 世纪 80 年代初，几乎增长了 600 多倍。但是由于过于依赖矿产资源，也存在着较大的波

动性,受资源价格波动影响显著,"煤炭一感冒,财政就发烧"。在资源价格上涨时,依赖思想必然加大,很难推进相关改革,特别是结构性调整。最近几年的资源价格波动,财政收入也随之出现滑坡式降落。2016年榆林市一般公共预算收入呈负增长,下降幅度为21.28%。一些区县问题更严重,出现了财政困难,甚至到了西方国家所谓"政府破产"的边缘,这也使资源型财政的各种问题充分显露。但也要看到,随着世界经济的复苏,能源价格逐步走出低迷状态,缓慢回升。2016年下半年,情况就开始逐步好转,2017年第一季度榆林市生产总值为638.7亿元,同比增长6.3%,增速同比提升两个百分点;地方财政收入为72.79亿元,同比增长38.7%,财政收入稳步回升,对于改变当前单一依靠资源发展的行业格局,加快产业转型升级,对新兴产业加以培育,使产业结构向多元化扩展,产业化链条由对原始材料的开采加工向高端产业进行延伸有积极的作用。在可预见的"十三五"乃至更长时期我国经济仍可保持中高速增长,能源需求将保持相对稳定。这也将是榆林经济社会发展和财政的重要机遇期。

## 二、民生建设超前,为支出结构改革留出空间

近年来榆林市在推进社会事业发展方面不断完善财政支出的投入规模与结构,通过推行15年免费教育,完善医疗卫生和社会保障等公共服务体系,开展文化艺术活动丰富民众精神文化生活等民生工程使民众更好地享受经济发展成果。榆林市民生支出绝对规模从2007年的650 315万元增长到2016年的3 857 443万元,不考虑通货膨胀,民生支出的绝对规模增长了5.93倍,年均增长23.03%,高于一般公共预算支出的年均增幅14.09%和一般公共预算收入的年均增幅20.69%。可见,民生支出在榆林市一般公共预算支出中的重要性不断突出。民生支出占一般公共预算支出的比重逐步上升,由2007年的67.21%上升到2016年的81.88%,处于全国领先地位。虽然支出刚性,对结构调整不利,但也要看到,由于民生水平已经达到相当水平,面临的民生保障提标扩面压力较小,在财政增量筹划上,有更大宽裕度,为支出结构调整留出了空间。

## 三、财政总体稳健,与金融协同发力空间较大

从地方财政自给率和政府性债务水平看,榆林市都好于全国平均水平,在运用金融手段放大财政资金上,还有较大空间。

榆林市地方财政资金自给率①从 2005 年的 52.51% 上升至 2015 年的 63.52%，年均自给率为 56.6%，2012—2015 年都在 60% 之上，说明其对中央财政补助的依赖性较小，财政自给率较高（见图 4-36）。

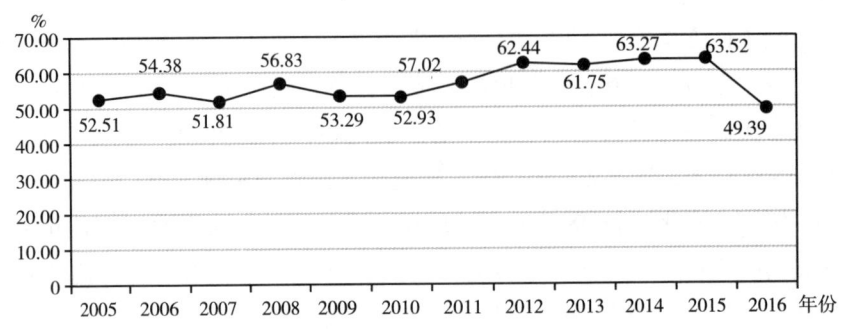

图 4-36　榆林市地方财政资金自给率

数据来源：财政局提供资料计算整理。

债务情况总体可控。榆林市政府债务不断增长，债务规模经历了高速增长。从债务增长率来看，榆林市债务增长呈现出先上升后下降的趋势，整体债务规模相对比较稳定。机关和国有企业（不含融资平台公司）是榆林市地方政府性债务的主要举债主体，债务大部分用于基础设施建设和公益性项目，其比重占到榆林市债务总额的 47.52%，这部分债务较好地保障了地方经济社会发展的资金需要，推动了民生改善和社会事业发展。另外，榆林市债务第二大部分用于债务还本付息，逐步消解当前榆林市债务存量，其规模达到 1 261 991.94 万元，占到债务总额的 36.12%。2016 年榆林市整体债务负担率和债务率较低，短期内债务风险相对较小，每年面临债务偿还任务较轻，当前地方政府性债务增长相对较低，政府偿还能力较强。

## 四、挖潜空间较大，提质增效能自然做大财政

榆林市长期存在"吃资源饭"心理，即使资源价格下滑，也想着只要价格上来一切就自然化解，"吃资源饭"思维也演化成"吃财政饭"思维，造成了财政依赖症，财政支出全面出击，资金分配存在撒胡椒面现象。而且榆林市干部

---

① 地方财政资金自给率是指地方公共财政收入与地方公共财政支出的比率，是一项反映财政自我保障能力的指标，同时也反映一个地区对上级政府的依赖程度，若指标为 100% 说明该地区收支平衡，大于 100% 说明收入大于支出，小于 100% 说明收入小于支出，如果财政资金自给率过低，就会对上级补助资金产生依赖，影响到财政支出的规模和效益。

和群众对资源优势的思维惯性，也放松了财政管理，缩限了财政宏观调控能力，影响了推进经济社会发展效果。从另一面说，财政挖潜空间较大。近两年，随着财政收入下滑，财政部门干部职工狠抓支出管理，加大存量资金盘活力度，加大绩效考核力度，严格控制一般性支出，取得了很大成效。

### 五、战略位置重要，政策红利随改革逐渐释放

榆林属于国家西部大开发战略的重要增长极，身处国家"一带一路"战略联通中西的重要节点，为《全国资源城市可持续发展规划（2013—2020）》确定的重要煤炭和石油后备基地，为国家能源发展"十三五"规划重点建设的黄河能源金三角综合能源基地重要一极，可以更好争取国家政策支持推动发展。榆林经济社会发展优势明显，处于国家全面深化改革的重要时点，经济体制和财税体制的改革将极大改善发展环境，为经济社会发展注入新的活力。特别是财政体制改革的加速和地方税体系建设的逐步完成，将直接增大榆林的财力和调节经济社会发展的能力。

随着国家财政体制改革的逐步深化，增收效应已经显现。榆林市各层级收入中地方财力比重逐步增强。榆林市上划中央收入的比重自2008年以来呈下降趋势，由2008年的52.8%下降至2016年的40%，而一般公共预算支出即市级一般预算收入与县级一般预算收入均呈逐渐上升趋势，两者加总的比重由2008年的31.7%上升至2016年的47.7%。上划中央和省级的收入虽然仍多于地方财政收入，但这两部分比重已由2008年的68.3∶31.7下降为2016年的52.3∶41.7，榆林市所获取的地方税以及共享税收入中地方自有财力的比重逐年增加。

# 第五章　财政如何支持金融服务榆林经济社会发展

## 第一节　榆林市金融发展面临的形势和背景

### 一、榆林地区金融体系运行状态描述

金融业具有优化资金配置和调节经济的杠杆作用，在资金流动作用于国民经济各部门生产过程的同时，又受各部门波及影响，与国民经济各部门形成网状关联，是国民经济的枢纽。分析当前榆林地区金融体系的运行状态是升级榆林金融体系服务区域经济的前提。

目前，榆林市形成了以银行、保险、证券、基金为主体，以及小贷、典当等多元金融机构为辅的金融体系，同时也设立了融资担保机构等中介服务组织。在直接融资方面，榆林市累计发行了各类债券134.8亿元，并对接了全国中小企业股份转让系统、上海股权交易中心和陕西股权交易中心，探索了对接直接融资的债权、股权融资渠道。

从图5-1可以看出，在榆林目前的金融体系中，银行承担了大部分的资金融通职能，服务于本地的经济发展。虽然保险和证券等业务逐步发展，但规模体量较小，尤其是证券主要是服务于本地居民对接全国性的资本市场，因此通过证券汇聚资金投资于本地经济的能力弱，尤其是在本地缺少上市公司的情况下，无法分享资本市场发展带来的红利。

在健全金融组织的同时，积极转变财政支持经济社会发展方式，综合运用激励奖补、风险分担、股权投资、产业基金、政府与社会资本合作等多种组合政策措施，着力推动财政支持产业发展方式的转变，引导金融资本加大对实体经济投入，带动社会资本积极参与基础设施及公共服务项目建设。

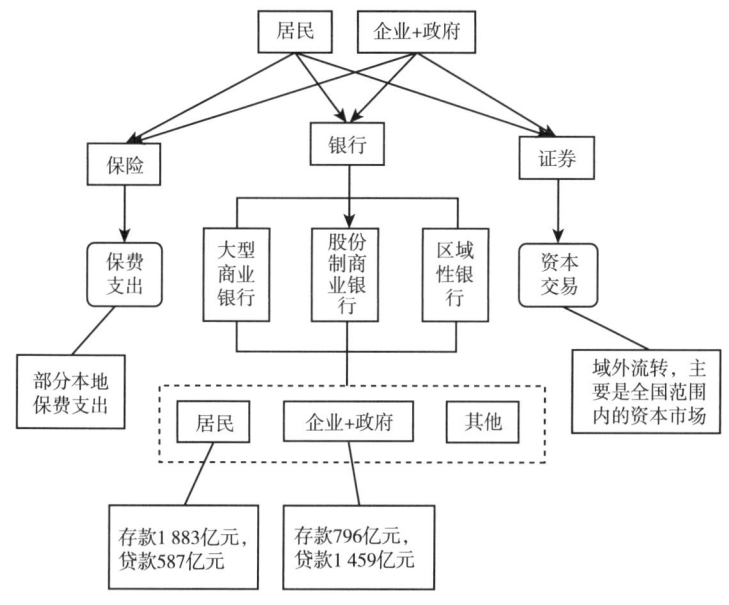

图 5-1 榆林地区金融体系运行状态图

财政通过奖补手段引导金融机构向"三农"领域、中小企业、农村支付环境建设、贫困户以及政策性农业保险进行资金投入。尤其是为解决中小企业融资困境，榆林设立"助保贷"风险补偿基金，助推中小企业融资。在支持经济转型、产业升级方面，成立产业引导基金，引导各类资本投向经济需要的产业及企业，弥补市场失灵，大大推动了技术、人才、资金等资源向重点产业和重点领域集聚，实现科技成果应用和实体经济发展的有机结合。

在政府与社会资本合作方面，自 2016 年以来，榆林密集出台了系列政策文件，推广 PPP 模式。目前征集基础设施及公共服务类 PPP 项目 146 个，概算总投资 772 亿元。其中录入财政部综合信息平台项目 90 个，概算总投资 611 亿元，经中省财政部门审核通过的项目 77 个，概算总投资 554 亿元。

## 二、当前榆林金融体系特点

（一）金融产品单一

银行是榆林地区金融体系的核心，占了绝对的比重，虽然逐步发展了证券、保险、小额贷款公司和融资担保公司等新的金融机构，但从提供投融资的规模体量上看，其所占比重很低。

保险公司在市县一级更多承担的是保费汇集和理赔的职能，资金融通尤其是投资的职能更多是缺失的,证券公司则更多是通过对接外部资本市场,在榆林地区更多是提供经济业务,为居民或企业提供股票或债券的交易服务,获得交易佣金,而体现投融资职能的投资银行业务、自营和资产管理业务在榆林市基本是没有的。

此外,小额贷款公司和融资担保公司也能够提供投融资服务。截至2017年7月,66家小额贷款公司的贷款余额为60多亿元,其中不良贷款超过一半,从规模上讲仅是银行贷款规模的3%左右,而且随着不良贷款压力存在,以及经营持续亏损,新增贷款的规模小,积极性不高。而16家融资担保公司的在保责任余额不超过15亿元,对融资需求的影响更小。

综上所述,榆林的金融体系银行占了绝对的比重,融资渠道主要以贷款为主。

(二)金融深度不足,金融规模与GDP比重不协调

仅从金融存贷款规模与GDP的变化可以看出,贷款增速在近几年一直低于GDP增速(见图5-2),一方面可能是多元的融资结构分流了信贷支持规模;另一方面可能是金融发展落后于经济发展,从其他金融机构的发展规模增速看,后者的可能性更高。

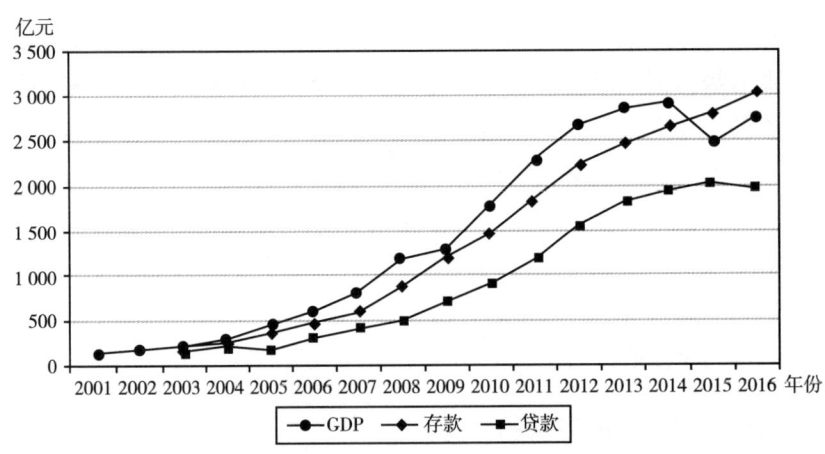

图5-2 榆林市银行存贷款与GDP变化对比图

根据北京和陕西的情况可以看出,这两个省级单位的存款和贷款均高于当地GDP,这与榆林市的情况刚好形成反差,尤其是北京,随着时间的推移,存贷款规模与GDP的差额在加大(见表5-1)。

表 5–1　　　　　　　　　　存贷款与 GDP 对比表

| 年份 | 陕西（亿元） | | | 北京（亿元） | | |
| --- | --- | --- | --- | --- | --- | --- |
| | GDP | 存款余额 | 贷款余额 | GDP | 存款余额 | 贷款余额 |
| 2004 | 3 175.58 | 5 380.30 | 3 829.60 | 6 033.21 | 21 625.90 | 12 600.20 |
| 2005 | 3 933.72 | 6 446.50 | 3 983.20 | 6 969.52 | 26 785.90 | 13 834.50 |
| 2006 | 4 743.61 | 7 452.50 | 4 463.20 | 8 117.78 | 31 352.80 | 15 695.50 |
| 2007 | 5 757.29 | 8 501.40 | 5 121.20 | 9 846.81 | 35 379.90 | 17 841.50 |
| 2008 | 7 314.58 | 10 829.00 | 6 096.10 | 11 115.00 | 41 994.30 | 19 933.40 |
| 2009 | 8 169.80 | 13 924.80 | 8 322.80 | 12 153.03 | 54 275.50 | 25 421.80 |
| 2010 | 10 123.48 | 16 456.10 | 10 033.10 | 14 113.58 | 64 453.90 | 29 563.80 |
| 2011 | 12 512.30 | 19 227.10 | 11 865.30 | 16 251.93 | 72 655.40 | 33 367.00 |
| 2012 | 14 453.68 | 22 657.70 | 13 865.60 | 17 879.40 | 81 389.60 | 36 441.30 |
| 2013 | 16 205.45 | 25 577.20 | 16 219.80 | 19 800.81 | 87 990.60 | 40 506.70 |
| 2014 | 17 689.94 | 28 111.34 | 18 837.20 | 21 330.83 | 95 370.53 | 45 458.71 |
| 2015 | 18 171.86 | 32 415.24 | 21 760.61 | 22 968.59 | 123 767.37 | 50 559.52 |
| 2016 | 19 165.39 | 35 255.48 | 23 921.75 | 24 899.26 | 132 791.91 | 56 618.87 |

数据来源：中国统计年鉴和 Wind 数据库。

（三）金融资源的本地留存率低

目前，银行业金融机构依然是榆林市金融系统的主流和支柱，资金融通也是以信用为基础的债权融资。截至 2017 年 7 月底，全市金融机构人民币各项存款余额 3 352.28 亿元，同比增长 14.8%，人民币各项贷款仅小幅增长至 2 057.72 亿元，存贷比仅为 61.4%，远低于全国 71.9% 的平均水平，也低于陕西 69.5% 的平均水平。存贷比水平低一定程度上说明本地的存款并未有效转化为贷款投资，有"存款取之地方，贷款用于他地"的现象和趋势存在。这种现象存在的原因：一是榆林企业总部少，在利率市场化的环境中，企业总部会加大对成员单位的资金整合力度，榆林地区的企业资金向总部聚集的趋势明显；二是作为资源性城市，榆林当地产业缺少有效的融资需求，处于风险和收益的平衡，贷款资金向外地区流动。同时，榆林市贷款占 GDP 的比例、人均贷款规模等指标均低于全国和陕西的平均水平，这反映出银行机构未能有效发挥自身功能来支持经济增长。

（四）金融机构风险偏好分化，投融资能力参差不齐

进一步分析每个银行的存贷款情况可以发现，目前大型商业银行的存款吸

收能力最强,占整个榆林地区的一半,但同时也是存贷比最低、不良率最高的,而股份制商业银行和城市商业银行的存贷比较高,同时不良率较低。造成这种现象的部分原因在于大型商业银行的项目审批链长、标准较为僵化,在此轮的经济结构调整过程中未能及时顺应榆林地区的经济形势变化,同时面对新的经济业态,又因为原有的风险暴露,存在风险规避情绪,造成存贷比较低的现象。同时股份制商业银行和城市商业银行因其运用机制灵活、对当地经济掌握的信息更全面等优势,把握住了一些机会(见表5-2)。

表5-2　　　　　　　　榆林地区各银行运转情况表

| 银行类别 | 存款(亿元) | 贷款(亿元) | 存贷比(%) | 不良率(%) |
| --- | --- | --- | --- | --- |
| 大型商业银行 | 1 662 | 998 | 60.04 | 13.96 |
| 股份制商业银行 | 231 | 202 | 87.52 | 6.18 |
| 城市商业银行 | 221 | 196 | 88.71 | 6.13 |
| 农村金融机构 | 933 | 594 | 63.68 | 12.64 |
| 其他 | 264 | 55 | | |
| 合计 | 3 311 | 2 046 | 61.80 | 11.96 |

数据来源:2017年6月份榆林地区金融发展数据。

(五)金融风险隐患逐步显现,风险化解存在压力

值得注意的是,榆林地区银行的不良贷款率达到11.96%,远高于银监会公布的全国平均水平,而且贷款迁徙压力较大;而66家小贷公司7月末的贷款余额为59.99亿元,不良贷款余额达到38.45亿元,不良率达到64.1%,表明榆林市面临的金融风险处置和金融资产改善的任务艰巨,同时也为金融体系发挥作用提出了一定挑战。从保险业务看,保费深度仅为1.26%,低于陕西省平均水平,并且有下降趋势,不利于长期保险资金对接基础设施投资等长期资金投入需求。

从非正规金融市场看,由于以银行为主体的正规金融体系无法有效满足实体经济和居民的投融资需求,因此民间借贷等非正规金融在金融体系中的占比较高。2011年以来,榆林全市非法集资陈案共200起,涉及金额174亿元,仅2017年一季度,全市非法集资案件就有5起,涉及金额1.82亿元。在非正规金融市场中,风险的发现和识别难度较高,未来需要通过金融产品和金融工具的丰富,引导非正规金融中的资金向正规金融体系转移。

## 三、榆林金融面临的问题简析

以银行信贷为主的金融资源依然集中在效率低下的部门，大量成长性良好的私人和中小企业无法得到金融支持，传统正规部门对金融资源的抢夺阻碍了市场化部门的发展。

榆林地区的金融体系不足以支撑地区经济转型和产业升级，也不足以支持城镇化推进中的大规模融资。区域经济发展中新动能的产生需要升级原有产业、引入新产业，面对原有资源依赖的惯性，新动能产生所需的融资问题在现有金融体系下无法得到有效解决，银行体系内"短借长贷"期限错配风险有所积累，尤其是面对基础设施建设和新产业培育等需要长期资本投入的方面，需要长期资金的供给。

以信用融资为代表的间接融资难以支持经济转型升级。目前榆林地区的金融体系以银行为主，所提供的金融产品主要是存款和理财，通过信贷支持企业融资需求。一方面居民手中积累了大量的财富，缺少有效的投资标的物，投资需求旺盛，同时企业产生了大量的融资需求，而以银行为主渠道的间接融资无法有效对接双方需求，从而催生了民间融资发展，产生风险隐患（见图5-3）。

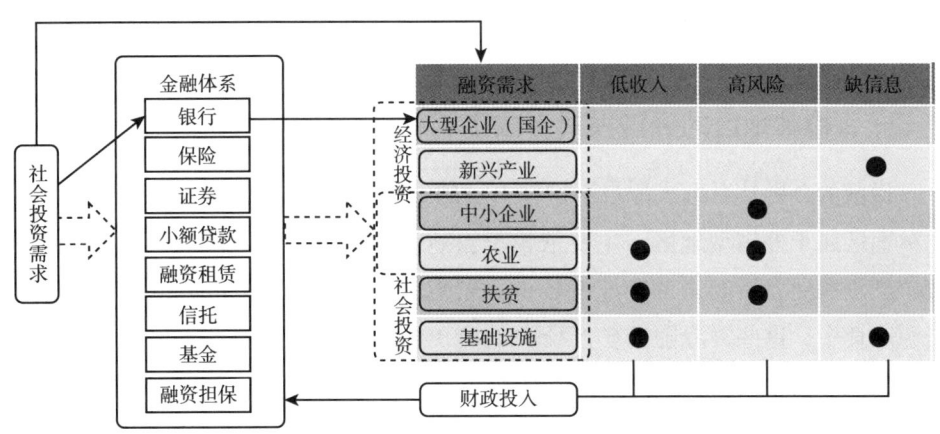

图5-3 榆林市金融体系资金融通路径阻塞图

面对社会投资需求，除了少部分直接投资实体企业股权外，大部分是通过金融机构进行投资，其中以存款为主，而榆林地区企业以大中型能源企业为主，金融体系中的大部分资金流向这类企业，而对于新兴产业、中小企业、农业、扶贫和基础设施提供的融资较少。目前金融服务能力不足体现在两方面：一是社会投资进入金融体系的渠道建设不足，二是金融体系满足融资需求的能力不足。对于新兴产业、中小企业和农业侧重经济投资，扶贫和基础设施建设倾向社会投资，后者更需要普惠性金融，不管是哪类投资都需要风险和收益相匹配。对于缺少投资的这五个方面，分别在收入、风险和信息渠道方面遇到各自的问题，如图5-3所示，新兴产业方面是缺少投资信息和投资主体，中小企业方面是风险高，农业和扶贫方面，能够创造的收入较少，并面临较高的风险，对于这些方面社会资本和金融机构自然不愿进行投资，因此仅通过金融市场无法满足农业农资需要，需财政通过风险分担和收入补偿的方式进行弥补。

财政支出方式和金融传导机制不健全导致财政投入效率低。产业发展、基础设施建设、扶贫、"三农"、生态建设等关系经济社会发展需要大量的资源投入，仅仅依托财政是远远不够的，而且这些投入是可以产生收益的，完全有引导社会资本进入的可能性，而且也为社会资本投资提供了优质的标的物，但实际操作的效果并不理想，社会资本进入的积极性不高，财政通过金融引导资源配置的效率偏低。

## 第二节 榆林地区金融体系功能缺失的原因分析

### 一、榆林地区的经济模式形成了现有金融体系

目前的金融体系形成源自于榆林本身的经济特点，从区域经济发展的角度，榆林地区属于外销型地区，主要依赖于当地低资源成本和低环境成本发展，围绕矿产资源而发展起来的产业链较低、较短，更多是外来资源投入到榆林地区资源产业中，这些资源随着矿产资源的流出而流出，在当地经济体系中的扎根程度较浅。对于地区经济发展中应有的低交易成本、低运输成本和低生产成本，榆林地区并不具备相关优势（见图5-4）。

产业发展带动人口、资金聚集，进而促进经济发展的模式在榆林地区只是在资源价格上涨时看到，随着资源价格的波动，低资源成本的优势很容易丧失，低层次、单一的产业结构很容易被波及。

榆林长期以来围绕矿产资源建立起单一性产业，金融需求也就相对单一，而且融资需求相对简单，加上资源性大中型企业对金融资源产生的虹吸效应，

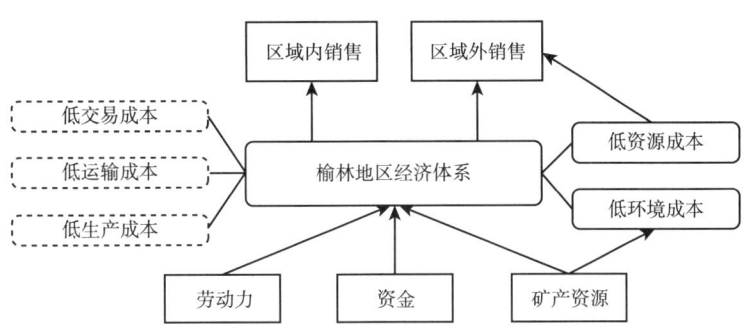

图 5-4 榆林地区经济类型分析图

使得剩余金融资源流向其他产业和企业比例较少。在现有的投融资体系中，投资可随着矿产资源的开采和出售资金回收，因此，金融机构对项目的风险判断就是围绕矿产资源价格展开，在产业融资时只要抵押充足，简单提供贷款即可，无须其他金融产品。同时，这些矿产资源大部分被中省企业所占有，这些在金融机构尤其是银行体系内均属于优质客户，当然这部分客户大部分被大型商业银行所占有，因此榆林地区的金融资源多集中于资源性产业中的中省企业，挤占了中小企业、农业等金融需求。同时，居民手中逐步积累的资金也有相关的投资需求，随着资源价格上涨，围绕矿产资源展开的投资需求也越来越多，以银行为主渠道的融资体系无法满足相关融资需求，居民也不甘于只将其积累的财富进行简单储蓄，因此围绕矿产资源投资展开的民间融资逐步发展，当然随着经济结构的调整以及去产能工作的推进，资源价格出现波动，单一和较短的资源产业链受到冲击，相应的资金流转困难，使银行体系的不良率上升，民间融资出现风险问题。

## 二、金融体系功能不足的关键在于金融生态环境

榆林市金融体系功能不足所体现的表面问题包含：金融机构投资难、实体经济融资难、社会事业缺投资、金融风险隐现等方面（见图5-5），这些表象背后隐藏的是金融生态环境建设不足。对于区域金融体系而言，其金融生态环境包含以下几方面。

一是信用体系。这是金融生态环境的基础，良好的信用体系可以有效降低融资交易成本，金融机构风险识别的成本降低，实体经济融资时的风险溢价降低。二是产业发展，也是实体经济发展，为金融机构创造投资标的物。三是金融产品设计，资金和项目的对接需要优异的金融产品设计能力，对接金融与实

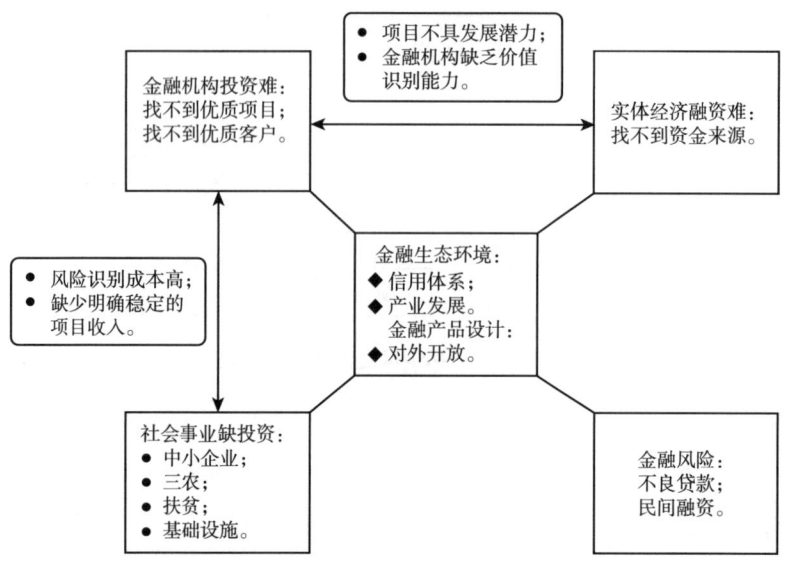

图 5-5　榆林地区金融体系功能不足分析图

体经济，同时也为居民投资创造良好的产品和投资渠道。虽然榆林地区的产业客观条件决定了融资需求相对单一，但现有金融体系对融资需求的设计能力不足，无法发现有效的融资需求并将融资需求转变为融资产品。导致在实体经济遇到"融资难"问题的同时，金融系统也遇到"投资难"问题，是金融产品的供给无法满足实际经济的融资需求，症结正在于融资产品的设计能力不足。四是对外开放，在现有的经济社会环境下，任何一个区域的金融生态想独立发展是不可能的，需要通过区域内外金融流动和配合实体经济在区域内外的交流，好的产业由外地落地榆林，需要当地金融机构予以支持，外地资金投向本地产业也需要当地金融机构予以支持。

拥有了良好的信用体系、产业发展，金融系统内的逃废债行为自然也就减少了，金融投资产品多了，居民有了良好的投资渠道，企业有了便捷的融资渠道，民间借贷也就自然减少了。

### 三、区域性金融中心的自我形成条件缺失

不同经济发展阶段，需要相应的金融服务体系满足实体经济对金融服务的需求，以有效实现金融体系的基本功能，促进实体经济发展。高效的金融服务体系有利于促进具有比较优势的产业和具有竞争力的企业成长，推动资本积累，推动产业结构和经济结构优化升级。

目前支持榆林地区经济发展的要素主要是资源、资金、土地和劳动力，随着资源、土地和劳动力等生产要素投入面临瓶颈，经济转型升级需要向提高资源配置效率，通过加快制度改革和市场建设释放各生产要素的活力。

在榆林地区，寄希望于金融体系的自我进化和自我升级是行不通的，不具备北京和上海等城市的资源聚集优势，无法形成产业积聚所产生的巨大金融需求。现存的融资需求的有效性不足，通过存贷比和信贷资产的质量可以看出这一点。未来需要通过政府层面，改善营商环境、培育经济发展新动能，立足陕北，辐射内蒙古、新疆、甘肃、宁夏等地区，依托产业发展创造有效融资需求，带动当地和周边金融资源。

榆林地区原有的金融体系主要是适应资源、劳动力和土地等较为充裕的禀赋，主要发挥金融体系的募集资金的功能，通过间接融资体系来动员居民储蓄，推动地区经济增长。随着宏观经济形势的变化以及供给侧结构性改革的深入，榆林地区要素资源禀赋发生了根本性变化，新的发展阶段对资源配置效率提出了新的要求，需要一个更加高效、市场化的金融体系来支持地区经济社会发展。

榆林地处陕西北部，接壤内蒙古、新疆、山西等，是典型的资源型地区，市场体制本身的渗透程度较浅，政府承担了更多的责任，相对于其他地区，通过财政力量进行资源配置的比例更高。因此在当前阶段，推动经济社会发展需要财政和金融共同发力，一是依托政府力量逐步升级金融服务体系，服务实体经济发展；二是通过金融工具的运用提高政府资金使用效率，腾挪财力空间推动经济结构调整。通过财政与金融的协调配合提高榆林地区的资源配置效率。

## 第三节 探索榆林地区财政与金融协调配合的机制

### 一、将财政支持金融置于政府与市场关系分析框架中

榆林市经济和社会的发展需要财政和金融的共同发力，仅仅依靠财政，财力无法支撑，仅仅依靠金融，则无法形成凝聚力。财政代表了政府的意志，金融更多体现市场机制。需要将财政与金融的协调配合融入政府与市场的有机结合中去（如图5-6所示）。

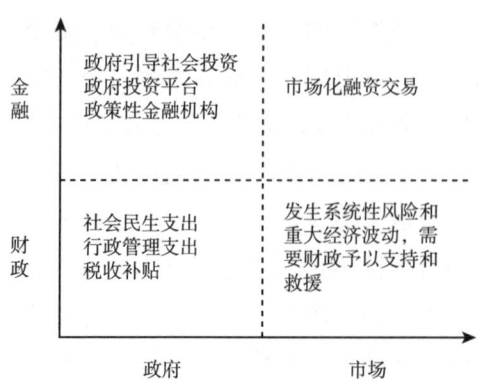

图 5-6　金融与财政的关系分析框架

首先要明晰发展任务，其次是针对任务划分政府与市场的责任，最后选择有效率的方式和手段。

其中发展任务可以通过榆林地区现有发展阶段和"十三五"规划来确定，如何将任务对应到责任划分和工具选择上，就要通过建立一个分析框架。

政府与市场是责任主体，财政与金融是资源配置手段，根据传统的做法，政府更多运用财政的手段，市场更多采用金融手段。尤其是榆林地区，金融的深入程度较低，政府在经济社会发展过程中承担了更多的责任。未来这种界限将更为模糊，组合也将更为多元。

政府可以运用金融手段调动社会资本，提高政府在社会事务中的影响力；财政支付方式由免费补贴调整为政府购买，通过市场化机制来提供，也可提高政府资金的使用效率；金融体系本身的优化也将更多的责任由政府转向市场，例如保险业务的发展可以降低政府在民生保障方面的支出。

未来榆林地区财政与金融协调机制建立的重点应转移到提高全要素生产率上来，服务于经济体制改革。而升级榆林区域金融体系，是建立金融与财政协调机制的基础和前提，通过搭建金融管理体系、优化金融组织机构、丰富金融要素市场来营造良好的金融生态环境，发挥金融功能，为提高财政资金使用效率提供工具平台。

党的十八大提出，要深化金融体制改革，健全促进宏观经济稳定、支持实体经济发展的现代金融体系，中央经济工作会议明确要求，要着力提高经济增长质量和效益，未来一个时期经济增长的重心由依靠资源投入转向提高资源配置效率，以提高全要素生产率为重点。全国金融工作会议提出金融回归本源，服务实体经济。因此，升级榆林金融服务体系的战略和路径安排应当围绕服务经济转型升级和全要素生产率提升来展开。

## 二、系统性审视榆林金融的应有作用

金融的本源之意是资金融通，核心功能是依托市场机制进行资源配置，提高资源配置的微观和宏观效率，实现这一功能的金融中介安排是各类金融机构以及金融市场。资源配置的微观效率是基础，通过解决经济活动中的信息不对称和不确定性风险来实现；宏观效率是最终目标，体现金融是现代经济的核心，利用金融体系安排解决经济金融活动表现出的问题，包括调整经济增长推动力、防范经济金融活动风险、协调区域发展、协调经济社会发展等。资源配置也分区域内和区域外，其中区域内资源配置主要依靠地方特征显著的银行业金融机构，跨区域资源配置主要依靠资本市场实现。

对榆林地区而言，金融体系要实现的基本功能是资金在居民、企业、政府间进行高效流通，在融资需求和投资需求、消费需求和生产需求之间形成有效匹配，与此同时引导资源向高生产效率的环节和行业转移，推动地区经济转型升级，补足经济社会发展短板（见图5-7）。

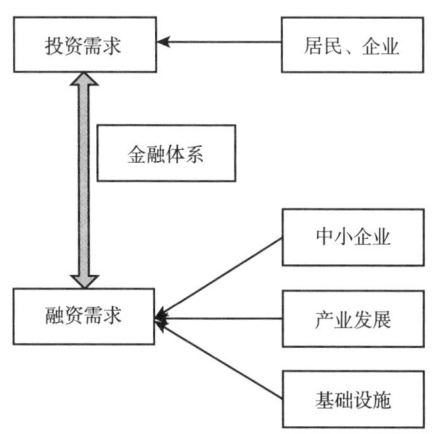

**图 5-7　金融体系功能图**

由于金融体系的功能缺位，居民和企业的投资需求以及经济发展所需的融资需求无法得到有效匹配，使得金融体系无法有效支持经济发展，同时催生了民间融资。

对市场而言，金融体系是市场的一部分，市场机制是金融体系的基本运行规则，在资源配置中起决定性作用。对政府而言，金融体系是资源配置的重要工具，可以通过间接对市场价格的影响而引导资源配置方向，提高政府资源配置的效率（见图5-8）。而目前榆林地区金融体系的基本功能发挥不理想，政府在金融市场发展中的定位不清，财政与金融的协调机制尚不完善。

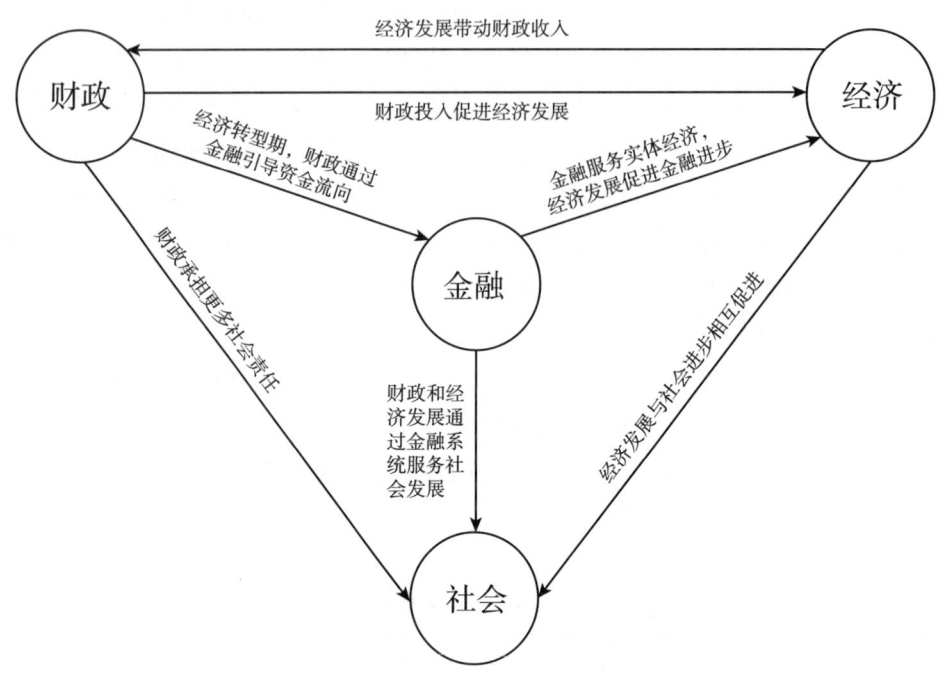

图5-8 财政、金融、经济和社会发展关系图

提高财政带动能力、扩大社会融资规模、促进融资担保行业发展这些是目标结果而不是具体措施，需要深挖财政带动能力不足、实体经济融资困难、金融风险加大的深层次原因，将努力目标统一到优化金融生态环境建设上。

财政和金融都是资源配置的方式，财政更多是行政思维，金融更多是市场思维，金融生态环境的建设是为了优化榆林地区金融体系的功能，用市场机制承担更多资源配置功能，通过促进实体经济发展来解决更多社会问题，降低财政的压力。财政需要在尊重市场机制和金融运行机制的基础上，通过成本分担和收入补偿来调节金融价格，而非直接通过行政手段来指导金融机构的行为。对于金融体系自身无法完善的基础设施建设，如信用体系建设，则需要财政进行及时补位。

### 三、金融服务促进区域经济发展

金融服务区域经济发展主要体现在两方面：一个是强调金融的资本积累作用，通过吸纳储蓄从而推动经济增长；二是强调金融的全要素作用渠道，将储蓄高效率地转化为投资，提高资源配置的效率。

金融通过消除信息不充分和降低交易成本而实现对经济增长的促进作用。金融功能对经济增长的实现传导机制是多方面的，随着经济金融化程度的不断提升，作为现代经济活动不可或缺的要素，金融促进经济增长的作用渠道和影响方式将会逐渐的全面化和深度化。金融功能在资源型区域经济社会发展的各个层面对经济发展方式转变的作用如果得以顺利发挥，将自然而然地促进资源型区域的经济快速、稳定、高质量的增长。

分析金融发展与经济发展的关系，可以借鉴帕特里克提出"供给引导"和"需求跟随"两种理论。"供给引导"是指金融发展先于经济对金融服务的需求，因而对经济增长有着自主的积极影响，对动员那些阻滞在传统部门的资源，使之转移到能够促进经济增长的现代部门，并确保投资于最有活力的项目方面，起基础性的作用，金融发展是获得高经济增长率的必要条件。其具体作用机制为：

第一，金融中介体和金融市场的发展导致更高比例的储蓄被转化为投资，从而促进经济增长。金融体系的第一种重要功能是把储蓄转化为投资。在把储蓄转化为投资的过程中，金融体系需要吸收一部分资源，以贷款的形式提供给资金需求者用于实际资产的投资，从而促进经济增长。

第二，金融中介体和金融市场的发展导致资本配置效率提高，从而促进经济增长。金融体系通过三种方式来提高资本生产率，从而促进增长。第一种方式是收集信息以便对各种可供选择的投资项目进行评估；第二种方式是通过提供风险分担来促使个人投资于风险更高但更具生产性的技术；第三种方式是促进创新活动。

第三，金融中介体和金融市场的发展导致改变储蓄率，从而促进经济增长。在这种情况下，金融发展和经济增长的关系是不明确的，因为金融发展也可以降低储蓄率，从而降低增长率。随着金融市场的发展，家庭能更好地应对意外风险进行保险，对收益率风险进行分散，同时更易于获得消费信贷。金融发展也使厂商所支付的利率和家庭所收取的利率之间的差距缩小。这些因素都对储蓄行为产生影响。

"需求跟随"是指金融发展是实际经济部门发展的结果，是消极应对一个发展的经济对新金融服务的需求。

当经济增长时，经济的真实增长便利了金融部门的发展。随着市场的不断拓宽和产量的不断增长，必须更有效地分散风险以及更好地控制交易成本，因此需要大量的金融服务以及提供这些服务的金融机构。同时，因为金融服务促使资源由经济中低增长的部门向高增长的部门转移，所以对金融服务的需求也依赖于经济中不同部门之间不同的增长速度。

根据"供给引导"和"需求跟随"两种理论，金融的发展和经济的增长之间有着两种关系，这两种关系取决于经济发展的阶段。在经济发展的早期，金融部门通过建立金融机构，提供金融资产，对经济发展起支配作用。特别在金融部门能更有效地为包含技术创新的投资者提供资金时，更是体现了金融发展对经济的"供给引导"作用。而当经济发展到一定阶段、日趋成熟时，金融部门的发展就扮演着"需求跟随"型角色。

### 四、健康的金融生态提高财政支出效率

榆林面对"全国资源型城市转型发展先行区""陕甘宁革命老区统筹城乡试验区""西北地区生态文明建设示范区"和"中国内陆开放开发战略新高地"的"十三五"规划发展定位，肩负"加快培育发展新动力""全面优化市域新空间""有效提升要素保障能力""着力促进人的全面发展"等艰巨任务，目标的达成和任务的实现是需要资本投入的，资本的来源一方面来自财政，另一方面是来自社会投资。塑造健康的金融生态，有利于优化政府和市场的关系，使市场在资源配置中起决定性作用和更好地发挥政府作用。

金融体系升级对促进财政支出效率的提高主要通过两个途径实现：一是市场承担更多的资源配置功能，减少财政负担；二是提高财政投入的带动功能，改善财政支出效果。针对前者，可以通过完善信用体系、丰富金融服务中介来促进金融资源向中小企业、产业升级、创新创业等领域倾斜，降低对财政奖补支出的依赖；针对后者，可以通过丰富金融产品，改善产业基金、PPP项目对社会资本的引导效果。

### 五、资源型区域金融生态环境的营造需要财政的支持

打造优良的区域金融生态环境，实现金融助推区域经济社会发展，打造区域性金融中心是一条较为可行的道路。

金融中心作为金融产业发展运动的一种结果，从根本上说是社会经济发展对金融本身的一种客观需求。但对于一般的资源型区域而言，由于经济和产业机构的原因，依托自身经济条件，无法仅靠市场自发形成金融中心。因此需要依托政府的力量，通过政府引导来实现金融积聚效应，走金融积聚领先产业集聚、产业集聚助推产业集聚的路径。

金融中心的形成首先需要具有一定的自然集聚规模，其次，政府作为制度的供给者，对金融中心的演进起着至关重要的推动作用。在金融中心的形成初期，政府的一系列政策推动会起到明显的效果，使得金融中心的建设从比较低水平的路径依赖状态，进入到较高水平的路径依赖状态，金融中心的发展呈现出新的面貌。当前，我国西部地区的若干省会城市，包括西安、成都、重庆等城市的地方政府，都比较早地提出了构建区域金融中心的构想，并采取了一系列的措施，以便提升自己的金融中心发展水平，扩大自己的金融影响力。

经济发展和金融发展二者之间的关系可以解释为产业集聚和金融集聚的关系。世界上许多发达城市的发展实践证明，国际金融中心总是位于高度发达的经济中心城市，在那些经济发展水平较为发达的地区，区域金融中心也更容易萌芽。产业集聚并不构成金融中心形成的必要条件，其中最重要的情形就是政府推动型金融中心的形成。原因主要表现在以下三方面：金融集聚为产业集聚的成长提供初始资本；伴随着跨国银行的客户追随的战略，金融集聚与产业集聚相伴而生；金融集聚能使产业集聚的要素生产力迅速提高。

金融市场满足经济增长对资金的需求，对整个社会的存量和增量资金都起到了调节作用。金融市场依托金融机构各项业务的高效运作（银行等金融机构的金融资产，由于其特殊的运营特征形成大小不同的乘数效应、杠杆效应）使得社会资金的配置范围趋于无限扩大、配置效率得到极大改善，上述原因的推动下金融集聚的发展表现出螺旋上升的态势。

虽然西部地区不可能有多个区域金融中心，但是，榆林市由于具有相对有利的地理区位条件、经济基础比较雄厚以及金融市场发育比较完善等优势，就完全可能演变成影响力超越本地区进而对其他省份产生影响的区域金融中心。政府推动模式的金融集聚区发展通常具有一定的超前性，这里供给引导是金融体系改变并发展的重要推动力。由于政府的强力支持和人为设计，金融中心不再是自然演变形成。

在区域经济相对不发达的状态下，政府不是守夜人的角色，而是带有强烈发展经济和促进金融发展的领路人。为了使经济获得更快发展，需要完善的金融支撑，而当金融发展不能满足区域经济发展的需要时，政府会人为设计和强力支持金融业超前发展。金融业的超前发展会反作用于区域经济发展，具有先导作用。金融体系的强制性变迁产生了金融资源的人为中心，快速的金融集聚使金融市场迅速形成，最终刺激了经济发展。

由于区域金融体系和金融环境的落后状况，单纯依靠政府承诺和立法，仍然不能达到金融中心和金融中心形成的目标。政府可以两种方式为区域金融中心的构建提供动力：一是鼓励金融机构开辟新市场和新业务，出台相关创新政策；二是吸引外资金融机构进入本地，出台相关开放优惠政策。

## 第四节 财政与金融协调配合的目标设定和路径选择

### 一、明晰目标，找到方向

财政与金融有效融合的根本目标是促进区域经济社会发展。目前财政或金融面临的问题不是孤立的，通过财政解决目前金融体系所面临的金融资产质量偏低、居民金融需求无法有效满足、地区存款资源外流、金融风险等问题，通过金融体系的优化升级，解决财政面临的支出效率低、支出压力大、社会资本带动能力不足等问题，通过财政与金融的协调发展来促进榆林地区的产业集聚与升级、金融资源积聚与体系变革，为榆林地区发展形成良性循环的动能。

目前，榆林地区经济社会发展中的任务包含经济任务和社会责任，两个之间存在部分交叉和互补，如产业本身发展有利于扶贫和中小企业发展。

如图5-9所示，在目前发展任务项下的融资需求分为产业发展、中小企业融资、扶贫、"三农"和基础设施建设等方面，这些融资需求的实施途径仅仅依托金融体系本身是无法实现的，需要财政与金融的配合，包括政府带动投资、财政进行融资风险补贴和利率补贴等，所需的平台榆林地区已基本具备，目前的努力方向在于能力建设，通过能力建设实现金融生态环境的优化。目前财政、金融到经济社会发展中的融资需求满足通道和财政运用金融工具的通道不顺畅，需要通过金融生态环境的优化疏通金融通道。

# 第五章 财政如何支持金融服务榆林经济社会发展

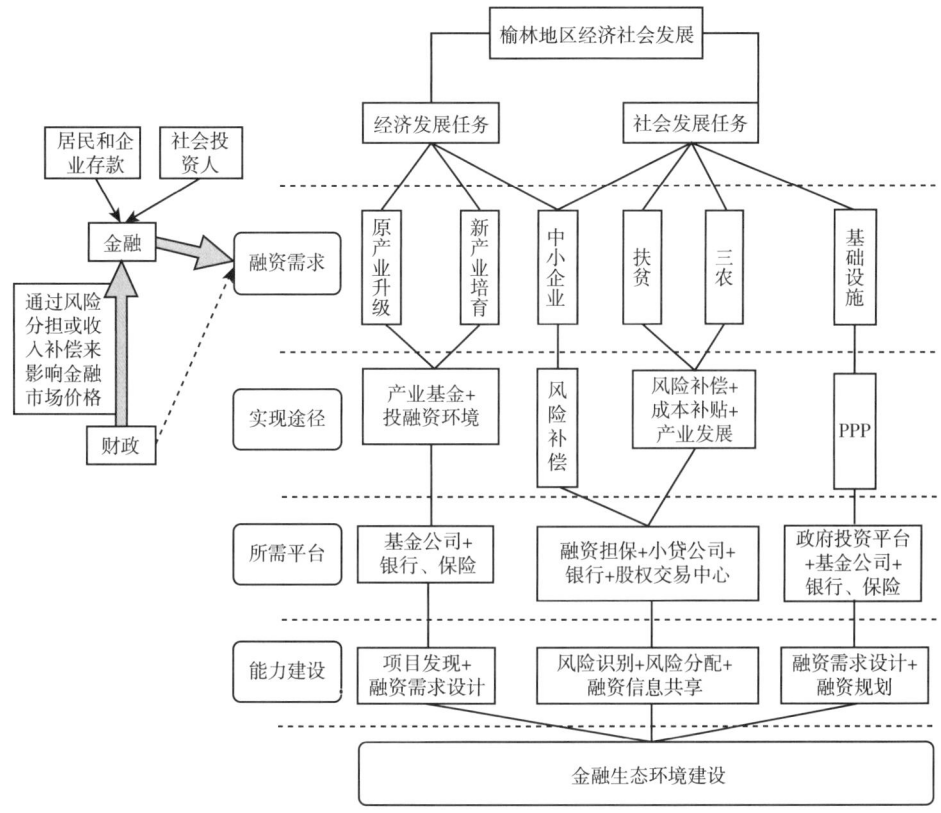

图 5-9　金融与财政协调机制运行目标分解图

## 二、对照自身，找到短板

### （一）融资需求创造的能力

目前榆林地区的经济社会发展中有融资需求，但融资需求无法得到满足，并非只是金融机构无进行融资支持，而是金融体系没有进行融资支持的能力，这种能力并非缺少资金，而是区分有效需求和无效需求的能力，简而言之就是投资的能力。融资需求并不一定局限于本地，可以通过借助满足其他地区产业的融资需求来将产业聚集于榆林。

### （二）金融资源组合的能力

即使能够创新融资需求，缺乏相应金融产品的对接也是不行的。因此需要通过丰富金融工具满足融资需求，往往单一金融工具很难满足多元化的融资需求，需要提供金融资源组合的能力，通过"债权+股权""直接融资+间接融资""股权收益权+应收应付款""境内+境外""基金+资管"等多种金融产品组合来服务实体经济。

（三）社会资本调动的能力

引导民间资本向正规金融体系积聚，一方面为居民提供丰富的金融产品，另一方面为金融机构提供更多有效的投资标的项目，让居民分享金融促进经济发展中的成果，使得资本流通更多的处于金融监管之下，防范金融风险。

（四）金融环境营造的能力

财政引导社会资本的效果不佳，需要改善金融环境营造能力，优化信用环境，降低信息不对称和资金融通成本。

### 三、分解目标，选择路径

针对财政与金融协调配合的目标，结合榆林当前的发展短板，需要从三个方面切入。

（一）疏通资金流动脉络，统筹解决实体经济融资难和金融机构投资难

- 问题：企业融资困难、金融机构投资困难、居民存款进行投资困难。
- 路径：在金融平台基本完善的基础上，引入专业化的金融中介服务。

在榆林地区现有的正规金融体系中，居民和企业存款通过银行和保险进入金融体系，然后实体经济通过金融体系来进行融资。通过丰富融资工具，为实体经济提供更为便捷的金融服务；升级和延伸原有产业结构，培育新的产业，为金融机构提供更多的投资机遇。目前出现投资和融资两难的症结在于：金融中介机构识别融资机会、优化投资产品的能力不足。需要通过财政介入，引入更多的金融中介服务，通过购买专业化的金融服务，将榆林地区的有效融资需求显性化，丰富交易结构，提高资金融通效率。

（二）完善财政投入机制，促进普惠金融发展和基础设施建设

- 问题：中小企业融资困难、扶贫任务艰巨、基础设施建设需求巨大，财政带动能力不足。
- 路径：在综合运用激励奖补、风险分担、股权投资、产业基金、PPP项目的同时，加强机制建设，改善投融资环境，尤其是信用环境，提高金融体系对项目风险的识别能力。

财政资金通过奖励补助和风险分担的方式来促进金融机构发展普惠金融，在取得现有成果的基础上，要进一步提高效率，尤其是对于中小企业融资和扶

贫，更要降低这些项目的风险，不仅仅是通过奖补提高项目收入或者分担风险等手段来降低，更要通过改善普惠金融的发展环境，降低普惠金融整体的投融资风险。

（三）统筹区域内和区域外的关系，促进产业和金融协调发展

• 问题：榆林地区的资金运用效率不高，运用外部资金的能力不足；地区内产业自我升级的能力不足，引入外部产业的效果不理想。

• 路径：在合理定位本地资源和外地资源的基础上，厘清产业和金融的关系。

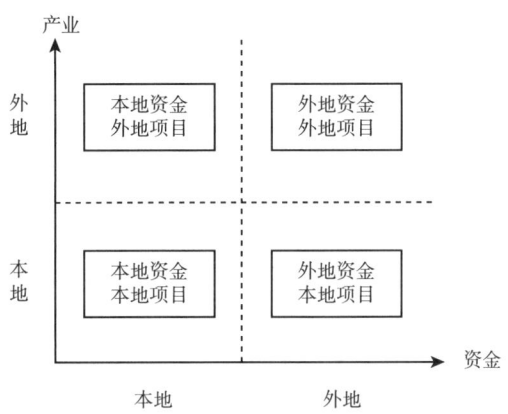

图 5 - 10　资金与市场的地域关系图

根据图 5 - 10 可以发现，区域经济的内涵性自我发展需要依托本地资金、本地项目，促进本地经济和资金的融通。经济外延式增长需要依托外地资金投资本地项目以及本地资金投资外地项目，前者为本地创造税收、就业和经济发展，后者在保障资金回归的基础上，创造的是资本收益。因此，从区域发展的角度，更注重前者，即外地资金落地本地项目，在以往仅仅给财税政策进行招商引资效果不佳的情况下，需要考虑通过本地资金引导外地资金投资本地项目，这里的项目并不单指源自本地的项目，也可以是源自外地落地于本地的项目。

## 第五节　重点任务

虽然明确了目标，找到了短板，分解了目标，但要明晰未来的重点任务，

这些任务中也存在轻重缓急,不能"眉毛胡子一把抓",需要明确近期任务和远期任务。

## 一、近期任务

(一)组建财政金融智库

打造具有竞争力的金融咨询智库,一方面,运用智库在财政金融领域和产业领域的人脉,有效对接外部资金和外部产业,实现本地资金带动外部资金投资本地产业和引入外部产业。另一方面,借助金融智库的专业知识,培养榆林地区的金融服务人才队伍和金融服务平台,完善金融工具产品,拓宽实体经济的融资渠道,梳理榆林地区的有效融资需求,丰富金融的投资项目,逐步形成功能完善的金融中介服务体系。

---

**神木金融专家团队的经验**

神木组建了较为全面的专家团队,其中包含证券、基金、财政、产业等各个方面的专家,以团队雇佣形式存在。

在工作开展过程中发现:一是分散组建专家的形式效果不好,在金融工作开展过程中,需要团队的配合,而外界组建的专家团队不利于金融工作的开展,其中涉及的产业资源、金融机构资源、方案设计、上级政府资源等出现重合交叉,工作效率较低,进而调整为团队作战,任务分包给专家团队的模式有效地降低了支出成本,提高了的项目推进效率。二是在组建平台和制定制度的阶段,固定场所式的工作方式确实起到了一定的作用,但随着项目推进工作的展开,专家的资源在外地、金融人脉资源也在外地,固定在当地的办公形式不利于向外对接资源,因此在工作中进行"外地+本地"的工作机制,外地负责对接项目和金融资源,本地梳理当地的重点融资需求和金融资源。三是进行团队包干激励,而非单人奖励。"独木难支"的现象在金融行业内较为明显,仅仅激励某一个人往往无法完成项目从规划、对接到落地的全过程,任何一个环节出问题都会导致项目无法落地,因此需要对团队进行整理激励,下放管理权,结果导向。

截至目前,神木已依托金融专家团队组建了金控平台,落地了一系列产业投资项目、联合外部优质医疗资源联合办医院等项目,在PPP项目方面,从项目规划、融资设计到融资方案落地,专家团队进行全程参与,提高项目落地率。

金融智库组建的过程中应注意三项原则：

• 宜借不宜养

对金融体系发展而言，重点是借助智库的智慧，而非养了多少金融专家，对金融人才而言，其产出是不可计件的智力支持，尤其是金融方案设计、金融和产业资源整合对接等方面，那么固定收入的激励效果较低，而且本身对北京和上海的金融人才而言，其在当地的收入较高，吸引其将生活转移至榆林所需付出的成本太高，因此可以通过灵活的租借形式进行，因为金融人员的作用发挥未必完全在本地，完全可以进行空间分离，"本地调研，外部指导，中间搭桥"的方式进行。

• 宜虚拟管理不宜物理管理

通过将外地项目＋本地需求、外地金融和本地财政的方式，盘活当前的榆林实体经济，激发金融活力。真正有实力的金融人才具有较强的资源整合能力、专业投融资能力，如果对这些人员进行物理管理，例如，完全固定在榆林工作，仅仅依托榆林本地的金融资源和实体经济融资需求无法发挥这些人员的作用。

• 宜团队管理不宜分散管理

通过成熟团队雇用的形式，可以明确下达任务目标，降低初期团队磨合成本。可以通过结果激励和侧重事后激励的方式进行专家团队管理，通过有限的现有成本和较高的未来收益期权来吸引团队，而且团队的管理工作方式可由团队自我安排，通过市场化运作，考核时仅进行结果考核即可。通过团队租借，项目激励的方式来打开局面。

(二) 建立财政、金融与产业的新业态

建立财政引导、金融投资、市场运作、产业发展的新模式，通过组建产业引导基金，建立政府引导社会资本投入、社会资本对接产业的模式，为社会资本提供良好的投资项目，将外地优质产业项目和产业技术引入榆林，依托榆林当地的产业基础、资源优势，通过政府资金的引导，带动产业落地榆林。财政引导金融对接产业的模式有两种：一种是有财政引导本地社会资本对接本地项目；另一种是财政引导本地社会资本投入外地产业，将外地产业引入榆林。这种新业态中，基金模式是较为高效的方式，可以将财政资金、社会资本、金融机构和产业有效结合，其中的重点环节是组建有经验和产业资源的专家团队，进行专业化的市场运作，在能源、旅游、农业、医疗等领域打造专业化运作基金，整合当地产业资源，发掘本地需求，对接外部需求，借助外界先进的产业模式促进经济转型升级（见图5-11）。

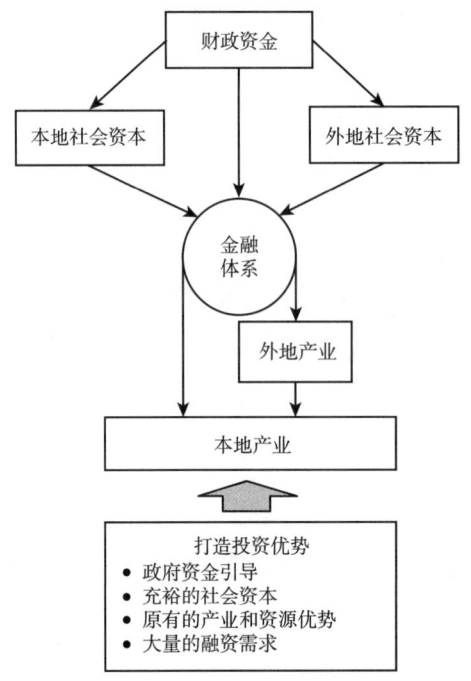

图 5-11 财政、金融与产业发展关系图

产业基金的成立和资金募集是平台搭建,更重要的工作在于资金能够有效投出,因此项目的储备和选择是关键。目标不能局限于榆林地区,而要放眼全国,持续不断地跟踪和对接适合榆林地区经济发展的项目落地。

可以与北京、上海、深圳等地区的产业投资专家对接,形成长期的战略合作,让这些专家了解榆林的实际情况,榆林地区在创造良好的投融资环境的基础上,依托产业投资专家形成对外联络平台和交流平台,及时将全国的产业信息和产业资源引入榆林。这些产业投资智库专家可以发现适合榆林的前沿产业,并整合金融资源。

针对中小企业和"三农"的融资需求,需要与其他产业融资需求进行区分对待,中小企业和"三农"方面的融资困难是源自融资本身的收入具有更多不确定性,风险性较高。对投资方而言,其回报与投入不成比例,因此在组建中小企业融资基金和农业产业基金的同时,需要借助区域信用体系,联合政府、区域性银行、融资担保机构的力量,在强化风险识别体系的基础上,对融资机构进行合理的风险分担和成本补偿,减少投资损失,提高投资收入,逐步形成良好的投资生态环境,依托中小企业发展带动就业,依托农业发展解决农村和农民问题,进而带动扶贫工作的推进。

(三)理顺各金融机构间的关系

对于形式众多的金融机构,包含银行、小贷、融资租赁、证券和基金在内,在升级金融体系时不能一并用力,而是在厘清金融机构作用的基础上进行重点突破。在榆林现有的经济和金融形态下,依托传统纯债权对产业进行融资,通过发展银行、小贷和融资租赁等传统金融机构无法推动产业发展,并且现有金融机构对现有产业也没有足够的信心,存在担忧和畏惧情绪。因此单纯依托传统金融机构,吸收居民存款和社会资本向产业投资的效率较低,需要通过政府设立基金的形式,通过"股+债"的模式,为社会资本梳理投资信息,升级当前经济模式,进而提升传统金融机构的信息,带动传统金融行业的升级(见图5-12)。

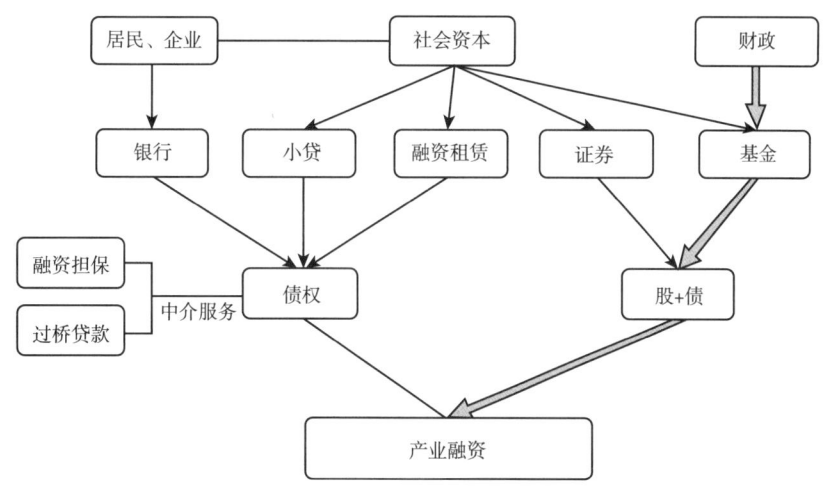

图 5-12 金融机构服务产业融资的结构图

(四)重塑区域信用体系

信用体系的缺失主要是对中小企业和产业扶贫的影响加大,在此环境中金融机构不愿意向这些具有较高风险的领域投资。区域信用体系的重塑需要完善民营企业和个人信用评级制度,客观评价融资能力,降低金融机构的风险识别能力。建立区域性信用平台,充分发挥各级政府网站的平台作用,积极与全国信用信息共享平台对接,鼓励地方推进"银税互动"、银行业金融机构和全国信用信息共享平台之间的合作等,化解银企信息不对称问题,促进中小企业融资。同时加快推进对失信被执行人信用监督、警示和惩戒建设,有利于促使被执行人自觉履行生效法律文书决定的义务，提升司法公信力，推进社会诚信体系建设。要建立健全跨部门协同监管和联合惩戒机制，明确限制项目内容，加强信息公开与共享，提高执行查控能力建设，完善失信被执行人名单制度，完善党政机关支持人民法院执行工作制度，构建"一处失信、处处受限"的信用惩戒大格局，让失信者寸步难行。

在榆林目前的金融环境中，尤其是融资担保公司基本处于瘫痪状态，由于部分企业融资信用被质疑，导致其他具有良好信用和融资能力的企业受到影响，使得整个区域信用体系质量降低，同时带来融资成本的上升。依托市场的力量无法较快地重塑信用体系，需要政府牵头，在组建区域性信用平台的基础上，联合银行、产业园区和融资担保机构共同努力。

## 杭州科技型中小企业融资经验

政府部门（包括科技主管部门、金融监管部门和经济管理部门）、银行、创业风险投资机构、担保公司和工业园区的联动，构建银政合作平台、银投合作平台、银保合作平台和银园合作平台，形成科技企业金融一体化服务战略联盟。通过强化对政府、创投机构、园区和担保公司的合作，使科技金融服务平台在短时间内聚集了杭州市、区（县）两级科技部门、40余家国内外知名创投机构、近20家创业园区、10余家担保公司、数十家各类证券公司，以及会计事务所、律师事务所、行业协会、行业研究机构等中介服务机构，打造出独具特色的科技金融综合服务平台。合作伙伴的加入，迅速有效提升了科技金融服务平台的综合服务能力，使科技支行在人力资源和网点资源有限的情况下，快速准确地对接杭州地区的科技金融潜在客户。

政府支持科技支行扶持科技中小企业融资的简易机制主要有两种：

一是无偿提供贷款贴息。为鼓励科技支行按照基准利率给科技型中小企业放贷，杭州市财政从科技投入中给予银行基准利率20%的贴息补贴。贴息资金可以通过财政现有科技投入资金予以解决，不会对杭州财政形成压力，有利于形成扶持科技型中小企业的长期稳定机制。

二是设立信贷风险补偿基金。杭州市各级政府整合现有的科技投入资金，将原本拨付用于企业技改、项目研发的财政扶持资金，存入科技支行，地方政府、担保公司与科技支行按照4:4:2的池内风险损失补偿比例设立信

> 贷风险补偿基金。三方确定一定的客户范围和准入条件，科技支行按风险补偿基金的一定倍数发放贷款，用于定向扶持一批科技型企业。贷款发生损失后风险补偿基金承担偿付责任。

### （五）防范与化解金融风险

榆林地区的金融风险主要集中在两个方面：一是正规金融中的不良贷款；二是非正规金融中的民间非法融资。

对于前者，要盘活存量不良资产，政银企合作，对其中遇到暂时流动性困难的企业进行贷款资产重组，帮助企业解决暂时性困难；盘活不良资产，对于缺少重组价值的不良贷款，引入专业的资产管理公司，进行托管、处置和转让，提高资产回收率。

对于后者，完善打非工作领导机制，加强与打非成员单位的密切配合，全面提高处置非法集资工作水平。加强常态化宣传教育联动机制，加大宣传资源整合力度，引导区域金融机构力量走进社区，开展以宣传防范打击非法集资、金融基础知识、金融便民服务为主要内容的活动。定期向社会公众警示金融风险，增强群众金融风险防范意识。在打击非法集资的同时，丰富金融融资工具，为居民投资创造更多的金融产品，引导居民通过正式金融体系进行投资。

### （六）做好基础设施投资规划

2016年以来，榆林地区的PPP工作确实取得了一定成效，在政策制定和项目申报方面都走在了陕西省的前列，随着项目储备的增加，项目落地的压力逐步增加，这也是全国PPP项目遇到的通病。PPP项目推进是以落地为目标，缺少全流程的规划，尤其是缺少融资规划，将造成项目落地困难，未来需要在开始的项目规划中增加金融机构的前期介入，强化融资规划和可行性研究。

对于PPP项目而言，首先是需要明晰哪些投资适合运用PPP模式，在开始立项时就选好方向和区域需求，因此需要建立专门的PPP咨询团队，对全市的PPP项目进行筛选，同时识别有效的PPP项目需求。另外对于PPP融资而言，除了社会资本的自有资金，主要资金还是来源于金融机构。目前PPP项目落地难的原因主要在于项目从规划到融资再到落地链条割裂，缺乏统筹考虑。前期做物有所值评价和财政能力测试时不考虑后期的融资，缺乏对融资交易结构的重视。

项目的落地主要看融资是否能实现,在后期进行项目储备和规划时,引入金融智库,提前参与到项目规划中,对后期的项目融资把关,提前做好融资结构设计。

## 二、远期任务

### (一) 聚集国有银行和股份制银行的分支行以及其他储蓄类金融机构

鼓励商业银行按照风险可控、商业可持续原则开展供应链融资、融资租赁、银团贷款、联保联贷等业务。鼓励金融机构对符合信贷条件的重点企业和项目提供优质金融服务。积极推动银行业转型发展。

### (二) 推进证券、基金、期货公司建设

吸引国内大型证券公司、基金公司和期货公司在榆林市设立分公司,进一步提高证券期货业整体水平。加强证券行业榆林经济的支持力度,鼓励证券机构为榆林企业进入资本市场融资提供中介服务,提高榆林市国民经济的证券化率。丰富理财产品种类,进一步拓宽客户投资渠道。支持和鼓励证券期货机构合理设置经营网点。

### (三) 促进保险机构改革发展

探索发展相互保险公司、自保公司、保险合作社和政策性公司等新型组织形式。争取设立健康险、养老险、责任险等专业性保险机构,鼓励发展相互制、合作制、专业自保等新兴保险企业。

### (四) 加强银行、证券、保险的合作

搭建商业银行与证券公司、基金管理公司、期货公司、保险公司等各类金融机构的对话交流合作平台。支持商业银行拓展证券及保险抵押融资途径,探索直接投资设立基金公司、保险公司,建立更深层次的交叉销售和代理合作关系,促进银行、证券、保险共荣发展。

# 第六节 支持保障

## 一、加强组织领导

榆林市应在市委市政府统一领导下,组建金融服务工作领导小组的统筹协调作用,将金融业发展纳入全市经济社会发展规划布局,研究解决规划实施过

程中出现的新情况和新问题。争取中央和省层面对榆林市金融业更大支持，注重政策衔接，发挥合力效应，确保执行效果。充实金融工作力量，加强部门联动，完善和深化金融服务协调机制，为规划实施和落地提供组织保障。

## 二、提升公共服务水平

强化政府金融服务部门的职能，增强服务意识，提高法治思维和依法办事能力。打造信息服务平台，建立和完善拟改制上市企业资源库、新兴金融机构信息库、金融中介服务机构信息库和股权投资机构信息库，实现信息互联互通，提升公共服务水平。发挥银企合作沙龙、重点项目对接会、金融博览会、科技博览会等平台作用，为传统金融机构、新兴金融机构、优质企业提供"点对点"服务，推进重点项目的实施。

## 三、优化金融生态环境

推进建立诚实守信激励机制，在政府担保、优惠、奖励等方面向诚信企业倾斜，形成信用约束机制，创建诚实守信、公平有序的金融环境。

支持企业征信机构和个人征信机构的设立发展。丰富征信模式，提升征信业整体水平。借助大数据存储、网络与信息安全维护等技术的运用，加强金融信用基础设施建设。

## 四、加快金融人才队伍建设

### （一）加快人才聚集

引导开展金融人才供需动态及使用状况的专项调查，夯实金融人才队伍建设基础。大力引进熟悉资本市场和金融创新方面的专业人才。创新金融人才引进政策和模式。建立高层次金融人才供需数据库。

### （二）加大金融人才培养力度

打造一个政府支持、市场化运作的多元化金融人才培训平台。创新金融专业人才培养模式，满足金融业对高素质应用型人才的多样化需求。

### （三）完善人才服务体系

完善金融人才激励政策。探索设立金融创新奖，出台加快高端金融人才队伍建设的相关办法，健全高端金融人才长效激励机制。

## 第七节 案例

### 一、产业引导基金案例

对于产业引导基金的管理运作,地方政府一般会成立引导基金管理委员会作为基金的最高投资决策机构,行使产业引导基金决策和管理职责。管理委员会一般不直接参与引导基金的日常运作,其主要是由地方政府及相关职能部门的负责人组成;各地引导基金管理委员会的成员构成、职务分配等均有区别,其权利重心也不尽相同,发改、经信、科技、财政等职能部门在不同的引导基金中会扮演不同角色,并对引导基金的投资决策及管理模式等产生影响。总体来看,引导基金的管理主要归口发改和科技部门两大系统,前者主要导向是推动本地创投业发展,后者则主要致力于推动中小科技企业融资。

对于日常管理及投资运作,各地引导基金的管理模式也有很大差别:有的会新设引导基金管理机构,或以公司制设立并对其自行管理,有的则委托相关事业单位或外部机构管理。

据统计,截至2016年年底,国内共成立1 013支政府引导基金,目标规模已经超过5.3万亿元,已到位资金1.9万亿元。其中,仅2016年就新设立政府引导基金384支,披露的总目标规模超过3.1万亿元。

当然,不同的运作方式对于引导基金本身的运作能力也提出了不同的要求:以市场化方式运作的引导基金,其与政府主导运作的引导基金相比具有更高的活力,同时也带来了巨大的压力与挑战:市场化的运作方式对于基金的运作与管理能力提出了更高的要求,包括基金的募资策略与能力、基金的投资组合设计、专业化的基金管理团队以及市场化的团队激励机制等。

(一)河南省产业集聚区发展投资基金

2017年,河南省财政统筹安排资金600亿元成立产业集聚区发展投资基金,基金投资围绕打造产业转型发展的重要支撑载体,投资于河南省产业集聚区内重点产业类和平台类项目,引导社会资本参与,提升产业集聚区综合承载功能和产业集群发展力量。主要包括:一是落实战略部署,重点支持省委、省政府确定的重大项目;二是聚焦主导产业,重点支持带动产业集聚区主导产业集群发展的龙头企业和产业链关键环节的配套企业项目;三是注重融合发展,重点支持产业集聚区制造业、服务业等跨界融合催生的新技术、新产业、新业态、新模式项目;四是提升配套能力,重点支持产业集聚区重大公共服务平台项目。基金投资方式可采取"直接投资"模式、"母子基金"模式运作,也可同时采取上述两种模式运作。

(二)山东省设立省级股权投资引导基金

山东省2014年底出台《关于运用政府引导基金促进股权投资加快发展的意见》,提出将设立省级股权投资引导基金,计划到2017年基金规模达到100亿元,并以此带动山东形成较为完善的私募市场体系,努力把山东打造成为全国具有较强竞争力和影响力的区域性股权投资中心,建成享誉国内外的私募投资集聚高地。2015年,山东省级股权投资引导基金拟安排设立13只母基金。这13只母基金包括:资本市场发展引导基金、滨海旅游发展引导基金、天使投资引导基金、现代农业产业发展引导基金、现代种业发展引导基金、信息产业发展引导基金、科技风险投资与成果转化引导基金、传统产业转型升级引导基金、节能投资引导基金、服务业创新发展引导基金、现代商务发展引导基金、文化产业发展引导基金和城镇化建设投资引导基金。

(三)深圳市龙岗区和福田区设立产业引导基金

2014年6月,深圳龙岗区在全市率先设立区级产业投资引导基金,并正式出台了《龙岗区创业投资引导基金管理暂行办法》。该产业投资引导基金将依据市场规则以专业化管理的模式运行,政府只参股不控股,重点引导社会资金加大对龙岗区战略性新兴产业等产业领域的投资,对辖区内的小微型、中小型创新企业予以扶持。此外,每年还安排1亿元(5年共5亿元),在龙岗区设立10个以上创业投资和股权投资基金。在福田区召开的产业资金运行机制改革成果发布会上,相关部门负责人也明确表态,2014年福田区安排1亿元财政资金,与专业机构合作设立按市场规律运作的"福田创投引导基金"。同时,还将规范产业扶持资金的投放标准,自我削权限权,不留自由裁量空间。

(四)安徽省组建高新技术产业政府引导基金

2014年安徽省高新技术产业投资有限公司在合肥正式挂牌成立,首批中标的三支参股基金机构正式签约。安徽集中优势资源组建50亿元规模的高新技术产业投资母基金,相比于一般政府引导基金,在基金的设立方式、管理运营模式等方面体现了政府主导与市场化运作的有机结合,在国内尚属首例。在首批三支子基金设立方式上,国有资本出资占70%,社会资本出资占30%,从而突破了一般政府引导基金的"募资难"的困局。其次是政府让渡管理权,子基金完全交由专业化的基金管理公司负责管理运营,母基金不参股基金管理公司,不干预基金公司的正常运作,最大限度地发挥基金公司的专业优势。

(五)重庆产业引导基金

世界上每产出三台笔记本电脑,就有一台重庆造。2017年前5个月,重庆手机产量超过1.35亿台,仅次于广东。近年来,重庆电子信息产业集群持续发力,实现逆势增长。这背后都离不开政府搭台、资本唱戏。3年来,通过发起设立6支专项基金,聚集85.53亿元投资资金,重庆产业引导基金为工业和电子信息产业积极注入新鲜血液,推动产业转型升级发展。

基金按市场化母基金方式运作,在专项基金中参股不控股,与其他社会资本"同股同权同回报同进退",专项基金日常管理、投资决策由合作基金管理人负责。

相比于其他母基金,重庆产业引导基金充分利用行政资源、市场资源,构建投资项目库,积极为合作基金推荐优质项目。目前,通过市发改委、市经信委、市农委、市商委、市中小企业局、市文化委、市旅游局等部门集中征集,已入库项目400余个。根据入库项目情况,基金还联合市农委、市金融办、市工商局、市股份转让中心(OTC)组织多场项目对接会,路演项目50余个,直接推荐项目80余个,其中50余个正在深入对接。

这些基金全部按有限合伙制组建,基金公司不仅负责管理运营,也要负责募资出资,从而建立起了国有资本和社会资本风险共担、利益共享、相互制约的共同体,从机制体制上保证了国有资本的使用效率和效益。

## 二、区域金融中心案例

(一)成都建设区域金融中心的发展现状

成都金融总部商务区(即成都金融城)是成都市定位建设西部金融中心战略的主要物理载体。成都金融城的运营充分汲取了美国纽约、英国伦敦、东京丸之内、上海陆家嘴、中国香港以及北京金融街的建设经验。成都金融城分三期开发建设,其中作为核心发展区的一期项目"天府国际金融中心"已投入使用。目前,中国银行业监督管理委员会四川监管局、中国保险监督管理委员会四川监管局等金融监管及服务机构,民生银行、安邦保险、中国人寿等大型金融企业及成都市土地矿权交易中心、成都农村产权交易所、北交所西南中心等要素交易市场都已入驻天府国际金融中心。二期将紧密围绕天府国际金融中心进行开发建设，主要入驻国内知名机构区域性总部，包括新华社、中国网通、四川电力、中国华电、成都银行等。三期作为金融总部商务区"筑巢工程"和区域开放合作的主要载体，除集聚银行、保险、证券类传统金融机构外，还将大规模引入担保公司、投资公司、公募私募基金、各类交易平台、咨询公司、会计师事务所、律师事务所、资产评估机构、信用评估机构、公证机构等金融、泛金融业态，形成完整的金融产业链条。成都金融城全部建成后，将成为成都西部金融中心战略构想的重要支撑。

(二) 成都建设区域金融中心的特色

全国许多大城市如北京、上海、天津、杭州、深圳等，在一般性（软件）外包方面均有较快发展。成都（高新区）虽然在这一方面没有明显的优势，然而，目前成都的"金融外包产业"在全国却处于领先地位。外包是一种有效的价值链理方法。在专业化分工的前提下，企业采取非一体化发展的战略选择，可以使得企业在不是其核心业务方面投入的资源和精力得以释放，即将一些传统上由公司内部人员负责的业务，外包给专业且高效的服务提供商，而将主要的资源与精力集中于能够为公司创造绝大部分利润的核心业务流程。有一点我们可能过去并不太清晰：即从金融服务外包供求关系来看，金融机构不是外包的供给者，相反它是外包的需求者。

成都是国内率先提出发展金融服务外包的城市之一，《成都市人民政府关于进一步加快金融业发展的若干意见》中提出"构建西部金融机构聚集中心，构建西部金融创新和市场交易中心，构建全国一流的金融后台服务中心"。大力引进国内外金融机构的资金清算中心、研发中心、银行卡中心、呼叫中心、灾备中心等各类数据中心和后台服务机构"，并提出把成都"建设成为全国主要的金融服务外包中心"的目标。

(三) 经验总结

• 西部区域金融中心形成模式：以政府为主导，充分引入市场规则的混合模式占据主流

西部区域金融中心的形成模式，将改变传统的政府扮演绝对主导的模式为以政府为主导，充分引入市场规则的混合模式。随着市场经济的完善和产业中心达到高级化，适时调整政府与市场的权力结构，最终达到金融中心形成模式的"均衡"状态。

- 西部区域金融中心形成过程：需求诱致特征将更为凸显

随着我国社会主义市场经济体制不断推进，资本市场和金融制度的不断完善，西部经济社会发展本身对于西部地区金融产业的需求将加速强化。此外，非公有制经济随市场经济发展将在西部国民经济中占据重要的地位，使社会各界关注西部地区的区域金融中心建设的经济后果，金融中心形成过程中来自社会各相关利益集团的压力增大，金融中心形成中政府主导的绝对优势地位势必弱化，金融中心形成模式的需求诱致型特征必将凸显出来。

- 西部区域金融中心的未来格局：政府参与、多重博弈、区域金融中心竞争加剧

金融资源的空间集聚通过规模经济效应、扩散效应等从而对实体经济产生决定性影响。未来西部各地方政府竞相参与区域金融中心的建设已是必然趋势。当地方政府出于自身利益最大化考虑，为建设金融中心而展开低效竞争时，中央政府为避免两败俱伤的局面出现必然会实施干预协调。地方政府间的多重博弈可能会产生多种结果，但最终都应当服务于中央政府建设区域金融中心、提高地区综合经济实力的总目标。博弈的最优解是最大限度地优化地区金融资源配置格局，促进区域经济平稳快速发展。

# 第六章 财政支持榆林经济社会发展的效果评价与分析

为推动经济社会转型发展,榆林市出台了一系列的政策举措,财政支持政策作为必不可少的一个方面发挥着重要作用。在梳理榆林市现行的财政支持经济社会转型发展政策的基础上,通过定量分析与定性分析等方法,对政策实施效果进行评价,分析现有财政支持政策存在的主要问题,并探究其原因,为下一步制定和完善财政助推经济社会转型政策提供依据。

## 第一节 促进榆林市经济社会发展的现行财政政策

榆林市财政促进经济社会发展的现行政策可以从对产业、要素、社会发展、营商环境、体制机制等层面进行考察。

### 一、产业层面

(一) 改造提升传统产业淘汰过剩产能

榆林市不断推进供给侧改革,为经济可持续发展提供保障。去产能方面,榆林市累计争取中央和省级财政奖补资金5 000万元,重点淘汰落后煤炭产能413万吨。在去库存方面,结合推进棚改货币化安置,推进去库存。榆林市综合运用中央、债券、金融资金和社会资金和政策,在探索棚户区改造货币化安置方式基础上,有效消化存量商品房181万平方米。在改造和提升传统产业方面,榆林市的基本方向是做强能源矿产采掘业,做优煤电产业,做大化工产业,振兴传统轻纺和建材产业,充分利用既有科技创新成果,在煤化工和盐化工领域走高端化发展之路。榆林市财政一方面建立财政科技投入统筹联动机制,通过科技创新专项资金带动社会资本投入,支持企业科技创新,提升发展质量;另一方面安排专项资金,推动工业企业技术改造和转型升级,壮大后续财源。市财政每年拨出专款,发挥财政资金的引导作用,通过奖励、贷款贴息等措施,促进企业转型升级。充分发挥1亿~2亿元的工业转型升级资金、1亿元工业稳增长资金和1.5亿元的科技成果转化基金作用,重点扶持煤化工等产业的项目建设、科技研发、技术创新等,推动规上工业企业利润总额增长。此外,在积极争取国家专项建设基金的同时,搭建银企合作平台,设立"助保贷"基金,鼓励银行加大对转型升级项目的扶持力度。

### (二)推进新兴产业发展培育新动能

榆林市不断加强对新兴产业发展的支持力度,培育经济新动能。榆林市政府在2016年发布《榆林市人民政府关于推进产业结构调整促进产业转型升级的实施意见》(榆政发〔2016〕18号),进一步明确了财政支持政策框架。市财政强化对现代特色农业、新材料产业、新能源、节能环保、生物医药、新能源汽车等战略性新兴产业、装备产业、现代服务业和文化旅游业的支持力度。财政在其中主要起到四方面作用:一是建立财政扶持机制,整合各类市本级产业扶持资金,设立产业转型、旅游文化、科技创新基金,专项用于全市产业结构调整和转型升级;二是创新投融资模式,重点扶持企业上市,支持符合条件的企业发行股票、债券,开辟直接融资渠道,鼓励各类社会资本组建再担保公司,挖掘融资性担保潜力,扩大和发挥融资担保政策的"杠杆撬动"效应;三是培育创新主体,设立企业科研基金,支持企业集团建设研发机构和"产学研"结合;四是完善利益均衡机制,积极争取油气管道运输、电力通道输送相关税费按输出地和输入地5∶5分成,着力解决油气资源税、供电企业增值税"税收与税源背离"问题。同时,积极协调有关方面,确保"营改增"后发电企业税收留予地方合理比例;争取协调在榆资源开发企业神华、长庆等央企执行地方税费政策,减免煤焦油加氢产品消费税,暂缓征收煤制油消费税,全面落实外地在榆企业活动就地纳税行动方案。

### (三)推进产业园区建设

在产业园区方面,榆林市不断加大财政支持和政策扶持力度。榆林市出台了《榆林市人民政府关于加快产业园区建设的意见》(榆政发〔2014〕15号)、《榆林高新区促进产业发展及招商引资暂行优惠办法》等政策文件,加强产业园区转型升级。其中明确规定将市级园区土地出让金收入重点用于扶持园区建设,在此基础上,市区两级政府安排一定产业园区建设扶持资金,市财政每年安排一定的产业园区建设引导资金,引导各种资金重点支持园区项目建设、贷款贴息、招商引资等,特别要倾斜支持财力困难市产业园区的公用工程、基础设施建设、融资平台建设和园区重大课题研究及重点项目的前期工作。榆林市财政同时尽可能减免或者降低园区内的城市建设配套费和其他行政事业收费,降低园区运营成本。

(四)优化产业转型的营商环境

榆林市不断推进"放管服"改革,通过简政放权、优化服务统筹推进行政体制、行政审批制度和相关行业改革,为经济社会发展提供良好的营商环境。在财政方面,市财政局落实"营改增"等结构性减税政策,清理取消收费和基金几十项,阶段性降低社保费率,切实减轻企业负担。近年来,中央和陕西省出台了一系列清理、减免政府性基金、行政事业性收费项目政策,主要有《陕西省财政厅陕西省地方税务局转发财政部国家税务总局关于对小微企业免征有关政府性基金的通知》(陕财办综〔2015〕号)、《陕西省财政厅转发财政部关于取消停征和整合部分政府性基金项目等有关问题的通知》(陕财办综〔2016〕12号)、《陕西省财政厅陕西省物价局转发财政部国家发展改革委关于扩大18项行政事业性收费免征范围的通知》(陕财办综〔2016〕65)号、《陕西省财政厅陕西省物价局转发财政部国家发展改革委关于清理和规范一批行政事业性收费有关政策的通知》(陕财办综〔2017〕18号),榆林市及时转发了文件,对贯彻落实政策作出安排部署。榆林市减免政策涉及的政府性基金收费项目主要有:教育费附加、地方教育费附加、水利建设基金、文化事业建设费、新菜地开发建设基金、育林基金等八项。规定将新菜地建设基金和育林基金征收标准降为零;停征价格调节基金;提高一般企业免征教育费附加、地方教育费附加、水利建设基金的营业额范围。减免、停征、取消的行政事业性收费项目共158条之多,涉及发改、公安、环境保护、住房建设、农业、质检、测绘、交通运输、卫生计生、水利、食品药品监督、民航等15个主要部门,取消力度大,涉及范围广。同时,榆林市严格执行政府性基金、行政事业性收费目录清单制度。市财政每年都印发榆林市行政事业性收费和政府性基金收费目录,收费目录严格按照中省规定的权限和标准编制,市本级未另行设立其他收费项目,并在市政府门户网站向全社会公布,还建立了违规收费举报制度,公布举报电话等联系方式,构建投诉举报和受理机制,监督、处理乱收费行为。

## 二、要素层面

### (一) 支持民营经济发展

榆林落实《陕西省民营科技企业管理细则》,先后制定和实施《中共榆林市委榆林市人民政府关于加快发展民营经济的实施意见》(榆发〔2008〕12号)和《榆林市全面支持民营经济发展的实施方案》等文件,支持民营经济发展。一是加大资金扶持力度。加大向上争取项目资金力度,"十二五"期间累计争取中省各类扶持民营经济发展专项资金13.97亿元。加大对市本级民营经济扶持力度。"十二五"期间,榆林市财政累计安排市级扶持民营经济发展各类资金18.57亿元,加大了对民营经济的支持力度,并多渠道整合筹措,全力保障资金到位。二是提高财政资金引导效率。在资金来源方面,对于使用方向相近或用途重叠的专项资金予以整合归并,切实改变专项资金过多、过散、重复交叉设立的状况,通过政策引导,有重点地支持民营企业在培育壮大、技术创新、管理创新、信息化建设、开拓市场、节能减排等方面不断发展,集中财力办大事;在支持方式方面,综合运用无偿资助、贷款贴息、以奖代补等方式,积极探索股权投入、风险投资基金、创业投资基金等扶持方式,发挥财政资金的乘数效应,为各类企业创造成熟宽松、平等竞争的发展环境,强化政策实施效果;在项目管理方面,财政专项资金项目遵循重点突出、鼓励创新、引导集聚、多元发展的原则,统一纳入项目库实行滚动管理,优先支持重点、高端、在建和投资主体多元化的项目,切实发挥财政资金"四两拨千斤"的作用。三是积极化解民营企业融资难题。为解决民营企业特别是小微企业融资难的问题,榆林市自2014年起开展了"助保贷"业务,通过财政投入风险补偿资金,撬动银行向中小企业发放贷款,实现财政资金的放大倍增效应,帮助解决民营企业融资难题。另外成立了中小企业融资担保公司,对中小企业在银行融资进行增信和再担保。为解决民营企业融资贵的问题,对工业企业流动资金贷款,农副产品流动资金贷款给以贴息,对载能工业品和部分有色金属收储落实贴息政策。四是坚持市场平等待遇。认真落实市场"非禁即入"政策,支持民营企业特别是小微企业参与政府采购。在满足采购需求的情况下,进一步降低企业准入门槛,给予民营企业同等政府采购和招标权利,使更多的中小企业能够参与政府采购活动。

### (二) 支持中小企业发展

榆林市出台《榆林市关于鼓励和引导民间投资健康发展的实施意见》《榆林

市关于进一步促进中小企业发展的实施意见》《榆林市关于进一步支持小型微型企业健康发展的实施意见》等文件，进行税费减免，鼓励企业大胆创新，不断拓展发展领域，激发企业家创业热情。对中小企业，市财政每年预算内安排支持中小企业发展专项资金，并根据财力的增长逐年扩大规模，专项资金要重点向小型微型企业和贫困地区倾斜；榆林市财政部门制定专门面向小微企业的政府采购实施办法，每年安排不低于年度政府采购项目预算总额20%的份额；设立市级中小企业发展基金，主要用于引导地方政府、创业投资机构及其他社会组织和个人资金支持处于初创期的小微企业。财政全面落实并加大支持小微企业发展的各项税收优惠政策，进一步规范涉及小微企业的各类收费和罚款。同时，财政继续对中小企业知识产权质押贷款项目给予贴息；对经认定为2015年度新增规模以上工业的中小企业给予奖励补助。鼓励中小企业创新融资，财政对2016年在全国中小企业股份转让系统（即"新三板"）成功挂牌的中小企业给予奖励；对2015年成功发行集合票据、集合债券的中小企业所支付的中介费用给予补助。

（三）推动科技进步和创新

榆林市不断加大科技投入力度，以科技创新推动产业转型发展。榆林市出台了一系列政策文件，如《关于深入推进科技创新发展意见》（榆字〔2017〕37号）、《榆林市重大科技创新奖励办法》（榆政办发〔2017〕31号）、《榆林高新区科技企业孵化器认定和管理暂行办法》《科技型中小企业评价办法》《榆林市人民政府关于大力推进大众创业万众创新工作的实施意见》（榆政发〔2016〕27号）等政策，推进科技进步和创新。建立高新技术企业培育库，对纳入培育库的企业，根据其销售、成本、利润等因素，由榆林市、市财政局给予培育奖励，原则上不超过3年，支持开展新产品、新技术、新工艺、新业态创新。建立工业科技特派员制度，在科技型企业中选择业务骨干人员作为工业科技特派员，财政给予经费补助；允许符合条件的省外机构和省外专家申报榆林市级科技项目、科技奖励人才计划等，享受财政资金政策支持。国、省驻榆企业运用地方财政资金实施的科技项目，其成果必须与地方共享，并优先在榆林转化实施；对注册为独立法人并经省级备案的技术转移机构，自备案之日起，市财政连续3年给予开办经费及办公经费补助。

同时，榆林市改革财政科技投入方式，加大市县两级财政科技投入力度，设立榆林市重大科技成果转化专项资金和科技创业风险补偿资金，明确财政科技投入重点，适度提升本级财政科技投入占当年本级财政总支出的比例，加大对产业关键共性技术和贯穿创新链的科技项目支持力度。对基础性、前沿性、战略性、公益性、共性技术类项目，主要实行前资助方式支持；对科技成果工程化项目、科技创新平台建设项目等，主要实行后补助方式支持；对科技公共服务平台、科技中介服务机构，主要实行政府购买服务方式支持。发挥好财政资金的杠杆作用，综合运用风险补偿、贷款贴息、股权投资、事后补助、政府购买等多种方式，鼓励和引导金融资本、创投基金和民间资本等进入科技创新领域，切实解决科技型中小微企业融资难问题。

（四）加强人才引进

榆林市在近几年出台了《榆林市引进高层次紧缺人才实施细则（试行）》《榆林市人民政府关于大力推进大众创业万众创新工作的实施意见》（榆政发〔2016〕27号）、《培养提升人才的实施细则》等一系列政策文件，进一步加快集聚高层次紧缺人才，助推榆林经济社会跨越发展。以《榆林市引进高层次紧缺人才实施细则（试行）》为例，财政对引入的高层次紧缺人才，按照引入层次的不同，分别给予10万~50万元的工作经费或者安家补助，此外财政还给予一定的生活补助或者工作经费补贴。同时，及时解决引进人才及家属的户口、住房、医疗、子女上学等实际问题。同时，财政对贡献突出的企业经营者或专业技术人员给予相应奖励，提高企业经营者和专业技术人员的工作积极性。

（五）促进节能减排

榆林市紧紧围绕适应经济发展新常态，加快产业结构调整和发展方式转变，不断推进节能减排。其中，市、市区在财政预算中安排节能减排专项资金，采用补助、奖励等方式，支持节能重点工程、高效节能产品和节能新机制推广、节能管理能力建设等，节能减排专项资金占财政收入比重要逐年增加。截至目前，榆林市组织实施国家十大重点节能工程，共计20余个重点节能改造项目获得中央、省节能奖励专项资金补助。开展金属镁冶炼，硅铁、电石余热以及兰炭尾气回收利用节能改造，加大节能改造项目资金奖励。连续实施余热余压利用、燃煤锅炉改造以及资源综合利用等节能技术改造，不断扩大节能新技术改造项目资金扶持力度，5年累计共争取中央财政奖金达5 590万元、省级财政奖金近2 000万元，市级节能改造专项资金5 000万元，节能资金投入逐年加大。

## 三、社会发展层面

（一）补齐精准脱贫短板

2016年，中央、省、市共投入财政扶贫专项资金13.2亿元，其中争取央省资金 5.4 亿元，市级安排 5 亿元，占市级地方财政收入的 4.7%，高于省上要求的 2%。财政推进精准扶贫的措施主要有以下几方面：一是推进产业扶贫，省市两级财政安排贫困户生产发展项目资金，根据贫困户的生产需求，重点开展扶持贫困户发展铃薯、小杂粮、山地苹果、有机红枣和舍饲养畜等；建立电商乡村服务点，重点对贫困家庭开设网店给予网络资费补助和小额信用贷款等支持。二是推进小额信贷贴息，开展贫困户评级授信工作，与金融机构合作引导金融资金投入，按照基准利率为有贷款需求的贫困户投放 5 万元（含）以下免抵押的小额贴息贷款。同时，建立相应的"风险补偿金"。三是推进行业扶贫。2016 年上半年实施教育资助脱贫 18 070 户 31 659 人，资助义务教育阶段学生 13 182 人、中高职教育学生 5 289 人、大专以上学生 4 574 人。全面普及 15 年免费教育。凡是农村贫困户子女，从幼儿园到大学毕业全过程给予生活资助。实施健康扶贫工程，贫困市市级综合医院启动创二甲。市财政为贫困人口代缴合疗费，大病实行分类救治和先诊疗后付费的结算制度，参照低保对象医疗救助"一站式"服务进行报销。市县两级设立健康扶贫基金，凡在册贫困人口的治疗费用，由基金专户列支。实施社会保障兜底脱贫，2016 年扶贫与低保标准实现"两线合一"，兜底保障脱贫 36 450 户 59 151 人。四是推进贫困户能力建设。2016 年，各市区安排财政扶贫资金 1 986.1 万元用于能力建设，其中 1 594.1 万元用于对 2013—2015 年 6 507 名贫困大学生按 2 000 元和 3 000 元的标准进行续补，378.8 万元用于农民实用技术培训，13.2 万元用于"雨露计划"。

（二）补齐民生事业短板

榆林市坚持每年新增财力和财政支出的"两个 80%"用于民生，"十二五"以来，民生投入累计 2 023 亿元，让改革发展成果惠及人民群众。2016 年全市民生支出 383.3 亿元，占财政支出的 81.3%。脱贫攻坚方面，各级扶贫投入 37.1 亿元，其中市财政安排扶贫专项资金 5 亿元，占当年财力的 4.3%，比上年增长 1.5 倍，支持精准扶贫"五个一批"工程，使 22.8 万人精准脱贫，507 个村成功退出贫困村；教育方面，全市教育支出 92 亿元，持续巩固十五年免费教育，落实生均经费标准和贫困生资助政策，改造提升农村薄弱学校办学条件，完成学校标准化建设和薄弱学校改造工程 375 个。社保方面，企业退休人员基本养老金实现"十二连涨"，全市 3 万多名退休人员待遇得到提高，同步提高困难群体的待遇，调整增加了机关事业单位干部职工工资；推进机关事业单位养老保险改革，稳步推行被征地农民参加养老保险试点；城市低保保障标准达到 500 元/人月，农村低保保障标准提高到 3015 元/人年的扶贫标准，全市新建农村幸福院 147 所。医疗卫生方面，全市医疗卫生支出 43.8 亿元，继续深化医药卫生体制改革，推进城乡医疗卫生体系建设，将新农合筹资标准由 500 元提高到 570 元，全市参合人数 298 万人，参合率 99.3%。城镇居民医疗保险政府补助标准提高到 546 元，基本公共卫生服务补助标准提高到 45 元。财政支农方面，全市农林水支出 66.9 亿元，促进了农村发展、农业增效、农民增收；认真落实"大众创新、万众创业"政策，发放小额担保贷款 5.13 亿元，新增城镇就业 2.9 万人，转移农村劳动力 67.4 万人。

（三）补齐基础设施短板

在基础设施方面，从投入看，榆林市财政争取中省新增债券资金 35.9 亿元，市财政预算安排 111.9 亿元，支持实施 5 大类 112 个市政项目建设，实现了中心城市建成区面积、道路里程翻一番的目标。一是倾力支持沿黄公路建设，各级财政投入资金 23 亿元，其中市财政投入资金 10.6 亿元，实现了六市 406 公里全线贯通，受益群众 70 万人。二是支持高速公路、市际公路、过境公路、农村公路和通乡油路建设，市财政累计投入资金近 60 亿元。三是支持重大水利项目建设。市财政投入资金 24 亿元，支持水库枢纽工程项目及供水管线工程项目建设，水库大坝主体全部完工，2014 年开始供水，成为榆林能源化工基地和榆横工业区重要的水源工程。四是支持城投公司代建重大社会事业项目，累计投入财政性资金和资产总计 75.4 亿元。

（四）补齐生态环境短板

榆林市先后出台了《中共榆林市委榆林市人民政府关于全面加强环境保护工作的意见》（榆发〔2016〕9 号）等政策，明确生态环保工作任务，财政也在不断加大财政支持力度，推进生态环保工作。一是加大财政环保投入，加强环保部门能力建设。积极争取中省政策、资金支持，合理安排专项资金，重点支持生态建设、污染防治、环保监管和环保技术研发应用等，用活政策、用足资金。至今财政已累计投入 22.1 亿元，实施三年植绿和生态建设大行动，实现了绿化面积翻一番的目标。二是扩大政府购买环境服务。制定政府购买环境服务指导目录，财政部门统筹安排预算资金，积极推进政府购买环境监测、环境技术咨询、项目环境评审、自然资源审计、环境保护规划等环境公共服务。

**四、营商环境层面**

（一）实施招商引资优惠政策

榆林市财政采取多种措施，全力支持和保障招商引资工作，其具体措施主要包括资金支持、财政奖励和税费优惠三个方面。在资金支持方面，榆林市规定各类投资主体可根据具体适用条件申请享受市、市区、工业园区提供的各类专项资金支持，各专项资金具体包括农业专项资金（农业综合开发资金、农业产业化专项资金、农村土地流转专项资金、农业保险补贴）、企业发展专项资金（乡镇企业发展专项资金、中小企业发展专项资金）、科技和人才引进类专项资金（科技促进专项资金、企业技术改造资金、引进外国专家人才专项经费）、招商引资奖励基金、产业专项资金（物流业发展促进基金、外贸发展专项资金）、金融类专项资金、金融业发展促进专项资金和贷款财政贴息。此外，为鼓励南部地区发展，榆林市还设立了扶持南部市区专项资金，鼓励南部市区发展。

在财政奖励方面，各类投资主体可根据具体适用条件享受市、市区、工业园区提供的专项奖励支持包括融资奖励、信贷奖励、投资奖励、名牌奖励和企业发展奖励等（见表6-1）。

在税费优惠方面，不断推进降税减费。榆林对鼓励类产业的内外资企业给予税费优惠，包括享受西部大开发优惠政策，减按15%的税率征收企业所得税。对鼓励创新、小型微利企业发展以及从事符合条件的环境保护、节能节水项目、从事国家重点扶持公共基础设施项目、在榆林投资符合国家政策进行的化工产品及精细化工产品生产的企业，给予税收优惠，引导榆林产业结构优化和升级。同时，推进收费的规范和透明化，为企业营造良好的制度环境。

表6-1　　　　　　　　　财政在招商引资方面的优惠措施

| 奖励项目 | 奖励内容 |
| --- | --- |
| 融资奖励 | 凡榆林市辖区内注册企业在境内外首发上市，按其融资额给予20万~100万元奖励。实现再融资的，按融资额的0.2%给予奖励，奖励最高限额为100万元。鼓励优势企业直接发行企业债券，支持有潜力的中小企业打包发行债券产生的前期费用，由同级财政以奖励方式给予一定比例的补助。 |
| 信贷奖励 | 每年对辖区贷款总量和增速排名靠前的金融机构进行奖励，具体奖励办法由市金融办制定。 |
| 投资奖励 | 凡榆林市辖区内新注册企业，年度固定资产投资用于公用基础设施建设项目在2 000万元以上的，按固定资产实际投资金额的1%对企业法定代表人进行奖励，奖励金额上限不超过300万元。 |
| 名牌奖励 | 市辖区内注册企业，获"中国名牌产品"或"中国驰名商标"的企业，奖励企业法定代表人100万元；获得"陕西省著名商标"的企业，奖励企业法定代表人20万元；获得"榆林市知名商标"的企业，奖励企业法定代表人10万元。 |
| 企业发展奖励 | 凡榆林市辖区内注册企业，进入国家500强企业名单，一次性奖励该企业法定代表人100万元；进入陕西省百强企业名单，一次性奖励该企业法定代表人10万元；进入榆林市十强企业名单，一次性奖励该企业法定代表人5万元。 |

(二) 严格规范收费项目和行为

近年来，根据中央和陕西省收费政策精神，榆林市执行取消和停征政府性基金和行政事业性收费的政策，通过集中整治、完善收费管理制度和加强日常管理，有效贯彻落实收费政策。

榆林市减免政策涉及的政府性基金收费项目主要有：教育费附加、地方教育费附加、水利建设基金、文化事业建设费、新菜地开发建设基金、育林基金等八项。将新菜地建设基金和育林基金征收标准降为零；停征价格调节基金；提高一般企业免征教育费附加、地方教育费附加、水利建设基金的营业额范围。减免、停征、取消的行政事业性收费项目共158条之多，涉及发改、公安、环境保护、住房建设、农业、质检、测绘、交通运输、卫生计生、水利、食品药品监督、民航等15个主要部门，取消力度大，涉及范围广。

同时，榆林市严格执行政府性基金、行政事业性收费目录清单制度。财政局每年都印发榆林市行政事业性收费和政府性基金收费目录，收费目录严格按照中省规定的权限和标准编制，市本级未另行设立其他收费项目，并在市政府门户网站向全社会公布，还建立了违规收费举报制度，公布举报电话等联系方式，构建投诉举报和受理机制，监督、处理乱收费行为。2013年以来，榆林市政府、市财政局和市物价局组织了8次全市范围政府性基金和行政事业性收费检查，彻底清理了部门自行设立的各种收费项目，处理纠正了发现的各种违规收费行为。仅涉煤收费一项，榆林市清理取消了煤炭计量费、煤炭资源开发补偿费、维简费、环境治理补偿费、运煤专线建设基金等自行设立的涉煤收费项目，以2013年收费基数计算，到2017年上半年共减少涉煤收费303.2亿元，大大减轻了全市煤炭企业的负担。

## 五、体制机制层面

(一) 全面推进财税体制改革

一是全面推行"营改增"试点，及时调整市以下"营改增"后收入体制，保证了财政体制的平稳运行。二是深化部门预算改革，全面实施了国库集中支付制度改革。进一步完善全口径预算和部门预算定员定额标准体系，按照"不搞过渡、一步到位、横向到边、纵向到底"的原则，在市县两级全面推开国库集中支付改革工作，成功实现了核算中心向国库集中支付中心机构的转型。三是建立国有资本经营预算制度。国有资本经营预算编制成形，研究制定了《榆林市国有资本经营预算管理办法》，建立了市级国有资本经营预算制度体系。四是积极扩大涉农资金整合范围，由贫困市自主统筹用于脱贫攻坚。五是积极推进政府购买服务、政府和社会资本合作模式和产业基金等财政投入方式。绥延高速公路项目被财政部列为第三批 PPP 示范项目。六是拓展财政信息公开范围。全市各级政府预决算、部门预决算、"三公"经费全面公开，各项支出公开到了最末级的预算科目。

（二）健全政府债务预算管理体系

健全政府债务预算管理体系，将政府债务收支纳入预算管理。合理控制新增债务规模，两年来，争取置换债券 128.1 亿元，优化了政府债务结构，缓解了还款压力，每年减少利息支出 10 亿元。实行政府债务限额管理，合理分配地方政府债券额度，科学核定各级政府债务规模限额。加强政府债务风险评估与和预警管理，制定应急预案，积极防范和化解政府性债务风险。

（三）推进财政管理体制改革

一是建立"四位一体"财源（税源）监控体系，增强财政保障能力。2008年，榆林市建立技术管理、信息共享、部门联动和执法监督机制的"四位一体"财源（税源）监控体系，榆林市财政局组建了专门的税源监管机构，搭建起了监控信息化网络平台，研发了信息监控软件，与市国税、地税、统计等 14 个部门和 12 个区县实现了联网及数据网上传输、网上对接，争使"四位一体"财源（税源）监控体系成为观察榆林财政经济运行的全景式窗口、财政经济管理的精品数据库、财政经济动态变化的晴雨表、财政经济运行成果展示平台、财政经济转型升级的导航仪。

二是推进财政预算绩效评价。2009 年，榆林市在全省率先成立了绩效评价科，组织并指导开展预算绩效管理工作，建立了财政资金绩效评价机制。随着业务的开展，相继成立了绩效评价中心，具体负责财政支出绩效评价工作。2010 年以来，建立和完善了相关制度，组织开展绩效评价工作。规范了市级编制绩效预算，对 50 万元以上的项目支出和专项业务费，通过部门编制绩效目标、财政部门审核绩效目标和批复绩效目标的程序，编制部门预算。榆林市制定出台了《榆林市财政资金绩效评价管理办法》，财政绩效考评范围逐年扩大，绩效考核应用到财政各类资金，指标体系更加科学、细化，绩效考评成效显著。

三是贯彻落实新预算法，提升管理水平。按照新预算法规定，重新修订完善了财政资金管理办法，严格部门预算管理，强化税收和非税收入征管，全面实行国库集中支付制度，把预算外资金全部纳入预算管理，财政管理水平明显提升。

（四）推进财政投融资体制机制创新

一是完善风险分担和担保体系，带动金融社会资本投入。为推进经济发展，引导金融资金投入，降低经济运行风险，榆林市财政不断探索构建风险和担保体系，提高金融机构的积极性。一是拨付资金8.78亿元，建立奖补激励与风险补偿资金池，引导金融机构向经济社会发展薄弱环节投放贷款。2011年以来，市财政累计拨付各类奖补资金2.2亿元，拨付贫困户小额贷款担保基金1.18亿元；设立"助保贷"风险补偿基金1亿元，以放大20倍的融资效应解决小微企业融资难、融资贵的问题；累计贴息4.4亿元，为全市2.8万户中小微企业及个体工商户发放贷款25.8亿元。二是改组设立大型国有融资性担保机构，为中小微企业、"三农"和新兴产业发展提供担保。榆林市财政注资10.5亿元，改组设立了榆林市中小企业融资担保公司，建立了以中小企业担保公司为龙头、其他融资性担保机构为主体，银行业金融机构为依托、中小微企业、"三农"和新兴产业为主要服务对象的融资担保体系，并通过与省级再担保机构联保，扶小微、促发展、增就业，支持创新型、科技型、服务型企业解决融资难、融资贵问题。

二是发挥产业基金作用，引导创业投资资本的合理有效供给。榆林市财政以市资本运营公司为平台，设立产业发展基金，转变财政投入方式，通过盘活存量和整合现有专项资金，撬动金融和社会资本参与榆林经济发展和产业升级。当前，榆林市产业基金的重点支持领域是新兴产业、传统产业转型、旅游文化、生态农业、基础设施建设与PPP模式项目等关键领域和重大产业发展。

三是探索推进基础设施和公共服务项目的PPP模式。榆林市以PPP模式为抓手，引导社会资本投向基础设施和公共服务项目，同时榆林市政府出台了扶持政策，市财政在项目策划储备、示范推广、推进实施和激励扶持等方面制定了完善的制度。截至2016年底，榆林市共征集各类PPP项目148个，录入财政部综合信息平台并经中省财政部门审核通过项目75个，概算总投资547亿元。其中，2016年绥德至延川高速公路项目成功申报第三批国家级示范项目，榆阳区危险废弃物处置中心、榆林通用机场、佳市东方红产业园3个项目成功申报省级第二批示范项目。

四是加强国有资本运营监管，有效引导国有资本的投向和领域。榆林市政府在2012年成立了市级国有资本运营管理公司，通过资本股权登记，厘清了市本级国有资本股权归属,将国资委监管之外的国有股权全部纳入财政管理。同时,市级国有资本运营管理公司也是重要投融资平台,对外代表政府参股中省新组建企业的资本投入及运营管理,累计向榆林能投注入资本金1亿元,向其发起设立的能源产业基金出资2 000万元。先后出资3.44亿元参股榆文旅等中省新组建企业11户,极大地提高国有资本配置和运营效率。

## 第二节 榆林市经济社会发展水平和 财政支出效率分析

为综合评价榆林市经济社会发展水平,课题组在参考世界银行世界发展指数、联合国开发计划署人类发展指数、全国及榆林市"十三五"经济社会发展主要指标的基础上,考虑到国别差异、政府层级差异、地域差异以及经济发展和社会发展的需求,根据评价指标体系构建应遵循的相关性、独立性、可比性、可得性原则,构建了一个包含8个二级指标,31个三级指标的综合评价指标体系。在此基础上,考察榆林市经济社会发展的财政支出效率。同时,课题组还将评价结果与鄂尔多斯市进行对标分析。

### 一、榆林市经济社会发展水平综合评价

(一)评价指标体系构建

课题组从经济发展和社会发展两个维度,选取经济规模、经济结构、区域均衡、基础设施、基础教育、医疗卫生、社保就业、生态环保8个方面共31个指标构建了衡量榆林市经济社会发展水平的综合评价模型。

经济发展包括经济规模、经济结构、区域均衡、基础设施4个方面,共15个指标。其中经济规模包括人均GDP(元)、人均社会消费品零售额(元)、人均全社会固定资产投资额(元)、规模以上工业企业平均利润(万元);经济结构包括第三产业贡献度(%)、第三产业与第二产业就业人数比、进出口额/GDP、实际运用外资额/GDP;区域均衡包括城乡居民可支配收入比、县区财政收入差距、县区财政支出差距;基础设施包括每万人公路里程数(公里)、人均固定电话用户数(户)、电视覆盖率(%)、公共图书馆人均藏书量(册)。

社会发展包括基础教育、医疗卫生、社保就业、生态环保4个方面,共16

个指标。其中基础教育包括小学生师比、初中生师比、小学生均专任教师数、初中生均专任教师数;医疗卫生包括每万人医院和卫生院床位(张)、每千人拥有卫生技术人员数、每万人执业医师数、每万人医院和卫生院数(个);社保就业包括城镇登记失业率(%)、职工平均工资(元)、从业人员数总人口占比;生态环保包括万元GDP能耗(吨标准煤/万元)、亿元GDP工业二氧化硫排放量(吨)、亿元GDP工业废水排放量(万吨)、生活垃圾无害化处理率(%)、每万人建成区绿化面积(公顷)。

榆林市经济社会发展水平综合评价指标体系如表6-2所示。

表6-2　　　　　榆林市经济社会发展水平综合评价指标体系

| 目标层 | 一级指标 | 二级指标 | 三级指标 |
| --- | --- | --- | --- |
| 经济社会发展综合指数 | 经济发展指数 | 经济规模 | 人均GDP（元） |
| | | | 人均社会消费品零售额（元） |
| | | | 人均全社会固定资产投资额（元） |
| | | | 规模以上工业企业平均利润（万元） |
| | | 经济结构 | 第三产业贡献度（%） |
| | | | 第三产业与第二产业就业人数比 |
| | | | 进出口额/GDP |
| | | | 实际运用外资额/GDP |
| | | 区域均衡 | 城乡居民可支配收入比 |
| | | | 县区财政收入差距 |
| | | | 县区财政支出差距 |
| | 社会发展指数 | 基础设施 | 每万人公路里程数（公里） |
| | | | 人均固定电话用户数（户） |
| | | | 电视覆盖率（%） |
| | | | 公共图书馆人均藏书量（册） |
| | | 基础教育 | 小学生师比 |
| | | | 初中生师比 |
| | | | 小学生均专任教师数 |
| | | | 初中生均专任教师数 |
| | | 医疗卫生 | 每万人医院和卫生院床位（张） |
| | | | 每千人拥有卫生技术人员数 |
| | | | 每万人执业医师数 |
| | | | 每万人医院和卫生院数（个） |

续表

| 目标层 | 一级指标 | 二级指标 | 三级指标 |
| --- | --- | --- | --- |
| 经济社会发展综合指数 | 社会发展指数 | 社保就业 | 城镇登记失业率（%） |
| | | | 职工平均工资（元） |
| | | | 从业人员数总人口占比 |
| | | 生态环保 | 万元GDP能耗（吨标准煤/万元） |
| | | | 亿元GDP工业二氧化硫排放量（吨） |
| | | | 亿元GDP工业废水排放量（万吨） |
| | | | 生活垃圾无害化处理率（%） |
| | | | 每万人建成区绿化面积（公顷） |

（二）评价方法

1. 评价指标的无量纲化处理

由于各指标变量的量纲不一致，采用直接合成的方法导致评价结果容易受评价指标单位的影响。鉴于此，课题组采用极值标准化法对指标数据进行无量纲化处理。

对于正向指标，无量纲化方法为：

$$X_i = \frac{x_i - \min(x_i)}{\max(x_i) - \min(x_i)} \quad \text{（公式6-1）}$$

对于逆向指标，无量纲化方法为：

$$X_i = 1 - \frac{x_i - \min(x_i)}{\max(x_i) - \min(x_i)} = \frac{\max(x_i) - x_i}{\max(x_i) - \min(x_i)} \quad \text{（公式6-2）}$$

其中，$X_i$表示对评价指标体系中的第$i$个基础指标无量纲化处理后的结果，$x_i$表示某个基础指标第$i$年数据指标值，$\min(x_i)$表示某个基础指标在不同年份的最小值，$\max(x_i)$表示某个基础指标在不同年份的最大值。

经济社会发展水平综合评价指标体系中的逆向指标有：县区财政收入差距、县区财政支出差距、城镇登记失业率（%）、万元GDP能耗（吨标准煤/万元）、亿元GDP工业二氧化硫排放量（吨）、亿元GDP工业废水排放量（万吨）。

2. 确定单项指标权重

综合评价中指标权重的确定主要有两种方法：一是主观赋权法，主观赋权法通过比较不同指标之间的重要性来确定指标权重，通常包括德尔菲法、专家打分法、层次分析法等；另一种是客观赋权法，即通过指标自身的数据特征来确定指标权重,主要有因子分析法、熵权法等。鉴于主观赋值法和客观赋值法各有利弊,课题组采用平均赋权法赋予每一个指标同样权重。

3. 综合指数的合成方法

在指标数据无量纲处理和指标权重确定的基础上,课题组使用加权的方法合成榆林市经济社会发展综合评价指数,以对榆林市经济社会发展水平作出综合评价。

某个指标评价指数的合成公式为:

$$S_{ij} = \sum X_{ij} w_j \qquad (公式6-3)$$

其中,$S_{ij}$为$i$年第$j$个指标的评价指数,$X_{ij}$为$i$年第$j$个指标的无量纲化处理值,$w_j$为第$j$个指标的指标权重。经济社会发展水平综合指数的合成方法以此类推。

(三)数据来源与说明

本报告使用的数据来自《榆林统计年鉴》《鄂尔多斯统计年鉴》、榆林市和鄂尔多斯市历年经济和社会发展统计公报,数据时间跨度为2004年至2015年。

为便于与鄂尔多斯市进行横向比较,评价指标体系中各数据指标通过去人口规模、经济规模等方式进行数据处理。部分指标为课题组根据原始数据计算得到,如县区财政收入差距和县区财政支出差距。

## 二、榆林市经济社会发展水平实证测算

(一)经济社会发展绝对水平

从绝对发展水平来看,近10年榆林市经济社会发展较快,且社会发展水平要高于经济发展水平。经济社会发展综合指数由2005年的0.2798一路攀升到2014年的最高值0.7385,2015年出现了小幅回落。从经济发展和社会发展两个维度来看,其增长趋势特征与经济社会发展综合指数相似,均在2014年达到阶段性峰值。从测算结果来看,近几年榆林市社会发展要好于经济发展。2005年社会发展指数为0.1552,经济发展指数为0.4045,到2015年社会指数达到0.7562,明显高于经济发展指数(见表6-3)。这与榆林市注重民生发展、加大社会事业方面的财政支出密切相关,也从侧面反映出榆林市在社会领域取得的进步。

表6-3　　　　　　　榆林市经济社会发展综合指数（绝对水平）

| 年份 | 经济社会发展综合指数 | 经济发展指数 | 社会发展指数 |
| --- | --- | --- | --- |
| 2005 | 0.2798 | 0.4045 | 0.1552 |
| 2006 | 0.3121 | 0.4096 | 0.2146 |
| 2007 | 0.3240 | 0.4335 | 0.2145 |
| 2008 | 0.3801 | 0.3888 | 0.3714 |
| 2009 | 0.4638 | 0.4842 | 0.4434 |
| 2010 | 0.5295 | 0.5559 | 0.5031 |
| 2011 | 0.5642 | 0.5701 | 0.5582 |
| 2012 | 0.6329 | 0.5027 | 0.7631 |
| 2013 | 0.7049 | 0.6012 | 0.8086 |
| 2014 | 0.7385 | 0.6468 | 0.8301 |
| 2015 | 0.6799 | 0.6037 | 0.7562 |

从经济社会发展综合指数的构成来看，榆林市经济发展方面水平的提升主要源于经济规模的扩大和基础设施的不断完善，而社会方面水平的提高主要得益于基础教育、医疗卫生、社会保障和生态环保的全面提升。

经济发展的分项测算结果显示，榆林市经济规模在逐渐增大的同时经济结构并没有明显的好转，基础设施发展较为迅速但区域均衡发展趋于恶化。具体来看，榆林市经济规模指数由2005年的0.0743提升到2015年的0.6919，但经济结构指数并没有明显改善，从2005年的0.6936大幅回落到2012的0.2820后小幅攀升，到2015年仍然低于2005年的水平（见表6-4）。这可能与榆林市以煤炭为主的产业定位有关，2016年产业结构中第二产业比重高达60.6%，而第三产业占比仅为33.5%。此外，榆林市经济开放程度低也是重要原因，进出口总额、实际利用外资额占GDP的比重较低。未来榆林应在保持原有工业优势的基础上，加快产业转型，使经济结构更加合理，同时应扩大经济开放程度，加大对外经济贸易和吸引外资，发展外向型经济。

表6-4　　　　　　　榆林市经济发展指数（绝对水平）

| 年份 | 经济规模 | 经济结构 | 区域均衡 | 基础设施 |
| --- | --- | --- | --- | --- |
| 2005 | 0.0743 | 0.6936 | 0.7276 | 0.1223 |
| 2006 | 0.1124 | 0.6724 | 0.5269 | 0.3266 |
| 2007 | 0.1309 | 0.5139 | 0.6467 | 0.4426 |
| 2008 | 0.2993 | 0.4536 | 0.4714 | 0.3307 |

续表

| 年份 | 经济规模 | 经济结构 | 区域均衡 | 基础设施 |
|---|---|---|---|---|
| 2009 | 0.3318 | 0.5509 | 0.5518 | 0.5023 |
| 2010 | 0.5487 | 0.5330 | 0.5970 | 0.5450 |
| 2011 | 0.7659 | 0.4464 | 0.5020 | 0.5661 |
| 2012 | 0.8488 | 0.2820 | 0.1985 | 0.6813 |
| 2013 | 0.7833 | 0.3373 | 0.5164 | 0.7679 |
| 2014 | 0.8428 | 0.4840 | 0.4718 | 0.7888 |
| 2015 | 0.6919 | 0.5224 | 0.4493 | 0.7512 |

社会发展的分项测算结果显示，榆林市在社保就业和生态环保发展方面要高于基础教育和医疗卫生。其中，社保就业指数和生态环保指数分别由2005年的0.1587和0.1471提升到2015年的0.9516和0.7276，而医疗卫生方面发展较为缓慢，基础教育在经历了高速发展后回落明显，发展水平从2013年以来逐年下降（见表6-5）。社保就业和生态环保的发展一方面与榆林市经济快速发展有关，多年的发展为社会保障与就业的发展提供了有力支撑；另一方面榆林属于资源型城市，对生态环境保护较为重视，政府在环保方面的支出在逐年加大，效果也比较明显。未来榆林应做好基础教育和医疗卫生事业的发展规划，提高财政资金的使用效率，助推基础教育和医疗卫生事业的发展。

**表6-5  榆林市各项社会事业发展指数（绝对水平）**

| 年份 | 基础教育 | 医疗卫生 | 社保就业 | 生态环保 |
|---|---|---|---|---|
| 2005 | 0.0590 | 0.2560 | 0.1587 | 0.1471 |
| 2006 | 0.1575 | 0.2812 | 0.0701 | 0.3494 |
| 2007 | 0.3421 | 0.1020 | 0.1379 | 0.2760 |
| 2008 | 0.5483 | 0.1216 | 0.2638 | 0.5521 |
| 2009 | 0.6983 | 0.1484 | 0.4889 | 0.4380 |
| 2010 | 0.5721 | 0.2122 | 0.4495 | 0.7784 |
| 2011 | 0.5840 | 0.2691 | 0.5793 | 0.8007 |
| 2012 | 0.8715 | 0.5757 | 0.7110 | 0.8940 |
| 2013 | 0.9506 | 0.4839 | 0.8658 | 0.9343 |
| 2014 | 0.8265 | 0.6213 | 0.9874 | 0.8854 |
| 2015 | 0.7073 | 0.6381 | 0.9516 | 0.7276 |

## (二) 经济社会发展相对水平

相对发展水平更能反映出经济社会发展的真实情况。为使不同年份之间的发展水平具有可比性，课题组以 2005 为基准年份，将其经济社会发展指数标准化为 1，其他年份的经济社会发展指数则在此基础上进行换算，得到以 2005 年为基准年的不同年份之间的可比指数。

从相对水平来看，榆林市 2015 年经济社会发展综合指数较 2005 年提升了 2.43 倍，经济发展指数提升了 1.49 倍，社会发展指数提升了 4.87 倍。社会事业发展明显快于经济发展。同时，榆林经济社会发展指数在经历快速发展后，从 2014 年开始有回落的迹象，对此政府部门应加以重视（见表 6-6）。

表 6-6　　　　　　　榆林市经济社会发展综合指数（相对水平）

| 年份 | 经济社会发展综合指数 | 经济发展指数 | 社会发展指数 |
|---|---|---|---|
| 2005 | 1.0000 | 1.0000 | 1.0000 |
| 2006 | 1.1152 | 1.0126 | 1.3824 |
| 2007 | 1.1578 | 1.0718 | 1.3819 |
| 2008 | 1.3583 | 0.9612 | 2.3931 |
| 2009 | 1.6573 | 1.1970 | 2.8567 |
| 2010 | 1.8921 | 1.3744 | 3.2411 |
| 2011 | 2.0161 | 1.4095 | 3.5967 |
| 2012 | 2.2615 | 1.2427 | 4.9162 |
| 2013 | 2.5191 | 1.4865 | 5.2099 |
| 2014 | 2.6389 | 1.5992 | 5.3483 |
| 2015 | 2.4297 | 1.4926 | 4.8719 |

注：以 2005 年为基准年，标准化为 1。

经济发展相对水平中，经济规模和基础设施均有不同程度的发展，相对于 2005 年分别提升了 9.3 倍和 6.1 倍，但经济结构和区域均衡发展方面有所恶化（见表 6-7）。榆林市应加快经济发展方式的转变，同时应致力于缩小南北经济发展差距，促进区域内经济协调发展。

表 6-7　　　　　　　榆林市经济发展指数（相对水平）

| 年份 | 经济规模 | 经济结构 | 区域均衡 | 基础设施 |
|---|---|---|---|---|
| 2005 | 1.000 | 1.000 | 1.000 | 1.000 |
| 2006 | 1.513 | 0.969 | 0.724 | 2.669 |

续表

| 年份 | 经济规模 | 经济结构 | 区域均衡 | 基础设施 |
| --- | --- | --- | --- | --- |
| 2007 | 1.762 | 0.741 | 0.889 | 3.618 |
| 2008 | 4.029 | 0.654 | 0.648 | 2.703 |
| 2009 | 4.465 | 0.794 | 0.758 | 4.106 |
| 2010 | 7.385 | 0.768 | 0.820 | 4.455 |
| 2011 | 10.309 | 0.644 | 0.690 | 4.627 |
| 2012 | 11.424 | 0.407 | 0.273 | 5.569 |
| 2013 | 10.543 | 0.486 | 0.710 | 6.277 |
| 2014 | 11.343 | 0.698 | 0.648 | 6.448 |
| 2015 | 9.313 | 0.753 | 0.618 | 6.140 |

注：以2005年为基准年，标准化为1。

各项社会事业发展中，基础教育的发展在经历了快速发展后回落迹象比较明显。相对于社会保障和生态环保较好的发展势头，医疗卫生发展较为缓慢（见表6-8）。未来榆林应着力改善医疗卫生公共服务供给水平。

表6-8 榆林市各项社会事业发展指数（相对水平）

| 年份 | 基础教育 | 医疗卫生 | 社保就业 | 生态环保 |
| --- | --- | --- | --- | --- |
| 2005 | 1.000 | 1.000 | 1.000 | 1.000 |
| 2006 | 2.668 | 1.098 | 0.442 | 2.376 |
| 2007 | 5.794 | 0.398 | 0.869 | 1.877 |
| 2008 | 9.286 | 0.475 | 1.662 | 3.754 |
| 2009 | 11.826 | 0.580 | 3.080 | 2.979 |
| 2010 | 9.689 | 0.829 | 2.832 | 5.294 |
| 2011 | 9.890 | 1.051 | 3.649 | 5.445 |
| 2012 | 14.760 | 2.249 | 4.479 | 6.079 |
| 2013 | 16.100 | 1.890 | 5.454 | 6.353 |
| 2014 | 13.998 | 2.427 | 6.221 | 6.021 |
| 2015 | 11.980 | 2.493 | 5.995 | 4.948 |

注：以2005年为基准年，标准化为1。

**（三）经济社会发展横向比较**

纵向比较可以清楚看到自身发展的动态变化过程，而不同城市之间的横向比较则有利于寻找与对标城市之间发展的差距。为此，课题组使用构建的榆林市经济社会发展综合指标评价体系，通过测算鄂尔多斯市经济社会发展综合指数，从绝对水平和相对水平两个维度进行对比分析。

1. 绝对水平

经济社会发展综合指数方面，鄂尔多斯的绝对发展水平要高于榆林市。同时，鄂尔多斯发展的态势较好，而榆林市的发展从指数上来看有回落的迹象。2008—2014年榆林经济社会发展水平要高于鄂尔多斯，但鄂尔多斯在2015年进行了赶超。在经济发展和社会发展方面，鄂尔多斯绝对优势较为明显，经济发展指数和社会发展指数都高于榆林市（见表6-9）。二者经济社会发展水平上的差异，可能与经济体量有关。2016年鄂尔多斯GDP为4 417.9亿元，榆林为2 773.1亿元，鄂尔多斯是榆林的1.6倍。此外，鄂尔多斯的经济结构也优于榆林，2016年三产占比为2.4∶55.7∶41.9，而榆林的产业结构为5.9∶60.6∶33.5。

表6-9　榆林和鄂尔多斯经济社会发展综合指数对比（绝对水平）

| 年份 | 经济社会发展综合指数 | | 经济发展指数 | | 社会发展指数 | |
|---|---|---|---|---|---|---|
| | 榆林 | 鄂尔多斯 | 榆林 | 鄂尔多斯 | 榆林 | 鄂尔多斯 |
| 2005 | 0.280 | 0.340 | 0.404 | 0.401 | 0.155 | 0.279 |
| 2006 | 0.312 | 0.359 | 0.410 | 0.447 | 0.215 | 0.270 |
| 2007 | 0.324 | 0.352 | 0.434 | 0.373 | 0.214 | 0.330 |
| 2008 | 0.380 | 0.349 | 0.389 | 0.386 | 0.371 | 0.313 |
| 2009 | 0.464 | 0.380 | 0.484 | 0.383 | 0.443 | 0.378 |
| 2010 | 0.529 | 0.437 | 0.556 | 0.362 | 0.503 | 0.512 |
| 2011 | 0.564 | 0.483 | 0.570 | 0.346 | 0.558 | 0.621 |
| 2012 | 0.633 | 0.558 | 0.503 | 0.347 | 0.763 | 0.769 |
| 2013 | 0.705 | 0.607 | 0.601 | 0.535 | 0.809 | 0.678 |
| 2014 | 0.738 | 0.701 | 0.647 | 0.590 | 0.830 | 0.813 |
| 2015 | 0.680 | 0.791 | 0.604 | 0.734 | 0.756 | 0.848 |

经济发展的分项对比显示，鄂尔多斯在经济规模、区域均衡方面的绝对发展水平要高于榆林市，在区域均衡指数上体现得尤为明显。2015年鄂尔多斯区域均衡指数为0.872，榆林为0.449（见表6-10）。榆林在经济发展的同时，应注重经济结构的优化调整和区域发展的协同性。

表 6-10　　　　　榆林和鄂尔多斯经济发展对比（绝对水平）

| 年份 | 经济规模 | | 经济结构 | | 区域均衡 | | 基础设施 | |
|---|---|---|---|---|---|---|---|---|
| | 榆林 | 鄂尔多斯 | 榆林 | 鄂尔多斯 | 榆林 | 鄂尔多斯 | 榆林 | 鄂尔多斯 |
| 2005 | 0.074 | 0.111 | 0.694 | 0.721 | 0.728 | 0.658 | 0.122 | 0.116 |
| 2006 | 0.112 | 0.133 | 0.672 | 0.752 | 0.527 | 0.550 | 0.327 | 0.355 |
| 2007 | 0.131 | 0.140 | 0.514 | 0.710 | 0.647 | 0.178 | 0.443 | 0.465 |
| 2008 | 0.299 | 0.226 | 0.454 | 0.550 | 0.471 | 0.411 | 0.331 | 0.356 |
| 2009 | 0.332 | 0.333 | 0.551 | 0.370 | 0.552 | 0.427 | 0.502 | 0.400 |
| 2010 | 0.549 | 0.426 | 0.533 | 0.292 | 0.597 | 0.320 | 0.545 | 0.410 |
| 2011 | 0.766 | 0.538 | 0.446 | 0.166 | 0.502 | 0.250 | 0.566 | 0.430 |
| 2012 | 0.849 | 0.636 | 0.282 | 0.007 | 0.199 | 0.277 | 0.681 | 0.470 |
| 2013 | 0.783 | 0.717 | 0.337 | 0.290 | 0.516 | 0.420 | 0.768 | 0.713 |
| 2014 | 0.843 | 0.682 | 0.484 | 0.359 | 0.472 | 0.716 | 0.789 | 0.603 |
| 2015 | 0.692 | 0.970 | 0.522 | 0.456 | 0.449 | 0.872 | 0.751 | 0.638 |

社会事业发展方面，基础教育发展的绝对水平，二者较为接近。同时榆林和鄂尔多斯同属于资源型城市，注重生态环境的保护。榆林在社保就业发展方面的绝对水平要优于鄂尔多斯，但在医疗卫生方面与鄂尔多斯的差距较大（见表 6-11）。未来，医疗卫生事业的滞后可能会成为榆林经济社会跨越式发展的短板和重要制约因素。

表 6-11　　　　　榆林和鄂尔多斯社会发展对比（绝对水平）

| 年份 | 基础教育 | | 医疗卫生 | | 社保就业 | | 生态环保 | |
|---|---|---|---|---|---|---|---|---|
| | 榆林 | 鄂尔多斯 | 榆林 | 鄂尔多斯 | 榆林 | 鄂尔多斯 | 榆林 | 鄂尔多斯 |
| 2005 | 0.059 | 0.427 | 0.256 | 0.251 | 0.159 | 0.253 | 0.147 | 0.185 |
| 2006 | 0.158 | 0.310 | 0.281 | 0.235 | 0.070 | 0.211 | 0.349 | 0.322 |
| 2007 | 0.342 | 0.389 | 0.102 | 0.173 | 0.138 | 0.215 | 0.276 | 0.543 |
| 2008 | 0.548 | 0.076 | 0.122 | 0.342 | 0.264 | 0.220 | 0.552 | 0.614 |
| 2009 | 0.698 | 0.270 | 0.148 | 0.329 | 0.489 | 0.353 | 0.438 | 0.559 |
| 2010 | 0.572 | 0.566 | 0.212 | 0.249 | 0.450 | 0.601 | 0.778 | 0.632 |
| 2011 | 0.584 | 0.488 | 0.269 | 0.365 | 0.579 | 0.720 | 0.801 | 0.911 |
| 2012 | 0.871 | 0.697 | 0.576 | 0.751 | 0.711 | 0.699 | 0.894 | 0.929 |
| 2013 | 0.951 | 0.642 | 0.484 | 0.517 | 0.866 | 0.678 | 0.934 | 0.877 |
| 2014 | 0.826 | 0.779 | 0.621 | 0.738 | 0.987 | 0.855 | 0.885 | 0.880 |
| 2015 | 0.707 | 0.727 | 0.638 | 1.000 | 0.952 | 0.771 | 0.728 | 0.895 |

## 2. 相对水平

虽然鄂尔多斯经济社会发展的绝对水平要高于榆林，但从发展速度上来看，榆林要略高于鄂尔多斯。2015年榆林经济社会发展指数较2005年提高了2.43倍，快于鄂尔多斯的2.32倍（见表6-12）。可以预见，在经济社会发展和社会发展方面，榆林与鄂尔多斯的发展差距将会缩小，而在经济发展方面的差距可能会扩大。榆林应加快转变经济发展方式，提高经济发展质量。同时，2014年开始，榆林经济社会发展和社会发展速度有所回落，政府部门对此应加以重视。

表6-12 榆林和鄂尔多斯经济社会发展综合指数对比（相对水平）

| 年份 | 经济社会发展综合指数 | | 经济发展指数 | | 社会发展指数 | |
| --- | --- | --- | --- | --- | --- | --- |
| | 榆林 | 鄂尔多斯 | 榆林 | 鄂尔多斯 | 榆林 | 鄂尔多斯 |
| 2005 | 1.000 | 1.000 | 1.000 | 1.000 | 1.000 | 1.000 |
| 2006 | 1.115 | 1.054 | 1.013 | 1.115 | 1.382 | 0.966 |
| 2007 | 1.158 | 1.033 | 1.072 | 0.930 | 1.382 | 1.182 |
| 2008 | 1.358 | 1.027 | 0.961 | 0.961 | 2.393 | 1.121 |
| 2009 | 1.657 | 1.118 | 1.197 | 0.953 | 2.857 | 1.354 |
| 2010 | 1.892 | 1.284 | 1.374 | 0.902 | 3.241 | 1.835 |
| 2011 | 2.016 | 1.421 | 1.410 | 0.862 | 3.597 | 2.225 |
| 2012 | 2.261 | 1.641 | 1.243 | 0.865 | 4.916 | 2.756 |
| 2013 | 2.519 | 1.784 | 1.486 | 1.333 | 5.210 | 2.431 |
| 2014 | 2.639 | 2.062 | 1.599 | 1.470 | 5.348 | 2.914 |
| 2015 | 2.430 | 2.325 | 1.493 | 1.828 | 4.872 | 3.040 |

注：以2005年为基准年，标准化为1。

经济发展的分项对比显示，近几年榆林市在经济规模、基础设施方面的相对发展水平要快于鄂尔多斯市。在经济结构方面，榆林与鄂尔多斯均存在不同程度的恶化。在区域均衡方面，榆林与鄂尔多斯还存在一定差距，未来二者之间的差距有进一步拉大的可能。但需要注意的是，从综合指数变化情况来看，鄂尔多斯在经济规模方面的发展势头保持良好，而榆林从2014年开始有回落迹象，对此应加以重视（见表6-13）。

表6-13　　　　榆林和鄂尔多斯经济发展指数对比（相对水平）

| 年份 | 经济规模 | | 经济结构 | | 区域均衡 | | 基础设施 | |
|---|---|---|---|---|---|---|---|---|
| | 榆林 | 鄂尔多斯 | 榆林 | 鄂尔多斯 | 榆林 | 鄂尔多斯 | 榆林 | 鄂尔多斯 |
| 2005 | 1.000 | 1.000 | 1.000 | 1.000 | 1.000 | 1.000 | 1.000 | 1.000 |
| 2006 | 1.513 | 1.202 | 0.969 | 1.044 | 0.724 | 0.836 | 2.669 | 3.059 |
| 2007 | 1.762 | 1.263 | 0.741 | 0.985 | 0.889 | 0.270 | 3.618 | 4.012 |
| 2008 | 4.029 | 2.048 | 0.654 | 0.763 | 0.648 | 0.625 | 2.703 | 3.068 |
| 2009 | 4.465 | 3.011 | 0.794 | 0.514 | 0.758 | 0.649 | 4.106 | 3.449 |
| 2010 | 7.385 | 3.858 | 0.768 | 0.405 | 0.820 | 0.486 | 4.455 | 3.532 |
| 2011 | 10.309 | 4.868 | 0.644 | 0.230 | 0.690 | 0.379 | 4.627 | 3.711 |
| 2012 | 11.424 | 5.754 | 0.407 | 0.010 | 0.273 | 0.420 | 5.569 | 4.050 |
| 2013 | 10.543 | 6.490 | 0.486 | 0.403 | 0.710 | 0.638 | 6.277 | 6.149 |
| 2014 | 11.343 | 6.170 | 0.698 | 0.498 | 0.648 | 1.087 | 6.448 | 5.201 |
| 2015 | 9.313 | 8.781 | 0.753 | 0.633 | 0.618 | 1.324 | 6.140 | 5.496 |

注：以2005年为基准年，标准化为1。

各项社会事业的分项对比表明，榆林在基础教育、社保就业、生态环保方面的相对发展水平要好于鄂尔多斯。其中，基础教育的发展水平尤为明显，以2005年为基准计算的基础教育指数，2015年榆林市为11.980，而鄂尔多斯仅为1.703。医疗卫生方面，榆林的相对发展水平要落后于鄂尔多斯，如果考虑绝对水平的话，未来二者在医疗卫生方面的差距可能会扩大（见表6-14）。

表6-14　　　　榆林和鄂尔多斯社会发展指数对比（相对水平）

| 年份 | 基础教育 | | 医疗卫生 | | 社保就业 | | 生态环保 | |
|---|---|---|---|---|---|---|---|---|
| | 榆林 | 鄂尔多斯 | 榆林 | 鄂尔多斯 | 榆林 | 鄂尔多斯 | 榆林 | 鄂尔多斯 |
| 2005 | 1.000 | 1.000 | 1.000 | 1.000 | 1.000 | 1.000 | 1.000 | 1.000 |
| 2006 | 2.668 | 0.726 | 1.098 | 0.935 | 0.442 | 0.836 | 2.376 | 1.741 |
| 2007 | 5.794 | 0.912 | 0.398 | 0.689 | 0.869 | 0.849 | 1.877 | 2.931 |
| 2008 | 9.286 | 0.178 | 0.475 | 1.361 | 1.662 | 0.869 | 3.754 | 3.316 |
| 2009 | 11.826 | 0.633 | 0.580 | 1.308 | 3.080 | 1.397 | 2.979 | 3.023 |
| 2010 | 9.689 | 1.326 | 0.829 | 0.989 | 2.832 | 2.378 | 5.294 | 3.415 |
| 2011 | 9.890 | 1.143 | 1.051 | 1.451 | 3.649 | 2.848 | 5.445 | 4.920 |
| 2012 | 14.760 | 1.633 | 2.249 | 2.988 | 4.479 | 2.764 | 6.079 | 5.020 |
| 2013 | 16.100 | 1.503 | 1.890 | 2.057 | 5.454 | 2.681 | 6.353 | 4.740 |
| 2014 | 13.998 | 1.825 | 2.427 | 2.938 | 6.221 | 3.382 | 6.021 | 4.754 |
| 2015 | 11.980 | 1.703 | 2.493 | 3.979 | 5.995 | 3.050 | 4.948 | 4.834 |

注：以2005年为基准年，标准化为1。

## 三、榆林市经济社会发展的财政支出效率分析

在对榆林市经济社会发展水平综合评价的基础上,课题组进一步分析榆林市经济社会发展的财政支出效率。同时,将评价结果与鄂尔多斯市进行横向比较。

### (一)评价方法——数据包络分析

数据包络分析 DEA(Data Envelopment Analysis)方法是由 A. Charnes 和 W. W. Cooper 等发展起来的一种评价方法。它应用数学规划模型计算比较决策单元(DMU)之间的相对效率,对评价对象做出评价。DEA 法不仅能够处理多输入单输出问题,还适用于具有多输入多输出的复杂系统。通过对输入和输出信息的综合分析,DEA 法可以得出每个方案综合效率的数量指标,据此将各方案定级排队。确定有效方案,并可给出其他方案非有效的原因和程度。该方法的重要特点是它以方案的各输入输出指标的权重为变量,避免了事先确定各指标在优先意义下的权重,使之受不确定的主观因素的影响比较小。

总效率 $\theta_C$:采用具有不变规模报酬的 $C^2R$ 模型计算:

$$\text{Min}[\theta_C - \varepsilon(\sum_{r=1}^{n} S_r^+ + \sum_{i=1}^{m} S_i^+)]$$

$$\begin{cases} \sum_{j=1}^{n} \lambda_j x_{ij} + S_i^- = \theta_C x_{ij0} \\ \sum_{j=1}^{m} \lambda_j y_{rj} - S_i^+ = y_{ij0} \\ \lambda_j \geq 0 \quad j = 1, 2 \cdots n \\ S_i^- \geq 0, S_i^+ \geq 0 \end{cases}$$

$x_{ij}$ 为第 $j$ 个被评价决策单元 $DMU_j$ 对第 $i$ 种类型投入的投入量,$y_{rj}$ 为第 $j$ 个被评价决策单元 $DMU_j$ 对第 r 种类型产出的产出量。$S_i^-$、$S_i^+$ 分别为松弛变量,$\varepsilon$ 为非阿基米德无穷小量可用 $\varepsilon = 10^{-6}$,$\theta_C$、$S_i^+$、$\lambda_j$、$S_i^-$ 为待估计量。

通过以上线性规划模型可计算财政支出的总效率 $\theta_C$,如果 $\theta_C = 1$ 表示总效率有效,如果 $\theta_C < 1$ 表示总效率无效。

技术效率 $\theta_V$:采用具有可变规模报酬的 $BC^2$ 模型计算:

$$\text{Min}[\theta_V - \varepsilon(\sum_{r=1}^{n} S_r^+ + \sum_{i=1}^{m} S_i^+)]$$

$$\begin{cases} \sum_{j=1}^{n} \lambda_j x_{ij} + S_i^- = \theta_V x_{ij0} \\ \sum_{j=1}^{m} \lambda_j y_{rj} - S_i^+ = y_{ij0} \\ \sum_{j=1}^{n} \lambda_j = 1, \lambda_j \geq 0 \\ S_i^- \geq 0, S_i^+ \geq 0 \end{cases}$$

通过以上线性规划模型可计算公共投资的技术效率 $\theta_V$，如果 $\theta_V = 1$，表示技术效率有效；如果 $\theta_V < 1$，表示技术效率无效。

规模效率 $\theta_S$：根据总效率和技术效率计算公共投资的规模效率 $\theta_S$，计算公式为 $\theta_S = \dfrac{\theta_C}{\theta_V}$，如果 $\theta_S = 1$，表示规模报酬有效；如果 $\theta_S < 1$，表示规模报酬无效。

（二）评价指标选取与数据说明

经济社会发展财政支出效率投入产出评价指标，主要依据前文所构建的经济社会发展水平综合评价指标体系。其中投入指标选取一般公共预算支出，产出指标选取经济社会发展水平综合评价指标体系所包含的31个三级指标。

数据来源于《榆林统计年鉴》、榆林市经济和社会发展统计公报，相关指标数据由课题组计算得到。

（三）经济社会发展的财政支出效率测度与分析

在经济社会发展财政支出效率评级体系构建的基础上，课题组运用数据包络模型，测算了榆林市2005—2015年经济社会发展的财政支出效率。测算结果表明，近几年，榆林市经济社会发展的财政支出效率整体处于规模报酬递减的阶段。总效率，主要是从总体上反映投入和产出关系，也即财政支出所形成经济社会发展产出水平的差异。测算结果显示，2005—2009年榆林经济社会发展财政支出总效率绝对有效"$\theta_C = 1$"，2010—2015年经济社会发展财政支出总体无效。

技术效率反映资金配置问题，假设规模报酬可变时，通过调整财政支出规模和结构，最高效率地发挥资金配置功能。规模效率反映投入规模报酬问题，反映财政支出存在不同类型规模报酬，要么处于规模报酬递增状态，即资金投入较少而不足，要么处于规模报酬递减状态，即资金投入过多而浪费，要么处于规模报酬不变状态，即资金投入刚好能够满足需求，以此形成的不同效率状态。测算结果表明,榆林市经济社会发展财政支出技术效率绝对有效" $\theta_V = 1$ ",但规模效率从绝对有效" $\theta_S = 1$ "变成为无效" $\theta_S < 1$ "(见表 6-15)。

表 6-15　　　　　　　　经济社会发展的财政支出效率

| 年份 | 总效率 | 技术效率 | 规模效率 | 规模报酬情况 |
|---|---|---|---|---|
| 2005 | 1.000 | 1.000 | 1.000 | ● |
| 2006 | 1.000 | 1.000 | 1.000 | ● |
| 2007 | 1.000 | 1.000 | 1.000 | ● |
| 2008 | 1.000 | 1.000 | 1.000 | ● |
| 2009 | 1.000 | 1.000 | 1.000 | ● |
| 2010 | 0.961 | 1.000 | 0.961 | ↘ |
| 2011 | 0.998 | 1.000 | 0.998 | ↘ |
| 2012 | 0.864 | 1.000 | 0.864 | ↘ |
| 2013 | 0.830 | 1.000 | 0.830 | ↘ |
| 2014 | 0.766 | 1.000 | 0.766 | ↘ |
| 2015 | 0.550 | 1.000 | 0.550 | ↘ |

注:表中的"●"表示规模绝对有效;"↘"表示规模报酬递减,即投入过多的资金没有得到充分利用。

## 四、榆林市经济社会发展水平和财政支出效率总体评价

总的来看,榆林市经济社会发展水平在近 10 年有明显提高,但应注意南北发展差异和经济社会发展水平回落的风险。虽然与鄂尔多斯经济社会发展水平存在一定差距,但榆林提升空间较大。同时,近几年榆林市经济社会发展的财政支出效率整体处于规模报酬递减的阶段,对此应加以重视。

从绝对发展水平来看,近 10 年榆林市经济社会发展较快,且近几年社会发展水平要高于经济发展。从经济社会发展综合指数的构成来看,榆林市经济发展水平的提升主要源于经济规模的扩大和基础设施的不断完善。而社会发展水平的提高主要得益于基础教育、医疗卫生、社会保障和生态环保的全面提升。经济发展的分项测算结果显示,榆林市经济规模在逐渐增大的同时经济结构并没有明显的好转,基础设施发展较为迅速但区域均衡发展趋于恶化。社会发展的分项测算结果显示,榆林市在社保就业和生态环保发展方面要高于基础教育和医疗卫生。

从相对水平来看,榆林市 2015 年经济社会发展综合指数较 2005 年提升了 2.43 倍,经济发展指数提升了 1.49 倍,社会发展指数提升了 4.87 倍。社会事

业发展明显快于经济发展。同时，榆林经济社会发展指数在经历快速发展后，从2014年开始有回落的迹象。经济发展相对水平中，经济规模和基础设施均有不同程度的发展，但经济结构和区域均衡发展方面有所恶化。各项社会事业发展中，基础教育的发展在经历了快速发展后回落迹象比较明显。相对于社会保障和生态环保较好的发展势头，医疗卫生发展较为缓慢。

经济社会发展综合指数方面，鄂尔多斯的绝对发展水平要高于榆林市。同时鄂尔多斯发展的态势较好，而榆林市的发展从指数上来看有回落的迹象。在经济发展和社会发展方面，鄂尔多斯绝对优势较为明显，经济发展指数和社会发展指数都高于榆林市。经济发展的分项对比显示，鄂尔多斯在经济规模、区域均衡方面的绝对发展水平要高于榆林市，在区域均衡指数上体现得尤为明显。社会事业发展方面，榆林在医疗卫生方面与鄂尔多斯的差距较大。

虽然鄂尔多斯经济社会发展的绝对水平要高于榆林，但从发展速度上来看，榆林要略高于鄂尔多斯。可以预见，在经济社会发展总体水平上，榆林与鄂尔多斯的发展差距将会缩小。而经济发展和社会发展二者之间可能出现分化，在经济发展方面的差距可能会扩大，而社会发展方面的差距可能会缩小。

经济发展的分项对比显示，近几年榆林市在经济规模、基础设施方面的相对发展水平要快于鄂尔多斯市。在经济结构方面，榆林与鄂尔多斯均存在不同程度的恶化。在区域均衡方面，榆林与鄂尔多斯还存在一定差距，未来二者之间的差距有进一步拉大的可能。各项社会事业的分项对比表明，榆林在基础教育、社保就业、生态环保方面的相对发展水平要好于鄂尔多斯。榆林在医疗卫生方面的相对发展水平要落后于鄂尔多斯，如果考虑绝对水平的话，未来二者的差距可能会扩大。

经济社会发展的财政支出效率测算结果表明，近几年，榆林市经济社会发展的财政支出效率整体处于规模报酬递减的阶段。

## 第三节　财政推进经济社会发展效果未达预期的原因分析

榆林市为推进经济社会转型发展制定并出台实施了一系列政策举措，其中财政政策始终发挥重要的作用。通过对相关指标的建模定量分析，我们认为财政在推进榆林市经济社会发展中取得了一定的积极效果，对榆林市经济社会的转型发展起到了良好的推动,但是并未完全达到预期,其主要原因在于以下五个方面。

## 一、资源型城市财政体制特征显著,财政支撑能力不足

### (一)税源结构不合理,财政收入缺乏稳定性、持续性

在以资源驱动为主导的开发模式下,榆林税收收入主要来源于能源产业,煤炭和石油行业是榆林的支柱产业和骨干财源。在以资源驱动为主导的开发模式下,榆林能源产业在整个产业体系中占绝对主导地位,呈现出明显的一产弱、二产强、三产滞后的特点。财政收入结构单一,过度依赖资源。从2016年三大产业所获得的地方全口径财政收入来看,第二产业的财政收入最多,占比为75.01%,第一产业和第三产业虽然在近些年发展迅速,但底子薄,总量小,且增速波动大,带来的财政收入不稳定,尚未对经济起到带动作用。煤炭和石油行业是榆林的支柱产业和骨干财源,财政收入主要依赖资源性行业。2016年来自煤炭石油天然气行业税收257亿元,占地方全口径财政收入的63.76%。

一方面,税源结构不合理导致财政收入缺乏稳定性,税源高度集中,财政收入易受资源价格波动影响,榆林市财政抗风险能力不强。榆林经济结构以能源化工产业为主导,使得经济运行容易受到能源化工产品的市场需求和价格波动的影响而呈现波动,以增值税所得税等为主体的财政收入随即波动。全口径财政收入中税收收入大部分依赖于资源的开采开发,煤炭石油天然气行业的税收收入2016年比重为63.76%,各行业中煤炭行业的税收占比最大,2016年比值为38.92%。当经济繁荣的时候,资源品价格较高,财政增速较快,收支矛盾较小;当经济下行时,资源品价格回落,财政增速也会随之下降,甚至呈现负增长态势。能源行业的发展受资源价格波动影响明显,而其他行业如住宿餐饮业等的发展状况也在一定程度上受制于资源型行业的发展。

另一方面,资源不可再生,榆林第三产业发展滞后,高端服务业,如研发、物流和金融等新型或高附加值生产性服务业的比重比较低,导致财政收入依赖税源会枯竭的资源行业,尚未形成推动全市经济社会发展且能提供稳定财政收入来源的新产业,财政收入缺乏可持续性。

### (二)公共资源收益分配机制不健全,财政"失血"严重

一是中央与地方以及省市县财权和事权不匹配造成榆林市财力保障不足。从级次看,收入大多上划央省,留给地方的财权与事权严重不对等。这是由榆

林市能源型经济结构和现行财政体制决定的。榆林属典型的资源型财政，资源产品提供的财政收入占全市财政总收入的70%以上，在现行财政体制下，榆林市能源经济发展越快，中央集中力度就越大，留地方的收入比重太小。榆林作为能源化工基地。主要税种是增值税、消费税、企业所得税、资源税。按现行财政体制，增值税的50%、消费税的100%、企业所得税的60%上划中央，增值税的15%、所得税的20%、资源税、城镇土地使用税、房产税等四税的30%上划省级，一些税源比较分散、收入规模小、增收潜力小、征管难度大、成本高的税种，划为市固定收入。2002—2016年，全市财政总收入5 074.5亿元，其中留市地方财政收入1 924亿元，近2/3的收入上划央省，留市的不到1/3。近两年来，由于税收大额短收减收用非税收入弥补以及"营改增"增值税收入下划，地方财政收入占比在短期内快速提升到47.7%，但剔除上述因素后，地方财政收入占财政总收入的比重在37%左右。央省集中力度仍较大，留市收入与其承担的支出责任不相适应。全市地方一般预算收入占财政总收入的比重不足 $\frac{1}{3}$，且呈逐年下降趋势。同时，中央返还地方的收入增量太小。榆林上划中央的"两税"从1994年的1.4亿元增加到2012年的144.9亿元，年均递增29.4%，而中央对榆林的"两税"返还从1994年的1亿元增加到2012年的9.9亿元，年均递增仅13.6%，这18年间，中央共集中榆林"两税"和所得税收入近1 000亿元。按目前的财政体制，以后年度集中的总量还会越来越大。

二是陕西省对神木、府谷等县市的省直管县改革造成榆林市财权和事权的失衡，本级收入大幅减少，大大削弱了市级政府宏观调控能力。在省直管县改革中，陕西省对市域经济强市实行省直管县财政体制，将市级分享的收入全部下放定边，对神木、府谷实行"三免两减半"税收返还以及水土保持费收入市级不分享政策，每年减少市级收入约12亿元，大大削弱了市级政府宏观调控能力。市本级收入主要来源于北部五县（市）的分享收入，而其中三个经济大县（市）都被省直管，将市级分享收入下放到县（市），特别是去年省上又将水土保持费收入下放省管县，市级不分享，收入来源已枯竭。这几年，为弥补税收短收缺口、市区短收缺口和完成省上追加任务，市本级想尽千方百计盘活存量、增收超收，为省市年度目标任务考核作出了贡献，但财政家底已掏空，2016年以后已无支撑性收入来源。过去市对困难县的转移支付主要依靠从北部五县市集中的财力解决，今后将成"无米之炊"，拿什么来转移支付呢？但过去市对县的"三保"支出补助已形成刚性支出基数，无法降下来，市本级财政面临崩盘局面。

三是榆林市资源税税率和对矿产资源补偿费分享比例较低造成财力保障不足。首先，资源税比例过低。陕西资源税税率被确定为6%，远低于山西的8%，内蒙古的9%，从国家政策层面形成了不公平。榆林的煤质、价格、开采成本等均优于内蒙古、山西，确定榆林的税率却低于周边省区，这就使得分布于同一区域，形成于同一时期，生产于同一企业的煤炭产品执行不同的税收政策，不符合税收公平原则和调节资源级差收入初衷。税率过低导致榆林财政较大程度减收。2016年榆林市煤炭资源税收入38.19亿元，若按存量计征和当年煤炭产量测算应征资源税11.58亿元，改革后较改革前增加税收26.61亿元。而同步取消涉煤收费基金减少榆林市非税收入85.07亿元或139.37亿元（含煤炭价调基金），增减相抵后，榆林市减少财政收入58.46亿元或112.76亿元（含煤炭价调基金）。按照2016年煤炭市场和当年榆林市原煤产量3.62亿吨测算，煤炭资源税税率每降低1个百分点，减少榆林市资源税收入9.45亿元。其次，矿产资源补偿费分享不切合地方实际。矿产资源补偿费是国家实现自己作为所有者权益的基本形式。我国矿产资源补偿费平均费率为1.18%，远低于矿业发达国家的10%这一标准。如此低的补偿费率，难以合理反映国家对矿产资源所有权的收益。此外，榆林市每年从煤炭、石油、天然气等矿产资源中收取一定比例的矿产资源补偿费，但按照目前政策规定，收入全部上缴央省，市级不参与分享，这就不利于调动地方政府征收的积极性，由于中省对生态环境转移支付少，使矿产资源开发造成的生态环境治理资金严重匮乏。

四是榆林市央省企业存在的税收转移和税收征缴困难等造成税收流失严重。榆林市有众多资源型企业，这些企业主要是大型央企和省属国企，在税收征缴中面临利润和税收转移、税收征缴困难等问题。资源型城市有众多的资源型企业，这些企业主要是大型的央企和省属国企，其总部往往并不设立在榆林市，其税收征缴往往不执行或难执行所在地区的税费政策，这就产生了总分支机构所在地不同造成的税收在总部缴纳，跨区经营造成的税收向注册地申报纳税，关联企业转让定价等导致利润和税收转移和税收征缴困难等问题，造成财政支持榆林经济社会发展的财力保障被压缩。

其一，营业税政策调整导致收入转移。2009年修订的营业税政策规定，纳税人提供应税劳务应当向其机构所在地的主管税务机关纳税。榆林市石油、天然气企业钻井、修井等纳税人机构注册地多数在外地，因此，新修订营业税政策的实施，直接导致榆林市收入转移到机构注册地，据测算，定边市每年转移钻井、修井业务营业税等近1亿元。

其二，天然气管道运输营业税注册地纳税形成的收入转移。按照现行营业税政策规定，从事运输业务的纳税人，应向其机构所在地主管税务机关申报纳税。中石油长庆油田分公司现有靖京、靖沪、靖宁等五条输气管线，天然气输气管道的机构所在地分别在北京、上海、银川等地，造成榆林管道运输营业税向外省转移。目前各天然气管线的运输营业税均在输入地缴纳。以2011年榆林天然气输出量120.8亿立方米、各地运费和适用税率测算，当年造成各项税收转移3亿多元。

其三，资源性初级产品定价或企业内部定价形成的税收转移。以天然气输出为例，天然气价格从井口价0.77元/立方米到出口销售价2.2~2.5元/立方米，价格翻了近3倍，由此带来的利润，生产企业收益数额只是销售企业（天然气公司）的1/5左右。按年输出天然气120亿立方米测算，每年转移利润70多亿元，应纳企业所得税17亿元，直接影响地方财政收入6.8亿元。此外，原煤、原油等资源外输中，也存在企业内部自主定价形成的税收转移问题。原油价格造成了资源税的流失，2013年长庆集团吨油不含税价是4 712元，延长集团吨油2 820元；2010年石油天然气资源税由从量计征改为从价计征，税率4.09%，延长集团价格比长庆集团吨油少1 892元，按照2013年延长集团产量339.4万吨测算，年少交资源税2.6亿元。神华集团每年产煤8 000万吨，而神华实行内部结算价吨煤不含税价160元，2013年榆林市吨煤不含税价280元，如果实行煤炭资源税从价计征，按8%的税率测算，每年神华将少缴纳煤炭资源税7.6亿元。

其四，大量央省企业税费征缴困难。央省企业垄断了榆林90%以上的煤、油、气资源，但中央企业缴纳各税仅占全市财政总收入的20.8%（神华63亿元，长庆27.2亿元）；省级企业缴纳各税占财政总收入的18.2%（主要有延长集团64.3亿元，陕煤集团17.2亿元，陕西有色集团7.5亿元）；市地方企业及个体工商户等税收占总收入的43.7%。央省企业贡献的地方税收占地方财政收入的23.9%。中央企业不执行地方政府依法制定的收费政策，造成地方财政收入流失。随着西部大开发政策实施和榆林资源的开采，榆林市进驻了一些中央和省级企业。这些企业在榆林从事资源开采，不仅享受了当地政府招商引资优惠政策，而且在近年资源价格高涨中获得了丰厚利润，但却不执行国家有关的税费政策和陕西省政府依法制定的全省统一的收费政策，造成地方财政收入流失。央省企业占有资源多，享受国家政策红利多，竞争实力强，对地方财税贡献份额小；市企业规模小，占有资源少，竞争力弱，可持续发展后劲不足，但对地方财政和当地社会发展的贡献更大。

| 专栏6.1　榆林市央省企业税费征缴困难的案例分析 |

1. 神华能源股份公司不缴纳地方煤炭价格调节基金：煤炭价调基金从2016年10月开征，2014年停征，按2006—2012年的煤炭产量和吨煤15元标准测算，8年少缴煤炭价调基金90亿元，其中2013年少缴12亿元。神华集团拒交价调基金不仅减少了地方财政收入，也影响了煤炭资源税从价计征改革过程中陕西省的税率确定计税基数。

2. 神华长庆不缴纳水土流失补偿费：按照两大集团2012年产量和吨煤5元、吨油30元、天然气每千立方米8元标准测算，神华集团当年少缴3.8亿元，长庆集团当年少缴3.3亿元，合计7.1亿元。此项政策从2009年7月1日起执行，累计少缴22.9亿元。

3. 长庆油田、延长集团不缴纳城镇土地使用税。根据国家税务局《关于对中国石油天然气总公司所属单位用地免征土地使用税问题的规定》（国税地〔1989〕88号）文件精神，为了支持石油工业的发展，照顾石油生产单位当时的实际困难，暂免征收中石油所属企业、单位建设用地的土地使用税。近年来，原油价格不断高涨，企业已经发展壮大，石油行业已经发生了巨大变化，这项优惠政策仍未取消。多年来，长庆油田公司在榆林市境内从事原油生产等建设用地一直未征收土地使用税，每年少缴约1.9亿元。但从2006年以来，延长集团也要求比照中石油企业免征土地使用税的做法，拒绝缴纳应缴土地使用税，每年少缴约1.2亿元。对此榆林市多次汇报请求取消这项减免政策，据悉财政部和国家税务总局已同意废止上述减免文件，但新的政策迟迟不能出台。

4. 长庆油田欠缴教育费附加。根据陕西省人民政府1987年出台的《征收教育费附加的暂行规定》精神，凡办有职工子弟学校的单位，应当先全额缴纳教育费附加，然后由教育部门给办学单位返还80%，作为对所办学校补偿的经费。多年来，长庆石油勘探局和油田公司只给地方政府解缴20%。按照中央企业分离办社会有关精神，2005年长庆公司的子弟学校全部移交当地政府管理，办学经费也不再由企业承担，这样长庆油田实现的教育费附加应全部解缴地方财政。但是，这一政策长期无法落实到位。在榆林市政府的多次协调争取下，2010年长庆将留解比例提高到50%。

## 二、财政可支配财力和新增财力相对有限，收支矛盾突出

在经济新常态下，煤炭等资源价格回落，结束了长期高速增长局面，导致财政收入增速大幅下降，新增财力有限。从新增财力情况看，财政总收入增长呈先高后低的状态，2008年至2012年财政总收入的增长率基本保持在27%～37%，2013年、2014年增幅直线下降至5%，随后2015年回升至21.3%，2016年财政总收入为负增长。一般公共预算收入2008～2012年增长率保持在30%～50%，2008年为39.68%，2012年为38.18%，随后一般公共预算收入有了较大幅度的下降，2014年增长率为2.73%，2016年呈负增长，下降幅度为21.28%。经济新常态下，榆林市财政收入增长的新增财力有限，而且增长波动幅度也较大。

从可支配财力看，财政支出优先保障民生社会事业发展，导致民生支出占财政支出比重逐步上升，财政可支配财力增长有限。近年来，榆林市在推进社会事业发展方面不断完善财政支出的规模与结构，通过推行15年免费教育，完善医疗卫生和社会保障等公共服务体系，开展文化艺术活动丰富民众精神文化生活等民生工程，使民众更好地享受经济发展成果。过去10年，榆林市民生支出绝对规模从2007年的650 315万元增长到2016年的3 857 443万元，不考虑通货膨胀，民生支出的绝对规模增长了5.93倍，年均增长23.03%，高于一般公共预算支出的年均增幅14.09%和一般公共预算收入的年均增幅20.69%。从占比情况看，榆林市民生支出占一般公共预算支出的比重逐步上升，由2007年的67.21%上升到2016年的81.88%。榆林市一般公共预算支出体现出明显的民生支出导向，民生支出在财政支出的重要性不断凸显。支出增幅明显高于收入增幅，重点支出刚性增长，社会保障和医疗卫生等民生支出占财政支出的80%，可自由支配财力相对有限。

同时，榆林市财政收入面临较大的下行压力。第一，能源经济下行压力更大，税收短收减收将继续扩大；第二，国家将进一步加大积极财政政策力度，正税清费、减税减负，会带来新的政策性减收；第三，国有企业效益下降，资本收益收缴困难，延长集团石油开发费欠缴严重，对石油市收入影响很大。随着经济的发展，财政体制性、结构性矛盾凸显，地方财政保障能力弱。榆林市地方财政收入增加极为有限，财政供给能力与经济社会发展对资金的需求相距甚远。经济下行压力不断加大，财政收入增幅不断回落，2016年全市地方财政收入较2012年下降16.4亿元。近年来房地产市场疲软，2016年市土地出让金

收入 16.2 亿元，较 2012 年下降近 40 亿元，政府性基金下降同样显著。政策性因素进一步恶化了收入形势。2014 年以来，榆林市实施煤炭资源税改革，仅清理取消涉煤收费基金，每年减少非税收入 60 多亿元；2016 年全面实施"营改增"，榆林市每年定额上解中央体制基数 29.3 亿元。以上影响全市地方财政收入每年减收 150 亿元左右，其中市本级 75 亿元。

在可自由支配财力和新增财力有限双重约束下，榆林面临的生态环保、均衡地区差距等发展任务仍极为艰巨，收支矛盾突出。各级出台的各项改革政策、民生工程等公共财政必保的支出需求越来越多，地方政府承担的支出任务越来越重，民生方面的刚性支出增长快，各方面都急需资金，支出需求增长远远大于财力增长。

第一，榆林财政供养人口过多，人均支出比多数城市偏高，支出总额增幅过大，导致一般性支出挤占建设资金，财政支出负担沉重。2016 年仅工资、养老统筹等个人部分支出较 2012 年增加了 80 多亿元。部分资源市区如横山、府谷等市将面临发不开工资局面。

第二，财政支出存在缺位，对生态保护、科技、基础设施等方面投入不足，亟待财政加大投入。市区、园区建设以及其他社会事业建设欠账额很大，能源经济发展过程中遗留下的生态破坏、地质灾害隐患、矿区群众生产生活困难问题非常突出，都甩给了当地政府，包袱沉重。以生态为例，榆林位于黄土高原北部，属于生态环境脆弱地区，再加上粗放式发展，资源开发带来的地表塌陷、水源破坏、植被枯死、房屋坍塌、环境污染等问题非常严重，而生态损失与生态补偿悬殊。随着资源开采的不断深入和经济的快速发展，资源环境承载压力进一步加大，生态恢复治理和生态建设任务艰巨。榆林市目前已建成投运的煤矿大多是九十年代审批的，环境治理设施不足，导致开采企业煤层气排空、煤炭加工企业废气直接排放、运煤道路扬尘增多；同时，煤炭开采破坏地下含水层结构，造成区域性地表水下泄，地下水位下降。全市水资源总量只有 32.29 亿立方米，人均拥有水量 979 立方米，地下资源的大量开采，地表水、地下水大面积渗漏，导致不少井泉下漏、淤坝干涸、树林枯死、矿区不少地方发生水荒。全省最大的内陆湖红碱淖水位连续下降，湖面平均每年退缩 6 000 亩，湖水面积由原来的 10.5 万亩缩减到现在的 7 万亩左右。全市湖泊由开采之前的 869个减少到 70 多个。煤炭开采带来许多污染，榆林市每年在环境治理中投入大量财力物力，给地方财政形成很大的压力。据相关专家估算，榆林每开采 1 吨原煤、原油，造成的生态环境损失分别达到 66 元和 260 元，每年环境成本达 266

亿元，超过了同期地方财政收入。2014年以来，市财政累计投入资金10.19亿元，专项用于产煤区环境治理、生态建设和改善居民生活环境，环境红线压力较大。生态治理资金巨大，投入补偿严重不足，形成了代际转移。

第三，榆林市南北发展差距逐步拉大，市级财政对县区的统筹不够，调节作用不明显，未能从根本上有效缩小各区县之间的财力差距。资源型城市的一大问题是地区发展不平衡，这一点在榆林也体现的较为明显。全市8个贫困市南部占6个。2016年，南六市生产总值仅占全市的9.7%，地方财政收入只占市级地方财政收入的4.4%，而北部市分别占到90.3%、95.6%。仅榆林市的地方财政收入就占到市级地方财政收入的42%，是南六市收入总量的9.7倍，人均财力是南六市的4倍以上。随着北部资源市区发展能力的不断增强，南北发展差距将越拉越大。根据图6-1，榆林市一般预算收入的基尼系数高达0.6以上，而且收入和支出的基尼系数都存在不断扩大的趋势，其中榆林市一般预算收入的基尼系数从2005年的0.6187上升到2016年的0.6692，榆林市财政支出的基尼系数则从2005年的0.2832上升到2016年的0.3531。如不采取适当措施，榆林市未来地区差异问题会更加突出。面对巨大的地区差距，榆林市本级却面临可自由支配财力和新增财力有限的双重约束，榆林市本级力不从心，榆林财政收支矛盾极为突出。

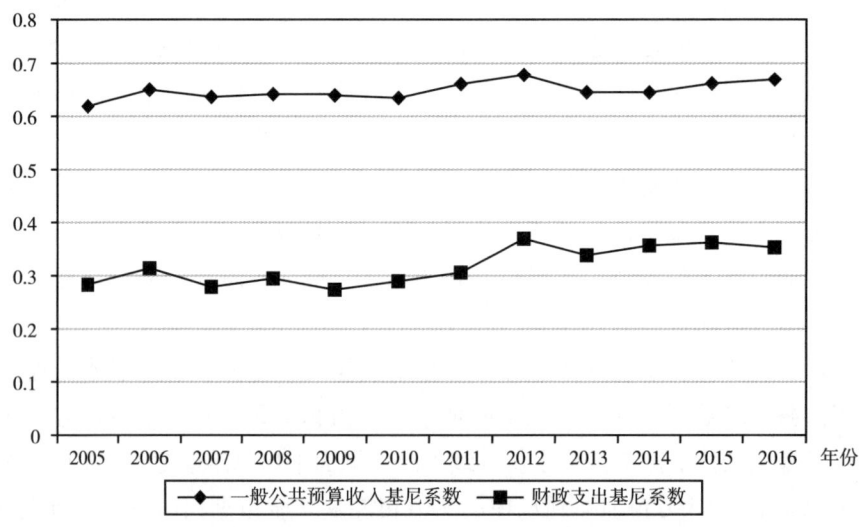

图6-1 榆林市市区财政收入和支出的基尼系数

资料来源：历年《榆林统计年鉴》。

## 三、财政资金分配权被部门利益肢解,财政缺乏财力统筹能力

榆林市财政收支盘子随着经济社会的快速发展而不断扩大,但是如何用好财政收入、如何优化财政支出,财政却没有做好回答。从横向上看,预算分配权不统一,部门"二次分配权"导致榆林部门支出规模固化,财政分配权被肢解。为推进经济社会转型发展,榆林市政府及组成部门做出一系列的规划,如农业局有农业规划,水利局有水利规划,扶贫办有扶贫规划,发改委有整个的项目规划等,规划背后对应的就是预算和财政支出。而财政推进榆林经济社会转型发展更多是通过这些规划进行,是一种被动式的参与,财政作为综合部门的主动性没有发挥出来。发改、教育等部门不同程度地拥有较多的预算资金自由裁量权和分配权,动摇了财政部门统筹资金的地位和能力。财政对各职能部门资金统筹不够,缺乏对资金的监督和管理,多头共管导致财政资金缺乏统筹安排的科学管理,难以集中力量办大事。同时,部门间治理机制缺失,资金问题解决依靠职能部门博弈,导致现实中职能上的大财政和权力上的小财政不匹配,小马拉大车制约了财政资金的统筹分配。课题组在调研中发现,相关规划涉及的预算普遍存在规划和预算安排"两张皮"现象。这些势必会带来预算执行中的频繁调整,弱化预算的约束作用,肢解预算资金分配权,财政更多只能疲于被动调整、配合和应对。

## 四、财政支出较为粗放,财政服务经济社会发展能力不足

### (一)财政越位和缺位并存,财政支出结构有待优化

在经济社会发展中,榆林市财政支出存在越位现象,支出范围过宽,包揽了许多不应有的事务,如经营性投资支出过大、各种补贴过滥、财政供养人口过多、负担过重等。这其中的一些事项完全可以由市场和社会提供,或者由政府、市场和社会共同提供。单独由政府一方"大包大揽"不仅增加了财政支出压力,进一步激化本已紧张的财政收支矛盾,而且支出的效率也不高,干预经济主体的决策和经济规律发挥作用。如当经济下行,企业生产收缩时,政府为保工业产值保 GDP、银行为信贷投放,政府或明或暗,以税收优惠政策或以土地出让金返还等承诺,鼓励企业新开工或者扩大再生产,影响市场机制的正常运转和过剩落后产能的淘汰。

纯公共物品和一些准公共物品只能由政府提供或者是政府提供更加有效率,而且这些纯公共物品和准公共物品往往也是经济社会发展的基础保障,是市场

和社会发挥作用所必需的基础条件。在榆林经济社会转型发展的实际中，政府在一些不容易出政绩、需要长时期投入的领域存在着缺位现象，财政对基础研究、生态保护、科技创新、人才培养等方面投入不足，尤其是在经济增速下降、财政减收情况下投入不足将不利于经济实现转型。以科技方面的支出为例，到2016年，榆林市科技投入还不到8 000万元，严重滞后，远远难以满足榆林市经济社会发展转型的需要。在生态环保支出方面，"十二五"期间，榆林市投入了大量资金，建起了一批污染治理设施，但环保基础设施建设投入仍不到位，城市生活污水管网建设和扩建工程进展缓慢，工业园区和重点工业乡镇的污水、垃圾处理等环保基础设施建设滞后。特别是一些工业园区配套环保基础设施建设滞后，工业生活污水、弃渣、垃圾乱倾乱倒，挤占农田、淤塞河道问题仍然存在，榆溪河、窟野河、大理河等主要河流，季节性超标问题时有发生。

（二）财政支持方式有待转变，没有带来显著效果

榆林市很多领域财政支出以无偿支出为主，没有发挥财政支持和引导作用，反而导致虚假申报和企业对政府资助的习惯性依赖等问题。同时，在财政金融互动方面，虽然财政采取了一定措施推进财政金融有效融合，变无偿为有偿，但由于金融生态环境恶化、经济下行和民间投资信心不足等原因，财政金融缺乏有效互动，财政资金的杠杆作用发挥有限。例如"助保贷"业务推进缓慢，无法形成可复制可推广的经验。市"助保贷"推出两年，银行受自身金融行业缚束，政策效果未达预期，没有破解中小企业融资难、融资贵的问题。各金融机构对榆林惜贷、限贷、甚至釜底抽薪，企业融资难，产业资金瓶颈制约问题突出，成为发展的最大短板。特别是中小微企业融资难问题突出，经营陷入困境。2016年全国社会融资总规模是GDP的2.09倍，人民币贷款余额是GDP的1.43倍，而榆林的社会融资规模只有2 300亿元左右，贷款余额只有1 979亿元（下降2.63%），分别是全国平均水平的40%和50%。

（三）财政支出重点不够突出，没有形成制度合力

榆林财政支持重点不突出，财政支出分散，撒胡椒面，没有形成制度合力。这一点在园区建设中体现的较为突出。榆林已批准设立29个产业园区，建设面积上千平方公里，相关的基础设施投入资金数百亿元，但大部分园区引进项目没有落地，个别产业园区处于空壳状态。园区重复建设，财政支出分散，财政投资低效甚至损失浪费问题严重。在支持中小企业方面，各类财政专项资金更多的是对企业在技术改造、固定资产投资，产品竞争力的提升和市场开拓方面

给予资金支持,而对中小企业公共服务平台、中小企业信用担保体系和服务体系建设、创业孵化基地、工业园区和集中区建设等公共领域支持不够。另外,财政资金支持企业发展项目资金分配存在着撒胡椒面的情况。部分支持经济发展的专项资金名目繁多,用途范围交叉,多头申报、重复安排现象较为普遍。财政资金统筹使用难度大,资金分配存在着面面俱到、撒胡椒面的情况。财政支出分散导致难以形成制度合力,财政缺乏做大做强的能力。

### 五、预算绩效评价机制有待完善,财政管理能力有待提升

财政管理是财政各项工作的基础,财政管理制度是规范行为、防范风险的重要屏障,良好的管理基础可以帮助财政部门有条不紊地处理和安排政府资金,实现科学理财。财政推进榆林经济社会发展效果评价主要是反映财政支出效果的大小和影响,而财政支出的高效运转依托的是完善的财政管理体制。榆林市在财政资金管理权限、财政监督机制和绩效评价制度等方面的改革滞后。

一是财政资金管理权限分散,部分职能界限不明确。财政资金管理部门繁多,权限分散严重,同一领域财政资金大多被划分多个类型或项目,分别由不同的部门管理。不同部门之间缺乏足够的沟通和协调,多头共管导致财政资金缺乏一种统筹安排的科学管理,在一定程度上导致财政资金管理混乱。如榆林市的财政支农资金有农业基础设施建设资金、农业科学、科研等综合开发资金、农业生产基础设施建设扶持资金、农村救济资金等。这些资金分别属于各个部分管理,部门之间缺乏协调和沟通,导致财政支农资金使用分散,财政支农政策效果不佳。

二是财政资金监督体系不健全。其一是财政资金全过程监督机制缺乏,监督方式主要以对管理部门的直接检查为主,日常性监督机制缺失,缺乏项目实施前的资金管理监督和项目的综合科学论证。其二是人大预算监督力度不够。人大对预算监督流于形式,预算审批时间短、人大专业能力建设不足,缺乏足够的专业人员和力量,难以开展有效的监督,承担日常监督事务的财经委对口联系部门多,无法对预算执行进行全方位的跟踪监督,最终流于形式上的程序性监督。

三是榆林市绩效评价工作也存在一定不足。绩效评价体系不完善,缺乏全国层面统一、权威、全面的预算绩效评价指标体系、标准体系和相关案例信息数据库,导致绩效评价缺乏可比性;绩效评价尚未形成常态化的法律约束体制,迄今我国仍未出台一部全面的全国统一的绩效评价工作的法律法规;绩效管理

项目监控不力，缺乏有效的跟踪问效手段和项目实施的信息搜集机制；预算绩效评价的结果应用不高，没有有效地与预算编制与执行挂钩，与编制财政规划挂钩。

四是债务管理有待进一步加强。总体看，榆林市债务风险可控，但横山、靖边等资源县存在债务风险隐患，且在经济下行压力不断增大、收入进一步回落的形势下，财力缺口会持续扩大，化解债务的能力无法在短期内提升，预计债务负担压力增大。

此外，调研中也发现榆林市财政部门的内部控制制度、政府投资项目管理制度、财政与银行间的对账制度、财税部门之间的联系机制等不健全，这些导致财政管理基础薄弱的重要原因都需要在今后的管理工作中给予高度的重视，切实采取有力措施克服薄弱环节，打造坚实的财政管理基础，为未来进一步的推进经济社会发展在体制机制上"保驾护航"。

## 六、财政受制于经济社会生态约束，财政政策效果有待加强

### （一）严重的"资源依赖"思维和发展路径

作为资源型城市，榆林市长期以来形成了"资源依赖"思维和路径，并在发展中不断强化。对于正处在资源成长型阶段和工业化中期阶段的榆林市来说，当前阶段可以说是机遇和危机并存。而抓住机遇摆脱危机的第一道关卡就是严重的"资源依赖"思维和不断强化的"资源依赖"路径造成的客观障碍。

一是"资源依赖"思维造成包括财政在内的转型动力不足。榆林市长期"吃资源饭"，通过资源获得了较大幅度的经济增长和财政收入，因而强化了榆林市干部和群众的思维惯性，使"资源依赖"形成一种思维定式；这种思维定式又反过来助推、强化了过度依赖资源的发展方式和财政收入渠道。课题组在调研中也发现，无论是在政府部门还是一些资源相关企业，资源依赖心理都较为明显，导致榆林市缺乏改革的积极性和主动性。课题组在榆林做的调查问卷进一步支持了我们的看法。被调查人员认为榆林市发展面临的第一突出问题是"过度依赖资源，转型积极性不高"，占比达64.24%。同时，资源发展路径依赖也会束缚人们的思想认识，使人们难以接受新思想和新观念，抑制创新精神和企业家精神作用的发挥，使创新行为不能在资源型城市的经济转型过程中发挥作用。更为严重的是，在通过资源开采获取暴利的过程中，忽视了对人力资源、技术创新和生态环境的积累，导致逐渐丧失了经济发展的后劲，为未来经济发

展埋下了深深地隐患。

二是"资源依赖"路径造成经济社会转型的成本较大。一旦某种发展方式开始发挥作用,那就很难再停下来,逐渐进入一种"锁定"状态。资源开采使榆林市经济繁荣,从而缺乏改革和创新的动力。榆林市产业主要是资源类产业,按照产业生命周期的一般理论,当一个区域的产业进入到其生命周期的繁荣阶段,其边际收益率开始稳定在一定的水平上,因而榆林市可能更多是在原有结构、制度内调整和发展,资源型城市经济转型的成本较高。从产业结构上看,由于资源禀赋的优越和资源开发初、中期所带来的丰厚利润,资源型城市普遍锁定了以矿产开采和初加工为主的产业结构,产业链条过短,专业性分工很强。榆林在过去较长时间内由于对自然资源初级产品的过度依赖,使经济发展陷入了自然资源比较优势"陷阱",经济增长方式基本上走的是一条粗放型道路。从发展要素上看,资源型城市成长期和成熟期,资源型产业发展处于相对稳定的状态,盈利能力较强,资金不断向资源产业集聚,不愿意转向其他行业;相应的,城镇从业人员中的绝大多数从事资源开采业、资源加工业和相关的其他产业。资源和劳动力大多被锁定到资源型产业,导致要素流动不足,市场机制发育缓慢。榆林市属于成熟型资源型城市,金融资金和劳动力大多流向资源类产业,从而进一步强化了榆林市发展的资源路径依赖。而经济社会转型就意味着要从当前容易获得收益并且已经投入了大量资源要素的产业转移到投入周期较长且收益不能马上兑现的其他产业,因此成本较大,这给财政推进经济社会转型发展造成了不小障碍。

(二)政府和市场关系尚未理顺

资源型城市普遍存在经济主体发育不健全,要素市场不活跃,开放程度低,改革不到位,市场环境不理想等问题。在市场主体方面,国有企业改革滞后,非公有制发展不足。国企产权制度改革进展缓慢。产权市场、资本市场不发达,全市还没有一家上市公司。国有企业法人治理结构还不健全,企业的治理机制存在信息不透明、内部人控制、监督监管缺失等问题,与规范的现代企业制度尚有一定距离。国有企业行政化倾向明显,国企领导人由上级直接任命,经理无法成为真正的职业经理人,行政等级森严,用人机制不活。

在市场环境方面,政府存在直接干预经济行为。中小企业发展的政策措施落实还不十分到位,地方性优惠政策较少;在企业初创设立和后续发展中审批环节多,费时长。个别职能部门服务意识不强,办事效率不高,各种对企业的财税支持政策和收费减免政策执行不到位,影响了企业发展的积极性。审批、许可事项烦琐，收费高。部分涉企收费明理取消、暗中为难。某些企业反映的环评、安评、消防、食品卫生许可等需要第三方或中介机构给予出具相关评价结论、鉴定报告和科研编制，政府部门还一定程度上存在着"红顶中介"的现象，认证费用过高，对企业形成很大负担。

（三）经济社会发展的本土化基础较弱

理论上讲，地方政府可以通过招商引资引进一批牵动性强、带动力足的重大项目，借助外来企业集聚，强化产业支撑，可以做大经济总量；同时，外来产业可以通过打造产业链条，完善产业配套水平，带动本土企业加快发展，培育壮大更多的市场主体，从而形成招商引资和增强内生动力良性循环。但对于榆林市，榆林市对本土企业发展政策支持不到位，发展环境不宽松，竞争条件不平等的现象，重招商引资企业、轻本土企业发展，严重影响了本土企业的投资热情和发展动力，而中省企业对财政贡献相对较低，导致榆林市发展缺乏本土化基础。榆林市一方面比较注重招商引资，出台了众多招商引资优惠政策，一些项目招商引资中不惜违反国家土地、财税、环保等政策，圈地占资源项目推进慢，国有资产和财政收入隐性流失严重。另一方面，榆林引进的外来企业主要集中在能源及相关行业，热衷资源开发，外来企业挤压了地方企业发展空间，榆林已设置矿业权的煤炭资源量央省企业占了89.5%，中石油长庆油田分公司登记的油气勘查、开采权面积占榆林市国土面积的98%，影响地方企业的发展壮大和财源建设的持续稳定。

央省企业垄断了榆林90%以上的煤、油、气资源，但中央企业缴纳各税仅占全市财政总收入的20.8%（神华63亿元，长庆27.2亿元）；省级企业缴纳各税占财政总收入的18.2%（主要有延长集团64.3亿元，陕煤集团17.2亿元，陕西有色集团7.5亿元）；市县地方企业及个体工商户等税收占总收入的43.7%。央省企业贡献的地方税占地方财政收入的23.9%。中央企业不执行地方政府依法制定的收费政策，造成地方财政收入流失。随着西部大开发政策实施和榆林资源的开采，榆林市进驻了一些中央和省级企业。这些企业在榆林从事资源开采，不仅享受了当地政府招商引资优惠政策，而且在近年资源价格高涨中获得了丰厚利润，但却拒不执行国家有关的税费政策和陕西省政府依法制定的全省统一的收费政策，造成地方财政收入流失。央省企业占有资源多，享受国家政策红利多，竞争实力强，对地方财税贡献份额小；市县企业规模小，占有资源少，竞争力弱，可持续发展后劲不足，但对地方财政和当地社会发展的贡献更大。榆林市发展缺乏本地化基础，这是财政推动效果不佳的重要原因。

# 第七章 资源型城市经济转型的国际经验及借鉴

## 第一节 国外典型资源型城市转型情况

资本主义工业革命的不断推进，带来了对矿产资源的大量需求，各国都开始了大规模开发矿产资源，一座座向社会提供矿产品及其初加工产品的矿业城市相继诞生。在加速工业化和城市化进程的同时，也带来了资源消耗加剧、环境污染、产业结构失衡和就业形势严峻等一系列社会问题。自20世纪六七十年代开始，发达国家陆续对资源型城市的产业结构调整和经济转型进行探索。

从国外的探索与实践看，资源型城市经济转型是一个世界性难题。世界各国中，既有成功的经验，也不乏失败的教训。成功的案例如通过产业链延伸和引进科技项目，从单一资源型城市发展成集资本、技术、智力于一体的综合性大都市；日本九州地区通过新型产业植入完成了由传统煤区向高新技术产业区的转型。

### 一、法国洛林

法国洛林过去是以煤炭、钢铁等传统产业为主的老工业基地。20世纪60年代末开始，由于开采成本上升、环保标准上升和国外低成本煤炭的冲击等原因，传统产业开始衰退，政府开始直面现实，下大力气进行经济转型，制定了以提高国际竞争力为导向的高起点转型目标，其主要措施有：

一是关闭高耗能、高污染和高成本的丧失市场竞争力的煤矿、普通钢铁厂。这一点和德国鲁尔区有保留地发展有明显区别。虽有煤炭、铁矿石资源，但矿井较深、开采吨煤成本大大高于当时世界市场煤炭价格，且人工成本较高，发展普通钢铁产业不符合市场经济规律，政府选择放弃，而将财力用于新兴产业，事后证明是明智之举。

二是用高新技术改造传统产业,发展高附加值的特种钢铁、智能机械、精细化工等高端产业和产品。

三是立足全球市场需要,重点选择发展核电、环保装备业、电子、医药等高新技术产业。制定优惠政策,吸引外资,使产业结构调整与国际接轨,从而增强竞争力,而不是闭门造车。

四是成立专门的国土整治部门,重新整治和规划老矿区的土地,营造宜居环境。70年代末开始,政府设立了30亿法郎的专项基金,用于解决老矿区的土地和环境问题,植树种草,美化环境,重新优化用于建设居民住宅、休息娱乐中心,或新产业的工厂用地。

五是加强培训,促进劳动力再就业。第一,根据员工再就业和产业发展的需要,组成了不同专业、不同层次的培训中心,对员工进行有针对性的培训,培训费用由国家承担,有效提高其职业技能和就业能力。第二,大力完善就业信息发布,充分利用计算机网络和求职热线,收集和发布用工信息。第三,改制国有企业,扶持创办了非国有企业,引入民间资本,激发经营活力。第四是实施税收、信贷、现金奖励等优惠措施,鼓励企业招聘煤炭等产业的转产和失业工人。第四,建立创业园,扶持失业工人创业。为创业小企业免费提供企业发展规划、办公室、机器、厂房、企业顾问和技术专家等软硬件全方位的帮助,经过各方努力,成效显著。

六是广泛开展国际合作。洛林将国际合作作为政府的优先项目,吸引周边和邻近国家参与洛林地区的经济建设。与德国的一些州签订合作的5年计划,计划的主要内容包括开展科研和技术转让,发展旅游业;整治领土,保护环境,建立跨地区的通信;开展就业培训,培养外语人才,以利法德交往;为社会文化网络提供技术支持。洛林发展经济跨国合作计划,对于跨国计划,欧盟委员会给予了大量补贴,保证了资金的来源。

经过30多年的努力,洛林转型成效明显,逐渐转变成了以高新技术产业、复合技术产业为主,环境优美的新兴工业区。

## 二、英国伯明翰

伯明翰曾是一座典型的煤炭城市,被称为"世界工厂"。直至20世纪70年代,伯明翰仍有将近一半的人口从事制造业。20世纪七八十年代开始,伯明翰经历了向非工业化城市转型的漫长历程。

1976年,以伯明翰为主要经济命脉的西米德兰兹地区(West Midlands region)仍保持在东南部以外的英国国内最高的GDP,但在5年内,GDP急剧下跌为英格兰倒数第一,期间损失了20万个就业岗位,亏损集中在制造业企业。到1982年,伯明翰城市失业率接近20%,约为阿斯顿(Aston),汉兹沃思(Handsworth)和斯帕克布洛(Sparkbrook)等地区的两倍。

伯明翰市议会实行了城市经济多元化的改造方案,促进服务业、零售业、旅游业等新兴产业发展,同时采取一系列措施,减轻对制造业的依赖。

布林商业街是伯明翰城市改造的一座里程碑,标志着伯明翰由一个工业化城市转变成以服务业为龙头的非工业化城市。布林商业街位于伯明翰市中心,于1964年竣工,是一组典型的20世纪60年代风格的水泥建筑。当时,布林被公认是伯明翰衰败和不堪入目的标志。而今日的布林,却成为伯明翰发展非矿产业、实行非工业化转型的新象征。经耗资5亿英镑的改造,布林商业街成为一个充满活力、新潮、现代化的街道、空中走廊、广场和娱乐中心综合体,为伯明翰增加就业机会8 000个,增收近两亿英镑。

伯明翰市政议会在制定城市改造方案时,不单单考虑经济转型,也把市政建设和文化建设视为转型的重要内容。虽然伯明翰没有天然的名山胜水,但它充分利用其发达的交通优势和地利之便,加上其市政服务和文化设施的吸引力,大力发展金融业、专业咨询、零售业尤其是会展业。1991年,伯明翰市政议会斥巨资建成国际会议中心。国际会议中心的建立吸引了私营地产商,各种会展场所和旅馆相继出现。市政议会前的维多利亚广场改造完毕后,又引发了私营地产商的新一轮投资热。

### 三、德国莱茵—鲁尔区

从20世纪60年代开始,以煤炭、钢铁为传统工业基础的德国莱茵—鲁尔区开始衰落。为了有效调整产业结构,维持经济发展,政府采取了一系列政策措施,其中最重要的一点是矿产业和非矿产业同时发展,产业结构不断得以优化。其主要措施有:

一是重视煤炭生产及就地加工,促进经济综合发展。鲁尔煤炭自1804年起进入现代化开采阶段,1939年达到1.3亿吨。1982年鲁尔煤田商品煤产量为7 024万吨。近年由于采取限产政策,2001年煤产量降至5 450万吨,2005年又进一步降至约2 000万吨。鲁尔区对煤炭注重就地加工,与电力、钢铁、煤化工、建材等联合生产,同时重视轻工、农业发展。莱茵—鲁尔区虽是工业及人口密集区，但至今农牧用地仍占土地面积的40%，谷物、肉类及牛奶产量相当高。

二是根据市场需要实行"再工业化"。莱茵—鲁尔区重型化的经济结构，进入20世纪60年代以后面临危机，煤及钢产量不振，重型机械销路呆滞，工业结构老化，煤矿工人及人口外移。为此，联邦及州政府制定新的区域规划，发展以知识技术密集型工业为重点的新产业，同时加强对传统产业的改造。改造传统工业的措施主要有：将煤业向利伯河以北发展，减少煤矿数量，扩大煤炭公司，使采煤综合机械化程度达到96.8%，居世界首位，煤液化合成汽油质量高于石油提炼的汽油；钢铁厂从东部向莱茵河岸集中并以杜伊斯堡为中心。建立石油化工、汽车、电子、电器、精密机械和仪表、纺织服装等新工业部门，并使之迅速发展。

三是美化矿区环境，有效控制污染。在鲁尔河上修建100多个澄清池净化污水，废弃煤矸石山培土植树铺草，塌陷矿区辟成湖泊疗养地。区内人均占有绿地130平方米。各工厂建立粉尘有害气体回收处理装置，排放不达标不准生产。如今矿区已是绿色田园，有3 000多个公园，黑烟遮天蔽日已成为历史。

四是制订和执行区域规划及城市规划，平衡生产力布局。全区已高度城镇化，区内无相差悬殊的先进与落后地区之分。城市群分为三大片，各城市发展有所侧重，不追求把大城市都建设成政治经济文化等功能齐全、规模过大的综合中心。各城市都悉心保护自己的古建筑及文化纪念地，从而形成个性化的城市功能和建筑风貌。

## 四、日本九州

九州是日本著名的煤矿产区。20世纪60年代初，为推动经济转型，日本决定放弃对煤炭行业代价高昂的保护政策，通过实施一系列政策，九州地区由传统的煤矿产区转型成为日本重要的高新技术产业区。

自20世纪60年代起到2002年九州最后一个煤矿关闭，日本政府耗时40多年实现九州煤炭业的调整和转型。

（一）渐进式政策调整，大力发展高科技等替代产业

第一，九次修正煤炭调整相关政策。1955年出台《煤炭工业合理化临时措置法》力求解决生产技术落后、企业亏损等问题。20世纪60年代，廉价石油的冲击使得煤炭企业的效益日益下降，但是政府依然实施事后看来过度保护的政

策，直到 1987 年第八次煤炭政策才将重心转向开发国外煤炭资源。

第二，因地制宜，大力发展替代产业。在九州煤炭产业结构调整的过程中，并没有发展煤炭相关的延伸产业，而是结合其人才优势、优越的自然环境和交通运输等区位优势，重新定位产业格局，大力发展以集成电路为代表的新兴产业，产业集聚效应明显。不仅吸引了东芝、索尼等日本国内一流企业，也吸引了美国得州仪器、德国国立信息处理研究所等世界一流的研究所、大学和企业落户九州，九州成功转型为高科技产业基地。

第三，九州成立了地区"产学官交流中心"，负责汇总企业需求和技术、科研相关信息，对及时调整优化科研方向、促进信息交流和科技成果转化、提升地区产业技术综合实力贡献很大。

(二) 重视环境保护，发展循环型经济

九州一度是污染环境的典型代表。自 20 世纪 70 年代开始，九州开始改善生态环境，主要措施有：

第一，制定严格的环境保护法律并且严格执行。日本政府先后出台了大气、水质、海洋等一系列环保法。九州制定了更严格的地方法。在环保节能方面，日本政府和国民严格执行了相关法律法规，取得了实质性的环境改善。

第二，官、企、民共同改善环境。日本高度重视社会力量，政、企、NGO 和国民等主体发挥各自作用，履行应有的责任。政府引导，企业配合，民众积极监督，北九州市政府为中小企业治理污染提供帮助，环境局向市民公开环境信息，主动寻求舆论监督等。

第三，环境修复与土地整治相结合。将矿区原址改造为适合城市居民休闲、娱乐的公共场所等，既实现了修复环境，还有效地将污染土地转变成经济增长的动力。大力发展环保产业和循环经济，建立多处"生态工业园"示范区。

经过几十年的努力，九州的环境治理成效显著，环保节能产业正成长为新型支柱产业。

(三) 完善社会保障，重视失业者的培训与安置

政府为安置关闭煤井后的失业人员，制定相关的法规以确保目标的落实。向煤矿工人发放离职金，通过实施职业技能培训等措施，实现再就业，保障基本生活水准。值得称道的是，政府从开始讨论关闭矿井之日起即着手研究煤矿工人的职业培训和技能提高，不仅承担培训费用，而且一直贯彻执行，确保工人在下岗前掌握较高的技能，顺利实现再就业。

### (四）财政资助政策及其税收、金融等优惠政策

第一，财政支援政策包括"产煤地振兴临时支付金、采煤地开发事业费补助金、地方支付税的特例"三种。支付金制度设立是为了缓冲煤炭关闭导致财政冲击过大，补助金制度由企业、地方政府和中央政府出资设立，以振兴产煤地区经济和治理环境，中央政府补助资金超过一半。地方支付税的特例，包括普通支付税和特别支付税两种。前者是当产煤地的失业所花费用耗费太大，地方财政无力承担时，由中央政府给予补贴；后者是出现特殊的财政需求，如自然灾害，标准的财政需求无法体现时，中央政府给予地方政府的特别补助。某种程度上，和我国对煤炭枯竭型城市的转移支付和相关财政补助有共同点。

第二，制定税收、金融、市场准入等优惠政策吸引企业进入开发区。金融方面，1962年设立了产煤地域振兴公团，负责开发工业园小区的融资，开发好土地后，通过长期低息贷款等优惠措施吸引投资者前来新建工厂，成效显著。税制等方面的优惠措施：不动产取得税、固定资产税等地方税减免，国家补贴减收额的八成；加速折旧政策；鼓励企业技术更新的税收优惠，如卖掉旧设备可以减税；中小企业特别贷款；简化新企业进入的手续。

### （五）基础设施建设方面的优惠政策

对于必需的道路、环境治理等公共事业，部分超出常规的花费支出所欠债务由国库承担。为了振兴产煤地域市町村进行的特定公共事业，包括道路、港湾、公共住宅等17项事业，通常的国库补助率可上调到25%的范围内。产煤地一般都缺乏足够的水资源，给予小水系用水开发费补助，确保工业用水只能依靠小水系河流的开发。

## 五、美国休斯敦

休斯敦位于美国南部德克萨斯州。1901年，休斯敦发现油田，1929年石油进入全面开发时期，1947年墨西哥湾石油的大量开发促进了休斯敦的经济腾飞。20世纪60年代以后，石油开采业整体下滑。

为避免城市衰退，休斯敦采取了一系列措施，具体可概括为"延伸产业链条、拓展海外市场、发展高新技术、建立多元产业、完善投资环境"5个方面：一是大力发展石油开采和加工的下游产业；二是积极拓展国际市场，将石油工业延伸到海外；三是利用阿波罗宇航计划和休斯敦大学，大力推进高科技研发、新能源开发利用和人力资源培训，使休斯敦成为美国国家航空航天局航天中心

所在地、美国第一大医疗中心和太阳能城市;四是利用区位和交通优势,积极发展金融服务等高层次的第三产业,优化产业结构;五是采取鼓励性措施改善城市投资环境,吸引企业前来投资。如休斯敦市为企业投资提供4种减税方案,包括经济发展减税计划、再发展减税计划、住房减税计划和棕地减税计划。棕地减税计划主要适用于在土壤、地表水或地下水存在环境污染的棕地地区的重新开发活动。德克萨斯州也提供多种方案吸引新企业或者鼓励企业扩大业务。对于那些持有贬值地产或者坐落于特殊区域(例如再投资区域)的公司则给予其他地产税收优惠。

通过以上措施,休斯顿实现转型,从起初的石油城市变成以石油为主、包括多种产业集群组成的综合性基地,变成集资本、知识、技术密集和高新技术于一身的现代化大都市。

## 第二节 国外资源型城市转型主要经验

从发达国家资源型城市经济转型成功的实践来看,各国、各地区的自然及社会经济条件不同,转型的方式也大有不同。但总体来看,有一些经验值得借鉴①。

### 一、政府主导,对资源型城市转型提供资金倾斜和政策扶持

一方面,政府的资金倾斜与政策扶持是德国鲁尔、法国洛林、日本九州、美国休斯顿等资源城市成功转型的关键。资金倾斜依托于政策扶持,政府需要通过经济杠杆和激励机制,注重资金和技术的投入,引导资金流入资源型城市,尤其是流入需要扶持的企业。如1985年联邦德国政府根据鲁尔区的实际情况,投资1.3亿马克建立技术园区,其中欧盟、联邦和州政府资助9 000万马克的建设费用,技术园成立的200多家企业提供了3 000多个工作岗位,为鲁尔区的发展带来了很多新的机遇。另一方面,政府与企业密切对接,如联邦德国政府建立鲁尔区城市转型专项工作小组,建立预警机制,以此建立良好的融资体制。就我国而言,在经济转型发展的初期,诸多城市的发展主要依托资源的开发,

---

① 振兴东北办. 考察德、法、瑞典资源型城市转型调研报告[R]. 2005-11;李华,黄大英. 资源型矿业城市经济转型的现状及对策研究——兼谈辽宁阜新的经济转型结构调整[C]. 全国资源枯竭型城市经济转型与可持续发展研讨会,2004.

一旦资源型产业出现衰退,整个区域经济就会受到严重冲击。所以政府应该审时度势,在政策和资金上给予积极的引导,同时要及时掌握资源型城市的发展情况,提高与企业的对接效率,建立预警机制。

## 二、重视资源型城市转型长效机制的构建

资源型城市经济转型也是一个漫长的过程,法国的洛林、德国的鲁尔、澳大利亚的佩斯、加拿大的蒙特利尔,早在20世纪70年代就开始转型,经历几十年后成效才逐渐显现,因此,国外资源型城市转型非常注重长效机制的构建。

### (一)建立资源开发的补偿机制

国外在处理资源补偿机制时,将过去的和将来的区别对待,例如美国将矿区的生态环境治理分为法律前和法律后,使矿区生态损害与恢复治理的责任明确。对于法律颁布后出现的矿区生态环境破坏,一律实行"谁破坏、谁恢复",由矿山主100%进行修复。而对于法律前已破坏的废弃矿区,则由国家通过建立治理基金的方式组织恢复治理[1]。德国对两德统一后成为政府资产的原东德的老矿区的生态环境治理,由政府作为投资和治理的主体;而原西德的法律早已明确了矿业企业承担治理环境、恢复生态的责任,要求企业在开采的同时进行治理维护,因此,原西德老矿区治理的责任和投资主体是企业[2](见表7-1)。

表7-1 资源开发历史补偿机制和资源开发未来补偿机制的区别

| 项目 | 补偿目的 | 补偿性质 | 补偿手段 | 补偿主体 | 补偿依据 |
| --- | --- | --- | --- | --- | --- |
| 资源开发历史补偿机制 | 帮助资源已经或濒临枯竭的城市和企业解决历史遗留问题 | 补偿历史 | 以转移支付等政策支持为主 | 中央和省级政府 | 基于历史遗留问题欠账 |
| 资源开发未来补偿机制 | 资源开发将来的生态环境保护与修复等 | 面向未来 | 以市场补偿机制为基础 | 资源开采企业 | 基于资源开发数量 |

### (二)建立替代产业发展的扶持机制

国外在支持资源型城市接续替代产业发展的政策有一些值得借鉴。

一是设立产业转型专项基金。西方很多国家通过中央和地方财政或建立各

---

[1] 胡振琪,赵艳玲,毕银丽. 美国矿区土地复垦[J]. 中国土地,2001 (6):43-44.
[2] 振兴东北办. 德国老矿区环境治理的做法及借鉴[R].

项基金以及保险机制,对资源型产业进行援助,刚开始主要是直接补贴,后来主要发展为对产业结构的调整和新兴重点。

二是改善投资环境。包括建立良好的经济秩序,加强道路、通信、环境、科教文卫等基础设施和公用事业的建设,吸引外来投资,促使其他企业进入资源型城市。日本主要通过加强基础设施和公用事业的建设,提高产煤地域的吸引力;欧盟国家也采用了类似的措施。

三是制定优惠政策。各国为了吸引外来投资,都制定了大量优惠政策,主要包括土地优惠、融资优惠和税制优惠。如德国的鲁尔地区政府制定了十分诱人的土地价格,鲁尔地区繁华地段土地售价仅是慕尼黑土地价格的1/10。日本为了培育煤炭产业的替代产业,制定了企业吸引政策,包括融资和税制两个方面,对企业提供长期低息的设备资金融资、长期运转资金融资等;税制上的优惠包括对地方税的减免等。

四是发展中小企业。发展替代产业一方面要吸引外来投资,解决经济调整资金不足的问题,另一方面要在积极争取大型企业进驻的同时,大力发展中小企业,为大型企业提供配套服务,形成产业聚集,从而提高区域竞争力。为了促进中小企业的发展,各国都制定了相应的政策。如鲁尔地区为中小企业提供优惠贷款和信用担保;为企业培训各类专门人才;帮助企业开展技术创新、改造和技术引进等。

## 三、构建全方位的财税和投融资政策支持体系

(一)政府实行多种多样的财税支持

法国为扶持老工业区发展,设立了地区开发奖金、工业自应性特别基金、工业现代化基金等多种形式对资源型地区进行倾斜;另外还通过对行业税、劳工税、不动产转让税、公司税、所得税等税收不同程度和时间的减免来吸引外来企业进入老工业区。德国出于自身能源安全、维护社会稳定、减少就业压力等方面的考虑,对煤炭工业采取了一系列的优惠政策:(1)价格补贴。1996—1998年,联邦政府给予主营煤炭业的鲁尔集团的补贴就分别为104亿、97亿、85亿马克。(2)税收优惠。对煤炭公司所得税予以退还、豁免或扣除,还允许煤炭企业加速折旧。(3)投资补贴。在煤矿生产合理化、提高劳动生产率和安排转岗人员等方面提供各种补助。(4)环保资助。为治理矿区环境提供资助,一般由州政府负担1/3,联邦政府负担2/3。(5)提供研究和发展补助等。

## （二）就业等社会问题是财税政策支持的重点

资源型城市转型过程中，工人失业成为突出的社会问题，必须把解决就业问题作为优先目标。一是成立专门机构进行创业咨询和提供小额优惠贷款，支持矿工创业。二是政府对创造就业的企业给予补贴。如德国规定：新企业创造了一定数量新就业岗位，且保持5年以上，可为企业提供相当于投资额12%～23%的补贴。三是允许矿工提前退休。如法国允许工龄满25年或年龄超过45岁的矿工提前退休，享受80%的退休工资（正常退休工资60%），并对提前退休人员免费培训。四是确保煤炭关闭后矿工的医药费来源，并对职业病如尘肺病进行免费治疗。五是由国家出资对矿工住房进行改造。六是对矿工进行免费转岗培训。此外，法国政府还出资在矿区建立高等院校，1960年在北加莱大区兴建了Valenciennes大学，1990年又建立LENS大学，学生大部分来自矿区。

## （三）运用投融资政策促进资源型城市转型

如日本九州的开发转型，通过地域振兴整顿公团，对进入产煤地域的企业设有长期低息的设备资金融资和长期运转资金融资等。另外减免地方税，减收额的80%由国家补贴。德国、法国及其地方政府在招商引资方面也有许多支持政策，包括税收支持和投资补贴等。1984年，法国政府出资成立矿区工业化基金，1990—2000年每年提供1 500万欧元，帮助矿区改善基础设施和发展高技术产业。此外，法国政府还组建了"矿区再工业化金融公司"，作为国家支持转型地区的资金渠道。该公司由中央政府、大区政府和银行共同出资组建，其运作方式类似于投资银行。

## （四）建立金融扶持机构，确保融资渠道顺畅

金融支持资源型城市经济转型，发挥信贷倾斜政策。美国、法国等国家曾在经济危机时在经济转型地区建立金融扶持机构，发挥信贷倾斜政策。法国政府对转型区的经济给予支持组建的"矿区再工业化金融公司"，给转型区融资提供了平台和机会。我国可从实际出发，加大对资源综合开发利用的信贷支持，根据区域优势确定新兴主导产业，支持体现转型区经济优势、发展潜力大的主导产业，形成新型经济产业链，通过信贷的大力支持，对传统产业加以改造，并逐渐壮大新兴支柱产业和特色产业；与此同时，政府通过各种政策的制定，根据转型区的环境，给资源区以政策上的倾斜和利益补偿，确保转型区的投资的风险最小化和利益最大化。

(五) 深化金融市场结构,创造资源型城市融资机遇

资源型城市转型融资过程中,应不断推出适合区域经济发展的金融工具和金融产品,一方面充分发挥金融市场积聚资金的作用,另一方面加快非资源型产业的发展,推进资源型城市产业结构的优化升级调整进程。

资本市场应充分发挥融资融券作用,提升资源型城市内的企业通过债券市场融资意识,鼓励有资质的企业通过发行短期融资债券等方式获取流动资金,缓解建设资金压力。证券市场应充分发挥股权融资功能,提升区域内企业运用股票市场筹资的融资意识,鼓励并培育城市中企业组织结构较为科学、管理相对正规、资产负债情况良好的企业上市,通过上市扩大知名度和影响力,募集资金。保险市场应参与到资源型城市重大项目的投资中,充分完善现有保险法律法规,使保险公司的投资方式得到扩大,既可以增加保险公司收益,同时保险市场也得以发展,增强保险市场支持城市经济转型的力度。

## 四、建立资源型城市转型的组织保障体系

(一) 设立专门机构负责资源型城市经济转型工作

如德国,在联邦经济部下设联邦地区发展委员会和执行委员会,州政府设立地区发展委员会,市政府成立劳动局和经济促进会等职能部门,负责资源型城市经济转型的综合协调。法国于1963年成立了由政府10多个部门组成的矿区重组部际小组,负责全国煤炭矿区重振工作;并成立了由大区行政长官、有关部门和煤炭公司组成的北加莱大区重组小组。目前矿区重组部际小组已并入国家领土整治与地区行动署。法国领土整治与地区行动署编制140人,挂靠法国内政部,署长直接对总理负责,负责筹划、推动、协调国家领土规划以及老工业基地重振工作。

(二) 建立培养从事资源型城市经济转型工作的专门队伍

资源型城市经济转型是一项长期的任务,也是一项专业性很强的工作,需要建立专业队伍和培养专门人才。法国领土整治与地区行动署的一位资深顾问认为,从事老工业基地重振和资源型城市经济转型工作的专业人员需要具备三个方面的知识和技能:一是劳动和社会保障方面的知识;二是项目管理方面的经验;三是区域经济方面的知识。目前,法国已经形成了一支从事老工业基地重振的专业队伍。中央政府有转型专员,地方有转型中心。此外,还有从事转型工作的专业公司,当某个地方出现问题时,中央政府将派出转型专员与地方

政府及转型中心共同开展工作。德国联邦政府也成立了一些专门从事老矿区复垦工作的专业公司。

## 第三节 对我国的启示借鉴

研究发达国家的做法和经验，对我们富有启迪意义。但是，由于我国资源型城市在产业的形成、发展、现实状况等方面都具有各自的特点，完全照搬国外做法是不可行的，必须从我国国情出发，借鉴其他国家的成功经验，走出一条具有中国特色的资源型城市经济转型之路。

### 一、加大政策支持力度，建立转型长效机制

（一）加大对资源型城市的专项转移支付力度

我国多年来一直对资源型城市实行原材料低价政策，以支持国家重工业发展，形成工业制成品和资源初级产品之间的剪刀差，致使资源型城市自身积累很少。建立资源型城市可持续发展机制，单纯依靠企业自身或者地方政府非常难，而需要财政特别是中央财政给予大力支持。资源型城市尤其是资源枯竭型城市，需要国家专项转移支付的倾斜支持。尤其是对于资源枯竭型城市，国家应该提高对采煤沉陷区的资金补助比例，增加对资源枯竭地区和城市下岗职工安置的专项资金补助，妥善解决中央煤炭企业下放前的历史遗留拖欠工资和安全生产欠账。加大对资源型城市社会保障的专项转移支付力度。扩大就业、消除贫困、维护社会稳定是促进资源型城市可持续发展的重点，国家应保证对下岗职工基本生活保障支出的补助和对城市居民最低生活保障的补助支出。同时积极帮助下岗失业人员转变就业观念，由政府提供转岗免费教育和培训，促进下岗失业人员实现再就业，解决资源型企业历史遗留问题，保障资源枯竭企业平稳退出和社会安定。

（二）清理改革矿产资源的收费制度

目前，我国对矿产资源也征收一定的矿产资源补偿费，用以矿山的恢复和保护等支出，与国外的制度相比，我国的收费制度还需在以下几个方面加以完善。

一是实行矿产资源补偿费率的弹性化。现行的矿产资源补偿费率是定额费率，而资源开采企业的经营具有周期性特点，不同时期的投入产出比是不一样

的。在稳产期，缴纳矿产资源补偿费并不困难，但是到了衰退期，随着开采难度的增加，回采率降低，资源补偿费增加，使原本就深陷困境的企业雪上加霜。因此，应该针对企业发展的不同阶段确定不同的费率，以体现量能负担，保证矿产资源补偿费的及时足额入库。

二是提高矿产资源补偿费的地方留成比例。为了保障和促进矿产资源的勘察、保护和合理开发，维护国家对矿产资源的财产权益，根据《中华人民共和国矿产资源法》的有关规定，明确在中华人民共和国领域和其他管辖海域开采矿产资源，应当依照规定缴纳矿产资源补偿费。

矿产资源补偿费是一种财产性收益，它是矿产资源国家所有权在经济上的实现形式。矿产资源补偿费由中央和地方共享。地矿主管部门会同同级财政部门负责征收。

我国很多资源大省都已进入资源衰退期，这些资源大省的经济实力普遍也不强，在支持资源型城市的可持续发展中负总责，分担相当部分的支出任务，财政支出的压力很大。因此，国家可以考虑在分成比例上适当上调省级政府的留成比例，缓解各省目前的财政压力，切实保证资源型城市转型的财力需要。与此同时，在中央、省、市进行收入分成过程中，尽量将收入留在资源型城市。以利于资源型城市在环境恢复、生态建设等诸多方面的投入。

（三）推进建立可持续发展准备金制度

国务院2007年38号文明确提出研究建立可持续发展准备金制度，由资源型企业在税前按一定比例提取可持续发展准备金，专门用于环境恢复与生态补偿、发展接续替代产业、解决企业历史遗留问题和企业关闭后的善后工作等。地方各级人民政府按照"企业所有、专款专用、专户储存、政府监管"的原则，加强对准备金的监管。这意味着可持续发展准备金提取后，由企业使用，由政府监管。但是，生态治理是一个综合的系统工程，它需要整体规划、分阶段实施，它不是企业单独能完成的目标，实践证明，发展接续替代产业、解决历史遗留问题和企业关闭后的善后工作，也不能要求企业直接完成。否则，会造成任务实现不到位，企业负担加重的双重不利局面。为此，我们建议，可持续发展准备金的提取按企业销售收入的一定比例征收，作为专项基金纳入征收所在地政府的国库由政府统筹使用。仍然是专款专用、专户储存。考虑到目前一些地方政府已经开始了征收"煤炭价格调节基金""可持续基金"或是"就地转化基金"的实践，为避免过分加重企业负担，在可持续发展准备金制度正式建立后，取消地方的类似"煤炭价格调节基金"的提取。建立资源型企业可持续发展准备金制度后，环境治理等可持续成本纳入产品成本核算范围，可以从一定程度上理顺资源价格传导机制，以更利于资源型城市可持续发展。

## 二、抓住转型重点，破解转型难题

（一）解决再就业难题，完善社会保障体系

一是促进劳动力再就业。当前，产业工人失业成为资源型城市转型中面临的突出问题。只有占城市大多数人口的产业工人的就业问题得以解决，才能保证资源型城市发展接续产业有一个稳定的社会环境。资源型城市应尽快制定职工转岗培训及再就业计划，根据城市就业和产业发展的需要，设立若干不同类型、不同专业、不同所有制、不同层次的培训中心，有针对性地进行分门别类的培训。在经济状况较好的资源型城市，培训费用可由国家支付，也可引入国外资金和培训机构付费培训。在经济状况较差的资源型城市，由政府承担失业工人培训费用，帮助介绍其再就业，以促进产业工人在各个产业之间充分流动，减少流动、迁移成本。

二是完善社会保障制度，保持社会稳定。资源型城市的产业转型会造成大量工人下岗、转岗，如果不能实现再就业，社会将出现不稳定因素，严重的还会影响整个城市经济的发展。建立和健全社会保障体系是保持资源型城市社会稳定的重要环节。对于"特困型"的资源型城市，中央财政应从反哺的角度，按照"公共财政"的原则，实行转移支付，帮助其建立社会保障体系。对于那些企业无力提供培训和实施再就业的职工或者不具备再就业条件的职工，应由国家及当地政府建立专项社会保障基金，以保证失业职工基本生存的需求。

（二）完善资源相关法律体系，促进资源合理开发使用

修订完善现行的有关资源开采的法律及相关配套法规，抓紧制定资源勘察、生产开发、稀缺资源和重要资源保护、资源开采作业职工意外伤害保险和特殊保护、矿区保护等法规；加强资源开采行政执法。依法维护资源生产经营秩序，保护企业合法权益；建立健全资源开采安全法规体系，切实强化安全执法监察，构建资源开发安全生产长效机制。

（三）建立科技创新体系，大力发展新兴产业

建立科技创新支撑体系，强化企业在科技创新中的主体地位，不断在完善创新环境、健全服务体系、强化人才引进等方面加大力度。调整资源城市传

统产业时，要避免城市重复建设、过度消耗资源、低效消耗资源。以鼓励企业技术改造、协调企业横向或纵向兼并、完善企业竞争结构、优化企业组织规模等方式，对传统资源产业实行积极的保护政策，解决大量剩余劳动力的失业问题。在此基础上，鼓励利用高新技术，对传统工业进行改造，促使产业升级。有必要对新发展的产业实行税收减免，以利于城市新兴产业的发展。只有这样，才能从根本上改变以资源型、原材料型、低档次、粗加工的产品为主的产品结构，发展高技术、高附加值、深加工的产品，变资源优势为经济优势。

（四）加强基础设施建设

多数资源型城市基础设施不完善，已成为制约城市经济发展的主要因素之一。西方发达国家在治理产业衰退地区时，都非常重视基础设施尤其是交通的建设。交通是经济的命脉，建设发达的交通运输系统成为资源型城市复兴和区域经济发展的中心任务，要加强资源型城市公路网的建设，并建设强大的铁路和水路运输系统和特大型的港口，为地区产业转型创造条件，保证资源型城市的可持续发展。

## 三、建立转型的组织保障机制

（一）明确中央政府的主导作用

我国资源型城市的发展现状与国家计划经济时代所实行的政策密切相关，资源型城市经济转型，既需要资源型城市自身的不懈努力，也离不开国家的大力支持。改革开放以前，资源型城市几乎无偿地向国家输送了大量资源，在此过程中，资源型城市也丧失了自身发展接续产业的积累条件。改革开放以后，资源开采的外部性和无序的市场结构使资源型城市蒙受了巨大损失，同时，大批此前曾为国家发展建设作出卓越贡献的资源型城市已经迈入资源开采的中后阶段，已无力在激烈的市场竞争中重铸辉煌。因此，中央政府应该充分发挥宏观调控的职能，支持资源型城市的可持续发展。

（二）建立专门机构，负责资源型城市经济转型

资源型城市的产业转型是一项复杂的系统工程，涉及经济社会生活的方方面面。同时，我国资源型城市条块分割的二元管理结构十分突出，资源型城市的多数大型企业是中央政府、上级政府和上级主管部门直属的企业，企业和政府关系不顺，长期各自为政、各行其是。中央各部门之间及地方各级政府之间

的利益冲突不断，转型工作很难推进。因此，建立一个专门的机构负责对资源型城市的产业转型实行统一指挥和协调是非常必要的。这个部门既要组织政策调研，又要发挥行业协会的作用，结合实际情况，提出切实可行的措施和方案，制定相应的政策加以扶持、管理和指导。

# 第八章 财政助推资源型城市转型升级发展的国内经验及借鉴

根据多种方式对国内资源型城市进行筛选,我们选择了江苏省徐州市、浙江省湖州市、山东省枣庄市、湖南省娄底市、河南省焦作市、内蒙古自治区鄂尔多斯市和辽宁省阜新市7个城市作为参考,对其相关数据、做法和经验做全面梳理,以便为榆林提供借鉴。

## 第一节 我国资源型城市转型发展的主要做法和经验

他山之石,可以攻玉。和榆林市情相似,我国有诸多资源型城市,这些城市都曾经面临或正在面临如何转型发展的问题。本专题通过梳理徐州市、鄂尔多斯市等7个典型资源型城市面临的转型困境、转型历程、转型做法、转型成果等,为榆林转型发展提供可借鉴的实践经验。

### 一、内蒙古鄂尔多斯市转型发展的主要做法和经验

鄂尔多斯市煤炭工业有近百年的历史,煤炭资源丰富,已探明储量约占全国总储量的1/6,占内蒙古自治区的1/2。煤炭和房地产支撑鄂尔多斯市的发展,但也造成了资源型城市的衰落,"鬼城""债城"一度成为鄂尔多斯的代名词。经过近10年的转型,2016年,鄂尔多斯完成地区生产总值4 417.9亿元,固定资产投资3 050亿元,公共财政预算收入451亿元,三项指标位列内蒙古自治区第一位。鄂尔多斯市"十三五"规划纲要进一步提出要实现"六个新进展、三个再提升",即经济建设、文化建设、社会建设、城乡建设、生态文明建设和改

革开放取得新进展;地区综合竞争力再提升、区域辐射带动能力再提升、人民幸福感再提升。

鄂尔多斯市转型发展的重点集中在三个主要方面:推动工业转型发展,构建传统产业新型化、新兴产业规模化、支柱产业多元化的可持续发展格局;大力发展现代服务业;注重生态文明建设。

(一)推动工业转型发展,构建传统产业新型化、新兴产业规模化、支柱产业多元化的可持续发展格局

构筑"高起点、高科技、高效益、高产业链、高附加值、高度节能环保"的"六高"为基础的"大煤炭、大煤电、大化工、大循环"四大重点产业。集中打造世界级煤化工技术示范与中高端产品制造基地、国家清洁能源主力输出基地、战略性新兴产业基地、绿色农畜产品生产加工基地、文化旅游创意产业基地。

(二)大力发展现代服务业

既加快发展生活性服务业,实现基本公共服务均等化,更加快发展生产性服务业,实现服务业与工业、农牧业融合发展,形成工业转型服务化、农牧业转型服务化、服务业转型社会化、人民生活服务化新格局。通过发展文化旅游、现代物流、电子商务、健康养生、现代金融等现代服务业,加快转型发展步伐。紧扣打造"壮美内蒙古·亮丽风景线"品牌,把旅游业作为鄂尔多斯市第三次创业的优势产业、转型发展的引领产业和富民强市的支柱产业来抓,全方位构筑、全要素统筹,不断强化全域旅游理念,突出体现蒙元文化、鄂尔多斯民族歌舞文化等独具北疆特色的鄂尔多斯文化,着力把鄂尔多斯打造成为国内外旅游度假和休闲养生热点地区。

(三)注重生态文明建设

坚持产业建设与生态建设并重,推行"绿色行政"加强生态监测,建立健全"绿色GDP"考核体系。全面实施各项生态保护工程,使生态环境得到极大改善。鄂尔多斯市在2003年就出台了遏制高污染、高耗能和低水平重复建设的一系列政策措施,停建了电石、铁合金等100多个项目,并在当年签订的引进项目中,砍掉了11个高污染、高耗能项目,涉及投资几十亿元。

## 专栏 8-1 内蒙古自治区促进资源型城市转型的举措[①]

| 序号 | 主要方面 | 具体举措 |
| --- | --- | --- |
| 1 | 加快培育壮大接续替代产业 | （一）加快建设产业接续和转型园区。各资源型城市和地区要根据发展优势和国家产业政策，做好园区规划，加大基础设施投入，集中发展、聚集发展，打造招商引资平台，拓宽发展空间。重点做好三个衔接：一是与国家规划衔接，要根据国家资源型城市转型总体规划要求，做好园区土地利用规划和配套要素规划；二是与国家产业政策衔接，根据国家产业政策导向，确定园区产业定位和园区产业发展方向；三是与原有优势特色产业衔接，在原有优势特色产业的基础上，加快产业技术改造、优化和升级。<br>（二）煤炭资源枯竭城市要与资源开发型城市实现资源共享，有计划地向新型能源城市转移劳动力就业，补充技术劳动力不足，并在政府调控下合理配置资源。重点发展火电、煤化工产业和高产出、高效益、高科技的高载能产业。<br>（三）林业资源型城市接续转型的重点是依托生态资源，把生态建设和森林资源保护作为工作重点，构筑国家和自治区重要生态屏障。要依托"大兴安岭"这一核心旅游资源，突出"大森林、大草原"的区域特色，大力发展旅游产业，打造国内一流、国际知名的生态旅游城市，逐步形成集温泉度假、冰雪运动、自然生态、边境观光、火山科考等于一体的多元化的旅游产品体系。要依托绿色资源，壮大绿色食品产业，发展木材加工及林下产品产业。<br>（四）资源型城市非资源产业发展的重点。要抓住珠三角、长三角等沿海发达地区产业转移的机遇，重点在机械、五金、医药、食品、电子、日用品、新型建材等领域大规模定向招商。按照为大产业、大企业、大园区配套的原则，重点引进风电、煤炭机械制造、有色金属、PVC深加工等一大批企业。 |
| 2 | 努力完成沉陷区治理和棚户区改造任务 | 制定2009—2011年专项建设规划，集中建设，分批实施，并积极争取国家支持，力争在2011年年底前完成沉陷区治理及棚户区改造任务。 |
| 3 | 进一步加强环境整治和生态保护 | 切实加强矿山环境治理。正确处理好"当前与长远、整体与局部、发展与保护"的关系，遵循生态规律和循环经济理念，按照节约型、集约型和生态矿山建设要求，依靠科技进步和科学管理，使资源开发与环境保护实现良性循环。 |

---

[①] 《内蒙古自治区人民政府关于促进资源型城市可持续发展的实施意见》（内政发〔2008〕110号），2008年11月27日印发。

| 专栏 8-2　内蒙古自治区促进资源型城市转型的支持政策① |

| 序号 | 主要政策 | 具体内容 |
| --- | --- | --- |
| 1 | 积极争取国家扶持政策 | 自治区有关部门要按照我区新型工业化战略目标，在农林牧水、城市建设、环境治理、交通、旅游、煤矿安全、重大装备自主化建设、重点行业结构调整、提高自主创新能力及高技术产业发展、采煤沉陷区治理与棚户区改造、厂办大集体改革、分离企业办社会等领域，继续做好向国家有关部门争取支持政策、国债投资、一般性和专项转移支付等工作。 |
| 2 | 财政投资政策 | 从 2009 年至 2011 年，自治区财政计划安排 18 亿元专项建设资金用于资源型城市建设，平均每年由财政安排矿权收益专项资金 6 亿元。其中，每年安排 1 亿元用于资源型城市转型项目，安排 3 亿元用于地质环境整治保护项目，安排 2 亿元用于沉陷区治理及棚户区改造项目。项目所在盟市要按照项目总投资比例的 1/3 匹配建设资金，自治区财政资金将根据工程进度和质量分期拨付。项目建设资金要专款专用，统一管理，项目建设完成后，自治区将组织审计部门对资金使用情况进行严格审计。 |
| 3 | 保证金政策 | 积极推进矿山地质环境治理保证金制度，体现"谁破坏、谁修复，谁开发、谁保护，谁污染、谁治理"的责、权、利关系，实现以矿山企业为主体的矿山生态环境恢复治理投资体制。同时，要积极探索并尽快建立所有类型资源型企业的可持续发展准备金制度，由资源型企业在税前按一定比例提取可持续发展准备金，专门用于环境恢复与生态补偿、发展接续替代产业、解决企业历史遗留问题和企业关闭后的善后工作等。 |
| 4 | 专项贷款政策 | 鼓励设立促进资源型城市可持续发展专项贷款。资源型城市的金融机构要加大对改造传统工业、发展接替产业和生态建设的信贷支持力度。建立健全资源型城市中小企业信用担保体系，落实担保机构税收优惠政策，推进担保机构与金融机构的互利合作，从而缓解资源型城市中小企业融资难、担保难等问题。 |

---

① 《内蒙古自治区人民政府关于促进资源型城市可持续发展的实施意见》（内政发〔2008〕110号），2008 年 11 月 27 日印发。

## 二、辽宁省阜新市转型发展的主要做法和经验

辽宁省阜新市是我国最典型和最具代表性的资源型城市,因煤而立、因煤而兴,是共和国最早建立起来的能源基地之一,但由于过度依赖煤炭产业,也因煤而衰,成为全国第一个资源衰竭型城市。2001年12月,国务院将阜新市确定为全国第一个资源型城市经济转型试点市;2003年,中央明确了实施东北老工业基地振兴战略,明确指出要继续做好辽宁阜新经济转型试点工作。转型之前阜新市面临着资源递减与产业经济的增长需求矛盾,产业结构单一与综合经济发展的矛盾,市场化因素先天不足与发展市场经济的矛盾,环境质量下降、生态恶化与城市人居环境改善的矛盾,职工下岗失业增加、群众生活困难与社会稳定的矛盾。

阜新市转型发展的经验可以概括为:培育接续替代产业是支撑,转变观念创新体制机制是推动,重塑环境新生态是保障,同步改善民生是根本。

### (一)培育壮大接续替代产业

一是因地制宜培育接续替代产业。阜新农业资源丰富,发展畜牧养殖业和农产品精深加工业,可以吸纳大量下岗工人就业,渡过难关。转型之初,现代农业成为发展接续替代产业的主攻方向。2001年12月28日的国务院办公会议为阜新市转型定了调子:重点发展第一、第三产业,形成以现代农业为基础,第二、第三产业有机融合的新格局。阜新市立即从投资少、见效快的农业入手,把发展现代农业作为经济转型的突破口,使该市形成了"万名矿工进大棚"的局面。二是与时俱进壮大接续替代产业。"十一五"期间,阜新市规划重点建设农产品及食品加工供应基地、新型能源基地、煤化工基地和"六个重点产业集群"以及玛瑙特色产业。"十二五"期间,阜新市进一步提出发展"十大产业集群"新思路,逐步形成了煤化工、液压、氟化工、皮革、板材家居、铸造、农产品加工、新型材料、新能源、玛瑙十大产业集群。"十三五"期间,阜新抓住促进装备制造等优势产业提质增效、支持中等城市做大做强农产品精深加工等新兴产业政策机遇,落实东北地区培育发展新兴产业三年行动计划,争取重大项目特别是战略性新兴产业布局向阜新倾斜,引进建设一批重点产业的重大项目,着力打造东北重要的高端装备制造及配套产业基地、绿色食品及农产品加工产业基地、新能源产业基地,加快布局建设页岩气开发基地,努力成为装备制造强市和新能源示范市。

| 专栏 8-3　阜新市 "十二五" 和 "十三五" 时期接续替代产业对比① |

| "十二五" 时期 | "十三五" 时期 |
|---|---|
| 优化工业产业结构，大力培育多元化支柱产业。依托现有企业、矿产和各类可以依托的资源优势，调整优化产业结构，高质量建设 "三大基地"，高水平发展 "六个重点产业集群"，建立起多元的接续替代产业结构体系。<br>一是依托资源优势，建设全国重要的食品及农产品加工基地。<br>二是依托传统优势，建设全国重要的新型能源基地。<br>三是依托煤炭优势，建设全国重要的煤化工产业示范基地。<br>四是依托比较优势，推进 "六个重点产业集群" 建设。建设液压装备产业集群，建设现代皮革产业集群，建设板材家具产业集群，建设铸造（件）产业集群，建设氟化工产业集群，建设新型材料产业集群。<br>五是加大矿产资源勘探开发力度，积极谋划新产业，推动新项目建设。 | 加快培育壮大接续替代产业，构建现代工业体系。优化产业结构和生产力发展要素，推进产业转型升级，形成多元化产业格局，全面提升工业经济综合实力、产业核心竞争力和可持续发展能力。<br>1. 做强做优三个支柱产业。改造提升装备制造及配套产业，发展壮大农产品加工产业，优化发展能源产业。<br>2. 发展壮大四个成长型产业。积极培育煤化工产业，着力做大氟化工产业，加快发展皮革制品产业，做大提升板材家居产业。<br>3. 培育发展四个战略性新兴产业。培育壮大新型建材产业，积极培育钛金属制品产业，培育提升新型电子信息产业，培育壮大生物医药产业。 |

（二）转变观念创新体制机制是推动

一是转变观念是转型发展的前提，主要表现为由 "转型找市长" 转变为 "转型找市场"。二是创新体制机制是转型发展的动力，主要表现为 "管企业" 到 "服务企业"。围绕接续替代产业发展，阜新建立了一个个专业性团队，引领这些产业发展壮大。如发展煤化工产业有 "煤化工办"、发展氟化工产业有 "氟化工办"，等等。这些办公室上有市级领导专项分管负责，下有相关职能部门全力配合，体制、机制顺畅，从而形成了对重点产业发展 "纵向携领、横向铺开" 的高效管理模式。把 "一新带三新，三新促转变" 作为重大举措，以观念更新带动体制、机制和科技创新，使新的理念成为转型实践的先导，通过体制机制和科技创新，实现了企业机制转换、政府职能转变。

---

① 资料来源于《阜新市国民经济和社会发展第十二个五年规划纲要》和《阜新市国民经济和社会发展第十三个五年规划纲要》。

### (三) 重塑环境新生态是保障

阜新市在环境治理上持续开展大规模的植树造林和"两退一围"行动,播绿护绿,恢复植被,在资源、生活、生态等领域坚持节能减排,大力倡导绿色、低碳的生产方式和消费模式,加快构建资源节约型和环境友好型社会。阜新市确立了"生态立市"新战略,突出生态环境建设。在城乡,大力实施"青山碧水蓝天"工程。在主城区采取氟化工企业搬迁、铸造企业搬迁、工业污染总量减排、煤炭物流园建设等一系列减排措施,并开展细河全流域生态综合治理工程。以亚洲最大的露天矿——海州露天矿的整治和利用为例,2005 年,海州露天矿正式宣布闭坑破产,完成了生产建设的历史使命。2009 年,地质遗迹主要景点及生态环境修复整理和制作标志工作完成,总投资 6 亿元的世界级工业遗产主题公园——海州露天矿国家矿山公园正式开园。

---

**专栏 8-4 中国工业化的"金钉子"——海州露天矿的辉煌与转型[①]**

因煤而立的东北城市阜新素有"煤海"之称,在中国的资源版图上举足轻重。其中的海州"大露天",作为当时亚洲最大的露天煤矿尤为知名,被誉为新中国工业化历程上的"金钉子"。

2006 年,国土资源部将海州露天矿列为首批 28 个国家矿山公园之一,也是辽宁省唯一的国家矿山公园。该项目计划总投资 3.5 亿元,对矿区周围进行地质灾害治理和土地复垦,是全国最大的地质灾害治理项目。

2009 年 7 月 27 日,历经 3 年建设,海州露天矿国家矿山公园正式开园。昔日亚洲最大的露天矿就此华丽转身,开始打造世界级工业遗产旅游城。

2009 年 9 月,在搜狐网与全国 31 家主流报纸联合评选的"大国印记 1949—2009 年中国 60 大地标"中,海州露天矿国家矿山公园位列第四,仅次于天安门、南京长江大桥、唐山抗震纪念碑。

从煤矿变身为公园,海州露天矿的转变,也许会给类似的资源型企业与城市带来有益的启示。

---

### (四) 同步改善民生是根本

阜新市转型发展过程中将改善民生放在同等重要的位置,同步推进,真正让群众享受转型带来的成果。在转型面临的人员安置问题上,阜新市坚持就业优先,从引进龙头企业、发展民营经济、做大第三产业、扩大劳务输出等 10 个方面拓宽就业渠道。从 2005 年开始,阜新又启动了辽宁省面积最大、任务最

---

① 资料来源于《国企》2011 年第 8 期《海州露天煤矿的华丽转身》。

重、困难最突出的棚户区改造工程。棚户区是昔日老工业基地"脏、乱、差"的标志,阜新市采取"六个一块"的资金解决方式,即争取国家和省补贴一块,通过银行贷一块,地方政府出台政策免一块,社会各界支持一块,居民个人出一块,腾空土地商业化运作收入一块。从2005年至2014年,累计投资160多亿元,改造棚户区700多万平方米,18万户居民喜迁新居。

### 三、浙江省湖州市转型发展的主要做法和经验

2012年12月3日,《全国资源型城市可持续发展规划(2013—2020年)》正式公布,浙江省湖州市被列为成熟型资源型城市。2014年5月,经国务院同意,国家发改委等六部委联合印发《浙江省湖州市生态文明先行示范区建设方案》,湖州成为全国首个地市级生态文明先行示范区。经过多年的转型发展,湖州市加快转变经济发展方式,让产业结构变"轻",经济形态变"绿",发展质量变"优"。

湖州市作为发达地区的资源型城市在转型发展中的主要做法和经验包括:优化升级工业产业结构,增强城市创新活力建设人才强市,高度重视并加强生态建设。

(一)优化升级工业产业结构

湖州市坚持改造提升传统产业与培育战略性新兴产业并重、提升高新技术产业与现代服务业比重并举,推进大平台大产业大项目大企业建设,促进工业化与信息化深度融合,形成"特色化、集群化"和"融合型、低碳型"的现代产业体系,构筑长三角特色产业集聚区。通过实施"工业强市、产业兴市"战略,湖州市"十二五"期间大力发展"3+3"特色产业;"十三五"期间进一步支持培育"4+3+N"产业发展新体系,即实施信息经济、高端装备、健康产业、休闲旅游四大发展工程,打造4个千亿元级产业集群,实施传统产业提升工程,打造3个500亿元级产业集群,加快培育环保、时尚、金融、地理信息、新能源汽车、生物医药等若干新兴增长点。

同时,湖州市围绕激发企业主体活力,提出"像呵护眼睛般呵护企业",深入实施"金象金牛"大企业培育计划,以重大产业培育为主要方向,引导大企业向总部型、品牌型、上市型、高新型、产业联盟主导型的"五型企业"发展。

| 专栏8-5　湖州市推动工业转型升级的主要举措① |||

| 序号 | 主要方面 | 具体举措 |
| --- | --- | --- |
| 1 | 加大对工业转型升级的扶持力度 | （一）建立市工业转型升级专项资金。整合工业相关专项资金，建立"湖州市工业转型升级专项资金"（以下简称工转资金）。 |
| 2 | 推进大好高项目建设 | （二）优先支持重点战略性新兴产业发展。<br>（三）加大对重点特色产业的支持力度。<br>（四）支持其他高成长性产业发展。<br>（五）引导企业集约化利用土地。 |
| 3 | 鼓励企业做强做大 | （六）培育大企业大集团。<br>（七）扶持工业重点税源企业。<br>（八）支持工业龙头企业加快发展。<br>（九）鼓励扩大再投资。<br>（十）引进发展总部经济。<br>（十一）加强企业家队伍建设。 |
| 4 | 着力提升自主创新能力 | （十二）支持企业加快技术创新。<br>（十三）鼓励企业加强品牌建设。 |
| 5 | 进一步推进节能降耗 | （十四）支持企业节能技术改造。<br>（十五）加快淘汰落后生产能力。 |
| 6 | 加快工业平台建设 | （十六）择优重点扶持工业功能区（园区）建设。 |
| 7 | 加强公共服务体系建设 | （十七）完善中小企业服务体系。<br>（十八）加强融资担保服务。<br>（十九）加快工业与信息化的融合。<br>（二十）推进生产性服务业发展。 |

## （二）增强城市创新活力建设人才强市

围绕创新，湖州市建立健全科技、教育、人才三位一体工作体系，加快建设科技强市、教育强市和人才强市，推进创新型城市建设。一是健全以企业为

---

① 资料来源于《湖州市人民政府关于进一步推动工业转型升级的若干意见》（湖政发〔2011〕6号），2011年3月22日发布。

主体、市场为导向、产学研相结合的技术创新体系。鼓励和支持企业加大研发投入,加快建设一批企业研发机构、公共技术服务平台、产业技术创新战略联盟。二是构筑人才高地。大力推进以"南太湖精英计划"为龙头的系列引才工程,实施"领军人才+创新团队+项目"引才模式,重点引进重点特色产业、农业主导产业、现代服务业、生态文明建设等经济社会发展急需的各类高层次人才。

(三)高度重视并加强生态建设,探索可复制、可推广的"湖州模式"

湖州市转型发展的一大亮点是湖州市的生态文明建设走在了全国领先地位。2005年时任浙江省委书记习近平在湖州考察时提出"绿水青山就是金山银山"的理念。经过10多年的转型发展,湖州市生态文明建设已经走在了全国前列。一是提升和转变观念。把弘扬生态文明与挖掘具有湖州特色的生态文化结合起来,深入实施名山、名湖、名镇、名人、名品"五名"工程,广泛宣传"热爱自然、崇尚自然、亲近自然""人与自然和谐相处"等理念,促进公众生态价值观的养成。二是将生态优势视为自己最大的优势,坚持算大账、算长远账,倾力守护绿水青山。湖州市主动淘汰落后产能,重拳整治污染行业,推进印染、造纸、制革、化工等四大行业整治提升,努力实现资源利用最大化、污染排放最小化。大力发展绿色产业,把发展生态健康产业摆在突出位置,全力打造长三角"健康谷",构建生态养生、医疗康复、户外运动、保健品产销"四个中心"。同时,湖州市进一步建立完善制度机制,建立以生态文明建设为主的考核体系,编制自然资源资产负债表,为开展生态建设和环境保护打造坚实的制度保障。

## 四、河南省焦作市转型发展的主要做法和经验

焦作是新中国成立后按照"一矿一市""一市一业"模式建立起来的典型资源型城市,煤炭规模化开采已超过百年,累计开采原煤3亿吨,上缴国家利税50亿元,资源型产业比重一度超过90%。20世纪90年代,随着煤炭资源枯竭,经济结构失衡、生态环境破坏加剧等问题集中暴露,"九五"期间焦作全市经济年均增速只有8%,经济社会可持续发展面临着严峻挑战。2008年3月,焦作被确定为全国首批资源枯竭型城市(煤炭类)。为改变煤竭城衰的命运,焦作立足自身实际,突出转变经济发展方式、增强可持续发展能力两条主线,坚持以工业为重点,以提高发展质量和效益为中心,主动探索出了一条资源枯竭城市的转型之路。

焦作市转型发展的主要做法和经验集中体现在四个方面:着力项目谋划建

设,以项目促转型;推进产业集聚发展,培育壮大产业集群;重视创新发展,激发转型活力;全面推行环境治理,培育绿色发展动能。

(一)着力项目谋划建设,以项目促转型

焦作坚持把项目建设作为推动转型的重要基础和有力支撑,以"十大建设"(铁路、公路、能源、水利、生态、信息化、示范区和产业集聚区10亿元以上项目、教育、文化体育、保税区和物流园区)为重点,强化转型发展的有力支撑,以大项目带动大投入,以大投入培育大产业,以大产业推动大发展。焦作市瞄准龙头型、科技型、基地型、品牌型"四型"项目,超前谋划了一批对全市产业结构和民生改善具有重大意义的项目。在推进项目建设实施过程中,按照"在谈抓签约、签约抓落地、落地抓开工、开工抓进度"的思路,争分夺秒抓进度,组织了3批重点项目集中开工活动,开工项目333个;成立8个督导组及3个综合服务组,定期督导通报;建立市五大班子领导分包机制,加快项目推进。

(二)推进产业集聚发展,培育壮大产业集群

形成集群优势是提升综合竞争力、推进发展向高级阶段迈进的必然过程。在努力打造百亿元产业集群、千亿元产业集聚区的过程中,焦作提出并实施了"1020"大企业集团培育工程,力图实现全市主营收入100亿元以上企业超10家、50亿元以上企业超20家。在装备制造、现代化工、新能源产业、生物产业、新材料产业及电子信息产业等优势产业和战略新兴产业中,每个产业各重点扶持1~2家骨干企业,帮助企业开拓市场、整合资源,打造了一批主业优势明显、带动能力强的"(规模效应)50强"和"(成长性)50高"大企业集团。多氟多、佰利联、风神轮胎、中原内配、广济药业等地方企业受益于各项优惠便利政策,成为国内乃至世界范围内的行业领军企业。

(三)重视创新发展,激发转型活力

为加快全市工业企业科技创新步伐,焦作以企业为主体,建成了一批国家级、省级研发中心,组织实施了兆瓦级风电机组偏航制动器、千吨级高性能晶体六氟磷酸锂、热升华成像技术和配套打印设备等一批省重大科技专项,建成了一批拥有核心自主知识产权、特色突出的产业创新中心。为促进科研成果转化,建成投运了中科院科技成果转移转化焦作中心、焦作科技大市场以及全省首家科技银行,并且与大连理工大学合作建立装备制造技术研究中心。为加快补齐人才短板,坚持招才引智,依托河南理工大学等高校资源,筹建高水平智库、人才创新创业园,出台"1+6"引进培育人才政策体系。

### 专栏 8-6　焦作支持工业转型升级发展的重要举措①

| 序号 | 支持政策 | 具体举措 |
| --- | --- | --- |
| 1 | 增强自主创新能力 | 强化企业创新发展主体地位。一是推动研发平台和创新载体建设。二是推动"产学研"协同创新。 |
| | | 推进大众创业万众创新。一是搭建创新创业支撑载体。二是建设创业创新服务网络。三是扩大创业投资。 |
| 2 | 促进两化深度融合 | 提升智能制造水平。实施智能制造提升工程，加强政策扶持和示范应用，推进新一代信息和网络技术在企业研发设计、生产制造、供应链管理、营销服务等环节的深度应用，鼓励企业加快技改，引入高端设备、智能装备，大力推广应用工业机器人，引导企业将传感器、嵌入式终端、智能控制系统等应用于生产制造过程，开展数字化智能车间、智能工厂试点建设，加快推广智能制造生产模式，提升制造业数字化、网络化、智能化水平。开展企业信息化水平评测，制定产业集聚区信息化建设规范，支持有条件的产业集聚区建设智慧园区。 |
| | | 深化互联网在制造领域应用。实施"互联网+协同制造"行动，开展工业云及工业大数据创新应用试点，支持制造业云平台建设，提供开放共享的数据挖掘分析、个性化定制和精准营销等大数据应用服务。 |
| | | 加强工业信息基础设施建设。完善"网+云+端"（工业宽带、工业云、工业智能终端）基础设施建设规划与布局，建设低时延、高可靠、广覆盖、大容量的工业互联网。 |
| 3 | 加大技术改造力度 | 强化企业全过程改造。鼓励企业把技术改造与创业创新、对标达标和新产品开发有机结合，实施全范围、高层次的技术改造，广泛采用新技术、新工艺、新设备、新材料促进企业产品创新和品牌建设，全面提升设计、工艺、装备、管理和能效等水平，推动技术改造由设备更新为主向生产全过程改造转变。以股权投资、贷款贴息、事后奖补等方式，支持企业对符合产业政策、市场前景好的项目增投资、扩品种、提品质、创品牌。 |
| | | 提升工业基础能力。建立多部门协调推进机制，引导各类要素向基础领域集聚，全面提升核心基础零部件（元器件）、关键基础材料、先进基础工艺、产业技术基础等"四基"发展水平，增强焦作制造业基础。 |

---

① 资料来源于《焦作市人民政府办公室关于印发焦作市"十三五"工业转型升级发展规划的通知》（焦政办〔2016〕172号），2016年12月29日印发。

续表

| 序号 | 支持政策 | 具体举措 |
|---|---|---|
| 3 | 加大技术改造力度 | 营造良好技改环境。加强与财政、国土、金融、海关、环保、科技、税务等部门的协同配合，建立重大项目绿色通道制度，构建顺畅的工作运行机制。 |
| 4 | 加强质量品牌建设 | 加强企业质量管理。开展质量标杆和领先企业示范活动，支持企业建立首席质量官制度和专业质量管理团队，加强中小企业质量管理，建立质量黑名单制度。 |
| | | 完善质量技术保障和标准体系。以焦作国家轮胎质量监督检验中心等为龙头，建设一批高水平的国家和省级质检中心、计量测试中心、工业产品质量控制和技术评价实验室、产品质量监督检验中心，鼓励建立专业检测技术联盟，增强工业产品质量分析能力。支持产业联盟或龙头企业搭建"技术专利化、专利标准化、标准产业化"链式平台，形成一批拥有自主知识产权的技术、产品和标准。 |
| | | 加快焦作制造品牌建设。围绕"双50"企业培育工程和产业建设推进品牌建设工作，完善品牌培育机制，加大品牌培育力度，推进地理标志产品保护与发展，打造一批特色鲜明、竞争力强、市场信誉好的制造业产业集群区域品牌。 |
| 5 | 全面推行绿色制造 | 推进节能及资源综合利用。加大节能降耗新技术、新工艺、新产品的研发、引进和推广应用力度。以工业锅炉、电机节能、余热余压利用、高效除尘、脱硫脱硝、能量系统优化和高耗能行业工艺技术装备更新改造等为重点，在铝、化工、造纸、电力、建材等高能耗产业实施一批节能降耗重点工程。完善和强化节能降耗管理制度建设，严格实施节能目标责任评价考核，严格执行污染物排放标准，加强固定资产投资项目节能评估审查，加强重点行业原材料消耗管理。推动节能降耗信息化平台和能源管理系统建设。 |
| | | 构建绿色产业体系。支持企业开发绿色产品，推行生态设计理念，强化产品全生命周期绿色管理，显著提升产品节能环保低碳水平，引导社会采购绿色产品，促进绿色生产和绿色消费，努力构建高效、清洁、低碳、循环的绿色制造体系。 |
| 6 | 推动制造业服务化 | 打造制造服务新模式。引导和支持装备制造、汽车零部件等领域优势企业延伸服务链条，从主要提供产品制造向提供产品和服务转变，由提供设备向提供系统集成总承包服务转变，由提供产品向提供整体解决方案转变。鼓励制造业企业增加服务环节投入，发展个性化定制服务、全生命周期管理、网络精准营销和在线支持服务等。 |

续表

| 序号 | 支持政策 | 具体举措 |
| --- | --- | --- |
| 6 | 推动制造业服务化 | 培育发展生产性服务业。积极对接国家生产性服务业发展重点，以工业转型升级需求为导向，加快发展电子商务、现代物流、金融服务等生产性服务业。主动融入"互联网+"，深入开展"双百电商招商培育工程"（引进100家国内外知名电商、培育100家本地电商做大做强），加快形成以腾云电商产业园为核心、各县（市）区电商园为支撑的"一园多点"的电子商务发展格局。重点推进河南德众保税物流中心、焦作中站物流金融港和河南（武陟）国家干线铁路公路物流港为代表的"一中心两港"建设。 |
| 7 | 优化工业发展载体 | 加快产业集聚区发展。推动主导产业培育，每个县、市原则上确定2~3个主导产业，推动错位发展、特色发展、优势发展。鼓励争先晋位，争创省"十强、十快、十先进"荣誉称号。强化体制机制创新，着力解决产业配套、金融支持、土地保障、人才支撑等突出问题，降低企业商务成本，提升竞争能力。 |
| | | 壮大企业市场主体。培育一批百亿元企业、50亿元企业，引进一批国内外龙头企业，落实和完善支持小微企业发展的政策措施，建立完善全市统一的中小企业公共服务平台，培育一批"专精特新"企业和"小巨人"企业，推动"小升规、规改股、股上市"。 |
| | | 优化工业空间布局。积极推进城乡规划调整，优化中心城区工业布局，集中用地指标等资源，提升市城乡一体化示范区产业主体作用。 |
| 8 | 提高对外开放水平 | 注重引资、引技、引智相结合。面向全球吸引科技领军人才和高水平创新创业团队，支持国内外一流大学和科研院所在焦作设立分支机构和科技成果转化基地，加快形成创新人才集聚机制。 |
| | | 推动优势产业"走出去"。大力推进国际产能和装备制造合作，引导和组织有实力的企业采取工程总包、BOT等形式承接海外业务，建立合作开发园区和原料基地。做好中韩工业园、中德工业园等园区的规划建设，同时结合国家"一带一路"建设，推动水泥、建材等相关企业"走出去"，到东南亚国家建设工业园区。 |
| | | 提升产业转移承接能力。进一步完善市城乡一体化示范区、产业集聚区基础和配套设施，提升承载支撑能力。 |

## （四）全面推行环境治理，培育绿色发展动能

焦作坚持环境治理与城市功能相结合，因地制宜实施项目，提高环境治理效益。例如：投资 5 395 万元实施中站武汉钢铁公司废弃黏土矿矿山地质环境治理项目，依托原矿区浑然天成的地貌、矿产和千年陶瓷文化，通过项目实施，建成集休闲娱乐、科普教育等功能为一体的主题公园。将牛庄废弃矿山地质环境治理与黎明脚步山地公园建设相结合，将演马庄矿采煤沉陷区二期工程与白鹭湿地公园建设相结合，不仅打造出城市新亮点，湿地公园的采矿疏干排水还解决了下游农民 2 万多亩农田的灌溉问题。在大力进行环境整治的同时，焦作还积极发展旅游业，逐渐使之成为新的经济增长点之一，并取得了丰硕成果。2003 年，焦作旅游被评为"中国旅游知名品牌"；2004 年被评为"全国优秀旅游城市"，云台山获批"世界地质公园"；2016 年，焦作共接待海内外游客 4 205.53 万人次，同比增长 12.4%，实现旅游综合收入 342.62 亿元，同比增长 13.6%。

## 五、湖南省娄底市转型发展的主要做法和经验

娄底市属于典型的资源型城市，目前资源面临枯竭，生态环境受到破坏，积极谋求转型发展。2009 年 3 月，娄底市冷水江市被确认为全国第二批资源枯竭城市；2011 年 11 月，娄底市涟源市被确认为全国第三批资源枯竭城市。目前，娄底市立足发展基础和产业实际，大力推进工业"四转三化"战略，即从单一重化工主导向多元主导的工业产业结构转变，从简单粗放式增长向高技术、高附加值的精深加工转变，从各自独立分散的经营模式向互利共赢的联盟合作转变，从依赖资源的传统工业为主向以"两型化"为目标的传统工业与新型工业并举转变，实现传统产业高新化、新兴产业规模化、特色产业集群化。

娄底市转型发展的主要做法和经验是：推进传统工业转型升级，推进"四转三化"战略；科学定位城市功能，打造"三基地—中心—枢纽"区域性重要城市；立足优势突出特色，推进生态文明和两型社会建设。

### （一）推进传统工业转型升级，推进"四转三化"战略

娄底市逐步对原有高能耗、高污染的钢铁、有色金属冶炼、煤电化工等行业进行升级改造，引导资源型产业向精深加工和循环经济路径发展，同时加快了对先进装备制造、电子信息、节能环保等新兴产业项目的培育。概括来说，娄底市立足发展基础和产业实际，大力推进工业"四转三化"战略，即从单一

重化工主导向多元主导的工业产业结构转变,从简单粗放式增长向高技术、高附加值的精深加工转变,从各自独立分散的经营模式向互利共赢的联盟合作转变,从依赖资源的传统工业为主向以"两型化"为目标的传统工业与新型工业并举转变,实现传统产业高新化、新兴产业规模化、特色产业集群化。

| 专栏 8-7 娄底市九大示范工程 | | |
| --- | --- | --- |
| 序号 | 示范工程 | 主要内容 |
| 1 | 国家资源综合利用"双百工程"示范基地工程 | 重点建设有色、钢铁、化工、电力、机械制造、煤炭、建材等循环经济产业链,积极开展有色渣、钢渣、高炉水渣、高炉除尘灰、粉煤灰、煤矸石和建筑废弃物等产业固废深层次利用,实现产业固废综合利用产品向高附加值转化。 |
| 2 | 产业园区循环化改造示范工程 | 支持娄底经济技术开发区和冷水江、涟源、双峰和新化省级经济园区开展循环化改造,推动园区、产业和企业间横向耦合、纵向延伸、循环链接。 |
| 3 | 再生资源回收利用示范工程 | 推动废钢铁、废有色金属、废塑料、废电池、废电机和废橡胶等再生资源集中拆解处理、集中治理污染、合理延伸产业链,促进"城市矿产"资源高值化利用和集聚化发展。 |
| 4 | 再制造产业化示范工程 | 依托三泰轧辊、光华机械等企业,建设市经济技术开发区钢铁辊环再制造产业示范基地,推动钢铁辊再制造业集聚发展;依托农友机械等企业,建设双峰经济技术开发区农业机械再制造示范基地。 |
| 5 | 生产过程协同资源化处理废弃物示范工程 | 发挥建材、钢铁、电力等行业消纳废弃物的功能,培育协同资源化处理废弃物示范企业,消纳铬渣、污泥、生活垃圾、危险废物等。 |
| 6 | 清洁生产示范工程 | 强制性对有色、钢铁、煤炭、建材、电力、化工、焦化等六大高耗能高污染重点企业开展清洁生产审核及评估验收;实施清洁生产技术改造;铁腕治污,绝不能让"污染治理再污染"重复上演。 |
| 7 | 传统工业"转向"示范工程 | "转向"生态环保产业,积极融入长江经济带和长株潭城市群"一带一部"战略,着力在节能减排、环保制造业、生态旅游等;"转向"服务业,把发展生产性服务业作为老工业优化升级的重点和增长点,生态环保产业有所作为。 |
| 8 | 循环经济标准化建设示范工程 | 积极推进国家循环经济综合标准化试点城市建设,建立健全包括国家标准、行业标准、地方标准和企业标准在内的有色、钢铁、建材、电力、化工等循环经济标准体系。 |

| 续表 | | |
|---|---|---|
| 序号 | 示范工程 | 主要内容 |
| 9 | 节能减排降碳技术产业化示范推广工程 | 建立循环经济发展技术战略联盟；引导企业应用先进技术；充分发挥市经开区、双峰经开区公共技术服务平台的优势，引导企业间通过联合协作，资源共享，达到优势互补，取长补短，使技术和设备的效能得到充分发挥。 |

（二）科学定位城市功能，打造"三基地—中心—枢纽"区域性重要城市

瞄准国家产业政策导向和新型城镇化发展方向，结合娄底独特的地理区位、资源禀赋、产业特色、交通格局、经济基础，打造"三基地—中心—枢纽"区域性重要城市，即建成新型能源原材料产业基地、特色装备与先进制造业基地、文化与生态旅游休闲基地，区域性商贸与物流中心，区域性交通枢纽，全力推动经济社会全面协调可持续发展。

（三）立足优势突出特色，推进生态文明和两型社会建设

2009年娄底市水府片区纳入长株潭城市群示范区后，娄底市以转型促两型，以改革促发展，强力推进工业倍增、城乡环境整治、服务业发展、绿色娄底等六个"四年行动计划"，突出产业转型、先导示范创建、优化生态环境，纵深推进生态文明和两型社会建设。一是以产业结构优化为基本面，以循环经济发展为着力点，以示范创建为先导区，将产业转型升级作为两型社会建设的骨干工程。二是将清洁低碳技术推广作为两型社会建设重点工程，配套制定燃煤锅炉淘汰方案，推广大熊山风电场、产业固废物深层次利用、废水处理回收等一批环境友好型项目。同时，积极推进娄底市老工业区搬迁改造、传统矿区环境整治生态修复、采煤沉陷区综合治理工程。

**专栏8-8 湖南省支持娄底市转型发展的政策举措①**

| 序号 | 支持政策 | 具体举措 |
|---|---|---|
| 1 | 加大用地支持力度 | 适度增加新增娄底建设用地年度计划，支持娄底开展城乡建设用地增减挂钩试点，优先保障两型社会示范区和资源型城市转型项目建设用地。 |

---

① 资料来源于《关于支持娄底市资源型城市转型发展的实施意见》（湘政办发〔2015〕9号），2015年1月27日印发。

续表

| 序号 | 支持政策 | 具体举措 |
| --- | --- | --- |
| 2 | 支持依法开展规划和区划调整 | 支持娄底按照法定程序调整城市（县城）总体规划和土地利用规划，将确需在规划范围外选址的重大产业项目纳入规划建设用地范围；根据城市发展需要，建立城市拓展区，并纳入土地利用总体规划。支持娄底依法开展行政区划调整。 |
| 3 | 加大省级一般性转移支付补助力度 | 均衡性转移支付、县级基本财力保障机制奖补资金等财力性转移支付资金，在分配时向娄底重点倾斜，帮助娄底提高"保工资、保运转、保民生"基本财力保障能力。加大义务教育、医疗卫生、支农、社会保障和就业等重大基本公共服务一般性转移支付补助力度，促进基本公共服务均等化。积极争取中央资源枯竭城市转移支付资金，省财政每年安排一定补助资金给予配套支持。将娄底在资源型城市转型发展阶段基本公共服务方面的必要支出需求，纳入县级基本财力保障机制测算范围，在资金分配时给予适当倾斜。在分配中央财政转移支付时向娄底重点倾斜。 |
| 4 | 加大基本建设投资支持力度 | 省加速推进新型工业化、省培育发展战略性新兴产业、省开放型经济、省基础设施配套建设等省本级有关专项资金向娄底市适当倾斜，支持娄底符合政策条件的产业发展、基础设施、社会保障、教科文卫等方面项目建设。 |
| 5 | 加大生态环境整治支持力度 | 支持娄底国家循环经济示范城市创建工作，在转移支付、项目布局、金融创新、先行先试等方面向娄底倾斜。在完成总量减排年度目标任务的前提下，对娄底符合产业政策、规划定位及法律法规要求的重大项目主要污染物总量指标，在区域污染物削减量或通过排污权交易中给予适当倾斜。加大对娄底湘江流域重金属污染治理、大气污染防治、矿山综合治理、土地开发整理、生态公益林保护、退耕还林、防护林及小流域治理、水土保持、农田休养生息、石漠化治理、森林防火等项目的支持力度，在国家项目申报和省级专项资金安排上重点倾斜。支持娄底开展湘江流域重金属污染修复与种植结构调整试点。支持娄底地质灾害防治，污染耕地修复治理，地质公园和矿山公园申请。在娄底征收的森林植被恢复费和育林基金，娄底每年按要求提报需求文件，按相关政策予以倾斜支持，用于支持娄底生态修复。加大水府庙生态文明建设支持力度，将水府庙库区合理利用区列为"湿地农业综合利用"示范区，重点支持库区农业现代化与城乡一体化建设。改善农村人居环境，在水利农田建设、农村危房改造、安全饮水、农村河道综合治理、农村清洁生产、农村土地整治和美丽乡村建设等方面向娄底倾斜。 |

续表

| 序号 | 支持政策 | 具体举措 |
| --- | --- | --- |
| 6 | 加大金融支持力度 | 扩大对娄底的信贷规模，加大对娄底优惠金融政策的倾斜力度；适度提高对娄底市循环经济型工业贷款的不良贷款容忍度，加大对娄底市现代农业、现代服务业的信贷支持力度。完善金融组织体系，支持股份制商业银行在娄底设立分支机构、发起或参与设立村镇银行。支持娄底农村信用社改制组建农村商业银行。支持万宝新区金融集聚区建设。支持娄底"湖南金融生态良好城市"和辖区内各县市区"省级金融安全区"的创建。支持开展金融改革创新。支持娄底企业上市融资，支持娄底企业通过发行中小企业私募债等途径进行债务融资。支持在娄底市设立钢材、煤炭、锑品等大宗商品期货交割库。支持娄底发行"湖南省娄底市国家循环经济示范城市"专项债券。支持娄底银行业开展土地承包经营权、农民住房财产权、林权抵押贷款试点，扩大抵押担保物范围。支持娄底开展民间融资创新管理试点改革，开展民间借贷登记服务中心试点，规范引导民间借贷行为。支持符合条件的县市区开展农村金融综合改革试点，加快发展新型农村金融机构，积极开展金融扶贫工作。 |
| 7 | 加大接替产业发展扶持力度 | 落实相关税费优惠政策，鼓励娄底资源回收利用，发展清洁生产，提高资源产出率和资源利用率。支持娄底工业改造升级，优先支持娄底不锈钢、煤化工、有色金属深加工、汽车零部件、机械制造、环保产业等接续替代产业列入全省产业规划和重大建设项目，支持娄底中心城区加快推进老工业基地调整改造，加大对涟钢和娄星工业集中区的支持力度。支持娄底黑猪、黑米、黑茶、食用菌、中药材及蔬菜等特色产业发展，将其纳入农业综合开发产业化经营项目扶持范围。支持娄底做好黑牛的保护和发展工作；将新化县列入全省新一轮产业重点布局，享受全省茶叶主产县待遇；将娄底打造成长株潭城市群重要的蔬菜供应基地。鼓励企业发展集中供气和发电并网，支持娄底在发展沼气集中供气和发电并网方面先行先试。 |
| 8 | 加大服务业发展支持力度 | 支持娄底大力发展服务业，增强创新发展驱动，提高服务业比重，在现代物流、健康养老、旅游、文化创意、电子商务、节能环保等方面予以重点倾斜。 |
| 9 | 加大社会事业发展支持力度 | 支持娄底开展就业再就业培训工作。鼓励和指导娄底市职业院校和技工院校创造条件争取省级重点项目和专项资金的支持，切实提升职业学院和技工院校服务娄底市转型发展的能力；扶持娄底职业学院和技工院校做大做强，支持有条件的中职院校设立养老护理等新兴专业，为养老等居民服务产业发展提供专业人才。支持娄底贫困农村危房整村改造，省有关部门在实施贫困农村户危房改造整村推进试点时，对娄底市国、省贫困县给予重点倾斜。 |

## 六、江苏省徐州市转型发展的主要做法和经验

徐州市是全国95个地级老工业基地之一和江苏省唯一的煤炭生产基地。2008年，江苏省委、省政府正式出台《加快振兴徐州老工业基地意见》，徐州市提出"依托资源起步，甩开资源发展"的转型发展战略，转型发展正式起步。2013年，徐州市被相继列入《全国老工业基地调整改造规划（2013—2022年）》和《全国资源型城市可持续发展规划》城市，振兴徐州老工业基地进入国家战略层面。徐州市成为肩负国家老工业城市振兴和资源型城市转型双重任务的地区。经过多年持续推动振兴转型，徐州市主要经济指标增速持续多年超过全国和江苏省平均水平，2016年预计实现地区生产总值5 750亿元，是2005年的4.7倍，总量跻身全国地级以上城市第32位、老工业城市和资源型城市（地级城市）第2位。

徐州市转型发展的主要做法和经验包括以下几个方面：提升主导产业、转型传统产业、培育新兴产业，推动产业振兴；以企业为主体，以企业壮大引导产业集聚；加快城市转型，提升区域中心城市功能；开展生态修复治理，打造优美宜居环境。

### （一）提升主导产业、转型传统产业、培育新兴产业，推动产业振兴

徐州市坚持"工业立市、产业强市"，以打造"装备制造、食品、能源、冶金、建材、煤盐化工"等六大千亿元工业产业为重点，全面加快产业转型升级和振兴。一是加快提升装备制造、能源、食品及农副产品加工等主导产业发展水平，促进产业向价值链高端攀升。二是对煤盐化工、冶金、建材等徐州市传统优势产业，围绕产业规模、科技含量、产品附加值、品牌、节能降耗、竞争力"六个提升"。三是大力发展新能源、新材料、新医药、物联网、软件和服务外包、环保等六大战略性新兴产业。

### （二）以企业为主体，以企业壮大引导产业集聚

一是实施企业培育"千百亿"工程，研究出台《关于培育营业收入千百亿工业企业（集团）的实施意见（试行）》，市本级设立专项资金在"激励企业做大做强、鼓励企业新上高新技术及新兴产业项目、鼓励企业加快科技创新"等14个方面加大政策扶持。二是鼓励本地优势企业与世界500强、国内500强、同行业领军企业开展多种方式合资合作，实现企业规模扩张。三是鼓励企业通过跨地区、跨行业、跨所有制的并购联合实现战略性重组。

### （三）加快城市转型，提升区域中心城市功能

徐州市着眼于城市功能的定位提升，规划打造"双心、六组团、十五功能

集聚区"的城市空间结构,区域性经济、商贸物流、金融服务、科教"四个中心"地位逐步形成。全市累计改造棚户区5 808万平方米,30万户居民住房条件得到改善,探索形成了"政府主导、市场化推进、封闭运作、整体平衡"的棚改"徐州模式"。完成和推进高架快速路、亿吨大港、奥体中心等890项城建重点工程,城市功能快速提升,要素集聚水平不断提高,城区面积由1 160平方公里扩展到3 037平方公里,常住人口城镇化率5年提高7.1个百分点,140余万农村人口陆续转为城镇居民。

（四）开展生态修复治理,打造优美宜居环境

大力实施生态修复工程,"十二五"以来共完成综合治理采煤沉陷区面积22.5万亩、采煤塌陷地复垦4.48万亩、置换建设用地指标2.91万亩。贾汪资源枯竭型城市转型、鼓楼城区老工业区搬迁、泉山独立工矿区改造、沛县采煤塌陷地治理等国家试点示范任务成效明显。强力推进蓝天碧水工程、园林绿化工程和污染"五大源头"治理,万元GDP能耗下降至0.69吨标煤;林木覆盖率提高到32.5%、保持全省领先;成功获得国家森林城市、生态园林城市、中国环境人居奖等荣誉称号,实现了"一城煤灰半城土"向"一城青山半城湖"的精彩涅槃。

| 专栏8-9 江苏省政府加快振兴徐州老工业基地的政策举措[①] |

| 序号 | 主要方面 | 具体举措 |
| --- | --- | --- |
| 1 | 加大基础设施建设力度 | 加快京沪高铁新徐州站、徐州火车站改造、徐济高速公路以及国省干线公路改造升级等项目的建设;积极推进丰沛铁路的前期工作,争取早日开工建设。 |
| | | 积极支持徐州工程学院建设。 |
| 2 | 帮助徐州解决采煤塌陷地和关闭破产矿山土地利用问题 | 制定6.47万亩应征未征采煤塌陷地土地征收方案并推进实施。其中,责任主体缺失的1.37万亩,由当地政府办理征地手续,征地补偿费用按20 000元/亩标准计算,省财政按50%补助徐州市1.37亿元;责任主体明确的5.1万亩,由企业办理征地手续,由于征地补偿标准提高（提高5 600元/亩）企业增加的征地费用,省财政按50%补助企业1.43亿元。 |
| | | 加快出台《调整提高采煤塌陷地征收、采煤塌陷地复垦、压煤村庄搬迁、农作物损失补偿标准实施意见》。 |

---

① 资料来源于江苏省委省政府《关于加快振兴徐州老工业基地的意见》（苏发〔2008〕19号）;《江苏省政府办公厅印发关于贯彻落实加快振兴徐州老工业基地意见实施方案的通知》,2008年12月19日印发。

| 续表 | | | |
|---|---|---|---|
| 序号 | 主要方面 | 具体举措 | |
| 3 | 帮助徐州积极推进棚户区改造 | 制定棚户区改造实施方案并加快组织推进。 | |
| | | 对徐矿集团等涉煤企业150万平方米的棚户区改造,省财政按200元/平方米标准,分别给予徐州市和徐矿集团各1.5亿元补助,资金尽快到位,力争两年完成。 | |
| | | 加快徐工战略重组和整体上市步伐。支持徐工进入载重汽车、发动机生产领域,提高工程机械主机、关键零部件和专用车辆等研发制造水平。省安排5 000万元(其中省财政安排3 000万元,在省级科技创新与成果转化(科技服务平台)专项引导资金中安排2 000万元),支持徐工筹建国家级工程机械研发、试验、检测中心。省科技创新与成果转化专项引导资金优先支持徐工自主品牌和核心技术研发。对徐工引进国内外高层次领军人才和省内高层次创新创业人才所需资金给予重点支持。 | |
| | | 帮助徐矿申请列入国家国有重点煤矿,享受相关优惠政策。支持徐矿加大省外、境外煤炭资源开发力度,将省外的能源项目列入省际经济协作重点项目。支持徐矿培育壮大电力、装备制造、物流、煤化工等接续产业。抓紧实施徐矿煤矸石综合利用电厂一期工程2×30万千瓦机组建设。对徐矿集团的产业转型转移,省支持5 000万元(其中省财政安排3 000万元,在省级国有资本经营收益中安排2 000万元)。 | |

**专栏8-10 徐州市贾汪区转型发展的主要任务**[①]

| 序号 | 主要任务 | 主要内容 |
|---|---|---|
| 1 | 加快培育接续替代产业,建设徐州传统产业转型升级实验区 | 坚持先进制造业与现代服务业"双轮驱动",新兴产业加快发展与传统产业改造提升"两手并重",信息化与工业化"两化融合",现代农业、现代工业、现代服务业"统筹并举",着力推进产业结构高端化、产业布局合理化,产业发展集聚化。 |
| 2 | 加快推动贾汪区融入主城区,建设徐州城市新城区 | 着眼于把贾汪区建成徐州区位独特、环境优美、功能完善的城市副中心的目标,加快推进一批重大城建工程和基础设施项目建设,促进贾汪区与徐州市区一体化发展。 |

---

① 资料来源于《省政府关于支持徐州市贾汪区资源枯竭城市转型发展的意见》(苏政发〔2012〕121号),2012年9月10日印发。

| 续表 | | |
|---|---|---|
| 序号 | 主要任务 | 主要内容 |
| 3 | 加强环境整治和生态保护，建设徐州生态修复先行区 | 紧密结合徐州市创建国家生态市、国家生态园林城市目标，切实加强生态环境保护和建设，完善绿地系统规划，把贾汪区建成徐州生态修复先行区。 |
| 4 | 着力保障和改善民生，建设徐州城乡统筹示范区 | 立足于把贾汪区建成徐州城乡统筹示范区，帮助改善民生保障和社会事业发展中的薄弱环节。 |

## 七、山东省枣庄市转型发展的主要做法和经验

枣庄市属典型的煤炭工业资源型城市。随着长时期高强度、大规模开采，枣庄市煤炭资源日渐衰竭，由此引发的诸多矛盾和问题逐渐显露，在实现持续发展、结构调整、生态环保、民生保障、财政支出等方面的压力日趋增大。2009年，枣庄被国务院划入市第二批资源枯竭城市。转型发展中，枣庄市坚持以接续替代产业培育壮大、城市功能转型、人才结构转变、民生改善为重点，着力转变发展方式和优化经济结构，着力加强资源节约和环境保护，着力推进改革开放和自主创新，促进经济社会全面协调可持续发展。

枣庄市转型发展的主要做法和经验集中在三个方面：产业、企业、园区多途径发力，推进工业转型振兴；改善和提升民生保障，加强生态和环境保护，打造生态宜居城市；挖掘城市文化资源，以龙头项目发展文化产业，打造新型服务业态。

（一）产业、企业、园区多途径发力，推进工业转型振兴

2012年7月，枣庄市印发了《枣庄市人民政府关于推进工业转型振兴的实施意见》（枣政发〔2012〕10号）从工业发展目标及发展定位、加快培育大企业（集团）大力发展中小微企业、深化企业改革、加强园区建设、提升企业技术创新能力、加快推进信息化建设、加强企业家队伍建设等八个方面提出了主要任务和举措。2017年3月，枣庄市印发了《枣庄市人民政府关于加快推进工业创新发展的意见》（枣政发〔2017〕2号）从培育优势产业板块、培育龙头骨干工业企业、招引实施工业和信息化大项目、实施新一轮企业技术改造、开展智能制造试点示范、发展绿色低碳循环经济、实施品牌枣庄战略、推进科技创

新和人才培养引进、企业家队伍建设等多个方面提出了工业进一步转型的规划。综合枣庄市工业转型的实践，主要有以下着力点：一是依托原有产业基础，改造提升传统产业，同时寻找新经济增长点，培育壮大接续产业。实施"335"计划，即：打造3个过1 000亿元、3个过500亿元的支柱产业和5个过100亿元的战略性新兴产业。具体来说，通过发展煤电能源产业，拉长煤化工产业链条，提高装备制造产业集中度等，做大做强特色优势产业；培育发展新能源、新材料、新信息等战略性新兴产业。二是加快培育大企业，大力发展中小微企业。具体来说，建设"168"大企业（集团）梯队，即：企业年销售收入过1 000亿元1家、过100亿元6家、过50亿元8家；通过财政、税收、金融等支持举措，实施中小微企业培育、成长、创新和提升计划。三是以园区建设推进项目建设。具体来说，制定出台大项目引进、落地的各项优惠政策，确保大项目尽快建成投产。加大项目招商引资力度，对引进鼓励类大项目，引进国内外大企业尤其是世界500强投资项目的给予奖励；推进产业集群化发展，在土地、资金等方面向集群倾斜，对新认定的国家、省、市级新型工业化产业示范基地和重点产业集群，分别给予20万元、10万元、5万元奖励。

（二）改善和提升民生保障，加强生态和环境保护，打造生态宜居城市

一是改善和提升民生保障。枣庄市近年来累计投资3亿元，治理因煤矿开采遗留的塌陷地7.9万亩，搬迁安置居民1 439户，维修加固住宅3 240户。同时，把棚改和新型城镇化相结合，兴建专业市场群、特色商业街区，创造了大量新的就业机会。二是加强生态建设和环境保护，建成省级以上生态示范区5个、生态镇（街）48个、国家级湿地公园5个，成为全国拥有国家级湿地公园最多的地级市、国家森林城市、国家园林城市。

（三）挖掘城市文化资源，以龙头项目发展文化产业，打造新型服务业态

枣庄市深入挖掘城市文化资源，围绕"江北水乡，运河古城"的城市品牌大力发展旅游业。以台儿庄古城龙头项目，打造百庙、百馆、百业、百艺，以红荷湿地、微山湖古镇、冠世榴园、抱犊崮、熊耳山等重点景区为依托，打造文化旅游、乡村旅游、红色旅游等，发展全域旅游。2008年4月，枣庄市正式宣布启动台儿庄古城重建工作，着力打造成为沿运独有、国内乃至世界知名的文化旅游品牌。5家煤矿企业入股，组建国有全资公司——枣庄市台儿庄运河古城投资股份有限公司。同时，枣庄市集全市之力重点宣传、推荐台儿庄古城作为龙头带动文化旅游。2011年3月，枣庄市以古城为核心，着眼于文化产业发

展和休闲旅游的双重定位,进一步延伸古城内涵,扩展古城外延,加快文化产业发展,促进资源枯竭型城市快速转型。

## 第二节 各地区财政金融助推经济社会发展的做法

资源型城市的转型发展是一个系统性的工程,从顶层设计到具体落实涉及方方面面的工作。财政金融作为其中重要的一环,发挥着关键作用。在梳理7个资源型城市转型发展经验的基础上,重点对其财政金融的支持措施进行梳理和总结,为榆林市财政助推转型的改革提供参考。

### 一、综合运用财政政策为转型发展提供保障

一是统筹财力集中解决困扰转型的关键问题和环节。焦作市加强现有财政专项资金整合力度,转变财政资金支持方式,采取奖励性、补助性、资本性等多种投入方式,集中财力重点支持工业转型升级公共服务平台、重点环节和重大项目。枣庄市整合各项资金,设立市级工业转型振兴专项资金,统筹安排,捆绑使用,集约投放,发挥财政投资的最大效益。

二是安排专项资金支持产业转型。2009—2011年,内蒙古自治区财政安排18亿元专项建设资金用于资源型城市建设,平均每年由财政安排矿权收益专项资金6亿元。其中,每年安排1亿元用于资源型城市转型项目,安排3亿元用于地质环境整治保护项目,安排2亿元用于沉陷区治理及棚户区改造项目。项目所在盟市要按照项目总投资比例的1/3匹配建设资金,自治区财政资金将根据工程进度和质量分期拨付。山东省对枣庄市享受中央资源枯竭城市财力性转移支付政策期间,省财政每年安排定额补助予以配套。徐州市"十三五"期间各级财政安排100亿元用于奖励、补助、贴息等无偿方式支持现代产业发展。

三是建立可持续发展准备金制度"削峰填谷"。内蒙古探索建立所有类型资源型企业的可持续发展准备金制度,由资源型企业在税前按一定比例提取可持续发展准备金,专门用于环境恢复与生态补偿、发展接续替代产业、解决企业历史遗留问题和企业关闭后的善后工作等。枣庄市、徐州市提取可持续发展准备金,专项用于环境恢复与生态补偿、发展接续替代产业、解决历史遗留问题等。江苏省要求徐矿集团驻贾煤矿按规定税前提取的可持续发展准备金50%交由贾汪区管理使用,50%留作徐矿集团发展替代产业,解决历史遗留问题。

四是通过税收手段,为企业转型和发展减轻负担。江苏省对徐州市比照国家振兴东北老工业基地的有关税收政策,支持徐州的装备制造业、石油化工业、冶金业、采掘业、汽车制造业和农产品加工业等加快技术进步和转型升级。焦作市梳理惠企政策,落实首台(套)政策、固定资产加速折旧、设备投资按比例抵免税额、研发费用加计扣除等财税政策,清理规范涉企收费。枣庄市严格落实固定资产投资增值税抵扣、高新技术企业税收优惠等各项结构性减税政策。

| 专栏8-11 河南省支持转型发展攻坚战若干财政政策 | | |
|---|---|---|
| 序号 | 主要方面 | 具体举措 |
| 1 | 支持化解过剩产能 | 积极争取国家工业企业结构调整专项奖补资金,对符合条件的企业职工安置等予以支持。 |
| 2 | 支持工业绿色化改造 | 充分利用省先进制造业发展、节能减排等专项资金支持绿色化技术改造。 |
| 3 | 支持工业智能化改造 | 统筹省级先进制造业发展专项资金,对建设智能工厂、智能车间的重点企业;扩大省级先进制造业集群培育基金规模,通过股权投资、设立子基金等方式对实施重大工业智能化改造项目的企业优先予以支持。探索实施服务券制度,对贯标企业给予支持。 |
| 4 | 支持企业实施技术改造 | 运用省级先进制造业发展专项资金重点支持实施"十百千"技术改造示范工程;对列入省创新中心培育名单的,支持建设制造业创新中心。 |
| 5 | 支持首台(套)重大技术装备研发和应用 | 进一步完善首台(套)重大技术装备奖励政策,将政策实施范围扩大至全省。 |
| 6 | 支持企业质量品牌建设 | 对新获得中国质量奖、中国驰名商标、国家级质量标杆、制造业单项冠军示范企业的,省财政一次性给予100万元奖励,市、县级财政可再给予适当奖励。对在全国同品种前3家通过仿制药质量和疗效一致性评价的企业以及按期通过评价的企业,省财政一次性给予100万元奖励。在涉企专项资金安排上,对争创中国工业大奖和中国质量奖、省长质量奖的企业予以优先支持。 |
| 7 | 支持科学发展载体建设 | 2017—2019年,省财政每年安排科学发展载体建设专项资金25亿元,通过直接投资或与市、县级政府合作设立子基金等方式对产业集群龙头骨干企业转型升级、公共服务平台建设等给予资金支持。 |

续表

| 序号 | 主要方面 | 具体举措 |
|---|---|---|
| 8 | 支持现代服务业发展 | 统筹运用省级服务业发展、商务促进等专项资金和千亿元现代服务业发展投资基金、现代服务业发展引导基金、文化产业发展基金,重点支持壮大现代物流、现代金融、信息服务、文化旅游、健康养老等主导产业,培育科技服务、商务服务、会展服务、服务外包、居民家庭服务等新兴产业。 |
| 9 | 支持优质种养业发展 | 统筹运用相关财政涉农专项资金和省级现代农业发展基金、农业综合开发股权投资基金;发挥农业保险政策导向作用;建立完善"政、银、担、保、投"联动支农机制。 |
| 10 | 支持国有企业改革 | 省财政统筹一般公共预算、国有资本经营预算安排国企改革专项资金;对省属国有企业"四供一业"分离移交按标准予以补助;市、县级财政要按照政策规定,对本级国有企业改革给予必要资金支持,确保按期完成改革任务。 |
| 11 | 支持市场化债转股合作 | 2017年省财政安排3亿元,对与省属国有企业开展债转股合作的相关金融机构,根据债转股规模等因素给予适当奖励;对与市属国有企业开展债转股合作的相关金融机构,由市级政府给予适当奖励,对工作成效显著的地方,省级予以适当奖补。 |
| 12 | 支持创新发展载体建设 | 支持郑洛新国家自主创新示范区打造创新发展核心载体,在落实现有各项财政扶持政策的基础上,加快设立10亿元示范区创新创业发展基金;加快10亿元科技成果转化引导基金及其子基金投放进度,支持示范区技术成果转移转化和产业创新发展转型升级。 |
| 13 | 支持建设高水平创新研发平台 | 对新认定的国家级重点实验室、工程技术研究中心等国家级重大创新研发平台载体,除按国家规定支持外,省、市级财政分别一次性给予300万元和200万元奖励;对高校、科研院所组建的省级以上重点实验室、工程技术研究中心等研发平台,根据其承担的横向科研项目经费规模、对外共享服务、研发成效等绩效评价情况,省财政给予研发经费后补助和持续稳定支持。 |
| 14 | 激励企业加大科技研发投入 | 2017—2019年,省财政每年安排3亿元,对近3年至少拥有一项知识产权、已建立研发投入预算管理制度的科技型企业,根据其年度研发投入一定比例给予奖补支持;加强财政科技投入与银行信贷、创业投资资金、企业研发资金及其他社会资金的结合,增强财政科技投入的引导作用和放大效应,引导全社会增加科技投入,优化区域科技创新投融资环境。 |

续表

| 序号 | 主要方面 | 具体举措 |
| --- | --- | --- |
| 15 | 支持大数据产业发展 | 对在我省建设国家级数据中心的大数据龙头企业，或有重大产业化前景的战略发展项目，省财政按照"一企一策""一事一议"方式予以重点支持。 |
| 16 | 支持企业管理创新 | 2017—2019 年，省级通过政府购买服务方式，组织百名优秀企业家接受高层次、系统性学习教育，引领全省企业家综合素质提升，为建设制造业强省提供智力支撑。各地可通过政府购买服务等方式，开展"向企业送管理"等活动，帮助企业提升管理水平。 |
| 17 | 支持高层次人才引进和培养 | 安排中原院士基金1亿元，对院士等顶尖人才和国家"千人计划""万人计划"入选者等高端人才给予科研经费资助；对能创造重大经济效益和社会效益的创新创业团队，采用"一事一议"方式给予资助。大力支持推进全民技能振兴工程和职教攻坚工程，培育造就一批高技能领军人才和"大国工匠"。 |
| 18 | 支持中小微企业发展 | 积极运作100亿元省级中小企业发展基金，加快基金投资进度，重点支持拥有核心竞争力且风险可预期的初创期、成长期中小企业发展壮大。 |
| 19 | 发挥政府采购政策功能 | 进一步扩大政府采购省内优质工业产品比重，鼓励重点投资项目、重点领域在同等条件下优先采购《河南省重点鼓励使用优质工业产品目录》内的产品，鼓励优先采购首台（套）工业产品。落实政府强制采购和优先采购政策，支持节能环保产品推广应用。积极开展政府采购合同融资，鼓励金融机构为政府采购中标成交供应商提供融资服务。 |
| 20 | 进一步降低企业成本 | 认真落实国家减费降税政策，继续清理省级设立的行政事业性收费。按照国家统一部署，扩大享受减半征收企业所得税优惠的小微企业范围，年应纳税所得额上限由30万元提高到50万元；继续实施2016年年底到期的物流企业大宗商品仓储设施城镇土地使用税等6项税收减免政策，切实减轻企业负担。 |

## 二、灵活运用金融政策为转型发展提供支持

一是加强对重点行业、重点企业、重点项目和经济发展薄弱环节的金融支持。鄂尔多斯市2014年出台《鄂尔多斯市贯彻落实自治区银行业支持鄂尔多斯市经济转型发展及风险防控指导意见的实施方案》，加大对煤炭清洁利用、绿色电力、煤制油气、煤电铝一体化等产业的资金支持，加大对先进制造业、战略性新兴产业、现代信息技术产业和旅游文化、健康休闲、商贸物流等现代服务业的信贷扶持力度，促进产业结构调整优化。

二是积极建立和完善专项贷款制度。内蒙古自治区设立促进资源型城市可持续发展专项贷款,资源型城市的金融机构加大对改造传统工业、发展接替产业和生态建设的信贷支持力度。山东省鼓励有关金融机构设立促进资源型城市可持续发展专项贷款,搭建促进转型发展专项融资平台,调整信贷结构,加大对枣庄市发展接续替代产业、高新技术产业、现代服务业及基础设施建设等转型项目的信贷投放。江苏省鼓励地方银行业金融机构要设立促进资源枯竭城市可持续发展的专项贷款,适当降低信贷准入条件,优先满足沉陷区治理、棚户区改造、保障性住房建设、公共基础设施建设和产业转型等方面的信贷需求,增加对农业、生态建设的信贷投入。

三是鼓励和维护和谐"银企"关系。枣庄市设立"银行发展贡献奖",用于表彰奖励对工业信贷有效投入取得突出业绩的金融机构。每季度组织一次商业银行与企业对接洽谈会,每半年政府组织一次政银企直接对接洽谈活动。市政府每年推荐100家工业企业作为金融机构重点支持对象,由各金融机构分别提出相应扶持方案,市里根据实际落实情况对各金融机构进行考核。积极搭建"政—银—企"合作共赢的平台,积极向银行金融机构推荐重点项目和优质企业,引导各类资金助推实体工业发展。江苏省鼓励和引导商业银行、城市信用社积极为徐州各类企业特别是中小企业提供金融服务;鼓励和引导国家政策性银行为资源型城市和资源型企业提供政策性金融支持。江苏省鼓励和推动各类金融机构到贾汪区设立分支机构,为贾汪区的转型发展提供金融支持。积极推进银企对接,争取金融机构安排一定规模信贷资金用于支持贾汪区中小企业发展。

### 三、设立专项基金为转型发展提供融资支持

通过设立专项基金和市场化运作,为资源型城市转型发展提供资金支持。基金是财政和金融的有效结合形式,通过设立专项基金,可以提高财政资金的使用效益,发挥财政资金带动社会投资、培育市场需求、促进企业创业成长等作用,引导和带动更多资金为城市转型发展提供融资支持。基金的运作坚持市场化方式,针对不同类型的企业设立相应的子基金进行差异化管理。

徐州市"十三五"期间设立100亿元以上的产业发展引导基金,采取"引导基金、母基金、子基金"三层架构,最终形成母基金300亿元、总规模1 000亿元以上产业基金群。江苏省2016年11月设立20亿规模的徐州老工业基地产业发展基金,重点投资中国制造2025徐州行动纲要和打造徐州区域性现代服务业高地相关领域的基金或企业,通过政府引导、市场化运作,发挥财政资金对

金融资本等社会资本的引导撬动作用，加速徐州制造业和现代服务业向中高端迈进，促进徐州老工业基地的企业转型升级和产业振兴。

鄂尔多斯市 2015 年 10 月设立 30 亿元规模的转型发展基金，并在市财政局（市财政局转型发展基金管理服务中心）设立投委会，负责转型发展基金管理协调等日常事务性工作。通过政府购买服务的方式，制定完善投资管理、风险防控等制度体系，推进转型发展基金规范化、高效化运作；聘请第三方机构对市转型发展基金的子基金设立方案等进行可行性评估、尽职调查和资产评价等工作。

河南省设立了千亿元规模的河南战略新兴产业投资基金，重点投向省内高端装备及智能制造业、新材料产业、生物医药产业、现代服务业、节能环保产业等领域。

### 四、创新融资手段和方式扩宽转型发展融资渠道

山东省对枣庄市转型发展，积极争取国家发行资源型城市经济转型专项债券，吸纳社会和民间资本用于枣庄市经济转型和解决社会问题；支持枣庄市重点企业上市融资和发行企业债券，加大企业发行短期融资券、中期票据的融资力度；支持枣庄中小企业信用担保机构建设，切实解决中小企业资金需求。江苏省对徐州市支持徐州企业上市、发行债券、扩大创业投资规模。支持贾汪区拓展使用国外贷款的领域和规模，利用世界银行、亚洲开发银行贷款及国外资本参与经济转型和发展接续替代产业。支持贾汪区重点企业上市融资和发行企业债券。鼓励省再担保公司为贾汪区中小企业信用担保公司提供再担保。在村镇银行、农村小额贷款公司设立指标方面，给予贾汪区政策倾斜。

| 专栏 8-12 | 江苏省政府支持徐州转型发展的财政金融政策[①] |
|---|---|
| 振兴徐州老工业基地的举措 | 支持徐州市贾汪区转型发展的举措 |
| 比照国家振兴东北老工业基地的有关税收政策，制定落实支持徐州的装备制造业、石油化工业、冶金业、采掘业、汽车制造业和农产品加工业等技术进步和转型升级的相关政策并报请国家有关部门批准。 | 加大财税扶持力度。认真执行国家对资源枯竭城市转型的各项扶持政策，省财政在对贾汪区县级基本财力保障机制给予奖补的同时，积极帮助争取国家补助资金，继续加大对贾汪区的支持力度，支持其转型发展，提高基本公共服务均等化水平。同时，徐州市财政也要对贾汪区转型发展进一步加大财税扶持力度。 |

---

① 资料来源于《江苏省政府办公厅印发关于贯彻落实加快振兴徐州老工业基地意见实施方案的通知》，2008 年 12 月 19 日印发；《省政府关于支持徐州市贾汪区资源枯竭城市转型发展的意见》（苏政发〔2012〕121 号），2012 年 9 月 10 日印发。

| 续表 | |
|---|---|
| 振兴徐州老工业基地的举措 | 支持徐州市贾汪区转型发展的举措 |
| 落实徐矿集团企业所得税地方分成部分全额返还徐州和徐州经济开发区、徐州工业园区新增地方财政收入省集中部分予以返还奖励等政策。 | 加大金融扶持力度。落实省级支持金融业发展各项政策，鼓励和推动各类金融机构到贾汪区设立分支机构，为贾汪区的转型发展提供金融支持。银行业金融机构特别是地方银行业金融机构要积极设立促进资源枯竭城市可持续发展的专项贷款，适当降低信贷准入条件，优先满足沉陷区治理、棚户区改造、保障性住房建设、公共基础设施建设和产业转型等方面的信贷需求，增加对农业、生态建设的信贷投入。积极推进银企对接，争取金融机构安排一定规模信贷资金用于支持贾汪区中小企业发展。 |
| 在重大产业项目布局规划、转型项目安排、相关领域专项资金计划等方面，重点向徐州老工业基地产业发展和资源型城市转型倾斜，帮助其加快培育接续替代产业和新的经济增长点。 | 进一步拓宽融资渠道。积极争取国家发行资源型城市经济转型专项债券，吸纳社会和民间资本，用于贾汪区经济转型和解决社会问题。支持贾汪区拓展使用国外贷款的领域和规模，利用世界银行、亚洲开发银行贷款及国外资本参与经济转型和发展接续替代产业。支持贾汪区重点企业上市融资和发行企业债券，力争2年内至少扶持1家上市企业，支持贾汪区中小企业信用担保机构建设，鼓励省再担保公司为贾汪区中小企业信用担保公司提供再担保。在村镇银行、农村小额贷款公司设立指标方面，给予贾汪区政策倾斜。 |
| 鼓励和引导国家政策性银行为资源型城市和资源型企业提供政策性金融支持。鼓励和引导各类银行业金融机构积极为徐州各类企业特别是中小企业提供金融服务。鼓励和支持银行业金融机构采取有效措施，化解老企业债务问题。支持徐州企业上市、发行债券、扩大创业投资规模。 | 建立可持续发展准备金制度。认真落实国家有关规定，按规定标准提取可持续发展准备金，专项用于环境恢复与生态补偿、发展接续替代产业、解决历史遗留问题等。徐矿集团驻贾汪煤矿按规定税前提取的可持续发展准备金50%交由贾汪区管理使用，50%留作徐矿集团发展替代产业，解决历史遗留问题。 |

## 第三节 对榆林市的启示

资源型城市有许多共通之处，但也是各有各的实际情况。结合榆林市的发展实际和资源禀赋，从7个资源型城市的转型发展实践中探求切实对榆林市转型发展有借鉴意义的启示。

## 一、多层面联动统筹转型发展是基础

推进资源型城市转型发展是中央和相关地方各级政府的共同目标,因而各级政府均出台相应的政策举措。如表 8-1 所示,从国家层面到省政府层面出台了多个针对资源型城市的转型支持政策。资源型城市应积极对接国家和省级层面的发展政策,解决转型的产业扶持、财政资金、金融资金等方面的需求,以国家、省级、市级多层面联动,形成统筹转型发展的合力。

表 8-1　　　　国家和省级支持相关城市转型发展的政策文件

| 政策名称 | 文号 | 政策层面 |
| --- | --- | --- |
| 《国务院关于促进资源型城市可持续发展的若干意见》 | 国发〔2007〕38号 | 国家级 |
| 《全国资源型城市可持续发展规划（2013—2020年）》 | 国发〔2013〕45号 | 国家级 |
| 《内蒙古自治区人民政府关于促进资源型城市可持续发展的实施意见》 | 内政发〔2008〕110号 | 省级 |
| 《内蒙古自治区人民政府批转内蒙古银监局关于银行业支持鄂尔多斯市经济转型发展及风险防控指导意见的通知》 | 内政字〔2014〕214号 | 省级 |
| 《河南省支持转型发展攻坚战若干财政政策》 | 豫政办〔2017〕71号 | 省级 |
| 《山东省推动资本市场发展和重点产业转型升级财政政策措施》 | 鲁政发〔2016〕20号 | 省级 |
| 《省人民政府关于促进资源型城市可持续发展的实施意见》 | 湘政发〔2012〕20号 | 省级 |
| 《关于支持娄底市资源型城市转型发展的实施意见》 | 湘政办发〔2015〕9号 | 省级 |
| 《关于加快振兴徐州老工业基地的意见》 | 苏发〔2008〕19号 | 省级 |
| 《省政府关于支持徐州市贾汪区资源枯竭城市转型发展的意见》 | 苏政发〔2012〕121号 | 省级 |
| 《山东省人民政府关于支持枣庄市做好资源枯竭城市转型工作的意见》 | 鲁政发〔2009〕134号 | 省级 |
| 《山东省人民政府办公厅关于支持资源枯竭城市转型发展的意见》 | 鲁政办字〔2014〕99号 | 省级 |

## 二、因地因时寻找转型突破口是关键

城市转型发展的核心是产业转型。转型发展作为一个宏观层面的战略目标需要微观层面的具体抓手来切实落地。不同的资源型城市有不同的发展实际、资源禀赋、人文历史甚至城市性格,要因时因地寻找转型突破口,以点带面,牵住转型发展的牛鼻子。国内相关资源型城市的转型发展的经验表明，转型不可能千篇一律，模仿照搬。

一是因地转型。榆林市转型发展要充分挖掘和梳理城市的发展基础，包括现有产业、资源优势、改革共识等，立足提升传统产业、培育接续产业、发展新兴产业的需求，为转型发展寻找突破口。

二是因时转型。转型发展是一个动态的过程，榆林市转型发展要根据当前国际国内经济社会发展的状况，紧跟发展形势，寻找接续产业和新兴产业。同时，转型发展不可能一蹴而就，既要有宏观的战略布局，又要有动态的调整机制，通过总目标引导、分阶段转型，实现转型发展的科学高效。

### 三、全方位立体式推进转型发展是根本

资源型城市的转型发展是一个系统性工程，涉及多个方面，其核心是产业转型，但决不能局限于产业转型。从国内资源型城市转型的实践看，全方位立体化的转型是其共同的特征。

从宏观层面看，转型发展要在顶层设计上做好文章，包括政府职能转变、体制机制改革、发展战略调整、城市功能定位等。从中观层面看，转型发展要在产业转型、生态保护、民生改善等方面协调推进，相互之间形成支撑。从微观层面看，转型发展要在扶持政策、招商引资、棚户区改造、生态修复等方面着力。

### 四、解决好转型发展的资金需求是保障

资源型城市经过多年的资源依赖发展，随着资源的开采殆尽，形成了经济下滑、财政收支压力加大、环境生态破坏严重、人民生活尤其是矿区民生保障较差等问题，这些问题的解决无不需要资金的支持。因而，资源型城市转型的重要保障和难点就是资金的筹集和使用。国内资源型城市在转型发展过程中出台了相应的财政政策和金融支持政策，从政府资金、社会资金等多渠道进行筹措，并通过市场化等手段提高资金使用效率。

### 五、激活微观主体发挥企业作用是动力

绝大多数资源型城市面临的困境是产业的单一和企业的垄断，转型发展就是要在产业上多业并举，在企业上充分竞争。榆林市在转型发展中需要依靠"市场"而不是"市长"配置资源，需要依靠众多吸纳就业、创新发展的企业带动。

# 第九章　财政助推榆林经济社会发展的战略定位与总体思路

在经济快速发展的同时，作为典型的资源型地区，如何跨越"资源陷阱"，实现可持续发展，意义十分重大。榆林市应进一步厘清思路、用好政策、科学谋划，在创新、协调、绿色、开放、共享五大发展理念的指引下，深入贯彻党的十九大精神和习近平新时代中国特色社会主义思想，把榆林的工作置于党中央、国务院大政方针和中省发展战略、决策部署之中思考和布局，明确自身在新一轮发展中究竟承担什么、需要干什么，进一步找准把握大局的坐标和定位，以高度的思想自觉和行动自觉，有力推动"五位一体"总体布局、"四个全面"战略布局、五大新发展理念在榆林具体化，推动陕西省第十三次党代会提出的追赶超越精神在榆林落地，推进"四化同步"，落实"五新"战略以及省委对陕北板块发展和高端能化基地建设的要求，强力巩固全省"第二增长极"的重要地位，实现工业新型化、农业现代化、市域城镇化、城乡生态化，实现社会经济又快又好发展，倾力打造"陕甘宁蒙晋交界最具影响力"的城市，担当榆林使命。

## 第一节　总体发展战略及定位

陕西省第十三次党代会对榆林社会经济总体发展的最新战略目标是建成陕甘宁蒙晋最具影响力的城市，这也是对榆林落实陕西省委"追赶超越"战略的一个全面而具体的要求。

# 第九章 财政助推榆林经济社会发展的战略定位与总体思路

## 一、榆林市总体经济社会发展战略目标

党的十八大以来,以习近平同志为核心的党中央把握时代大趋势,回答实践新要求,顺应人民新期待,提出一系列治国理政的新理念新思想新战略,开辟了中国发展新境界。2017年7月26日,习近平总书记在省部级主要领导干部专题研讨班上发表重要讲话,指出要牢牢把握我国发展的阶段性特征,牢牢把握人民群众对美好生活的向往,提出新的思路、新的战略、新的举措,继续统筹推进"五位一体"总体布局、协调推进"四个全面"战略布局,决胜全面建成小康社会,夺取中国特色社会主义伟大胜利,为实现中华民族伟大复兴的中国梦不懈奋斗。

根据新形势和新任务,着眼于全省区域发展实际,陕西省第十三次党代会牢牢把握"决胜全面小康、加快富民强省、奋力谱写陕西追赶超越新篇章"的主题,作出"培育新动能、构筑新高地、激发新活力、共建新生活、彰显新形象"的战略部署,明确提出要"把榆林建成陕甘宁蒙晋交界最具影响力的城市",这体现了陕西省委对新时期、新阶段榆林经济社会发展所呈现的一系列阶段性特征的科学判断,以及对榆林经济社会发展规律的深刻把握,是陕西省委对榆林发展的科学定位和新的要求,明确了榆林当前和今后一个时期的奋斗目标。"把榆林建成陕甘宁蒙晋交界最具影响力的城市"是深入贯彻落实"五大发展理念"的内在要求和"培育若干带动区域协同发展的增长极"的必然要求,是当前统领榆林经济社会发展全局的重大战略思想和奋斗目标。

具体发展目标:到2020年,榆林全市财政总收入突破1 000亿元,较2016年年均递增19.7%;地方财政收入达到460亿元,较2016年翻一番,年均递增18.6%;财政支出达到700亿元(民生支出比重不低于80%),年均递增10.4%;市本级产业基金达到50亿元的母基金,通过向央企、省企、市企和县企筹资300亿元母基金,撬动社会各方投入,打造1 000亿元产业发展基金投融资体系,支持榆林经济转型升级;撬动社会资本600亿元,在公共服务领域推动PPP项目落地实施取得重大进展;支持化解不良债务,不良率降至4%以下;支持引进战略投资者,破解棚改资金难题;融资担保基金达到20亿元,担保融资达到100亿元,解决中小微企业融资难融资贵问题;深化财税改革,建立推动创新发展的体制机制环境。

## 二、陕甘宁蒙晋交界最具影响力城市对榆林未来发展提出了全方位的要求

"把榆林建成陕甘宁蒙晋交界最具影响力的城市",这一重大战略目标不仅是站在陕西发展全局,而且站在了全国发展全局的极具前瞻性的目标,充分考虑了榆林的区位优势、资源禀赋,极大拓展了榆林区域发展空间,也提出了更高的要求,内涵丰富,任务繁重。城市影响力是一个城市综合实力和话语权的体现,区域最具影响力城市,是由城市综合实力在该地区表现出的最强竞争力、辐射力和吸引力。所谓综合实力,不仅包含了经济最发达的硬实力,更包括了文化、社会事业发达表现出的强辐射和强吸引力的软实力。所谓竞争力、辐射力和吸引力,就是对周边区域有直接或间接的作用力、影响力。也就是说,要打造本区域最具影响力城市,必须通过经济、文化、社会全方位的跨越式突破性发展,产生巨大的辐射力量,带动整个地区跨越式发展;进而依托周边地区,加强陕甘宁蒙晋交错地带的要素流动和功能联系,促进产业协作、功能互补,使榆林真正成为支撑和带动区域经济发展的最有影响的中心城市。

从经济维度看,第一,要有雄厚的经济实力,这将是区域最具影响力城市的物质支撑。未来榆林的发展必须依托资源特征,充分发挥后发优势,以技术创新、经济转型、产业升级,带动区域"追赶超越"发展,用较短的时间提升发展质量和发展水平,集聚较强的经济实力。第二,要对区域经济产生强作用力。陕甘宁蒙晋交界地区同属鄂尔多斯盆地能源资源富集区,是我国最重要的能源接续基地,其中榆林是迄今为止国家唯一批准的国家级能源化工基地,榆林未来经济发展定位应该为陕甘宁蒙晋能源化工集聚区发展提供强有力的支柱,带动区域的整体发展。这也就决定了未来榆林的发展不能局限于榆林,而必须对陕甘宁蒙晋整个区域有综合考虑,推动区域错位互补发展,通过产业链的延长,一方面将周边省市的资源作为榆林能源化工产业发展的原料基地;另一方面利用周边城市工业环保容量,鼓励在榆企业到周边省市投资办厂,转移产能,推动区域经济共同发展。第三,要打造区域金融中心,陕甘宁蒙晋交界地区近年来以能源资源优势积累了大量财富,民间储蓄居高不下,榆林应积极吸引域外金融机构、做大做强本地金融机构,推动金融创新,发展区域股权交易中心,做活榆林金融市场,形成辐射陕甘宁蒙晋的金融中心。第四,完善营商环境,打造交通枢纽。

从社会维度看,第一,榆林应加强打造服务型政府,提升城市运行管理服

务能力，为市民提供便捷高效的社会公共服务。第二，进一步完善城市功能，推动第三产业发展，打造区域商贸物流中心，增强城市活力。第三，提升民生保障，增强人民获得感，进而增强城市吸引力。第四，增强环境保护力度，建设宜居城市。

从文化维度看，首先，榆林应着力打造文化品牌，优化人文环境，打造陕甘宁蒙晋文化中心、旅游中心、科教文化中心，吸引更多人才向榆林聚拢，提升文化影响力和科技创新能力。榆林建设陕甘宁蒙晋最具影响力城市的区位优势，不仅在于其位置居于陕甘宁蒙晋交界地带，更在于榆林自古以来就是这一地区的中心城市。早在4 000多年前，石峁古城就是北方的中心城市，有学者认为石峁古城可能就是黄帝的都邑。秦汉时期，这里是"北接燕代，西至云中、九原"的中心，所谓"截河套之冲，固延绥之守"。十六国时期，建国于此的夏政权就在榆林建设首都统万城。明清时期，在此设置榆林镇，"东接大同，西接宁夏，耕屯牧放，亘千百里"，为九边重镇之一。自古以来，榆林就是游牧文明与农业文明分合交错之地，也是农牧民互市的商贸中心，形成了其他城市不可替代的中原文化、草原游牧文化、大漠文化与黄土文化汇合交融的独特文化魅力。文化的感染力和号召力是城市软实力的核心，榆林悠久的历史文化对周边地区形成的强大软实力是建设区域中心城市的天然优势，也是最宝贵的资源。榆林要建设陕甘宁蒙晋最具影响力城市必须首先激活连接陕甘宁蒙晋边的历史文化脉络，激活多元的文化魅力；其次，整合陕甘宁蒙晋的旅游资源，并将之与陕西丰厚的旅游资源链接起来，深入挖掘提升区域旅游的文化品质；第三，加大科教投入，促进产学研结合，吸引人才，鼓励创业，提高城市包容度，把榆林建成能源科技创新基地，为周边省市能源产业发展提供科技支撑。

从环境（宜居）维度看，榆林应着力把加强生态环境建设作为提升影响力、吸引力和辐射力的一个重要支撑。作为资源型城市，应将促进转型升级作为中心目标，合理开发利用资源优势的同时又保持一定的开发限度，维持人与自然的和谐发展，积极推动现代特色农业基地建设，着力打造长城沿线发展轴、沿黄生态经济带、无定河生态廊道，着力形成引领经济发展新常态的体制机制和发展方式，努力建成全国资源型城市转型发展先行区、西北地区生态文明建设示范区，建成区域生态文明建设示范区，促进整个区域经济的良性运行与和谐发展，为将榆林建设成陕甘宁蒙晋交界最具影响力的城市奠定更加坚实的基础。

### 三、发展定位：资源富集型城市的可持续发展

"十三五"时期，榆林将处于工业化和城镇化的稳步提升期、资源型城市转型攻坚期，也是经济发展迈向中高端的历史转折期，经济社会发展将呈现转型和提质的总体特征。榆林市当前的发展定位应是放眼陕甘宁蒙晋交界地区，立足自身优势，结合发展态势，着力促进社会经济发展，推动资源型城市转型升级，实现可持续发展。结合榆林"十三五"规划，就是要努力建成全国资源型城市转型发展先行区，加快建设"富裕榆林"；努力建设陕甘宁革命老区统筹城乡试验区，加快建设"民生榆林"；努力建成西北地区生态文明建设示范区，加快建设"美丽榆林"；努力打造中国内陆开放开发战略新高地，加快建设"活力榆林"。牢固树立新发展理念，继续解放思想，围绕增强群众获得感，突出现代人文生态符号，紧跟国际国内"前沿"水平，加快建设多点支撑产业体系，下气力优化发展环境，着力培育新动能、构筑陕甘宁蒙晋经济社会文化的新高地、激发新活力、共建新生活、彰显新形象。

### 四、财政的功能定位

党的十八届三中全会对这一问题进行了深刻阐释，明确指出"财政是国家治理的基础和重要支柱"，将财政工作的战略定位提升到了新的高度，将财政工作的功能作用拓展到更大范围。与此同理，榆林财政是榆林区域治理的基础和重要支柱，在榆林经济社会可持续发展中要更充分和更好地发挥出榆林财政的功能作用。

第一，榆林财政要定位为榆林区域治理和经济社会发展的基础。财政作为国家治理的基础，是因为财政既是政府履行职能的基础，又是政府和市场、社会紧密联系的纽带。发挥榆林财政在助推经济社会发展中的基础作用，主要体现为：以预算收支为依托保障政府部门的职能履行，以财税政策为依托保障市场经济的高效运行，以再分配为依托保障社会治理的和谐稳定。

第二，榆林财政要定位为榆林区域治理和经济社会发展的重要支柱。财政部门是政府职能部门中的综合部门，与其他部门相比，其综合性最强，其职能覆盖于所有政府职能范围，在不同程度上渗透其中起作用，可达经济社会发展的各个领域。财政之所以能发挥支柱性作用，是因为财政可以通过自身的职能履行给其他部门职能履行和经济社会主体的运行实施重大影响，"牵一发而动全身"，是经济社会发展的"牛鼻子"。发挥榆林财政在榆林区域治理和经济社会

发展中的重要支柱作用，主要体现在对经济社会发展布局的提前引领，对经济社会发展后劲的有力支撑，与金融等综合部门的协调配合。

## 第二节 财政助推榆林市经济社会发展的总体思路

### 一、总体思路

按照陕西省和榆林市关于追赶超越发展的要求部署，坚持"稳中求进"的总基调，紧紧围绕追赶超越定位和"五个扎实"要求，深入贯彻习近平新时代中国特色社会主义思想，准确把握榆林当前经济社会发展的阶段性特征，按照创新、协调、绿色、开放、共享发展理念要求，聚焦打造陕甘宁蒙晋的战略目标和资源型城市转型升级的中心任务，实施积极有效的财政政策，推进供给侧结构性改革，适度扩大总需求；大力培植财源，增强财政发展的可持续性；深化财税体制改革，创新机制，健全现代预算制度；牢固树立过"紧日子"思想，调整优化支出结构，集中财力保障基本公共服务，强化民生托底，支持重大项目建设和重点领域改革；充分发挥财政资金"四两拨千斤"作用，创新投融资体制机制，引导带动金融资本和社会资本加大投入，为榆林实现追赶超越发展提供物质和财力保障，促进榆林经济社会全面、协调和可持续发展。

### 二、基本原则

党的十八届三中全会作出了全面深化改革的战略部署，提出了推进国家治理体系和治理能力现代化的总目标。作出"使市场在资源配置中起决定性作用"的定位，强调市场作用和政府作用的职能是不同的，指出更好发挥政府作用必须切实转变政府职能，深化行政体制改革，创新行政管理方式，增强政府公信力和执行力，建设法治政府和服务型政府。财政支持经济社会发展原则就是要坚持市场化的基本原则，凡是能由市场配置的资源都交给市场，政府也要坚持完善市场机制和提升市场效率，从而使市场在项目选择、资源配置、投资决策和生产布局中发挥主导作用，财政顺势利导，利用补贴、贴息和担保等多种成本手段，将市场的作用放大，形成多方合力，共同发力促进产业转型升级。

（一）统筹部署，精准施策

从经济成长的阶段看，榆林市目前正处于工业化发展中期，也处在经济转型的关键期，在发展中又面临南北差异大、产业结构不合理、生态环境脆弱、高层次人才和技能工人不足等困境，亟须政府在总体发展中扮演更重要的角色，加强顶层设计，在五大发展理念指导下，认真贯彻中央和省委省政府工作的总体部署，增加区域经济的宏观调控能力，加强制度供给，创新体制机制，向改革要红利。增强政府对国情、省情乃至国际能源市场的认识和判断，确定经济发展的方向和政策重点。聚焦热点、重点、难点，不断创新工作方式方法，加强前瞻性研究，做好政策储备，有针对性地研究提出可操作、可落地的政策措施，并有力、有度、有效推进。围绕市场总需求和总供给结构变化，从需求和供给两端发力，突出政府引导作用，统筹做好"加减乘除"，大力推动供给侧结构性改革，深化价格、财税、金融、社保等领域基础性改革。处理好资源开发、经济发展与生态环境，效率与公平，能源产业与其他产业，国家能源化工基地建设与区域经济发展，央省企业与地方企业，经济增长与社会发展，短期增长与长期可持续发展等几个关系。

（二）厘清边界，有所不为

坚持市场在资源配置中的决定性作用是全面深化改革的基本要求和根本立场。政府既要更好地发挥作用，也要坚持有所为有所不为，尊重市场经济运行的基本规律，减少政府对资源的直接配置，减少对竞争性领域的投入，更有效地激发市场主体与社会力量的创新创业活力，促进微观经济发展活力。

（三）转变职能，强化服务

加快政府职能转变，深入贯彻"放管服"精神，持续简政放权，深化行政审批改革，推进管理理念、管理体制和管理方式改革，建立有限、有效、有责的法治政府和服务型政府。

（四）强化管理，提质增效

围绕榆林追赶超越发展的目标，不断完善与政府决策相适应的财政决策制度，增强财政决策的科学性、有效性。创新财政管理模式，积极推进中期财政规划工作，加强制度创新和绩效管理，建立绩效评价结果与预算安排挂钩机制。依法加强财政收支管理，坚持依法理财原则，建立财政内控机制，严格财经纪律，深化财政监督。建立资金、资产、债务统筹管理的机制，提高财政系统运行效率。

### 三、改革的突破口和优先顺序

我们在榆林的实地调研，我们了解到市县各级领导都对榆林财政面临的诸多挑战有着清醒认识，特别是对能源价格变动带来财政收入的不稳定性很是担心，但也对榆林的发展充满信心，对打破"资源财政"的局限，培植财源、创新转型有着很强烈的共识，现代治理理念已经深入人心，这与我们同时段针对榆林各级领导干部做的问卷调查基本是一致的。

通过对榆林市本级和各区县职能部门领导干部的问卷调查，我们可以看出：榆林市各级领导干部中，63.81%认为当前发展中存在的最突出的问题是"过度依赖资源，转型积极性不高"。对财政的认识不再是简单的增加投入，而更注重未来政府发挥作用的着力点应在"提质增效"和"体制机制改革"。从未来榆林发展最主要的依靠看，"新动能"获得了近半数的支持。从总体情况看，44.11%的人员认为"新动能"对榆林市未来发展最为重要，28.69%的人员认为"靠市场"最为重要，20.77%的人员认为"靠资源"最为重要，仅有5.14%的人员认为"靠政府"最为重要。

虽然对于未来榆林应优先发展的领域看，"经济社会并重"是大多数人员的期盼，但对未来5年财政投入的重要性上，"产业发展与财源建设"和"环境保护"之间难分伯仲，如何处理发展和环保的问题始终是地方政府纠结的一个难点。

从财政的着力点和作用力来看，在榆林未来5年公共服务领域中，"教育"被认为是财政投入作用最重要的领域，其次是"社会保障和就业"领域。在环境保护领域，48.39%的受访者认为"治污减排"应是财政投入对其发展最重要的领域，"资源综合利用"也有较高的支持。在基础设施领域中，44.97%的人员认为"市政基础设施"是财政投入对其发展最重要的领域。32.98%的人员认为第二重要为"交通运输"领域。在产业发展领域中，"高端能源化工"获得的支持明显高于其他领域，而第二重要性领域难分上下，"现代服务业"占比最高，为28.48%，但"文化旅游"和"现代农业"占比均为25.91%，与"现代服务业"相差不大。分区域来看，在第二重要领域选择上，北部地区偏向于现代服务业，市本级地区偏向于现代农业，南部地区偏向于文化旅游，各不相同。

从未来5年投入增速与财政收入增速关系看，教育、污染排污、高端能源化工等领域被认为应高于财政收入增速5%以内，其他领域投入也不低于财政收入增速。从总体情况看，教育、卫生等15个领域均被认为未来5年的投入增速应至少与财政收入持平，其中教育、污染减排、高端能源化工等3个领域被认为投入增速应该相比于财政收入增速更大一点，卫生、社会保障和就业、交通运输、市政基础设施、矿山生态环境治理、资源综合利用、文化旅游、现代服务业、现代农业等9个领域也有25%以上的人员认为投入增速应高于财政收入增速。分区域看，情况和总体基本一致。

从目前投入不足、未来5年迫切需要增加投入的领域看，教育领域占比最高，其次为卫生、污染减排、文化旅游和现代农业领域。从总体情况看，27.10%的人员认为教育是未来5年投入最为迫切的领域，占比远高于其他领域；16.27%的人员认为卫生是第二迫切增加投入的领域，第三至第五迫切需要增加投入的领域依次为污染减排、文化旅游和现代农业，但支持占比和其他领域相比没有明显的优势，说明在选择上优先次序并不明显。分区域看，和总体情况基本一致，认为教育是未来5年投入最为迫切的领域的人员比例，北部地区、市本级地区和南部地区分别为20.09%、30.48%和36.84%，均明显高于其他领域。

## 第三节 财政助推榆林市经济社会发展的发力方式

### 一、精准发力

找准着力点，主动作为、精准发力，直接促进政策目标的实现。针对榆林的情况，精准发力目标包括支持财源建设，促进区域经济协调发展；分类施策淘汰落后过剩产能，加快培育发展新动能；着力扩大有效投资，保障重大项目建设；全面落实国家减税降费政策，支持实体经济降低成本；精准发力补齐精准脱贫、民生事业、基础设施和生态环境等关键环节短板，不断增强发展整体性、协调性。

### 二、组合发力

探索建立多主体、多渠道、多形式的投融资机制，尝试运用PPP模式、政府购买服务、涉企资金基金化、贷款贴息等多种方式，构建"政、银、担、投"五位一体的组合发力模式，全面提升财政管理水平。特别是在当前民间金融信用遭受极大破坏，急需政府出手，为民间资本打造一个安全高效的投融资环境。

### 三、借势发力

财政发力方式不仅仅是投入或投入方式的创新，更需要相关配套改革的推动。也就是向改革要红利，要借政策之势、借规划之势、借市场之势，借创新之势，放大财政支出效应。财政体制机制的创新，有时候比简单投入作用更大。

## 第四节 财政助推经济社会发展的重点与布局

### 一、服务创新驱动培育内生动力

陕甘宁蒙晋边界位于五省交接地带，也是五省发展的洼地。近年来借助能源资源优势带动了经济的超速发展，但在综合发展上还处于较低水平，特别是同质发展严重，要追赶超越，必须打造能源科技创新高地，才能形成区域话语权，引领区域经济发展。必须深入实施"创新引领、主动转型"战略，以重大科技突破和人才队伍建设为重点，以体制机制创新为支撑，推动科技创新与大众创业、万众创新有机结合，打造陕西科技创新示范基地和呼包银榆经济区重要创新型城市。实施重大科技专项，围绕全市经济社会发展的重点领域和关键环节，鼓励企业开展基础性前沿性关键性技术研究，培育和建设一批实验研究平台、研发中心、重点实验室和中试基地，推进一批重大科技项目。高度重视颠覆性技术研究，力争在煤油气绿色开采、粉煤干馏工业化、煤油共炼、煤焦油深加工等领域取得关键共性技术突破。加大财政投入力度，建立和完善财政科技投入与银行贷款、企业投入、社会投资相结合的多元化科技投融资体系。整合各类科技资源，建设适应全市科技创新的人才、基地、平台、机制等科技创新支撑体系，构建政府激励引导、市场配置资源、企业主体创新、社会广泛参与的协同发展科技创新体系。建立和完善技术转移、创业孵化、生产力促进中心等科技服务机构，创建国家科技服务业创新发展试点城市。

### 二、着力推动经济转型升级

做强做精能源化工主导产业，改造提升农业、轻纺、建材三大特色产业，培育壮大新材料、文化旅游、战略性新兴产业、装备四大接续产业，扶持发展现代物流、金融服务、新兴服务、商贸流通、生活服务五大支撑产业，全面构建高端低碳现代产业新体系。充分发挥市场配置资源的决定性作用，着力化解过剩产能，着力延伸产业链，着力培育新兴产业，在供给侧和需求侧两端发力，推进产业迈向中高端。

### 三、全力打造区域中心城市

实施"中心引领、三区协同、南聚北优、轴带联动"的城镇化发展战略,全力打造中心城市,加快建设县城,择优培育重点镇,合理布局一般镇和农村社区,构建"一主三副多点"的城镇体系。深入实施榆横一体化,推进佳县撤县设区,打造"大榆林"区域中心城市。推进神木、靖边、绥德撤县设市,强化副中心城市集聚和辐射功能,推动神府、绥米一体化发展。加快农业转移人口市民化,全面放开城镇落户限制,建立健全财政转移支付及城镇建设用地增加规模同农业转移人口市民化挂钩机制,加大对县城和小城镇的财政、金融、公共资源等支持力度,促进有能力在城镇稳定就业和生活的农业转移人口举家进城落户。

按照"农村基础设施城镇化、生活服务社区化、生活方式市民化"的思路,加强水电路气网等农村基础设施建设。加快美丽宜居乡村建设,以"天蓝、地绿、水净、安居、乐业、增收"为目标,体现农村特色、乡土味道、田园风貌,推进文化、教育、卫生、社保、商业设施"五覆盖"和供水、供电、道路、通信、绿化、住房"六到户"工程。培育新型农业经营主体,扶持发展种养大户和家庭农场,引导促进农民合作社规范发展,培育壮大农业产业化龙头企业,大力培养新型职业农民,打造高素质现代农业生产经营队伍。建立农业农村投入稳定增长机制。整合涉农资金,建立以规划定项目、以项目定投资的财政支农资金管理制度。完善农产品价格和收储制度,推进智慧粮库建设和节粮减损。创新农村金融服务,发展农村普惠金融,完善多元化的农村信贷担保体系,发展村镇银行等多形式农村金融机构,发挥"助保贷"作用,加大政策性金融支农力度。引导保险机构开展适合农业经营主体需求的保险品种。积极落实涉农企业减免税政策。

深入实施振兴南部战略,不断创新和完善省帮扶、市帮扶、对口县区帮扶、人才帮扶的"四位一体"振南模式,走产业振南、项目扶南、人才兴南、对口助南、改革促南的路子。进一步加大对南部县的支持力度,中省资金向南部县倾斜;市级振南资金在2015年基础上逐年增加;进一步完善有偿基金的运作机制;继续执行南北县区责任帮扶。调整考核机制,建立南北县区分类考核指标体系。强化振南项目管理,优化扶持重点,向带动经济转型发展的文化旅游和特色产业项目倾斜,向提升公共服务均等化水平的公共基础设施和精准扶贫项目倾斜,向续建项目和前期工作完善的项目倾斜,加快完成县城过境公路改造工程,积极推进供水、污水垃圾处理、城市街道公园等县城建设,全面破解制约南部县发展的基础设施、民生改善和区域性贫困问题,增强自我发展能力。

## 四、提升公共服务供给水平

构建现代公共文化服务体系，全面繁荣发展文化事业和文化产业，大力提升全民文化素养，打造区域性文化中心。坚持共享发展成果，统筹推进各项民生事业协调发展。加快推进城乡基本公共服务均等化，提高城乡居民收入水平，努力实现学有优教、劳有多得、病有良医、老有善养、住有宜居，切实提高人民群众获得感和幸福感。实施"五个一批"脱贫工程，大力发展生产脱贫，积极推进旅游扶贫、光伏扶贫、电商扶贫，发展教育事业脱贫，社会保障兜底脱贫，推进农村低保与扶贫标准"两线合一"，对无产业和就业扶持的家庭实行政策性保障兜底。

## 五、加大生态环境保护力度

以荒漠化治理、水土流失治理、工矿区治理、循环园区、农业生态为抓手，整合政策、规划、资金、项目，完善规划引导、制度建设、投入保障、科技支撑等保障机制，实施九大生态提升工程，全面建成国家生态保护与建设示范区。加大矿产资源深加工和综合利用力度，支持低热值煤发电项目，提高煤矸石、工业废渣综合利用率。

# 第十章　财政助推榆林经济社会发展的政策建议

陕西省委、省政府对榆林发展给予很高的期望，要求榆林在追赶超越中为全省作出表率。榆林经济社会发展既有难得的机遇，又面临一些挑战，要以战略眼光大刀阔斧推进发展。榆林发展任务重、压力大，必须紧紧扭住"成长性资源型城市"这个牛鼻子，围绕全市重大事项和重点工作，明确目标，找准短板，狠抓落实。作为地方治理的基础和重要支柱，榆林财政要做到"远谋近做"，切实履行助推职责，支持和引导金融资本和社会资本共同推进经济社会发展，为实现市委市政府的既定目标积极作为。

## 第一节　加强财源建设，做大财政蛋糕，为财政支撑经济社会发展提供坚实的财力基础

经济是财政的基础，其发展状况直接决定着财政收入的多寡。而市场经济中政府和市场都需在资源配置中发挥重要作用，财政收入的多少又直接限制着政府作用的空间，因此必须强化财源建设，在支持央省企业发展壮大的同时，要想方设法解决"开源"问题，从根本上培植壮大地方财力，为扶持经济社会发展创造物质条件。

### 一、挖掘城市公共资源有偿使用的增收潜力

随着公共财政对城市基础设施建设的投入不断增加，大量城市公共资源进入财政视野，挖掘城市公共资源带来的收入日益受到政府关注，其中土地出让收益最为典型。从过去一个时期看，多数地方政府依靠土地财政增强自身财力，这是个普遍现象。相较之下，榆林财政更多依赖资源类收入，土地带来的利益

相对较少。过去10年，榆林的政府性基金预算收入总体呈先增长后逐步下降的态势。作为政府性基金预算的主体，榆林的土地出让收入规模也呈现出先上升后下降的趋势，由2008年的3.4亿元上升至2013年的126亿元，此后土地出让收入呈负增长，2014年增长率仅为-78.46%，2016年土地出让收入仅有16.2亿元。相较于多数地方政府土地财政过度的事实，榆林土地出让收益最高的年份也只有20亿元，因此土地出让收益的潜力很大。至于土地之外的公共资源，由于法规不健全，部门权限不清晰，市场化程度低，资源价值尚未充分发挥出来，对财政的贡献也有很大增长空间。为做好榆林财政的开源工作，推进城市公共资源收益助力财源建设大步前进，建议榆林从以下三方面入手。

一是成立专门领导机构，梳理公共资源清单。榆林市政府层面成立专门的领导小组，由市里主要领导担任组长，建设、国土、财政、规划、城管、交通、发改、人防等部门作为成员单位，负责与公共资源有偿使用相关的制度拟订、方案设计、问题协调以及重大事项决策等工作。由市政府统一部署，对全市公共资源做一次全面调研摸底，并参照税源管理模式，梳理、制订公共资源有偿使用的交易目录。以地方法规的形式规定列入目录的城市公共资源必须进入统一交易平台交易，变资源使用无偿和有偿取得的"双轨制"为有偿取得的"单轨制"，从制度层面堵住场外分散交易的漏洞，实现经济效益和社会公共效益的最大化。

二是分类管理，加快市场化取向。对于各类城市公共资源实施分类管理，按照市场化程度从低到高，分别适用政府部门直接管理模式、准市场化运作模式和完全市场化运作模式。土地出让收入完全由政府直接管理，全额纳入地方性政府基金预算管理。榆林可以适当加大土地供应，特别是不少行政事业单位的国有资产、市属国有资源利用效率不高，有必要加大土地资源有偿出让的力度，增加土地出让收入对财政的贡献。在楼市调控的大背景下，政府在土地出让环节一般会对溢价率设定有形和无形的限制措施，有形的限制包括"限房价、竞地价"等措施，企业考虑后期利润因素，不会再肆意抬高地价，溢价率自然下降。除了这种摆在台面上的措施，榆林还可以在土地出让环节将出让底价适当抬高，提高企业参与竞买的门槛，土地出让成交后的价格会更为理性，溢价率也会有所降低。这样做既能提高土地出让收益，又能抑制地价房价疯涨，可谓一举两得。除了国有土地，城市占道费项目具有特殊性，仍可由城管部门直接征收并缴入财政。户外广告资源有偿使用收入、城区道路停车收入等项目，已有一定市场化配置经验，各地也有成功先例，经济效益、社会效益普遍较好，可在统一规划的前提下，加快推进市场化，引进民间资本，并依法保障其应享有的权益。

三是加强征缴力度，建立财政投入的回馈机制。对于适合采用政府部门直接管理模式的项目，严格实行收支两条线管理，收入全额缴入财政。对于采用准市场化运作模式的项目，根据其运营绩效情况区别对待。运营绩效较好的项目，可按历年收支情况核定收入的一定比例作为政府非税收入上缴财政，其余留用并维持现有模式不变。运营绩效较差的项目，及时研究调整运营模式，加快市场化步伐。对于已经采用完全市场化运作模式的项目，采取按收入比例作为政府非税收入上缴财政，以体现对财政投入的回馈。

## 二、着力解决税收与税源背离问题

一是梳理背离清单，分类解决。在榆林的资源开发利用中，央企和省企的投资占据主体。按照现行财税体制和税收制度规定，以及企业在组织形式、经营模式和管理上的一些选择，会导致部分税收收入转移到榆林之外，造成榆林税源与税收的背离，财源减少。财税部门应开展扎实的摸底调研工作，梳理出税收与税源背离的类型和企业清单，根据不同情况分类提出破解措施。属于国家统一市场或统一政策体制方面的，要遵从国家统一的政策规定执行；属于政策执行过程中出现的跨地区经营、招商引资等税收征管体制机制在地方间难以理顺的问题，要分类排队，提出分步解决方案。例如，针对神华煤炭、延长石油等大型企业内部定价机制引发的税收外移，榆林应积极沟通协商，在2015年神华提出季度定价模式、放弃部分定价话语权的基础上，加快推进市场定价机制，尽可能减少榆林的税收外移。

二是与央省企业和各级政府沟通协调，争取存量企业税收分配的倾斜。力争将跨省市总分机构的分支机构变更为独立法人，实行税收属地化管理。要与省政府及各地政府之间在既定税制框架下建立协调机制，协商处理税收争议，最大限度争取税收利益。在解决总分支机构汇总纳税问题时，可参照神东煤炭公司的解决办法。在跨地区管道运输问题的解决上，可参照神朔铁路税收分配模式。建议对中石油长庆油田分公司和陕西神渭煤炭管道运输有限公司税收入库等问题，与相关地区和企业进行深入沟通，积极争取比照神东分公司和神朔铁路税收管理模式，为榆林争取更多税收利益。

三是充分发挥税源监管职能作用。针对大量涉税信息掌握在财税部门以外的第三方手中，建议榆林市政府落实税收保障办法，发挥税源监管职能，建立与发改、交通、房管、财政、工商、银行等多部门的信息交换机制,全面掌握税源信息,采取措施防范税收流失。针对"营改增"后外来建筑劳务和服务问题,建议政府投资项目时,在招投标合同中明确增值税必须在劳务发生地预缴,付款单位见到外来建筑企业在本地预缴税款开具的完税凭证后再支付工程款。对于已争取到的税收利益,要继续巩固。如神华集团神东分公司"单井核算,以质论价"的分税办法目前还难以在三地之间达成共识,鄂、忻两地税务机关一直对新的分税协议予以质疑,对协议没有签字确认,因此至今没有形成正式文件。对此类问题还需继续争取,防止既得利益的流失。

> **专栏 10-1　榆林可以借鉴的争取存量企业税收分配倾斜的几个案例**
>
> 案例1:2014年,经榆林市国税局协同神木县政府积极争取,神华集团批准在神木县设立具有法人资格的神华销售集团榆林销售结算公司,负责陕西榆林境内神东煤和地方煤的销售结算,使得榆林牢牢把握了神华榆林煤的结算管理主动权,又增加了部分地方煤运销收入。
>
> 案例2:神东煤炭分公司税收分配问题。2010年榆林市国税局根据榆林煤质好、发热量高、价格高的特点,积极与神华集团所属企业及三地税务机关协调,将分税方法修订为"单井核算,以质论价"的新办法,有效增加了地方财政收入。据统计,2010—2015年,神东煤炭分公司、神东煤炭集团公司两公司因实行"单井核算、以质论价"分税办法,为榆林全市增加两税(增值税、企业所得税)收入23.31亿元。
>
> 案例3:神朔铁路。该铁路山西里程占63%,陕西占37%,如按照总局"铁路运输里程"分税,陕西相对处于劣势。经协商与积极争取,最终达成给山西忻州市国税局每月固定分配缴纳增值税833万元,其余增值税在榆林缴纳。这样陕西可占到82%,山西仅占18%的税收分配格局。

## 三、争取适当提升煤炭资源税税率

2014年12月1日开始,我国煤炭资源税由从量计征变为从价计征,各省按2%~10%自定税率,具体适用税率由省级政府拟定。目前各省确定的税率不一,产煤大省或生态环境补偿要求较高的省份拟定的税率较高,如山西在8%左右,而一些收费基金较少的省份则税率相对较低,相关省份的确立原则为资源税与原有地方资源税费总收入基本匹配。榆林市现行煤炭资源税的税率仅为

6%，明显低于周边省区，如山西的8%，内蒙古的9%，造成了大量的税收流失。从调研看，目前国内部分地区已具备适度提高煤炭资源税适用税率的可能性。例如，榆林市近年来全面贯彻落实国家清费立税和去产能政策，2016年退出煤矿4处，去除产能413万吨，煤炭价格持续回升，利润不断上升，煤炭市场由买方市场转为卖方市场，调整煤炭资源税税率符合市场规律。允许具备条件的部分地区适度提高资源税税率，并不会影响企业发展，反而有利于发挥税收调控作用。

近日，财政部、国家税务总局就资源税法向社会公开征求意见，其中煤炭资源税的税率幅度为2%~10%。全国人大将下放税率审批权，具体适用税率由省级人民政府统筹考虑本地区应税产品的资源品位、开采条件等情况，在《资源税税目税率表》规定的税率幅度内提出，报同级人大常委会决定，并报全国人大常委会和国务院备案。在这种情况下，榆林应提前作为、主动作为，关注政策动态，待资源税法正式出台后，立即启动争取工作，由市政府向省政府专题汇报，争取与山西和内蒙古保持一致，将煤炭资源税税率提高到8%~9%。

| 专栏10-2　榆林市榆阳区泰发祥煤矿税负及利润情况 |

　　榆阳区泰发祥煤矿2017年一季度生产原煤72.8万吨，完成销售收入3.19亿元，实现利润2.24亿元。据测算，该公司吨煤不含税价为437元，吨煤完全成本128元，吨煤税前利润308元。随着清费立税政策的落实，企业目前吨煤缴纳各类税费100元，规费10.85元，吨煤税费负担25%（不含所得税）；2016年公司吨煤不含税均价为250.38元，吨煤缴纳税费62元，税负为24.7%（不含所得税），吨煤成本117元，可实现利润133元。

### 四、抓住机遇积极争取税制改革红利

党的十九大后，我国财税体制改革步入加速期，资源税改革、消费税改革、过渡期结束后的增值税改革、征管制度改革以及各级的分享方式等，都将随着改革的推进而渐次落地，榆林财税部门要加强研究，提前谋划。特别是过去一些不合理的体制机制问题，要对接中省政策趋向，争取在新一轮财税体制改革中获得更多更合理的利益。

一是做好环保税和水资源税改革测算和征管工作。按照中省改革部署要求，协调推进排污费改环保税、水资源费改税改革，扎实做好调研测算工作，按照

税费负担平移的办法测算税率水平、各级收入基数等，在此基础上提出有利于榆林的政策建议。改革政策出台后，做好改革实施和新税种征管工作。

二是争取解决延长集团石油开发费问题。为了从根本上解决延长集团拒缴石油开发费带来的财政困难问题，建议由市县党委政府向省委省政府专题汇报，争取完善省对涉油县区财政体制，将县区石油开发费列入省级财政预算，由省财政厅转移支付到涉油县，建立涉油县基本财力保障机制，确保"三保"不出问题。

三是争取省以下财政事权和支出责任划分改革中提高对榆林的补助比例。由于公共服务领域支出涵盖范围广、规模大且增长快，省对市县的分担比例对市县财力影响很大。考虑到榆林区域经济发展不平衡、市级调控压力大、收支矛盾突出的实际，榆林必须争取省上在省以下事权和支出责任划分改革中提高对榆林的补助比例，参照省对市县均衡性转移支付办法，将省级负担比例直接测算明确到县区。

## 第二节 强化财政投融资管理，创新财政金融共振机制，解决追赶超越战略的资金问题

要把榆林市建成陕甘宁蒙晋交界最具影响力城市，首先要建成区域金融中心。过去很长一个时期，榆林市企业融资主要通过银行贷款或民间借贷，现代金融体系的不完备导致榆林难以应用现代资本运作手段，助力实体经济发展。截至2017年7月底，榆林市金融机构人民币各项存款余额3 352.28亿元，人民币各项贷款仅小幅增长至2 057.72亿元，存贷比仅为61.4%，远低于全国71.9%的平均水平，也低于陕西省69.5%的平均水平。这一定程度上说明本地的存款并未有效转化为贷款投资，有"存款取之地方，贷款用于他地"的现象和趋势存在。在此形势下，财政必须支持和引导金融发挥更大作用，充分运用PPP等模式，通过多种金融业态助力经济发展，把榆林打造成区域性金融中心。

### 一、狠抓投融资管理改革，完善投融资回报补偿机制

过去一个时期，由于资源价格暴涨，榆林财力一度迅猛增长，经济社会发展特别是基础设施建设过度依赖财政。这种投入方式导致财政资金的引导作用

没有得到充分发挥，资金使用效率偏低，投入大、浪费多现象严重。此后，虽然采取了一些措施推进财政金融有机结合，改进了投融资体制，变补助为引导，变无偿为有偿，但投融资主体单一、财政回报机制缺失、市场化运作滞后等问题依然突出，亟待通过改革加以完善。

一是强调公益性和非营利性，明确政府投融资的支持重点和财政的主体责任。建立科学、合理的投融资体制，形成政府与社会资本密切合作，政府内部分工明确、责权利清晰的格局。分行业、分领域明确界定城市基础设施建设中政府财政投资范围、责任边界，将财政投融资严格界定在企业无力或不愿、不宜投资的范围之内，主要包括：普通道路、桥梁、隧道；轨道交通；自来水管网；园林、绿化；太阳能发电、垃圾发电等清洁能源投资；防灾、减灾和国防战备设施。上述领域是政府财政投融资的重点，在其他城市基础设施建设领域，可以更多地采用特许经营、政府与社会资本合作经营、政府管制私人经营等形式。

由于基础设施投融资的非营利性与公益性，政府财政实际上是各类投融资活动最后还款人，因此投融资活动要以财政部门为主体展开，投融资业务纳入政府预算管理，编制债务预算，设置债务警戒线，有效控制财政投融资风险，从横向和纵向两个方面建立财政投融资管理体制。从横向讲，在榆林市政府内部，发展和改革部门根据管理权限对城市基础设施投资项目进行备案、核准，但不对资金来源、债务等问题进行管理；城建、交通部门负责项目具体建设事宜，对项目资金来源及负债问题不承担责任，但对项目建设绩效要进行考核。财政部门统一负责非营利性基础设施建设资金的筹集、投资和偿还，将其统一纳入预算管理，建立专门债务预算，接受同级人大的监督。在纵向方面，根据分税制财政体制原则，中央财政、省财政除转移支付支出外，不对城市基础设施建设财政投融资及其形成的债务承担责任，但负有指导、监管职责。榆林财政必须担负起主体责任，对市本级及市属财政投融资行为负责。

二是鼓励市场化运作，建立多元化的投融资渠道。按照资本市场的规则，政府背景的投融资机构要平等参与资本市场的投融资活动。坚持公开透明原则，采用招投标方式，公开向社会招标选择投资主体，使投资主体在同一平台上公平竞争，提高项目投资和运营效率。拓宽投融资渠道，开放城市基础设施建设投融资市场，吸引民间资本更多地进入市场，形成政府、国有企业、私营企业等多元化的投融资体系。

三是完善投资回报补偿机制。对于民间资本投资的非经营性项目，政府应在测算总体支付能力的基础上,对此类项目提供必要的财政补贴或贴息。在此基础上,推动那些资产质量良好、收益稳定的基础设施项目以现代企业制度组建上市公司,通过上市募集资金,开辟新的融资途径,推动基础设施市场化、社会化运营。同时,财政引导资金也应建立科学的经营机制,当财政投入资金产生一定利润时,财政可适时退出,获得收益,从而推动政府投融资由财政性融资向政府引导的市场化融资转变。

## 二、打造"三位一体"基金体系,构建产业发展新引擎

一是构建"三位一体"千亿元基金体系。千亿元发展基金的基本框架是"三位一体":(1)设立榆林煤炭转化引导基金。省市县财政共同出资,吸引大型国企投资,发起设立煤炭资源转化引导基金90亿元,通过撬动金融和社会资本放大,使基金总规模年内达到300亿元,3年内达到900亿元。(2)设立市级产业发展基金。榆林市财政通过整合现有投向竞争性领域的各类专项资金、盘活存量资金等,先期设立市级产业投资引导基金30亿元作为母基金,吸收社会资本组建子基金,将规模放大到100亿元,3年内达到300亿元。(3)设立民营经济发展基金。整合现有各类财政支持民营经济领域的资金,设立民营经济发展基金,3年内达到10亿元,通过募集社会资本和金融资金使总规模达到30亿元左右,扶持民营企业做大做强。

二是建立稳定的基金筹资机制。按照"存量改革、增量加强"原则,建立财政资金筹资机制,保障引导基金财政资金来源,确保规划全面实施。具体资金来源:每年从现有投入到竞争性领域及用于支持区域发展的财政资金中适当安排;每年从国有资本经营预算收入中划转一定比例安排;每年从投入到竞争性领域及用于支持区域发展的财政资金新增部分中统筹安排;每年从收回的部门预算结转结余资金等财政存量资金中统筹安排;其他适合投资基金的专项财政资金统筹安排;引导基金实现的收益等。

三是加快基金运作,打造基金推动新引擎。加快组建榆林市产业发展母基金管理公司,完成注册登记、机构设置、基金托管及制度建设等各项工作。统筹规划产业发展子基金,在高新技术产业、战略性新兴产业、现代服务业、文化旅游、现代农业、美丽村镇等领域设立若干子基金,报市基金决策委员会审定后,正式面向全市公开征集子基金支持项目。

四是推进两种投资模式。引导基金要结合项目特点,建立以投资子基金为主、直接股权投资为辅的投资模式。(1)投资子基金方式。母基金公司与金融

机构、社会资本、国有企业、市县人民政府投资机构等合作，发起设立若干只子基金或增资现有的相关基金。母基金对单支产业类子基金所占的投资比例不超过30%，对单支基础设施类子基金所占的投资比例不超过50%，不为子基金第一大出资人或普通合伙人，不控股子基金，不直接参与、干预子基金运营管理。对多级财政性资金（包括中央资金）参与设立的子基金，财政性资金共同出资比例不得超过子基金规模的50%。（2）直接股权投资方式。对市委市政府确定需要重点扶持或鼓励投资的特定项目，可采取直接股权投资方式对项目企业进行投资。直接股权投资原则上不得超过被投资企业注册资本的30%。

五是建立产业基金团队的绩效激励机制。榆林市产业引导基金能否发挥作用，管理团队是决定因素。因此要突破现有国资规定，在薪酬激励约束上与市场化接轨，使引导基金能符合商业化、市场化运作要求。建议榆林产业引导基金管理团队实行绩效工资制，将每位员工的绩效工资分为基本薪酬、绩效薪酬、业绩奖励和收益奖惩等，通过绩效工资考核机制，实现引导基金管理团队薪酬与市场接轨，并与引导基金经营状况相挂钩。

### 三、规范运用PPP模式，撬动金融与社会资本支持重大项目建设

同政府直接提供公共品与服务相比，PPP有助于发挥市场的决定性作用，撬动社会资本力量，加快民生改善步伐。中央层面始终将PPP定位为一项长期性、系统性的改革。PPP改革推进4年来，发展总体形势良好。据财政部PPP中心最新统计，截至2017年6月末，全国入库项目有13 554个，总投资额达16.4万亿元。从示范项目的落地率来看，第一批和第二批示范项目已全部落地。第三批示范项目已经落地311个，落地率为60.6%，落地率环比提高2.9个百分点。从采用PPP模式的行业领域来看，全国PPP落地项目数前三位的分别是市政工程、交通运输以及生态建设和环境保护，合计占落地项目总数的64.3%。

财政部在2016年发布了《关于在公共服务领域深入推进政府和社会资本合作工作的通知》，提出在垃圾处理、污水处理等公共服务领域，项目一般有现金流，市场化程度较高，PPP模式运用较为广泛，操作相对成熟，各地新建项目要"强制"应用PPP模式。对照财政部的要求，横向比较全国PPP工作的进展情况，榆林的PPP工作相对滞后，进展缓慢，财政部要求"强制"推行的领域也几乎没有着手。

目前，中央层面正在加紧规范PPP发展，榆林正好可以在规范化轨道上实

施 PPP 项目，避免出现其他地区因各类乱象而带来的风险，项目本身也能够提质增效。根据榆林实际，建议在未来 3~5 年内，全市包装策划 PPP 项目 100个，概算总投资 1 500 亿元；其中纳入财政部综合信息平台项目库项目 80 个，概算总投资 1 000 亿元；推进项目落地建设 50 个，概算总投资近 700 亿元，其中撬动金融与社会资本投资 600 亿元。

一是稳抓 PPP 项目包装策划和项目示范。对全市潜在 PPP 项目进行调查摸底，在基础设施及公共服务领域策划包装一批 PPP 项目，按照项目实施的迫切程度、难易程度和成熟程度，以及财政承受能力状况，进行分类排队，列出 3 年开发规划，并与财政中长期规划同步对接，确保项目所需政府支出责任不悬空。加强项目示范，树立标杆榜样。2018—2020 年，每年评选一次市级示范项目，树立成功案例，推广典型经验。建立正面清单和负面清单，对成效明显的项目予以通报表扬和适当奖补，对检查发现的伪 PPP 项目、违法违规举债融资等行为坚决予以制止和纠正。

二是严抓项目库建设管理。认真落实财政部文件精神，制定严格的 PPP 项目入库标准流程，严把项目审核关，重点把握好"三条线"。（1）严控"红线"。坚持把握财政承受能力论证 10%"红线"不动摇，统一执行口径，加强信息公开。（2）守住"底线"。严禁各类借 PPP 变相举债的行为，对于不包含运营内容、无绩效考核机制、绩效考核机制设计不合理，项目建设成本不参与绩效考核或实际与绩效考核结果挂钩部分占比不足 30% 的，不得安排财政资金。（3）明确"界线"。对于不属于公共服务的纯商业化项目，以及仅涉及建设、无运营内容的纯工程项目，加强从识别、论证、入库等环节的审查，不允许其打着 PPP 的旗号"混淆视听"。

三是加快 PPP 项目落地建设。指导推动部门和县区大力开展两个"强制"试点工作，对城镇污水垃圾处理、供热供水等有现金流、市场化程度较高的公共服务领域，新建项目优先应用 PPP 模式，减少并逐步取消专项建设资金补助。在片区开发、旅游开发、文化体育、生态环境、综合管廊等财政给予支持的公共服务领域，对有现金流、具备运营条件的项目，强制实施 PPP 模式识别认证，鼓励运用 PPP 模式建设运营。重点鼓励各县市区、各部门对连片特困地区发展、美丽乡村建设、生态环境治理等民生领域 PPP 项目进行优先推进。

## 四、创新财金互动机制，撬动金融支持榆林经济发展

榆林的经济社会发展离不开财政的积极作为，但财政资金毕竟有限，而金

融是现代经济的核心,所以必须树立财政与金融双轮驱动合力助推经济社会发展的理念,放大财政资金引导效应,支持金融发挥应有作用,探索建立多主体、多渠道、多形式的投融资机制,形成财政金融共振格局。

一是支持地方金融发展,激励金融机构支持县域经济发展。鼓励金融机构到榆林落户,对在榆设立或新迁入的金融机构总部、区域总部等,根据实缴注册资本情况给予一次性补助;支持银行类金融机构在空白县增设机构,布设网点,吸引各类金融机构和知名投资机构到榆设立基金或机构。鼓励金融机构加大对"三农"的信贷投放,对当年涉农贷款增量部分予以奖励;支持新型农村金融机构发展,按其贷款余额的一定比例予以补贴;加大对农业保险的支持力度,完善农业保险保费补贴政策,推进"农保贷"、扶贫小额贷等金融创新,促进农业生产发展和农民增收。

二是支持多层次资本市场体系建设,增强资本市场服务实体经济功能。大力支持企业上市融资,对在主板、创业板、中小板上市的企业以及在全国中小企业股份转让系统、区域股份交易系统挂牌的企业给予奖励补助或费用补贴。支持企业债券融资,在多层次资本市场发行公司债、企业债进行融资,融资规模大且期限长的企业,财政予以适度奖补。积极推动资产证券化,盘活各类存量资产,对金融机构承销并成功发行的地方银行信贷资产、企业专项资产、公共基础设施收益权和公益项目资产等资产证券化项目,期限在1年以上的,按发行金额给予一定比例的补助。

三是支持金融人才梯队建设,打造榆林金融智囊。引入5名在国内有一定影响的IPO、PPP、基金、债券发行、化解债务等方面既具广泛人脉资源又具实战经验的金融领域顶尖人才,作为榆林金融发展顾问。同时储备本地人才资源,激活当地"造血"功能。以金融大厦为基础,由政府出资,委托社会机构定期举办资本市场、PPP、产业基金等政策知识和实战操作培训。

## 五、培育良好的财金互动生态

一是积极化解银行不良贷款,重塑榆林信用环境。当前榆林银行不良贷款居高不下,2017年底不良贷款总额202亿元,不良率为10%,严重影响了金融对地方经济的支持,也恶化了榆林的信用环境,必须认真对待。各银行业金融机构作为化债主体,要充分发挥在化解不良贷款中的主力军作用,按照"谁形成、谁化解"的原则,主动承担起主体责任,综合运用过桥转贷、贷款核销、资产证券化等多种市场手段,处置和盘活不良贷款。在市场手段失灵的情况下,政府应积极介入引导,市财政积极筹集化解债务基金 6 亿元、债务风险补偿基金 4 亿元,投入子基金管理公司,通过基金管理公司市场化配资,进一步放大基金规模,使基金总规模达到 80 亿元,基本实现化解处置银行不良贷款的目标。

二是支持服务平台建设,提供三大服务。建议榆林搭建中小企业综合服务平台,提供以下三项服务:(1)政府部门并联窗口服务,对涉及中小企业的各项政府性服务,相关部门入驻提供,包括工商注册、办税,会计,法律,咨询等。(2)金融服务,各银行的中小企业专营支行、各类政府性担保公司、各类政府性引导基金管理机构入驻大厅,为中小企业提供融资服务。(3)中小企业产品展示和销售服务。在中心内为每户中小企业免费提供 30～50 平方米的营销展台,并引入电商营销机制,通过产品展览、销售,扩大企业产品的知名度和销路。通过一站式办公和会展功能,为中小企业提供集政府服务、融资服务、产品营销为一体的全方位服务。

## 第三节 支持产业结构调整,精准扶持重点领域,培育经济增长新动能

经济社会发展,产业是先导。榆林是新兴资源型城市,是我国重要的能源化工基地、呼包鄂榆城市群重要的节点城市、陕西省经济社会发展的重要一极,在推进资源型经济转型改革和发展中具有重要地位。但是,榆林对于工业特别是以资源开采利用为代表的重工业的依赖度较高,第一产业、第三产业相对落后,这与强调转型发展、资源集约利用的发展方向不相适应。为化解制约资源型经济转型的深层次体制机制障碍和结构性矛盾,榆林需要走出一条转型升级、创新驱动发展的新路,财政应在培育新动能、推动产业升级上下功夫,既要积极支持煤、油、气、盐等产业发展,也要逐步矫正"煤炭财政""第二产业独大"的失衡财源结构,通过培植新产业、新业态等形成新的税源,提高第一、第三产业对财政收入的贡献率。

### 一、大力扶持第一产业,走现代农业之路

农业是榆林经济社会规划中拟改造提升的特色产业,《榆林市经济社会发展总体规划(2016—2030 年)》确立了成为全国知名现代特色农业基地的重大产

业规划。虽然榆林已经成为全国马铃薯生产第三大市、全国非牧区第一养羊大市和全国山绒产量第一大市，但缺乏拳头产品和支柱性龙头企业，农业提质空间巨大。要加大财政投入，整合各种财政支农资金，形成资金合力，同时发挥财政支农资金的引导和杠杆作用，采取财政贴息、以奖代补等方式，引导社会和金融资本进入，逐步形成多元化的支农投入格局。

财政支农除了继续增加直接投入外，还可以运用农业产业化投资基金方式。榆林可以在市财政局、农业局牵头下，设立农业产业化基金，通过对具有增长潜力的未上市农业产业化龙头企业的投资，按照高产、优质、高效、生态、安全的要求，因地制宜推进山地苹果扶持、低产枣林改造、特色种养业、贫困劳动力就业岗位开发等重点工作，打造现代农业示范点，增强现代农业企业的竞争力和带动力，推动现代农业建设。2018年起，要支持一批现代特色农业示范的园区、大户、合作社、龙头企业的品牌化建设，培育一批红枣、马铃薯等优质农畜产品精深加工企业，尽力延伸产业链，提高产品附加值，打造全国知名现代特色农业基地，走出一条现代农业发展道路。

## 二、推动第二产业重大项目转化，打造能源革命排头兵

能源化工是榆林的主导产业，但又不能继续依赖传统产业模式。为弥补资源型城市受制于资源市场的短板，榆林市迫切需要促进产业转型升级，坚持高端化发展，推进能源生产和消费革命，以产业延伸、更新和多元化发展为路径，建设安全、绿色、集约、高效的清洁能源供应体系和现代产业体系，实现资源型经济转型实质性突破，把榆林打造为国家级煤炭基地、煤电基地、煤化工基地、清洁能源输出基地和煤炭清洁高效利用示范区。应设立煤炭转化引导基金，市政府先期出资10亿元，主要任务是清理整顿煤炭矿业权工作。可聘请金融咨询机构作为顾问，和市国有资本运营公司共同组建基金管理公司。争取在2018年中期完成工商注册程序，开始业务运行，力争2018年使基金规模达到100亿元。为了发挥财政资金的最大功效，有必要对现有的1亿~2亿元的工业转型升级资金、1亿元工业稳增长资金和1.5亿元的科技成果转化基金进行整合，形成资金合力。

在重大转化项目方面，要依托榆林要素资源优势，实施现代煤化工升级示范工程，同时启动"榆林煤"中国驰名商标申报工作，全力扩大榆林煤炭的品牌影响力。积极推动未来煤制油二期项目，争取省上支持。探索建立能源清洁高效利用综合补偿机制，支持新兴能源产业及相关产业发展，鼓励引导社会资

本建立能源转型发展基金。打造超2 000亿元煤化工产业集群,以建设国家现代煤化工示范区为契机,突出煤炭分质利用和煤基精细化工为两大主攻方向,加快建设神华煤炭清洁利用、延长靖边能化填平补齐、中煤煤制烯烃后续、百万吨煤制芳烃、陕煤化煤炭分质利用、延长石油CCSI、未来能源煤制油七大标杆转化项目。靖边煤油气综合利用项目一期填平补齐工程争取年内完成部分长周期设备订货及地下管网工程,2018年完成投资30亿元。

### 三、加快现代服务业发展,锻造第三产业增长极

榆林是国务院命名的历史文化名城,蕴藏丰富、独具特色的自然资源和人文资源为榆林持续发展提供了重要支撑,但文化旅游产业至今未能发挥应有作用,迫切需要推进全域文化旅游产业建设,打造文化旅游支柱产业。建议在充分挖掘文化旅游资源的基础上,尽快拿出高标准规划,由财政负责前期资金投入,并通过招商引资和激活民间资本搞好开发,集中力量打造石峁、白云山、红碱淖、统万城等核心景区,提升"陕北榆林过大年""清爽榆林沙地避暑"等品牌。同时,可联手延安打造"重走转战陕北路"红色旅游线路,联合内蒙古、宁夏推出"民族风情"景区,联合山西形成"文化古镇"景区。在"互惠互利、优势互补、资源共享"的原则上推进旅游市场开放。此外,要鼓励社会资本以多种形式投资文化产业,参与重大文化产业项目建设,逐步采取市场化模式运作文旅产业。

在物流方面,加快发展大宗商品、建材、快递等专业类物流交易中心和综合型物流园区、物流综合信息平台,做大物流企业规模,建设区域物流枢纽中心。可由财政拿出前期资金,集中支持煤炭、兰炭、化工产品、PVC散货、新材料等物流专业化、规模化、现代化发展,建设大型综合物流园区,重点建设榆阳北八道集装箱物流、横山海荣物流、定边公铁联运等物流园区,以"互联网+物流"形成网络规模效应。

### 四、践行创新驱动战略,以创新带动产业经济增长

创新是引领发展的第一动力,是建设现代化经济体系的战略支撑。党的十九大报告提出,推动互联网、大数据、人工智能和实体经济深度融合,在中高端消费、创新引领、绿色低碳、共享经济、现代供应链、人力资本服务等领域培育新增长点、形成新动能。2015年,榆林市R&D经费投入仅0.05%,离"十二五"规划2%的目标还有很大距离。不仅远低于全国平均水平,也低于陕

甘宁晋蒙交界地区延安的 0.33%，鄂尔多斯的 0.09%，庆阳的 1.9%。这与榆林经济社会发展水平完全不对称。近年来，榆林市委市政府推出多项措施，"十二五"时期 R&D 经费投入是"十一五"末的 5 倍，但远远难以满足经济社会发展转型的需要。要助推榆林追赶超越发展，除了加大财政投入，还必须重塑榆林创新微观基础，营造更好创新环境，加快推进"产学研"的深度融合。面对榆林市基础研究实力不足、研究基础薄弱的短板，必须一方面加强创新主体建设，做大做强榆林学院能源化工专业，强化神木技术学院等职业院校，培养各种层次高技能人才。由于没有本地科技资源和人才的支撑，使很多中省在榆企业都将研发部分剥离，甚至从外地大量招技术工人，必须切实采取措施把这块资源用在榆林。另一方面也要积极进行跨区域合作，整合中央和发达地区的科研成果、人才、资金、平台、服务等创新资源，紧紧围绕榆林当前急需的重点产业与核心技术，打造以企业为主体的装备制造、特色农业、新能源等 10 个产业技术创新联盟。推动政府职能从研发管理向创新服务转变，进一步完善落实税收减免、产品购买等激励企业研发的普惠性投入，综合运用奖补、后补助、政府采购、风险补偿、股权投资等多种投入方式，带动企业向创新链的各个环节加大投入，构建多元的创新投入体系。其次，要及时补位，针对民间资本暂时不愿进入的重大先导性、风险性项目，支持建立科研基地和重点实验室，通过开放共享汇聚更多科技人才和科技研究来榆林，争取更多的科技项目落地榆林。也可以结合榆林兰炭等重要产业共性技术的需求。由地方政府与科技部、自然基金委进行央地合作，将榆林特色性研究项目纳入到国家研发体系范畴内，招揽全国乃至全世界的科研人员来榆林做研发。最后，要以"数字榆林""智慧城市"建设为重点，推动新一代信息技术创新应用，提高全市信息化水平。

## 第四节 调整优化支出结构，有保有压，补齐民生短板

财政资金的投向是指挥棒，支出结构的合理安排是推动经济社会发展的必要前提，也是财政宏观调控、补齐短板的职责所在。《榆林市经济社会发展总体规划（2016—2030 年）》积极响应新发展理念，从过去主要关注经济指标转向更加关注人文、社会以及区域协调发展、人民生活质量提高等指标，财政要顺应规划调整，相应优化支出结构，做到有保有压。

## 一、压缩不合理开支

中国社会经济面临三期叠加,在财政收入增长有限的情况之下,必须转变思路,抓住财政支出的核心问题,完善财政支出结构。榆林人均支出特别是行政性经费开支突出,而城乡差距、教育卫生等都处在全省落后位置,作为一个年轻的资源型城市,必须及时调整支出结构,把该压下来的不合理开支压下来,集中财力补齐民生短板。

从人均财政支出情况来看,榆林市人均财政总支出和人均一般公共预算支出都保持相对稳定的增长,其中前者从 2010 年的 7 890.55 元增长到 2016 年的 17 584.32 元,后者由 2010 年的 7 071.41 元增长到 2016 年的 13 930.53 元。全局来看,榆林财政供养人员较多,人均支出比多数城市偏高,特别是行政机关尤为突出。近年来,以行政管理支出为主的一般公共服务支出在公共预算支出中的占比逐渐下降,由 2006 年 23.34% 的比重下降至 2016 年的 9.83%。但是,占比的下降替代不了支出总额的增长,因此有必要严格控制行政性公共服务的开支,尽快推进实现零基预算。我国已先后在广东珠海、清远等地试点了零基预算,起到了提高资金使用效率的效果。建议榆林深入推进零基预算改革,争取从 2019 年起全面实施市级部门零基预算,基本支出一律按国家政策标准和定员定额标准核定,项目预算一律按评审结果安排。取消各部门管理的财政资金基数,每年以零为基点,逐项审核编制预算,根据财力情况,区分轻重缓急,压缩不合理开支,集中财力支持民生事业。

## 二、补齐脱贫攻坚短板

"到 2020 年确保农村贫困人口实现脱贫和贫困县全部脱贫摘帽"是党中央提出的重大战略目标,榆林市委市政府也确立了总体目标:确保到 2020 年贫困人口全部脱贫,贫困村全部退出,力争榆林成为全省最早最好的新农村建设示范区,与全省同步够格进入小康社会。为率先打赢脱贫攻坚战,为全省树立样板,榆林财政要按照"六个精准"要求,围绕"八个一批",以吕梁山、白于山集中连片特困地区为重点,采取超常规举措,大力支持 8 个国家和省级扶贫开发工作重点县(片区县)全部摘帽,实现 683 个贫困村、28.15 万在册贫困人口全部脱贫。要狠下决心抓好移民搬迁,因地制宜推进光伏扶贫电站建设、山地苹果扶持、低产林改造、贫困劳动力就业岗位开发等工作,确保贫困群众搬得出、稳得住、能致富。

党的十九大报告提出，我国社会主要矛盾已经转化为人民日益增长的美好生活需要和不平衡不充分的发展之间的矛盾。所谓不平衡，包括区域、城乡之间的不平衡，这在榆林也非常明显。榆林北部县区以能源开发为主，相对富裕，南部县区则主要依靠发展特色农业和传统加工业，多数贫困。有效缩小南北发展的明显差距是促进榆林经济社会持续发展的重大措施，也是提升发展水平的一个潜力所在。要抓住榆林目前能源矿产资源储量还比较丰富、重化工业在达到峰值前后还有一段稳定发展的有利条件，借助比较雄厚的财政实力，增强财政的统筹能力，加大对南六县发展的支持，提升榆林发展的总体实力和发展后劲。财政要施行差异化财税政策，对南六县加大财力保障力度，以脱贫攻坚为抓手，创新完善"四位一体"振南工作机制，持续加大政策和资金支持力度，用好省级、市级振南专项资金，加快补齐产业培育、民生保障短板，实施和布局一批产业项目，增加南部发展内生动力。

### 三、补齐基础设施短板

便捷的交通运输网络和畅通无阻的物流体系对制造业集群发展至关重要。财政部门应树立战略眼光，加大财政投入，打通榆林与省内联系和出省通道以及扩大铁路、航空运输能力，加快榆阳4E国际机场建设，加快形成"五横八纵"的普通干线铁路网。全面实施黄河引水工程，力争到2020年榆林黄河引水系列工程全部建成投用，全市供水能力达到11.5亿立方米。根据不同交通基础设施的特有性质，有针对性的采取相应的资金筹措方式，对于营利性较强、有条件进行市场化运作的交通基础设施建设项目，政府可以采取必要的扶持政策或投入一定的引导资金，通过市场解决其建设资金的来源问题；对于营利性较弱的项目或公益性项目，应加大国家、省、地方政府投入力度。

榆林要打造成为陕甘宁蒙晋交界最具影响力城市，不仅需要基础设施跟上，而且需要文化事业等软实力上台阶，具备辐射周边区域的影响。目前看，榆林公共文化服务体系建设虽有进展，但短板明显，体育场馆、博物馆等建设滞后，县级"三馆一院"建设也没有到位。下一步，榆林财政应大力支持建设市体育中心、会展中心、图书馆、博物馆、规划展览馆、老城区体育馆。采取国际招标办法，高标准完成建设工作，争取2年时间完成建设后交归口单位管理，政府通过购买服务等方式给予补贴。体育场馆等也可以采用PPP模式开展建设，建成后加大宣传力度，可积极承办区域性重大体育赛事，扩大榆林的影响力和辐射力。

### 四、补齐医疗卫生和养老短板

当前,榆林基本公共卫生服务均等化推进缓慢,基层医疗机构服务能力弱,技术水平普遍较低。与之鲜明对比的是,市级公立医院单体规模较大,且布局极不合理,城区床位设置过度饱和;市内各三级医院盲目追求"大而全",导致医疗机构区域核心竞争力不强,至今无1所医院的学科建设达到省级水平,群众转外就医居高不下(市外消耗的农合资金连续多年保持在40%左右)。为此,要深化医疗卫生体制改革,建立覆盖城乡的、市、县区、乡镇(社区)错位发展的卫生服务网络。对市区医疗机构重点支持其优势科室的发展,引导其摒弃"大而全"的发展理念,提高其在某一领域的服务能力,形成错位发展格局。要重点加大对基层医疗机构的投入,通过设备升级、人员队伍建设等提高其服务能力。要启动榆林市医学重点专科联盟建设,完成新农合市级统筹报销方案调整,建立健全"上下联动、利益共享"的帮扶协作机制,建成一个市、县、镇三级医疗机构共建共享的紧密型医疗联合体。

养老体系建设方面,市县两级财政要给予保障,福彩公益金应拿出50%以上资金投入养老事业。要开展医养结合试点,建立政府引导、公益性岗位补充、居家互助的农村养老互助幸福院可持续发展机制。

### 五、补齐生态环境短板

落实新发展理念,加快生态文明建设,要运用财政手段,支持构建绿色经济体系。加强资源开发地区生态保护修复治理,推进国土综合整治,实施山区生态保护修复工程,推进山水林田湖生态保护工程试点。积极引入社会资本参与生态修复建设,创新市场化生态修复机制。健全矿产资源开发生态补偿机制,建立"谁破坏、谁付费,政府统一治理"的环境补偿机制,对所有开发企业收取环境治理保证金。建立南北跨区域生态补偿机制,可以考虑在北部风沙滩地区合理恢复的情况下,将部分补偿资金用于南部沟壑区生态治理与恢复,通过在南部营造碳汇林等方式补偿北部造成的生态损失。探索建立上下游生态补偿,将上游部分矿山恢复治理资金调到下游;探索矿区、非矿区生态补偿,将矿区矿山恢复治理资金用于非矿区生态恢复,平衡生态承载。落实最严格水资源管理制度,严格水资源开发利用控制、用水效率控制、水功能区限制纳污"三条红线"管理。全面落实河长制,创新河湖管护体制机制,加快推进流域生态修复和系统治理。同时积极争取能源化工基地生态恢复与环境治理资金,重点是争取省上提高榆林煤炭石油天然气水土保持费和水资源费分享比例。

## 第五节　发挥财政分配职能，深化零基预算改革，增强市级财政统筹调控能力

党的十九大报告提出，要加快建立现代财政制度，建立权责清晰、财力协调、区域均衡的中央和地方财政关系。榆林市财政能力不足，有很多原因，其中体制约束是重要方面，只有不断健全财政体制，才能为榆林发展提供制度保障。实现这一目标，一方面需要中央顶层设计，加快推进财税体制改革；另一方面也需要地方政府就预算绩效改革、专项资金管理等问题深化改革，不断健全省以下财政体制。

### 一、完善市以下财税体制，增强市财政调控能力

2005年起，按照陕西省政府的统一要求，各市区相继调整完善了市区对县的财政管理体制。2007年起，陕西正式启动"省管县"财政体制改革试点，改革过程中，省上对神木、府谷实行"三免两减半"税收返还以及水土保持费收入市级不分享政策，榆林因此每年减少市级收入12亿元，大大削弱了市级宏观调控能力。榆林县区之间财力差距大，困难县多，市委市政府在全市范围内实施的重大项目，如脱贫攻坚、灾后恢复重建、阶段性重大事项、生态建设、产业转型等都需要市级财力支持保障，市级财政不堪重负。为此，建议按照中省新一轮财税体制改革精神，进一步调整完善榆林市以下财政体制，合理划分市县收支范围，适当加大市级财力。

总体原则是：在遵守现行分税制财政体制大框架的前提下适度调整，对于经济强县，既不鞭打快牛，又要适当向市集中财力；对于经济弱县，要避免"养懒汉"，促进其发展经济，提升实力。

具体建议方案：县区财政收入20亿元以上的，分层次向市集中：20亿~30亿元的，集中10%；30亿~50亿元的，集中20%；50亿~80亿元的，集中30%；80亿元以上的，集中50%。县区财政收入20亿元以下的，鼓励其加快发展经济：财政收入1亿~3亿元的，年均增长要达到7%；3亿~20亿元的，年均增长要达到6%。通过上述措施，争取在2020年之前促使所有县财政收入达到1亿元以上。

## 二、深化零基预算改革，增强财政宏观调控能力

改变现行"基数加增长"的预算分配方式，取消部门预算和专项资金预算基数，根据政府工作任务、经济和社会发展规划以及部门履行职能及事业发展计划，在提前编制预算、细化支出内容的基础上，依据财力，按项目确定年度预算，建立"能进能出"的财政资金分配机制，打破部门财政资金基数化、固定化、长期化现象，增强财政宏观调控能力，探索形成基本支出标准化、科学化、项目支出绩效化、择优的新型预算制模式。

零基预算要基于基本支出和项目支出分类推进；要运用现代化技术手段，建立一套与零基预算相适应的信息系统；要推行零基预算与绩效预算相融合，改革和完善基于绩效考核的零基预算编制方法；要实现预算公开，构建财政预算的大监督体系。在这一过程中，要建立财政预算滚动项目库，推进专项资金竞争性分配。

## 三、推进财政专项资金管理改革，强化财政统筹能力

深化财政体制改革，首要任务是有效解决财政预算绩效问题，摒弃"重分配、轻管理，重投入、轻绩效"现象。党的十九大报告提出，要建立全面规范透明、标准科学、约束有力的预算制度，全面实施绩效管理。早在2003年，财政部就开始在全国推出预算绩效管理，并于2011年发布了《关于推进预算绩效管理的指导意见》，同时新预算法首次以法律形式明确了公共财政预算收支中的绩效管理要求，对推动我国预算精细化、科学化、规范化管理起到了较大的作用。2009年以来，榆林市绩效评价工作不断取得新进展，但也存在部分实施单位认识不到位、绩效评价体系不完善、预算绩效评价的结果应用不足等缺陷。

预算绩效管理涉及面广、内容丰富，这直接决定了它的艰巨性和长期性。建议榆林市以专项资金绩效目标管理为抓手，改变过去财政资金使用和管理碎片化的情况，推进专项资金管理体制改革，进一步深入推进专项资金清理整合，发挥财政资金的综合效应。短期内在保持现有资金渠道和用途不变的前提下，以产业发展类、民生事业类、政府投资类等3大类项目为依据开展分类资金整合。中长期要结合中央和地方事权和支出责任划分、各职能部门权责重新调整，建立权责明晰、包括立项、分配、管理、绩效评价、奖惩和退出全过程的财政专项资金分配体系。

具体来说,一是按照榆林市委、市政府工作目标和社会事业发展战略需要,清理整合财政专项资金,建立专项资金评估和退出机制,通过结构性调整,把有限的资金进一步聚焦到市委、市政府工作重点和民生事业发展上。二是加大专项资金统筹力度,加大对当年预算和结余结转资金,公共预算、政府性基金预算资金、部门内部资金和跨部门资金的统筹使用力度。

## 第六节 推进绩效预算管理,探索中长期财政规划,提高财政资金使用效率

榆林产业组织以中省企业及市县属国有企业为主,本应作为现代市场主体重要组成部分的民营经济发展不足。在支持民营经济发展方面,当前财政资金支持重点不突出,各类财政专项资金更多的是对企业在技术改造、固定资产投资,产品竞争力的提升和市场开拓方面给予资金支持,而对中小企业公共服务平台、中小企业信用担保体系和服务体系建设、创业孵化基地、工业园区和集中区建设等公共领域支持不够。同时,专项资金整合力度不够,财政资金统筹使用难度大,资金分配存在着面面俱到、撒胡椒面的情况。要真正发挥民营经济的应有作用,财政必须着力营造良好的营商环境,激发园区活力,打造产业集群,促使民营经济为榆林经济社会发展贡献更多力量。

### 一、推进预算绩效管理改革,提升财政支出效率

强化预算绩效管理改革系统性,以政府和部门职责、中长期发展战略目标等为导向,把事前评估、事中监控、事后评价三个阶段有机结合起来,构建包含准入、绩效目标、预算执行监督和绩效监管、绩效评价和结果应用、退出全过程,人大、社会和民众多元参与,以绩效管理数据信息库和信息数据交换平台为基础的预算绩效管理体系。

要以预算绩效管理为抓手,推进绩效管理与财政需求和预算管理相融合,与预算单位强化项目管理、提升管理成效相契合,具体包括绩效目标与预算编制融合、绩效监控与预算执行融合、年度绩效目标与中期绩效目标融合、预算安排与绩效评价结果融合等。要推进预算绩效管理改革与中期财政规划、零基预算、财政专项资金管理等有机结合,逐步由部门项目支出绩效评价向财政政策、部门整体支出绩效等多个重点领域延伸,增强改革合力。

## 二、探索中期财政规划，增强财政支出的战略性

基于榆林市发展定位、战略目标和主要任务，在科学预判未来 3 年财政收支情况的基础上，确定榆林财政收支政策和重大项目资金安排，逐年滚动管理，实现规划期内跨年度平衡的预算收支框架。中期财政规划按照 3 年滚动方式编制，第一年规划约束对应年度预算，后两年规划指引对应年度预算。要科学测度和评估榆林财政收支情况，进而根据发展定位、战略目标和主要任务明确财政项目规划优先领域，合理测算和安排分年度、分部门和分类别支出规模和项目，实现 3 年整体平衡，包括宏观财政支出规模和结构、债务规模和限额以及微观项目安排三个层面。

具体来说，在宏观上，对财政总体规模、财政支出重点和方向进行总体规划和设计，评估各年度、各领域最优财政支出规模、结构以及债务规模，实施总量和结构控制；在微观上，根据续建项目优先、产业带动和战略发展项目优先、底线项目优先（生态环保及民生项目）、项目绩效导向、政府主导和社会参与相结合等 5 个原则，对各类项目进行细化分类排序，将项目分为刚性支出、优先保障项目和其他项目三类，实现分类管理，分类确定财政支持项目及其优先顺序。

# 第十一章 完善榆林市地方税体系的政策建议

## 第一节 榆林市税收收入及其地方税情况

### 一、榆林市地方财政收入情况

榆林市的财政收入在2000—2012年进入快速增长期,全市财政总收入由2000年的9.4亿元增至2012年的693.7亿元。2013年以来进入新常态后财政收入增速逐步放缓,2016年财政总收入488亿元,下降23.7%。其中地方财政收入232.7亿元,同比增长4.5%(见图11-1)。

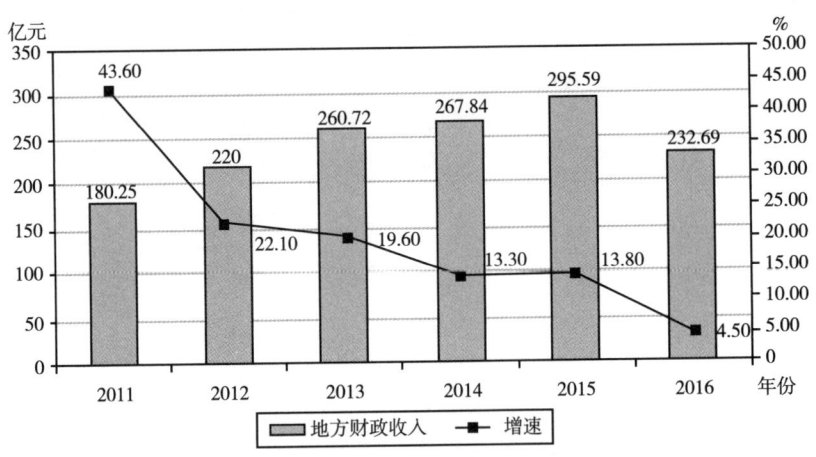

图11-1 2011—2016年榆林市地方财政收入情况

在收入结构上,从产业看,第二产业收入是财政收入的主要支柱,在2016年财政总收入中,来自第二产业的收入占比为72.6%。来自第三产业和第一产业的收入占比分别为27.3%和0.1%(见图11-2)。这种状况也与榆林市GDP的构成相一致,第一产业、第二产业和第三产业的GDP占比分别为5.9%、

60.6%和33.5%。

从行业看,资源性行业收入是财政收入的主要来源,但占比下降。2016年,全市煤炭、石油、天然气及电力等资源性行业收入占财政总收入的57.3%左右。其中:煤炭行业占32.2%,石油行业占18.5%,天然气及化工行业占2%左右,电力行业占4.6%。尽管与资源性行业收入占比最高时期相比下降了19个百分点左右,资源性行业收入仍然是财政收入的主体。

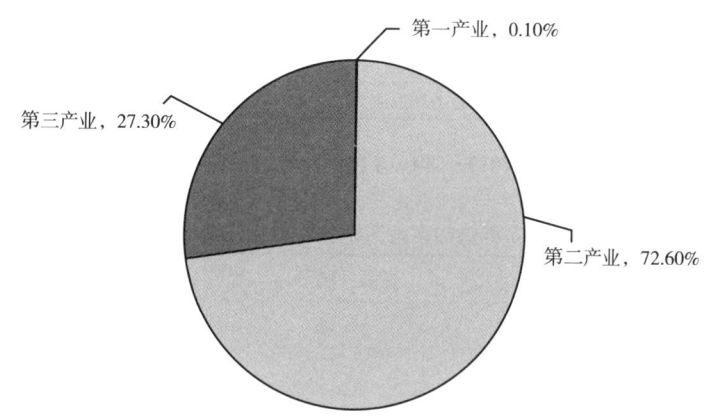

图11-2  2016年榆林市财政总收入的分产业收入结构情况

## 二、榆林市地方税收收入情况

从榆林市地方税收收入看,与财政收入呈现同样的发展趋势。2011年的地方税收收入为141.41亿元,2015年开始地方税收收入出现负增长,同比下降14.3%;2016年地方税收收入为148.58亿元,同比下降6.7%(见图11-3)。

从地方税收收入的占比看,2016年榆林市地方税收收入占地方财政收入和财政总收入的比重分别为63.9%和30.5%。

从地方税收收入的税种构成看,2016年来自于增值税、企业所得税和个人所得税的共享税收入占地方税收收入的比重为46.3%,其他地方税收入的比重为53.7%。如果考虑"营改增"后营业税收入转变为共享收入,共享税收入的占比将更高。在地方税收收入中,资源税收入的占比为25.7%,城建税的占比为8.0%,分别是地方税收收入中占比第二和第三的税种(见表11-1)。

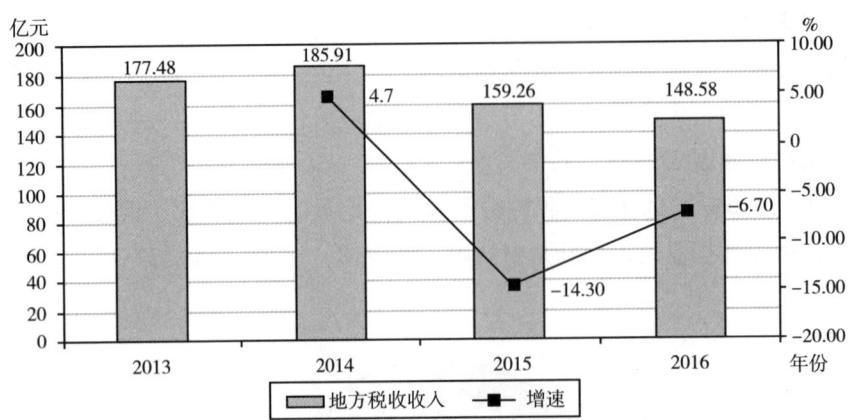

图 11-3 2013—2016 年榆林市地方税收收入情况

表 11-1　　　2016 年榆林市地方税收收入结构情况

| 地方税收收入 | 规模（亿元） | 占比（%） |
| --- | --- | --- |
| 增值税 | 56.14 | 37.8 |
| 营业税 | 8.71 | 5.9 |
| 企业所得税 | 9.69 | 6.5 |
| 个人所得税 | 2.94 | 2.0 |
| 资源税 | 38.17 | 25.7 |
| 城建税 | 11.82 | 8.0 |
| 房产税 | 3.04 | 2.0 |
| 印花税 | 2.70 | 1.8 |
| 城镇土地使用税 | 3.65 | 2.5 |
| 土地增值税 | 0.60 | 0.4 |
| 车船税 | 2.38 | 1.6 |
| 耕地占用税 | 7.39 | 5.0 |
| 契税 | 1.33 | 0.9 |
| 合计 | 148.58 | 100.0 |

## 三、榆林市地方税存在的主要问题

具体就榆林市的地方税情况进行分析，其目前还存在着对煤炭等资源相关税收的依赖程度高、上级政府收入和共享税收入占比过大、央企和省企对地方税收收入的贡献偏低等问题,这意味着榆林市有必要结合国家的财税体制改革,构建与地方治理相适应的地方税体系。

(一)地方税收收入中对煤炭等资源相关税收的依赖程度高

如上所述,2016年榆林市煤炭、石油、天然气及电力等资源性行业收入占财政总收入的比重约为60%左右。在地方税收收入中,资源税收入占比达到25.7%。再具体从资源税收入的构成看,能源资源税收入占全部资源税收入的比重为99.2%,煤炭资源税收入占比则为70.0%。作为资源型城市,资源相关税收收入的占比是合理的。但与资源相关的增值税、所得税、消费税、资源税等收入占比高,如2016年这些税种的收入为371亿元,占总收入的76%。其中增值税201.1亿元,占41.2%;所得税63.8亿元,占13%;消费税51.6亿元,占10.6%;资源税54.5亿元,占11.2%。这些税种都属于上级固定收入或大比例分享收入,属于市县税种的收入仅占5.4%,资源相关税收收入属于地方税收入的比重偏低。同时,由于资源相关税收受能源价格变动影响大,特别是煤炭市场变化,容易导致地方税收收入的波动大。例如,能源价格高的时候与低的时候相比税收收入差异能达到100亿元。

(二)税收收入中上级政府收入和共享税收入占比过大

从榆林市财政总收入的分级次构成看,长期以来,榆林财政收入2/3上划央省,留市县的不到1/3。近年来地方财政收入占比提高,如2016年上划中央收入和上划省级收入的占比合计为52.3%,市县区预算收入占比为47.7%(见表11-2)。但如果剔除税收大额短收减收用非税收入弥补以及"营改增"增值税收入下划的因素,地方财政收入占财政总收入的比重在37%左右。中省集中力度仍较大,留市县收入与其承担的支出责任不相适应。同时,地方税收收入的税种结构也表明,共享税收入的占比达到46.3%。

表11-2　　　　2016年榆林市财政总收入的分级次构成情况

| 项目 | 金额(亿元) | 比重(%) |
| --- | --- | --- |
| 财政总收入 | 487.9 | 100.0 |
| 上划中央收入 | 195 | 40.0 |
| 上划省级收入 | 60.2 | 12.3 |
| 市级预算收入 | 106.4 | 21.8 |
| 县区级预算收入 | 126.3 | 25.9 |

与临近的鄂尔多斯市相比,也反映出榆林市税收占比偏重中央级收入的情况。从分国地税和级次收入比较看,榆林国税收入和中央级收入占比分别高出鄂尔多斯25.26个百分点和20.43个百分点,地方税收(含省、市、县)占比低于鄂尔多斯20.43个百分点,地方财政收入占比低于鄂尔多斯22.28个百分点(见表11-3)。说明榆林税收对中央级收入贡献质量高于鄂尔多斯,对地方级收入贡献质量不如鄂尔多斯,主要是受耕地占用税和土地使用税所占比重不同影响。

表11-3　2015年榆林、鄂尔多斯分国地税和级次收入对比表　　单位:亿元

| 项目 | 榆林 | 鄂尔多斯 | 榆林与鄂尔多斯相比较 |
| --- | --- | --- | --- |
| 税收合计 | 513.22 | 558.26 | |
| 国税收入 | 350.11 | 239.80 | |
| 国税收入占比 | 68.22% | 42.95% | 25.26% |
| 地税收入 | 163.12 | 318.44 | |
| 地税收入占比 | 31.78% | 57.04% | -25.26% |
| 中央收入 | 282.99 | 193.77 | |
| 中央收入占比 | 55.14% | 34.71% | 20.43% |
| 地方收入(含省、市、县) | 230.24 | 364.47 | |
| 地方收入占比 | 44.86% | 65.29% | -20.43% |
| 地方财政收入 | 295.59 | 445.9 | |
| 地方财政收入占税收比重 | 57.59% | 79.87% | -22.28% |

(三) 央企和省企对地方税收收入的贡献偏低

从榆林市的企业情况看,央企和省企对财政贡献相对较低。央企和省企垄断了榆林90%以上的煤、油、气资源,但中央企业缴纳税收仅占全市财政总收入的20.8%(神华63亿元,长庆27.2亿元);省级企业缴纳税收占财政总收入的18.2%(主要有延长集团64.3亿元,陕煤集团17.2亿元,陕西有色集团7.5亿元);市县地方企业及个体工商户等税收占总收入的43.7%。央省企业贡献的地方税收占地方财政收入的23.9%(见表11-4)。央省企业占有资源多,享受国家政策红利多,竞争实力强,对地方财税贡献份额小;市县企业规模小,占有资源少,竞争力弱,可持续发展后劲不足,但对地方财政和当地社会发展的贡献更大。

表 11-4　　　　2016 年榆林市央企和省企的税收贡献情况

| 企业 | 税收 | | 其中：市县部分 | |
|---|---|---|---|---|
| | 完成（亿元） | 占总收入比重（%） | 完成（亿元） | 占地方财政收入比重（%） |
| 中央企业 | 101.4 | 20.8 | 37.3 | 16.0 |
| 省属企业 | 89 | 18.2 | 18.4 | 7.9 |
| 市县企业 | 213.4 | 43.7 | 92.9 | 39.9 |
| 合计 | 403.8 | | 148.6 | |

## 第二节　榆林市存在的主要税收政策问题

根据榆林市税收的运行情况，现行税收政策上存在的一些问题，不利于榆林市构建地方税体系和经济社会发展。

### 一、与临近省份相比煤炭资源税税率偏低

2014 年 12 月 1 日，我国统一实施了煤炭资源税从价计征改革，同时清理相关收费基金。根据改革要求，煤炭资源税的税率幅度范围为 2%～10%，各地具体税率水平由地方根据清费立税、收入平移、税负只减不增的原则进行税率测算并报财政部批复。陕西省煤炭资源税税率是按照从量计征资源税（吨煤 3.2 元）、矿产资源补偿费（吨煤 3 元）和煤炭价调基金（吨煤 15 元）实际入库数为基数占煤炭价格（2014 年均价为吨煤 200 元）的比值来确定的。由于 2012 年暂停了煤炭价格调节基金的征收，致使价调基金无法纳入基数。根据当年实际入库的从量计征资源税和矿产资源补偿费吨煤 6.2 元入库数为基数计算税率应该确定为 3%，为了提高税率，陕西省财政厅将榆林市煤管票费（吨煤 8.5 元中的一部分）纳入基数计算最终确定为 6%。经陕西省政府上报和财政部批复后的煤炭资源税也是 6%。但从全国各煤炭产地的资源税税率水平确定看，毗邻陕西省的内蒙古为 9%，山西 8%，宁夏 6.5%，陕西省的煤炭资源税税率明显低于相邻省区。

具体从榆林市看，榆林市是典型的能源经济型城市，煤炭是其支柱产业，财政收入 50% 以上来自煤炭行业，煤炭资源税税率直接影响榆林经济发展。榆林市与内蒙古、山西和宁夏都毗邻，其中内蒙古东胜矿区与神府煤田同属一个区块，神华集团神东公司横跨晋陕蒙三省，同一企业、同样的区块、同一时期

形成的煤田执行不同的税率,而且三省中陕西煤质最好,但资源税率却偏低,不符合税收公平原则,也不利于市场竞争。同时,税率的差异也使三省的煤炭资源税收益出现较大差距。根据测算,榆林市每年因为煤炭资源税税率偏低,导致地方财政减收 20 亿元左右。以 2017 年上半年看,榆林生产原煤 2.07 亿吨,以吨煤不含税均价 390 元计算,按照 6% 的税率计算应征煤炭资源税 48.4 亿元。对比山西 8% 和内蒙古 9% 的税率,资源税收入分别少征收 24.26 亿元和 16.18 亿元,并分别影响市县财政收入 16.98 亿元和 11.33 亿元。在煤炭等能源相关增值税和所得税收入多属于中央和省级收入的情况下,煤炭资源税税率偏低不利于榆林市经济和税收的平衡发展和地方税体系的构建,也不利于进行煤矿的生态环境治理和黄土风沙区的生态保护。

## 二、与类似煤炭城市相比耕地占用税和城镇土地使用税税率偏低

除了煤炭资源税税率偏低外,与其他煤炭城市相比,榆林市也存在着耕地占用税和城镇土地使用税税率偏低的现象。目前,陕西省对榆林市确定的城镇土地使用税年应税额每平方米为 1~8 元,耕地占用税单位税额为 14~22 元。而毗邻的内蒙古鄂尔多斯市城镇土地使用税年应税额每平方米为 3~15 元,耕地占用税单位平均税额为每平方米 36 元。同时,内蒙古近年来还陆续出台了一些关于加强土地税收收益方面的规范性文件,使与土地有关的税收收入实现稳定增长。

耕地占用税和城镇土地使用税税率偏低,导致内蒙古土地相关税收收入是陕西的好几倍,鄂尔多斯土地相关税收收入也是榆林的好几倍。例如,2015 年和 2016 年内蒙古与陕西的城镇土地使用税收入分别是 93 亿元和 28 亿元,122 亿元和 28 亿元,耕地占用税收入分别是 282 亿元和 71 亿元,262 亿元和 44 亿元。剔除掉鄂尔多斯市和榆林市在土地应税面积上的差异影响,土地税收政策差异是造成两市土地收益差距最重要的原因。土地相关税收是典型的地方税收收入,税率偏低也不利于地方税体系的构建。

## 三、消费税政策制约煤制油和煤化工相关行业发展

发展煤制油和煤化工是延长煤炭行业产业链的重要内容。目前,榆林市的陕西未来能源化工有限公司兖矿榆林 100 万吨/年煤间接液化示范项目已获国家发改委批复,明确煤制油项目为国家煤炭间接液化示范工程,项目于 2015 年 8 月一次投料成功。但煤制油项目的油品售价与成本严重倒挂,吨油预计亏损

1 473.17 元，预计年亏损额 16.97 亿元，企业将严重经营亏损和难以生存。同时，陕西煤业化工集团神木天元化工有限公司专门从事中温煤焦油轻质化资源综合利用、节能环保项目的研发和工业化推广。公司 50 万吨/年中温煤焦油轻质化项目二期已于 2010 年 4 月建成投产，产品于 2012 年 5 月开始销售，从公司经营情况来看，公司在不缴纳消费税的前提下吨煤轻质油可实现利润 600 元，如征收消费税，公司每吨轻质油就要缴纳 2 100 元消费税，企业无法正常运营。综合看，如果对煤制油和煤化工的油品征收消费税，企业难以承受和生存。尽管消费税收入属于中央收入，但消费税政策影响到煤制油等企业的生存，在亏损情况下，也相应影响到企业对地方税收收入方面的贡献。

### 四、各类税收收入转移导致榆林市税源与税收的背离

在榆林市的资源开发利用中，越来越多的中央企业和省属企业来到榆林市进行投资，这对于促进地方经济发展有着重要的作用。但按照现行财税体制和税收制度规定，以及企业在组织形式、经营模式和管理上的一些选择，会导致部分税收收入转移到其他地区，造成榆林市税源与税收收入的背离。根据榆林市国税局的总结，榆林市的税收收入转移主要有以下一些类型：

一是企业所得税的汇总纳税造成的税收转移。据统计，截至 2017 年 5 月底，榆林市共有跨省汇总纳税企业分支机构 229 个，主要集中在能化、金融保险、通讯等行业；跨市汇总纳税企业的分支机构 71 个，主要集中在金融保险、物流、电力、零售等行业。跨省的如神华集团、延长石油等；跨市的如陕西延安石油天然气有限公司、西安银行等。

二是增值税汇总纳税模式造成的税收转移。经统计，榆林市涉及增值税总分机构管理的企业有中石油、陕西省电力公司、移动通信集团陕西有限公司、中国电信股份有限公司陕西分公司、陕西邮政公司等 14 户纳税人。

三是纳税人跨地区经营造成的税收转移。主要集中在商贸、交通运输、管道运输、劳务外包、建筑等行业。如两头在外的商贸、交通运输企业；外来提供煤矿建设、煤炭开采、基础设施建设等劳务、技术服务等长期经营未设立登记的企业，外地公司在榆林设立销售处、代理人从事销售业务而未登记的纳税人，以及过境煤油气管道运输业务在北京、银川、上海和西安等地纳税的企业。

四是关联企业转让定价导致税收转移。有些集团企业凭借其市场优势地位，在榆林之外单独设立了销售公司或者采购公司，利用关联交易和内部定价将税

收转移到外地。中煤、陕煤等企业以及延长集团都曾存在此类问题。

五是集团企业税收筹划和政府间税收竞争所导致的税收转移。如集团公司内部资金相互拆借，转移利润；集团公司下属三产分摊企业所得税，通过集团公司内部管理筹划少缴税款。

可以看到，税收转移直接导致榆林市地方税收收入的减少，不利于构建地方税体系。例如，延长集团原油实行内部定价，按照其2016年在榆林境内生产原油288万吨（定边198万吨，靖边90万吨）产量计算，每年延长集团少交资源税1.66亿元，减少市县财政收入1.16亿元。同时，内部定价还造成县区税收转移，延长集团所采原油通过输油管道输送到靖边榆林炼油厂，按照2016年定边县198万吨原油计算，每年转移定边县增值税3.96亿元，城市维护建设税0.2亿元，教育费附加0.12亿元，地方教育费附加0.08亿元，减少定边县地方财政收入1.71亿元。

## 第三节 完善榆林市地方税体系的政策建议

### 一、完善榆林市地方税体系的思路

（一）国家健全地方税体系的改革方向和内容

从党的十八大报告提出"构建地方税体系"，到十八届三中全会《决定》和"十三五"规划纲要中提出"完善地方税体系"，再到2017年中央经济工作会议和全国财政工作会议提出"健全地方税体系"，地方税体系建设问题已成为国内现阶段财税改革的重要内容之一。

一般而言，地方税体系是由地方税种、地方税收收入、地方税权、地方税收管理等要素所构成的系统。地方税体系既涉及中央和地方的收入划分，也涉及中央与地方的税权划分；既涉及地方税税种的改革，也涉及地方主体税种的培育；既涉及中央与地方财政关系的调整和规范，也涉及与财力相匹配的事权和支出责任明确；既涉及地方的财政自主性，也涉及地方治理结构的构建。因此，健全地方税体系是与地方财政利益和经济社会发展紧密联系的财税改革问题。

地方税体系建设也是一个系统工程，中国的特色国情决定了地方税体系的构建需要充分考虑国内地方（包括省和省以下基层政府）的实际情况。同时，健全地方税体系的不同目标，包括中央与地方地税收入的划分、培育地方主体税种，以及各个地方税税种改革，都会对地方财政和经济带来影响。因此，健全地方税体系也需要充分考虑其对地方的各种可能影响。

在"营改增"全面试点改革后，国内采用的是增值税收入五五分成的过渡性办法，在地方税体系构建上还未能明确具体的改革方案。但"营改增"后通过中央与地方收入的重新划分，培育地方主体税种和完善其他地方税种将成为健全地方税体系的基本改革方向。从前期的研究看，无论是采用将消费税部分税目和车辆购置税改为地方税，还是其他培育地方税主体税种的方案，都在总体上决定了各地地方税体系的完善问题。

（二）完善榆林市地方税体系的目标

榆林市作为资源型城市，财政收入受单一的能源经济制约，有着相对单一的产业结构和税源结构，因而其地方税体系的建设也有自身的一些特点。从榆林市的税源构成看，能源资源行业相关税收，包括属于共享税的增值税和企业所得税，是地方税收收入的主要来源，且资源税是地方税收收入的主要来源。

地方税体系的健全主要涉及的是中央与省级政府之间的财政关系，榆林市作为基层政府，其地方税体系的构建不同于整个地方政府层面的地方税体系，应基于自身的资源型城市实际情况，逐步加以完善。

在目前中央与地方税收收入未进行重新划分前，按照现行财政体制，榆林市构建地方税体系，还需要充分发挥出其在资源相关税收，尤其是资源税中的作用。但考虑到能源价格波动带来的资源相关税收的不稳定性，榆林市将需要培植地方税源基础，对现行税收结构进行优化，根据税源特点来构建地方税体系。为此，在国家健全地方税体系的大背景下，有必要逐步加大财产税和消费税在地方税收收入中的比重。在目前消费税和房地产税改革受制于财税体制改革推进的情况下，可进行土地相关税收的改革来增强税基的稳定性。目前看，主要通过提高城镇土地使用税和耕地占用税的税额，来增加土地相关税收收入。

## 二、完善榆林市税收政策的相关建议

按照上述完善榆林市地方税体系的要求，建议在国家税收制度改革和完善相关税收政策的前提下，进一步完善榆林市适用的相关税收政策。

（一）结合资源税政策的改革，适度提高煤炭资源税税率

从长远看，针对国内煤炭资源税税率存在的地区间税率水平差距过大、对

生态环境破坏成本考虑不足、地方缺乏税率的调整权限等问题,国家有必要结合国内资源税的立法改革需要,进一步优化煤炭资源税税率,下放地方政府对煤炭资源税税率的调整权,形成良好的税收调控机制,进一步推动我国煤炭产业和煤炭产地经济社会的健康发展。

在目前煤炭资源税税率的管理权限下,建议陕西省积极向财税部门报请提高煤炭资源税税率水平。具体从榆林市看,其煤炭资源税税率可考虑与山西和内蒙古保持一致,将煤炭资源税税率提高到8%~9%。根据测算,如果榆林市煤炭资源税税率能提高至8%的话,按榆林年煤炭产量3.6亿吨,煤价按350元/吨测算,资源税收入能增减25.2亿元,地方财政收入增加17.64亿元。因此,提高煤炭资源税税率有助于使资源优势转化为税收收入优势,确保地方财政收入稳定增长。

同时,对于提高煤炭资源税税率后的企业负担问题。随着近年来榆林市全面贯彻落实国家清费立税和去产能政策,2016年退出煤矿4处,去除产能413万吨,煤炭价格持续回升,利润不断上升。据调查,榆林市2015年吨煤不含税均价为199元,2016年为180元;以榆阳区泰发祥煤矿2017年一季度为例,公司一季度生产原煤72.8万吨,完成销售收入3.19亿元,实现利润2.24亿元。据测算,该公司吨煤不含税价为437元,吨煤完全成本128元,吨煤税前利润308元。随着清费立税政策的落实,企业目前吨煤缴纳各类税费100元,规费10.85元,吨煤税费负担25%(不含所得税);2016年公司吨煤不含税均价为250.38元,吨煤缴纳税费62元,税负为24.7%(不含所得税),吨煤成本117元,可实现利润133元。由此可见,随着煤炭市场回暖,企业利润提升,税负下降,提高资源税税率不影响企业发展,反而有利于地方政府保护资源和促进区域经济发展。

(二)结合国家消费税改革,完善煤制油消费税政策

应该说,煤制油化工企业在目前情况下的困境并不限于陕西省的天元化工和未来能源煤制油项目,神华宁煤集团400万吨/年煤炭间接液化项目也存在着类似情况。因此,有必要从国家层面上统筹考虑国内煤制油示范项目的消费税优惠政策问题,并相应使天元化工和未来能源煤制油项目能够适用相关消费税减免税优惠政策。

煤制油产业作为煤炭清洁高效利用的转型升级和匹配国家能源安全战略的新兴产业,其生产的高品质油品是国家能源结构多元化的有效补充,符合国家能源产业政策,并承担着煤制油的战略性技术储备和重大技术装备国产化的示

范重任。煤基与油基两类油品的价格形成机制是完全不同的。煤制油项目投资大，固定成本高，与石油炼化企业相比，煤制油项目的高固定成本及原（燃）料煤与国际原油价格没有联动性，按目前国际原油价格低位运行状况测算，将出现巨额亏损。考虑到煤制油正处于产业化初期阶段，项目投入大、风险高，有必要对项目给予财税政策支持，以利示范项目顺利实施。具体看，可考虑在消费税政策上对煤制油实行区别对待，给予其相应的优惠政策。例如，煤制油示范项目可比照生物柴油项目享受消费税的优惠政策。考虑到未来的低油价预期，建议对示范项目在投产后一定期限内生产的煤基油品免征消费税。同时，根据国际油价的提高情况，适时采用减半征收以及恢复征收消费税等政策措施。

（三）区分税收收入转移的不同类型，合理解决税收与税源背离问题

同样，税收收入转移以及相应的税收与税源背离问题也不只是榆林市的特有情况，其在内蒙古、新疆等地区的资源型城市中同样存在。针对现行榆林市税收收入转移的不同类型，应分类认识导致税收与税源背离问题的成因，并合理采取相应的措施。

首先，对于企业所得税和增值税的汇总纳税和纳税人跨地区经营等造成的税收转移，地方政府应认识到现行财税体制安排具有合理性的前提，其考虑了企业统一核算的需要，鼓励企业发展壮大，提升企业竞争力，切实减轻企业的税负。因此，地方政府应遵循这种制度安排以及其所形成的税收与税源背离的客观性和必要性。当然，国家也应关注资源型城市的特殊性，对现行地区间的税收收入分配制度进一步加以完善，按照税收收入归属与税收来源一致性原则划分横向税收收入归属权，进一步完善现行企业所得税和增值税汇总纳税政策，使资源城市的税收收入能力与其税源能力相匹配。

其次，榆林市也能够在其权限内，积极采取相关措施，加强税源的事前、事中和事后管理，通过与企业之间的相关协调和沟通，与其他地区之间的协商，以及建立部门联动协税护税机制，加强税收征管等措施，减少税收转移和保障地方财政利益。如对于总分机构的汇总纳税问题，地方政府可与相关企业进行协商，鼓励中央企业兼顾资源地在内的多方利益和加大对资源地的扶持力度。再如，对于关联企业转让定价和集团企业税收筹划造成的税收转移，税务机关同样可以按照现行企业所得税法和《特别纳税调整实施办法（试行）》的相关规定，对境内企业的转让定价等避税行为进行调整；同时，地方政府也可以通过与企业协商，鼓励企业考虑资源地的利益进行组织形式和经营模式的安排。

# 第十二章　进一步优化煤炭资源税税率的政策建议

煤炭资源税从价计征改革自 2014 年 12 月 1 日起在全国范围内实施以来，在理顺煤炭资源税费关系，规范财税秩序，减轻煤炭企业税费负担，完善煤炭产品价格形成机制，促进煤炭资源合理开采利用等方面发挥了重要作用。例如，2015 年全国征收煤炭资源税 333 亿元，减少涉煤收费基金 366 亿元，总体减负 181 亿元。平均吨煤减负 4.3 元，煤企税费负担率由 8.0% 降低至 5.7%[①]。但在运行中，煤炭资源税税率也暴露出地区间税率水平差距过大、对生态环境破坏成本考虑不足、地方缺乏税率的调整权限等问题，并引发了不利于煤炭企业间公平竞争和全国市场配置煤炭资源、不利于地方根据实际情况进行调控，以及不利于地方进行煤矿的生态环境治理和促进可持续发展等影响。结合国内资源税的立法改革需要，有必要进一步优化煤炭资源税税率，形成良好的税收调控机制，进一步推动我国煤炭产业和煤炭产地经济社会的健康发展。

## 第一节　现行煤炭资源税税率存在的主要问题

### 一、地区间的名义和实际税率水平差距过大

煤炭资源税从价计征改革后，国内的产煤省区在所规定的 2%~10% 煤炭资源税税率幅度范围内，本着"清费立税，收入平移、税负只减不增"的原则测算，拟定和报批最终确定了地方适用税率。其中，内蒙古 9% 的煤炭资源税税率

---

① 王文竹. 煤炭资源税改革成效显著 2015 年全国煤企总体减负 181 亿元 [N]. 中国税务报, 2016-02-01.

最高，山西为8%，宁夏为6.5%，陕西、新疆、青海为6%，云南为5.5%，贵州为5%，山东为4%，重庆为3%，四川、甘肃、湖南、广西为2.5%，北京、河北、河南、安徽、江西、江苏、吉林、辽宁、黑龙江、湖北、福建为2%。煤炭资源税税率总体上呈现西高东低的阶梯式分布情况。

可以看出，煤炭资源税税率的地区差异较大，最高税率与最低税率之间相差7个百分点。这种结果与采用的煤炭资源税税率测算方法相关，是按照从量计征下的地方煤炭资源税费收入（资源税收入、矿产资源补偿费收入和财政部制定或备案批复的收费项目收入）与当时的煤炭平均价格的比值来确定比例税率。

各地煤炭资源税适用税率的差别，既有原从量计征情况下的地区间税额差别因素，也有各地在煤炭收费收入规模和煤炭销售价格上的差别因素，以及对煤炭企业承受能力的考虑。其中，影响最大的因素是各地煤炭资源税费收入的测算基数。各地除了统一将原资源税收入和矿产资源补偿费纳入基数外，在政府性基金和收费上的处理差别较大。

部分地区只将原从量计征资源税和矿产资源补偿费纳入煤炭资源税税率的测算范围，如吉林省、河南省等，这些地区的适用税率为2%。部分地区将从量计征情况下的相关政府性基金也纳入测算基数，如内蒙古的煤炭价格调节基金（烟煤吨煤15元，无烟煤20元）和山西的煤炭可持续发展基金（吨煤15元），因而两地的适用税率高。部分地区在前期降低煤炭负担中暂停了相关政府性基金的征收，在后续测算中也采用不同的做法。如陕西省2012年暂时停止了煤炭价格调节基金的征收，煤炭价格调节基金（吨煤15元）在后续测算中没有纳入基数，其税率确定为6%①。而山东省的价格调节基金从2014年10月起暂停征收，但在测算煤炭资源税税率时又将价格调节基金作为基数，其税率确定为4%。

除了煤炭资源税适用税率的差别外，各地在洗选煤折算率确定上的差别，也可能会进一步加大地区间税率的差距，影响煤炭企业的实际税负。从部分地方公布的洗选煤折算率情况看，洗选煤折算率因地而异，因企而异。例如，内蒙古为65%~93%，山西为75%~85%，陕西为68%~80%，河北为60%~70%，贵州为70%~75%。安徽确定的实际折算率为70%~86%，对部分企业

---

① 根据当年实际入库的从量计征资源税和矿产资源补偿费吨煤6.2元入库数为基数计算税率应该确定为3%，为了提高税率，陕西省财政厅将榆林市煤管票费（吨煤8.5元中的一部分）纳入基数计算最终确定为6%。

又暂时按照40%～82%的折算率执行。可以看到，如果考虑洗选煤的折算率，地区间煤炭资源税实际税率的差别将超过7%。

理论上，对于资源禀赋相同的煤矿应适用基本一致的税率水平。但国内目前地区间煤炭资源税税率的过大差距，显然是不能仅以各地煤炭资源的禀赋差别来解释的。

## 二、税率中对生态环境破坏成本考虑不足

长期以来，我国矿产资源开采中的生态环境破坏成本一直未能在资源税税率中加以考虑。目前对矿产资源开发中导致的生态环境破坏，主要通过相关生态补偿收费和矿山生态环境恢复治理保证金制度和企业责任等法律规定来实现生态环境的保护和恢复。但这些生态补偿收费和保证金制度只能涉及生态环境可恢复的部分，对不可恢复的部分和历史遗留问题（废弃矿山），还有必要按照"谁破坏、谁承担成本"的原则，在资源税中体现部分生态环境破坏成本，筹集部分收入用于生态环境保护与恢复。

实施资源税从价计征改革，可以在一定程度上考虑到矿产资源开采的生态环境补偿问题。但从煤炭开采所带来的生态环境破坏成本看，仅仅对煤炭实行从价计征是不够的。煤炭开采过程中会带来对水生态系统、土地生态系统、森林生态系统、草原生态系统和农田生态系统等多方面的影响。根据相关研究，煤炭开采的生态破坏成本达到37元/吨[①]。即使以600元/吨的煤炭价格测算，其也占到了煤炭价格的6%左右。这意味着很多地区的煤炭资源税税率水平都可能低于其生态环境破坏成本。

根据前面的分析可知，部分地区在资源税税率的测算中已经部分考虑了生态环境保护和地方的可持续发展问题，如山西省将可持续发展基金（吨煤15元）换算为煤炭资源税税率。当然，也有部分地区未能考虑煤炭开采带来的生态环境破坏成本问题，如目前选择2%税率下限的各个地区。

## 三、地方缺乏适用税率的调整权限

根据目前资源税暂行条例和相关政策文件中的规定（见表12-1），有关煤炭税率水平的税政管理权限主要有以下几种情况：

——是对于煤炭资源税的地方具体适用税率，由省级人民政府在规定的税率

---

① 环保部环境规划院. 矿产资源开发的生态破坏成本研究[R]. 2017.

幅度内提出具体适用税率建议，报财政部、国家税务总局确定核准。但跨省煤田的适用税率由财政部、国家税务总局确定。

二是在不突破批复税率上限的范围内，根据本省份煤炭资源禀赋、企业负担增减变化等情况，统筹确定分煤种、分地区差别化税率。

三是对于煤炭资源税的洗选煤折算率，由省、自治区、直辖市财税部门或其授权地市级财税部门确定。

可以看到，现行有关地方的煤炭资源税适用税率，尽管是由省级人民政府拟定，但实际上还需要经过财税部门的确定核准，且只能在不突破批复税率上限的范围内进行调整。这意味着在煤炭资源税从价计征改革后，如果改革初期所确定的适用税率不合理，地方也不能及时对适用税率进行调整，尤其是突破批复的税率上限，这种规定已不符合部分地区煤炭行业的实际情况。

表 12 - 1  现行煤炭资源税税率的税政管理权限规定

| 序号 | 税政管理权限 | 政策文件 |
| --- | --- | --- |
| 1 | 纳税人具体适用的税率，在本条例所附《资源税税目税率表》规定的税率幅度内，根据纳税人所开采或者生产应税产品的资源品位、开采条件等情况，由财政部商国务院有关部门确定；财政部未列举名称且未确定具体适用税率的其他非金属矿原矿和有色金属矿原矿，由省、自治区、直辖市人民政府根据实际情况确定，报财政部和国家税务总局备案。 | 《中华人民共和国资源税暂行条例》 |
| 2 | 对《资源税税目税率幅度表》中列举名称的资源品目，由省级人民政府在规定的税率幅度内提出具体适用税率建议，报财政部、国家税务总局确定核准。对未列举名称的其他金属和非金属矿产品，由省级人民政府根据实际情况确定具体税目和适用税率，报财政部、国家税务总局备案。省级人民政府在提出和确定适用税率时，要结合当前矿产企业实际生产经营情况，遵循改革前后税费平移原则，充分考虑企业负担能力。 | 《关于全面推进资源税改革的通知》（财税〔2016〕53号） |
| 3 | 煤炭资源税税率幅度为2% ~ 10%，具体适用税率由省级财税部门在上述幅度内，根据本地区清理收费基金、企业承受能力、煤炭资源条件等因素提出建议，报省级人民政府拟定。结合当前煤炭行业实际情况，现行税费负担较高的地区要适当降低负担水平。省级人民政府需将拟定的适用税率在公布前报财政部、国家税务总局审批。跨省煤田的适用税率由财政部、国家税务总局确定。 | 《关于实施煤炭资源税改革的通知》（财税〔2014〕72号） |
| 4 | 对因税率调整造成较大影响的，可以在不突破批复税率上限的范围内，根据本省份煤炭资源禀赋、企业负担增减变化等情况，统筹确定分煤种、分地区差别化税率，保证企业总体负担基本均衡合理，解决煤炭企业结构性负担增加问题。 | 《关于煤炭资源税费有关政策的补充通知》（财税〔2015〕70号） |

续表

| 序号 | 税政管理权限 | 政策文件 |
|---|---|---|
| 5 | 洗选煤折算率由省、自治区、直辖市财税部门或其授权地市级财税部门根据煤炭资源区域分布、煤质煤种等情况确定,体现有利于提高煤炭洗选率,促进煤炭清洁利用和环境保护的原则。洗选折算率一经确定,原则上在一个纳税年度内保持相对稳定,但在煤炭市场行情、洗选成本等发生较大变化时可进行调整。 | 《煤炭资源税征收管理办法(试行)》(国家税务总局公告2015年第51号) |

# 第二节 煤炭资源税税率不完善的可能影响

地区间煤炭资源税税率水平差距过大,以及地方在煤炭资源税税率上的调整权限不足,不能及时根据当地实际情况对煤炭资源税税率进行调整,会带来一些不利的影响。

## 一、不利于煤炭企业间公平竞争和全国市场配置煤炭资源

资源税的税收公平性,既表现为不同资源禀赋的矿产资源应在资源税税率上形成差别,也表现为资源禀赋相同的矿产资源应适用相同的资源税税率。

地区间煤炭资源税税率(或负担)的差别过大,会妨碍地区间煤炭企业的公平竞争。尤其是对于资源禀赋类似的煤矿而言,因为处于不同地区而适用不同的税率,不符合税收公平原则,也不利于市场竞争。同时,地区间的煤炭资源税税率差别过大,也不利于中央根据各地区资源状况对资源开发利用进行统一调控,在全国市场配置煤炭资源。从全国范围看,一定时期内资源禀赋相对较差的矿产资源应不开采或延后开采,但部分地区的资源税低税率,可能会导致一些本不应该现阶段开采的煤矿,由于其税率低带来的竞争优势和收益,反而得以开采。

## 二、不利于地方根据实际情况进行调控

目前地方具有的煤炭资源税税率调整权限,是在批复的税率上限范围内向下进行调整,但不能向上进行调整(需要财税部门确定核准)。这种税率调整权限上的单向限制,不利于地方根据实际情况对煤炭进行调控,保护煤炭资源和推动煤炭去产能。

煤炭资源税的从价计征改革目的是为了保护资源，提高资源集约节约，充分发挥煤炭资源税的"自动稳定器"功能。根据国家税务总局的介绍，资源税从价计征改革后，税收弹性明显增强，税收调节作用显现。2017年以来，随着资源价格上涨，资源税收入大幅增长，上半年税收收入695.99亿元，同比增收257.03亿元。资源税收入快速增长主要是由煤炭、原油等资源价格的快速上涨带动的，体现出从价计征机制的自动调节优势。其中，山西省2017年上半年煤炭资源税收入139.27亿元，同比增长151.36%，有效抑制了煤价高企带来的超额利润，有利于防止行业过热①。但部分地区煤炭资源税的税率偏低，尤其是在煤炭去产能后价格逐步恢复，甚至呈现快速增长的情况下，实际上已在一定程度上削弱了这种自动调节作用。

同时，国家目前一直在推动煤炭行业的去产能工作。根据《国务院关于煤炭行业化解过剩产能实现脱困发展的意见》要求，从2016年开始，用3~5年的时间，退出煤炭产能5亿吨左右、减量重组5亿吨左右。煤炭的去产能，除了运用现行行政手段外，还应进一步发挥市场机制的作用。仅使用行政手段是不可持续的，也容易造成煤炭价格的过大波动，调研中部分地区对于煤炭的"一刀切"去产能也有意见。因此，有必要通过资源税税率调整的经济手段，利用市场机制的优胜劣汰退出落后产能。但地方不能根据实际情况对煤炭资源税税率进行调整，实际上约束了其在淘汰落后产能上发挥调节作用。

## 三、不利于地方进行煤矿的生态环境治理和促进可持续发展

煤炭开采的后续生态环境治理压力巨大，对于在煤炭资源税税率中未能考虑生态环境治理和可持续发展的地方，尤其是对一些煤炭主产地而言，煤炭资源税税率水平偏低，不利于地方进行煤矿的生态环境治理，以及从可持续发展角度合理进行煤炭资源开发。

地方不能根据实际情况对煤炭资源税税率进行调整，约束了其对煤矿的生态环境治理。当然，山西省等地区在煤炭资源税税率中已包括对可持续发展基金的平移，相当于已经在税率水平中考虑了生态环境破坏成本。因此，这些省份不需要考虑生态环境破坏成本对煤炭资源税税率进行调整。

---

① 国家税务总局办公厅. 国家税务总局举行新闻通报会：税收改革提质效服务经济有实招 [R].
2017-07-20.

# 第三节 煤炭资源税从价计征改革对榆林市的影响分析

为了掌握煤炭资源税从价计征改革对地方和煤炭企业的影响，我们对陕西省榆林市进行了调研。调研结果发现，现行煤炭资源税税率存在的问题给榆林市带来了在煤炭企业公平竞争、生态环境治理和地方财政收入等方面的一些影响。

## 一、导致煤炭企业之间的不公平竞争

榆林地处陕西北部，煤炭资源丰富，是国家规划的13个大型煤炭建设基地之一。全市含煤炭土地面积占总土地面积的54%，煤炭资源的预测储量为2 800亿吨，探明储量为1 490亿吨，占全省已探明储量的86.2%，占全国已探明储量的12%，是世界七大煤田之一。按照规划分为神府矿区、榆神矿区、榆横矿区。榆林市辖区范围内共有各类煤矿264处，产能为52 165万吨。其中：榆阳区36户，产能为10 800万吨；神木县118户，产能为29 035万吨；府谷县80户，产能为10 560万吨；横山25户，产能为1 530万吨；子洲县3户，产能为135万吨；吴堡、米脂各有1户，产能分别为60万吨和45万吨。近年来，虽然煤炭价格波动较大，但榆林市煤炭产量仍呈平稳态势，2014年生产原煤3.63亿吨，2015年生产原煤3.61亿吨，2016年生产原煤3.62亿吨，2017年上半年生产原煤2.07亿吨。

陕西和毗邻的内蒙古、山西同为产煤大省，分布于同一地质区块，榆林的煤质、价格、开采成本等均优于内蒙古、山西，而且神华集团在内蒙古、山西都有采矿企业，榆林的煤炭企业利润空间更大，煤炭资源税税率高于周边省区更符合现实情况和从价计征改革的精神。而国家确定榆林的税率却低于周边省区，这就使得分布于同一区域，形成于同一时期，煤质、煤价相当的煤炭资源，由于行政区划的不同而执行不同的税收政策，不符合税收公平与效率原则和调节资源级差收入初衷。

以榆林市与鄂尔多斯市对比为例：两市毗邻，同处西北地区、毛乌素沙漠边缘，都是我国重要的煤炭资源富集区。从煤炭资源储量来看，鄂尔多斯市已探明储量为2 017亿吨，榆林市为1 490亿吨。从煤质来看，两地的主要煤田均形成于侏罗纪时期，属于同一煤系，煤质相近，都是低硫、低磷、低灰、中高发热量的国内优质动力煤和化工用煤，而榆林的煤质在"三高一低"上更优于鄂尔多斯的煤质。从近年的市场价格（不含税均价）来看，2014 年，榆林市 280 元/吨，鄂尔多斯市 226 元/吨；2015 年，榆林市 204 元/吨，鄂尔多斯市 175 元/吨；2016 年，榆林市 261 元/吨，鄂尔多斯市 208 元/吨；2017 年上半年，榆林市 392 元/吨，鄂尔多斯市 291 元/吨，榆林煤炭价格均高于鄂尔多斯市，且差额较大（见图 12-1）。两市煤炭资源禀赋相似，榆林煤质、煤价均优于对方，但由于所属省区不同，榆林市执行的煤炭资源税税率（6%）却低于鄂尔多斯市（9%），不符合税收公平原则。

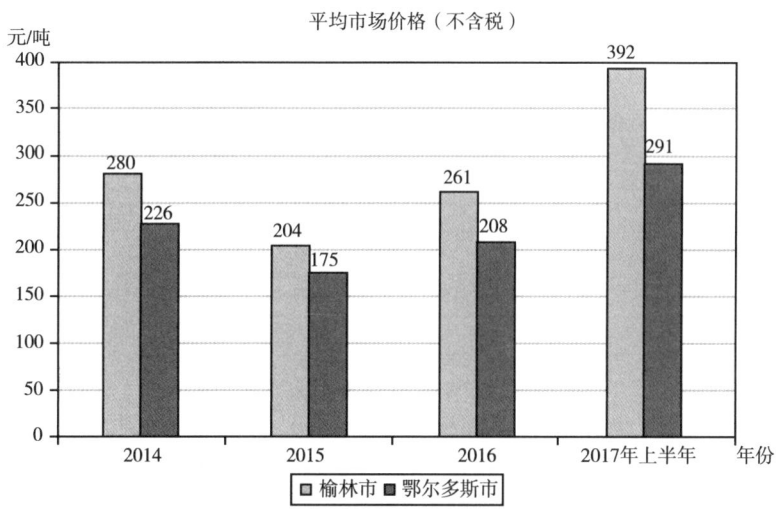

图 12-1 榆林市与鄂尔多斯市煤炭价格比较

## 二、榆林市产煤区生态环境问题严重，治理资金短缺

随着资源开采的不断深入和经济的快速发展，资源环境承载压力进一步加大，生态恢复治理和生态建设任务艰巨。产煤区随着煤炭开采量加大采空区面积不断增加，由此引发的地面塌陷、地面沉降等地质灾害也不断增多；榆林市目前已建成投运的煤矿大多是 20 世纪 90 年代审批的，环境治理设施不足，导致开采企业煤层气排空、煤炭加工企业废气直接排放、运煤道路扬尘增多，部分矿区的二氧化氮物、总悬浮颗粒、二氧化硫三项主要污染指标及总悬浮微粒日均浓度严重超过正常国家指标；同时煤炭开采破坏地下含水层结构，造成区域性地表水下泄，地下水位下降。榆林市水资源总量只有 32.29 亿立方米，人均拥有水量 979 立方米，地下资源的大量开采，地表水、地下水大面积渗漏，导

致不少井泉下漏、淤坝干涸、树林枯死、矿区不少地方发生水荒。陕西省最大的内陆湖红碱淖水位连续下降，湖面平均每年退缩6 000亩，湖水面积由原来的10.5万亩缩减到现在的7万亩左右，湖泊由开采之前的869个减少到70多个。

解决这些生态难题需要大量的资金。根据专家估算，榆林每开采1吨原煤造成的生态环境损失高达66元，仅开采煤矿每年生态环境成本高达237亿元。榆林每年在环境治理中投入大量财力物力，近年来，财政共投入资金10.19亿元（见表12-2），专项用于产煤区环境治理、生态建设和居民生活环境改善。但由于产煤区生态环境治理投资巨大，再加上经济不景气导致财政收入紧张，因此生态环境治理仍存在很大的资金缺口，给地方财政带来很大压力。

表12-2　　　近年榆林市对产煤区生态环境治理的财政投入情况　　　单位：万元

| 项　目 | 2014年 | 2015年 | 2016年 | 2017年上半年 | 小计 |
| --- | --- | --- | --- | --- | --- |
| 采空区治理 | 3 734 | 3 397.22 | 0 | 811.72 | 7 942.94 |
| 塌陷区治理 | 1 780.24 | 40 | 695.69 | 1 274.57 | 3 790.50 |
| 植被恢复 | 2 154.76 | 2 315 | 985 | 1 206 | 6 660.76 |
| 水源地保护治理（水污染治理） | 7 782.4 | 9 200 | 8 767 | 400 | 26 149.4 |
| 环境污染治理 | 3 597.44 | 19 863.73 | 18 059.68 | 15 813.21 | 57 344.06 |
| 合计 | 19 048.84 | 34 815.95 | 28 507.37 | 19 505.50 | 101 877.66 |

## 三、对榆林市地方财政带来较大减收

2016年榆林市煤炭资源税收入38.19亿元，若按存量计征和当年煤炭产量测算应征资源税11.58亿元，改革后较改革前增加税收26.61亿元（见表12-3）。而同步取消涉煤收费基金减少其非税收入85.07亿元（不含煤炭价调基金）或139.37亿元（含煤炭价调基金），增减相抵后，榆林市每年减少财政收入58.46亿元（不含煤炭价调基金）元或112.76亿元（含煤炭价调基金）。按照2016年煤炭市场均价261元/吨和当年榆林原煤产量3.62亿吨测算，煤炭资源税税率每降低一个百分点，即减少资源税收入9.45亿元。如果比照内蒙古9%的税率计算，当年影响榆林资源税收入28.34亿元。这样，综合算账煤炭资源税从价计征改革每年影响榆林财政减收86.8亿元（不含煤炭价调基金）或141.1亿元（含煤炭价调基金），对榆林稳增长、保民生、促改革、生态治理和环境保护形成很大压力。

表 12-3　　2016 年度榆林市煤炭行业税费测算表

| 项目 | 改革前征收标准（元/吨） | 改革后征收标准税率（%） | 产量（亿吨） | 改革前应征额（亿元） | 改革后应征额（亿元） | 改革前后差额（亿元） |
|---|---|---|---|---|---|---|
| 煤炭资源税 | 3.2 | 6 | 3.62 | 11.58 | 38.19 | 26.61 |
| 煤炭价格调节基金 | 15 | — | 3.62 | 54.3 | — | -54.3 |
| 煤矿维简费 | 6.5 | — | 3.62 | 23.53 | — | -23.53 |
| 水土流失防治费 | 1 | — | 3.62 | 3.62 | — | -3.62 |
| 煤炭计量费 | 1 | — | 3.62 | 3.62 | — | -3.62 |
| 运煤专线建设基金 | 1.5 | — | 3.62 | 5.43 | — | -5.43 |
| 环境治理补偿费 | 4 | — | 3.62 | 14.48 | — | -14.48 |
| 排污费 | 0.6 | — | 3.62 | 2.17 | — | -2.17 |
| 煤管票费 | 8.35 | — | 3.62 | 30.23 | — | -30.23 |
| 上站费 | 0.55 | — | 3.62 | 1.99 | — | -1.99 |
| 合计 | 41.7 | — | | 150.95 | 38.19 | -112.76 |

## 第四节　完善和优化煤炭资源税制度的建议

煤炭资源税的从价计征改革至今已有两年多时间，各方面的外部环境都有所变化。包括：煤炭去产能后的价格逐步回升，煤炭企业效益有所好转；资源税从价计征征管能力的提高；资源有偿使用制度的整体改革；对矿产资源开采生态环境保护的加强等，这些新的情况对煤炭资源税税率提出了新的要求。

资源税改革的基本目标是进一步发挥资源税政策调节作用，提高资源节约集约利用水平，保护自然生态环境，更好地实现资源税协调人与资源的关系。按照此改革目标要求，有必要针对上述煤炭资源税税率存在的问题，适时进一步优化煤炭资源税税率，从而建立更为公平合理的资源税制度。在保证煤炭企业合理负担的同时，也能够保障国家和地方政府的利益，进而促进煤炭行业和产煤省区经济社会的可持续发展。

### 一、适度缩小煤炭资源税的税率幅度范围，降低地区间税率差距

针对地区间煤炭资源税税率水平差距过大的情况，应通过缩小税率幅度范

围,减少地区间的税率选择空间,从而使地区间的煤炭资源税税率差距主要反映资源禀赋的差别。具体看,针对部分地区未能充分考虑煤炭开采的生态环境破坏成本和产煤地的可持续发展问题,可在国家层面上提高税率幅度下限,也就是使现行2%~10%的幅度税率范围进一步缩小。

提高税率幅度下限,可基于地方在煤矿生态环境恢复和治理上的资金需求进行测算,且主要是筹集部分收入,解决煤矿开采中不可恢复的生态环境损害部分和历史遗留问题。以煤矿的生态环境破坏成本和600元的煤炭价格看,只承担其中不可恢复的生态环境损害部分,至少应提高1%~2%的税率水平。

在继续考虑各地煤炭资源禀赋差异的基础上,通过这种税率调整尽可能避免因煤炭资源税税率水平差距过大带来的企业间税收不公平性。通过适度提高税率筹集资金,为地方政府提供采煤塌陷区治理等经费,促进资源型城市实现产业转型,避免煤炭资源枯竭后陷入"资源诅咒"的困境。

## 二、动态调整洗选煤折算率,客观反映煤炭企业实际情况

在合理确定煤炭资源税税率的情况下,也需要进一步完善洗选煤折算率的规定,从而使不同煤炭企业的实际税负更加公平。

一是动态调整洗选煤折算率。地方财税部门应切实考虑矿井开采深度、地质条件、开采复杂程度等客观地质情况,测算和确定适当的洗选煤折算率。应该说,通过煤炭资源税从价计征改革后的征管实践运行,地方将能够逐步全面地掌握煤炭企业的相关信息,进而更加准确地去测算洗选煤的折算率情况。

二是增加洗选煤折算率的规范性,避免将洗选煤折算率作为调控政策。目前有部分地区将洗选煤折算率作为优惠政策,如安徽省在制定折算率上,对部分煤炭企业给予了优惠,降低其折算率。河南省在《河南省人民政府关于促进煤炭行业解困的意见》(豫政〔2016〕10号)中提出:研究出台适当降低洗选煤资源税折算率等支持政策。应当明确,动态调整洗选煤折算率的目的,是客观准确地反映煤炭企业原煤与洗选煤之间的成本差别,而不能将其作为调控政策使用。

## 三、下放煤炭资源税税率确定权限,允许地方根据实际需要调整税率

地方缺乏在煤炭资源税税率的调整权,难以根据实际情况及时进行调整,不利于地方政府保护资源和促进区域经济发展。因此,按照国内健全地方税体系和在税权上适度分权的需要,有必要"结合我国资源分布不均衡、地域差异

较大等实际情况,在不影响全国统一市场秩序前提下,赋予地方适当的税政管理权"。

具体看,应进一步下放煤炭资源税的适用税率确定权限,即允许地方政府根据实际需要在国家确定的税率幅度范围内自主选择适用税率,包括在幅度范围内提高和降低适用税率,并将税率调整情况向国家财税部门进行备案,不用再进行确定核准。同时,按照税收法定原则的要求,地方的税率选择权未来应赋予地方人大,而不是地方政府,以更规范的程序来实施地方煤炭资源税适用税率的调整。

煤炭资源税税率的调整涉及政府与企业间利益关系的重构。对于煤炭资源税税率的优化,包括缩小税率幅度范围、允许地方根据实际需要来调整适用税率等方面,都需要结合国内煤炭行业和地方煤炭企业的实际情况适时适度进行改革。尤其是涉及提高煤炭企业负担的税率调整,应在不会大幅度增加企业负担或者是确保企业可承受的前提下进行充分论证。

从调研看,目前国内部分地区已具备适度提高煤炭资源税适用税率的可能性。例如,陕西榆林市近年来全面贯彻落实国家清费立税和去产能政策,2016年退出煤矿4处,去除产能413万吨,煤炭价格持续回升,利润不断上升。地方的2015年吨煤不含税均价为199元,2016年为180元。以榆阳区泰发祥煤矿2017年一季度为例,公司一季度生产原煤72.8万吨,完成销售收入3.19亿元,实现利润2.24亿元。据测算,该公司吨煤不含税价为437元,吨煤完全成本128元,吨煤税前利润308元。随着清费立税政策的落实,企业目前吨煤缴纳各类税费100元,规费10.85元,吨煤税费负担25%(不含所得税);2016年公司吨煤不含税均价为250.38元,吨煤缴纳税费62元,税负为24.7%(不含所得税),吨煤成本117元,可实现利润133元。由此可见,煤炭市场由买方市场转为卖方市场,煤炭价格持续走高,企业利润提升,调整煤炭资源税税率符合市场规律。允许具备条件的部分地区适度提高资源税税率,并不会影响企业发展,反而有利于发挥税收调控作用。